O PODER NA ANTIGUIDADE
ASPECTOS HISTÓRICOS E JURÍDICOS

Dados Internacionais de Catalogação na Publicação (CIP)
(Câmara Brasileira do Livro, SP, Brasil)

Lima Filho, Acacio Vaz de
O Pode na Antigüidade: aspectos históricos e jurídicos / Acacio Vaz de Lima Filho. – São Paulo: Ícone, 1999.

Bibliografia.
ISBN 85-274-0561-X

1. Abuso de poder. 2. Democracia 3. Ditadura 4. Estrategos gregos. 5. História antiga 6. Poder (Ciências sociais) I. Título.

99-0248   CDD-320.0110901

Índices para catálogo sistemático:

1. Antiguidade: Poder: Ciência política: História   320.0110901
2. Poder: Antiguidade: Ciência política: História   320.0110901

ACACIO VAZ DE LIMA FILHO

O PODER NA ANTIGUIDADE
ASPECTOS HISTÓRICOS E JURÍDICOS

© Copyright 1999.
Ícone Editora Ltda

Capa
Mônica Mattiazzo

Produção e Diagramação
Rosicler Freitas Teodoro

Revisão
Antônio Carlos Tosta

Proibida a reprodução total ou parcial desta obra,
de qualquer forma ou meio eletrônico, mecânico,
inclusive através de processos xerográficos,
sem permissão expressa do editor
(Lei nº 5.988, 14/12/1973).

Todos os direitos reservados pela
ÍCONE EDITORA LTDA.
Rua das Palmeiras, 213 — Sta. Cecília
CEP 01226-010 — São Paulo — SP
Tels. (011)826-7074/826-9510

PARA INÊS

ÍNDICE

PREFÁCIO DA OBRA PELO PROFESSOR DOUTOR
MANOEL MARTINS DE FIGUEIREDO FERRAZ 11

PRIMEIRA PARTE — O PODER ARBITRÁRIO E O PODER
DISCRICIONÁRIO NA GRÉCIA ANTIGA.
O TIRANO, O "AISUMNÊTES" E O ESTRATEGO 19

CAPÍTULO I — AS RELAÇÕES ENTRE O PODER E A RELIGIÃO 20
  1. A TRANSMISSÃO DO PODER NA FAMÍLIA,
    POR MEIO DA RELIGIÃO DOMÉSTICA 20
  2. A DURAÇÃO CRONOLÓGICA DO PODER PATERNO.
    RELIGIÃO E NATUREZA. 23
  3. O PODER, NO ÂMBITO FAMILIAR, ENTRE OS PRIMITIVOS
    HELENOS. OPINIÃO DE GUSTAVE GLOTZ. 25
  4. AINDA O PODER, NO ÂMBITO FAMILIAR, ENTRE OS
    PRIMITIVOS HELENOS. 29

CAPÍTULO II — O PODER NA MONARQUIA HOMÉRICA. 29
  1. O PODER DO REI, NA PAZ E NA GUERRA 29
  2. POR QUE DECLINOU E DESAPARECEU A MONARQUIA
    HOMÉRICA? 33
  3. O PODER, NA GRÉCIA ANTIGA, APÓS O DESAPARECIMENTO
    DA MONARQUIA HOMÉRICA. 34
  4. O PODER NA GRÉCIA ANTIGA, AO TEMPO DA OLIGARQUIA. 35
  5. AINDA O PODER, NA GRÉCIA ANTIGA, AO TEMPO DA OLIGARQUIA.
    HAVIA UM "PODER DISCRICIONÁRIO"? 37
  6. OLIGARQUIA E PODER. O PODER ARBITRÁRIO E O PODER
    DISCRICIONÁRIO A PARTIR DO SÉCULO VII A.C. 40

CAPÍTULO III — O SURGIMENTO DA DEMOCRACIA 45
  1. CONSIDERAÇÕES PRÉVIAS. 45
  2. AS TRANSFORMAÇÕES ECONÔMICAS OCORRIDAS A PARTIR
    DO SÉCULO VIII A.C. 46
  3. BREVE ESTUDO DA TIRANIA 47
  4. O "AISUMNÊTES". 51
  5. A INTRANSIGÊNCIA DA OLIGARQUIA; INEVITABILIDADE
    DA TIRANIA. 51
  6. ALGUNS ASPECTOS DA TIRANIA NA SICÍLIA. 53
  7. QUAL ERA A NATUREZA JURÍDICA DO PODER DOS TIRANOS? 55
  8. AS RELAÇÕES ENTRE O DIREITO E O PODER,
    NO PENSAMENTO DE NORBERTO BOBBIO. 57

9. O PODER DOS TIRANOS GREGOS, À LUZ DO MODERNO DIREITO ADMINISTRATIVO. 60
10. O PODER DOS TIRANOS GREGOS: PODER ARBITRÁRIO OU DISCRICIONÁRIO? 64
11. AINDA OS TIRANOS GREGOS. CONSIDERAÇÕES SUPLEMENTARES 64

CAPÍTULO IV — A DEMOCRACIA DE ATENAS 67
1. CONSIDERAÇÕES PRÉVIAS — OS VALORES FUNDAMENTAIS DA DEMOCRACIA ATENIENSE 67
2. A LEGISLAÇÃO DE SÓLON 70
3. A LEGISLAÇÃO DE CLÍSTENES 74
4. BREVE ESTUDO DAS INSTITUIÇÕES DA DEMOCRACIA ATENIENSE 76

CAPÍTULO V — AS ASSEMBLÉIAS DA DEMOCRACIA ATENIENSE 87
1. O AREÓPAGO 87
2. A ECLÉSIA 89
3. A BOULÉ 99
4. O TRIBUNAL DA HELIÉIA 101

CAPÍTULO VI — O ESTRATEGO 103
1. CONSIDERAÇÕES GERAIS 103
2. O QUE ERA O ESTRATEGO? 106
3. EM QUE PERÍODO FUNCIONOU O ESTRATEGO? 118
4. QUAIS ERAM OS PODERES DO ESTRATEGO? 121
   Os poderes militares do estratego 121
   Os poderes civis do estratego 124
   A eleição do estratego 125
   O estratego e a reeleição 127
   O fastígio da magistratura do estratego — Péricles 128
   Prerrogativas dos magistrados, e inclusive dos estrategos, na democracia ateniense 130
   O juramento dos magistrados, inclusive dos estrategos 130
   O controle da democracia ateniense sobre os magistrados em geral e, em particular, sobre os estrategos 131
   O excesso de controle sobre os magistrados e, em particular, sobre os estrategos 135
   Os magistrados atenienses, inclusive os estrategos, e a irreverência dos comediógrafos 137
5. CONCLUSÕES QUANTO AO PODER DOS ESTRATEGOS 138

SEGUNDA PARTE — O PODER ARBITRÁRIO E O PODER DISCRICIONÁRIO EM ROMA. O DITADOR. 139

CAPÍTULO VII — O DITADOR ROMANO. O QUE ERA? 141
1. CONSIDERAÇÕES PRELIMINARES SOBRE ROMA. A IMPORTÂNCIA DA FUNDAÇÃO. A TRADIÇÃO. O SAGRADO NAS INSTITUIÇÕES. O CIVISMO. 141
2. O SENSO JURÍDICO DOS ROMANOS 146
3. A PASSAGEM DA MONARQUIA À REPÚBLICA, E O SURGIMENTO DA DITADURA 150
4. A SACRALIDADE DAS MAGISTRATURAS, INCLUSIVE, DA DITADURA 165
5. O DITADOR, MAGISTRADO EXTRAORDINÁRIO 175

CAPÍTULO VIII — EM QUE PERÍODO FUNCIONOU O DITADOR ROMANO? 195
1. A DITADURA EM SUA FORMA CLÁSSICA 195
2. O FASTÍGIO E A DECADÊNCIA DA DITADURA, EM SUA FORMA CLÁSSICA. O DECLÍNIO DO "ETHOS" ARISTOCRÁTICO, EM CONEXÃO COM O COSMOPOLITISMO. A DECADÊNCIA DA REPÚBLICA. 204
3. AS DITADURAS ATÍPICAS DO FINAL DA REPÚBLICA 210
4. AS DITADURAS DE SILA, POMPEU E CÉSAR 214
   A Ditadura de Lúcio Cornélio Sila 214
   A Ditadura de Cneu Pompeu 221
   A Ditadura de Caio Júlio César 224
5. O DESAPARECIMENTO OFICIAL DA DITADURA 228

CAPÍTULO IX — QUAIS ERAM OS PODERES DO DITADOR ROMANO? .. 231
CONSIDERAÇÕES PRÉVIAS 231
1. OS PODERES NA DITADURA CLÁSSICA 231
2. OS PODERES NAS DITADURAS ATÍPICAS DO FINAL DA REPÚBLICA 253
3. OS PODERES DE SILA, POMPEU E CÉSAR 254
   Os Poderes de Lúcio Cornélio Sila 254
   Os Poderes de Cneu Pompeu 256
   Os Poderes de Caio Júlio César 261
4. A ATIVIDADE LEGISLATIVA DO DITADOR 266
   A Atividade Legislativa de Lúcio Cornélio Sila 274
   A Atividade Legislativa de Cneu Pompeu 277
   A Atividade Legislativa de Caio Júlio César 279

CAPÍTULO X — CONCLUSÕES QUANTO À DITADURA ROMANA: PODER ARBITRÁRIO OU DISCRICIONÁRIO? 285
1. A DITADURA ROMANA EM SUA FORMA CLÁSSICA: PODER ARBITRÁRIO OU DISCRICIONÁRIO? 285

2. A DITADURA ATÍPICA: PODER ARBITRÁRIO
   OU DISCRICIONÁRIO?... 298
3. BREVE COMPARAÇÃO DA DITADURA ROMANA
   COM O DESPOTISMO ELETIVO HELÊNICO 299
   CONCLUSÕES FINAIS 303
   BIBLIOGRAFIA 319

PREFÁCIO

Em mãos a sua excelente Dissertação de Mestrado apresentada ao Departamento de Filosofia e Teoria Geral do Direito da nossa Faculdade de Direito da Universidade de São Paulo. No oferecimento, a sua solicitação, para mim muito honrosa, de manifestar-me sobre a tese intitulada "Aspectos Históricos e Jurídicos do Poder Arbitrário e do Poder Discricionário na Grécia Antiga e em Roma. O Tirano, O Aisunmêtes, O Estratego e o Ditador", o que me apresso em atender.

O título demonstra à saciedade que o autor não se intimidou em pesquisar nos ínvios escaninhos da História, as principais instituições dos dois povos mediterrâneos, que ao invés de submergirem, renascem do olvido dos tempos como a cinza da Fênix, com outras roupagens e novas modalidades, como peças indispensáveis aos que se propõem ao estudo do moderno Direito Público. O autor, com proficiência, cuidado e perspicácia jurídica, valendo-se do método histórico, indispensável aos que assumem empresa de tamanho vulto, nos traz, com a paciência de um ourives, uma gama imensa de subsídios fundamentais aos que se propõem ao estudo das antigas instituições dos dois povos mediterrâneos. Reunido assim, na sua dissertação, o material necessário às investigações dos discutidos temas, o autor se valeu do referido método nas suas três fases: a heurística, a hermenêutica e a síntese, chegando o novel Mestre à meta final da obra a que se propôs. Valeu-lhe o esforço.

Aos gregos e romanos, o Governo arbitrário ofendia-os profundamente. A escravidão, a submissão, o despotismo e tirania não só mutilam a alma, mas também nas palavras de Homero, ..."Zeus retira ao homem metade de sua humanidade, no dia em que a escravidão dele se apodera". Bárbaros eram os que desconheciam a língua grega, e que viviam sob o despotismo oriental. Mas, aos poucos, a vida tranqüila e pacata dos povos da Ática, do Peloponeso e da Jônia pagaria o preço às ambições desenfreadas dos seus governantes. Ares, o deus das guerras, prevalece sobre Dike, a deusa da Justiça. Ovídio, o poeta das Metamorfoses, cantou, em "As Quatro Idades", a fase primeira de um mundo que acalentara, isto é, ..."quando o pinheiro ainda não tinha descido até as líquidas ondas cortadas de seus montes, para que visitasse o mundo estranho e os mortais não conheciam nenhuma das praias exceto as suas".

Vãs as esperanças do poeta. Aos poucos desnudaram-se as montanhas da Hélade; seus barcos guiados pelas estrelas demandam solos longínquos e ignotos, onde despejam riquezas e aguardam outras. Mas o destino fez com que as instituições políticas dos bárbaros, subrepticiamente penetrassem e acolhidas fossem pelas nações que compunham a constelação dos povos helênicos. E, dentre elas, a terrível Tirania.

Da Lídia ela chega e se instala, e dela fazem uso nos momentos críticos e de desespero. Felizmente, para os gregos de Atenas, não passou de Pisístrato; extinguiu-se com os filhos, Hiparco e Hipias. Cabe a Heródoto relatar-nos do embuste de que se valeu Pisístrato para se impor como Tirano. Assim, diz o historiador, "Pisístrato, desejoso do Poder Supremo, formou um terceiro partido. Reunindo os seus sequazes com o pretexto de proteger os montanheses, imaginou um estratagema: feriu-se a si próprio e às suas mulas, guiou o carro para a praça, como se fugisse de inimigos e pediu que lhe dessem guarda pessoal." O relato do feito, devidamente incorporado no livro "Os Gregos", de H.D.F. Kitto, atingiu o objetivo do filho de Hipócrates: com os cidadãos que os atenienses permitiram-lhe escolher, ..."tomou a Acrópole e o Governo, não interferindo contudo nem com os magistrados existentes, nem com as leis e administrando bem a cidade". Cautelosamente, a princípio, como o defensor das salvaguardas populares... e vale-se de todos os meios para assegurar o seu poder e o dos áulicos que o acompanharam.

O que causou espanto a Heródoto é que o estratagema foi pregado aos atenienses, que são tidos como os mais inteligentes entre os gregos. A razão que motivou o retorno de Pisístrato, depois de longo afastamento, é risível, pois o mesmo Tirano valeu-se desta feita do seguinte expediente: Havia uma mulher chamada PHYE (FIA), com seis pés, menos duas polegadas de altura (aproximadamente 1,78 m); ensaiaram-na no papel que devia representar, colocaram-na num carro e partiram para a cidade, onde os arautos proclamavam: — Cidadãos de Atenas, dai as boas vindas a Pisístrato, a quem a própria Atenas honra acima de todos os outros homens, e o conduz agora mesmo para a sua cidadela. Espalharam a notícia pela cidade e o povo, acreditando que essa mulher era a deusa, recebeu Pisístrato — e assim adorou um ser humano.

Pois bem, meu caro Mestre e ilustrado autor da meritória obra, que com vagar e proveito absorvo o seu conteúdo, assim Atenas dá boas vindas ao embusteiro. No Poder, devidamente instalado, o Tirano vale-se de todos os recursos, inclusive o engodo, para longa e discutida permanência. Como bem acentua Jacques Elul, na sua consagrada "Histoire des Institutions", os Tiranos reinavam pela força, assumiam a totalidade dos poderes e raramente suspendiam as leis políticas, mas pessoalmente se situavam acima das leis e das magistraturas. Mas, afinal de contas, governavam com o apoio da população urbana, multiplicando as obras de utilidade pública (estradas, aquedutos, monumentos) e favorecendo as artes. Pisístrato não fugiu à regra. Durante a sua permanência no Poder (embora sem ocupar função oficial), segundo os historiadores, foi um déspota esclarecido, pois coube-lhe construir o Templo de Atenas e de Hecatompedon, o Santuário de Dionísios, e lançar os fundamentos do Templo de Zeus Olímpico. Apóia, inclusive em caráter oficial, uma arte nova, o drama trágico e os recitais de Homero no grande Festival das Panatenéias, o Festival de Atenas Unidas. Certamente o intuito de Pisístrato era o de satisfazer a maioria com o que, até então, constituía privilégio da minoria.

Apesar de toda essa gama de atividades, a Tirania, em Atenas, não ultrapassou 50 anos, ao todo, incluindo-se o período dos filhos e sucessores, Hipias e Hiparco. Os tiranicidas puseram-lhe fim. O autor, sem fazer perigosas comparações com a época atual, põe em realce algumas características importantes dos Tiranos da Hélade, como o populismo, e a exemplar devoção religiosa.

Ainda no tocante às instituições emergenciais, insere o prezado amigo breve referência à figura do "Aisumnêtes", cuja atuação se dava nos momentos de crises políticas, quando as instituições políticas vigentes, se tornavam insuficientes para a manutenção da paz e da tranqüilidade. Valendo-se dos ensinamentos de Glotz, o eminente Mestre e amigo consigna em seu trabalho que "para a investidura do Aisumnêtes havia necessidade de consenso e sua missão temporária, sendo-lhe delegado, ora sem um prazo fixo, ora com um prazo, o cumprimento de determinada tarefa". Tomo a liberdade de explicitar que o verbete consta do "Dictionnaire des Antiquités Grecques et Romaines", obra editada em 1.877, sob a direção de Daremberg et Saglio, e básica para estudo e consulta, pois que redigida por especialistas da história de ambas as civilizações, esclarece que o título já se encontrava na Ilíada de Homero, livro XXIV. Esta forma de governo conhecida como "sumneteia" era também qualificada "Tirania Eletiva", e se assemelhava à monarquia. A diferença consistia na hereditariedade desta enquanto a "aisumnetia" era pessoal. Exemplos da Sininetia, foram Pitacus em Mitilene, Tinnondas, na Eubéia e Epimeneu, em Mileto. A terminologia "Simnetas" era adotada por algumas repúblicas gregas. Na Calcedonia, o Presidente do Senado, cujas funções eram renováveis todos os meses, também era denominado "assimnontes".

Dispenso-me, meu caro Mestre, de me estender a respeito das outras instituições, notadamente a Ditadura, cujo estudo abrange um dos períodos mais importantes da história política do povo romano. No seu trabalho, quase que se exaure o estudo da controvertida instituição...

Certamente a contribuição das duas civilizações marcou os rumos da moderna ciência política. Os problemas dos cidadãos gregos nos tocam hoje porque são "nossos" problemas. E são nossos problemas porque a experiência dos gregos fundiu-se na nossa substância, integrando-se no nosso ser, conforme sintetiza J.A. Smith em sua magistral obra "The Unity of Western Civilization". Já se disse e com acerto que... "toda história é história contemporânea". "Quando nos debruçamos sobre a História, estamos procurando compreender a nós próprios. A fim de alcançar esta compreensão tentamos investigar o canteiro de onde viemos, a rocha na qual fomos talhados" — esta a síntese do pensamento do festejado autor Sir Ernest Baker, em sua Teoria Política Grega.

E quanto a Roma, cantada em prosa e verso, cujo sopro de vida lhe é dado por Rômulo — figura quase mitológica, pois descendia pelo lado materno, do troiano Enéas, filho de Anquises e Vênus que, após a destruição de Tróia pelos gregos, após longa peregrinação, aportou no Lácio — a sua história e a dos romanos se confunde com a própria História da Civilização. Que peripécias marcaram a trajetória da urbe, que no século IV a. C., ainda não ultrapassava a área de 1.500 km^2, à de dominadora inconteste do Mundo até então conhecido, quando do nascimento de Cristo! ... Não é sem razão que Rudolf Von Jhering, na sua monumental obra "O Espírito do Direito Romano", afirma que três vezes Roma ditou leis ao mundo e três vezes serviu de traço de união entre os povos: primeiro pela unidade do Estado, quando o povo romano ainda se achava na plenitude de seu poderio; depois pela unidade da Igreja, desde o início da queda do Império; e finalmente pela unidade do Direito, ao ser ele adotado durante a Idade Média.

A análise conscienciosa e oportuna da ditadura romana, lastreada e bem fundamentada, pois o caro Mestre valeu-se de fontes, as mais autênticas e valiosas, permitiu-lhe trazer para os tempos presentes importantes informações sobre o contraditório instituto que medrou no passado. Hoje, em determinados momentos, ressurge a Ditadura, como solução para as ambições pessoais dos que contradizem o Estado de Direito. A Tirania e a Ditadura sempre caminharam lado a lado, quase que se confundem como métodos de usurpação para satisfazer anseios e veleidades.

Entendemos oportuno invocar a fala de São Tomás de Aquino: "Quando o Poder é exercido por um só, o regime injusto se chama Tirania, nome derivado da força, pois a Tirania oprime pelo Poder em vez de reger pela Justiça." Ainda no entender do Doutor Angélico, o seguidor e intérprete de Aristóteles, ..."o governo de um só pode chegar à Tirania, desde que se afaste dos princípios de um só".

Sem dúvida, meu caro amigo e Mestre, razão cabe ao Santo da Igreja, no sentido de que..."governar é conduzir convenientemente ao devido Fim a coisa governada".

Com estas considerações sobre o seu magnífico trabalho, cuja aprovação pela Banca Examinadora lhe permitiu alçar novos vôos na sua trajetória jurídica, em cujo trato vem se esmerando com brilho e inteligência.

Cordialmente e com os melhores votos de novos êxitos, o amigo, colega e admirador,

MANOEL MARTINS DE FIGUEIREDO FERRAZ
S. Paulo, 24/02/99

PRIMEIRA PARTE

O PODER ARBITRÁRIO E O PODER DISCRICIONÁRIO NA GRÉCIA ANTIGA. O TIRANO, O "AISUMNÊTES" E O ESTRATEGO

CAPÍTULO I
AS RELAÇÕES ENTRE O PODER E A RELIGIÃO

Na "infância dos povos", importam ao estudioso do Poder as manifestações religiosas. E obrigatória é a consulta do clássico de *Fustel de Coulanges*, "A Cidade Antiga".

É no seio da instituição familiar que devem ser perquiridas, quer entre os gregos, quer entre os romanos, as origens do Poder e da Autoridade. E, na família, o que deve ser por primeiro examinado, é o culto doméstico.

Conhecida é a opinião de *Fustel de Coulanges*, quanto ao Direito Privado haver precedido o Direito Público. Escreve a propósito, "verbis":
"A família não recebeu da cidade as suas leis. Se a cidade tivesse estabelecido o direito privado, é provável estatuísse normas inteiramente diferentes daquelas por nós aqui estudadas."[1]

Este velhíssimo Direito teve a sua origem na família, derivando das crenças religiosas admitidas na "idade primitiva" desses povos.

No grupo familiar a autoridade principal não pertence ao pai, mas sim à religião doméstica, a um deus que os gregos chamavam "senhor do lar", e que entre os latinos recebe o nome de "Lar familiae pater".

O pai é o pontífice junto do lar. É quem o acende e o conserva. Nas funções religiosas, é o pai quem desempenha o papel mais elevado, pois é ele quem degola a vítima, e quem pronuncia a fórmula da oração; oração que chama sobre si e os seus a proteção dos deuses.

Observamos que a palavra "lareira" dá subsídios interessantes para o estudioso. A lareira é o lugar da casa em que crepita o fogo em torno do qual se reúne a família, no inverno. Pois bem, embora sem os elementos de cunho religioso que o caracterizavam outrora, o "fogo do lar" remanesce como um ponto de reunião dos membros do grupo familiar, sendo estas sobrevivências, de resto, muito mais comuns do que ordinariamente se pensa. E não é demasia lembrar que era comum que os serões familiares fossem realizados "junto à lareira" e que, nestes serões,

---
[1] Op. cit., Lisboa, Livraria Clássica Editora, 10ª edição, 1971, página 99.

os membros da família deliberassem sobre assuntos do seu interesse comum. Não subsistiria aí uma crença, no sentido de que junto do "fogo do lar", estaria a família "protegida"?

1. A TRANSMISSÃO DO PODER NA FAMÍLIA, POR MEIO DA RELIGIÃO DOMÉSTICA.

É conhecida a sistemática do parentesco adotada pelo Direito Romano Clássico, em que as estruturas familiares derivaram das relações do culto doméstico. Neste sentido, *Fustel de Coulanges.*

Nesta primitiva religião, a posição da mulher era bem menos proeminente que a do homem. Embora ela tome parte nos atos religiosos, não é "senhora do lar". A religião da mulher não advém do nascimento como a do homem; é adquirida pelo casamento. Ela aprende porque esta lhe foi ensinada pelo marido, a oração que pronuncia.

Em resumo, a mulher, que não representa os antepassados, tampouco se tornará um antepassado. E depois da morte, sem receber um culto especial, a mulher continua a ser o que era em vida: *parte integrante do seu esposo.*

As crenças religiosas que acabamos de examinar, refletem-se no Direito Grego e no Direito Romano, bem como no Hindu, sendo de se notar que neles a mulher é sempre encarada como "menor". Sem poder ter um lar para si, e sem poder ser chefe do culto, é significativo que em Roma, embora recebendo o título de "materfamilias", *a mulher o perca quando o seu marido morre.*

À luz do que foi até aqui examinado, parece-nos correto afirmar que, nos períodos mais recuados da História dos povos arianos, o Poder (tomado numa acepção global, bastante genérica) esteve indissoluvelmente associado à religião doméstica, e, como ela, era transmitido apenas pela linha masculina.

2. A DURAÇÃO CRONOLÓGICA DO PODER PATERNO. RELIGIÃO E NATUREZA.

As primitivas crenças religiosas influíam também nas concepções dos antigos indo-europeus pertinentes à criança.

Não é demais recordar aqui, que o homem, dentre todos os demais seres vivos, é o que depende durante mais tempo dos cuidados dos pais. E a primitiva religião, segundo *Fustel de Coulanges*, "está de acordo com a natureza quando diz ser o pai o chefe do culto e dever o filho somente ajudá-lo nas suas funções santas".[2]

Entretanto, aduz o autor, a subordinação do filho ao pai, derivada da natureza, tem uma duração limitada, ao passo que esta subordinação, derivada da religião, jamais desaparece, sendo ao contrário vitalícia.[3]

Houve um "poder sem limites" do pai, derivado da religião doméstica. Na Hélade, ao menos no que diz respeito a Atenas, a total sujeição do filho ao pai, logo desapareceu. Mas entre os romanos a velha sujeição total do filho ao seu pai perdurou. Assim, enquanto vivo o pai, o filho não podia cuidar de um lar particular, não importando que fosse casado e pai de filhos.

Gustave Glotz, escrevendo sobre esta matéria posteriormente, faz algumas restrições ao clássico autor de "A Cidade Antiga."[4]

Recomenda o autor que é conveniente a adoção de uma certa "cautela", relativamente às conclusões de *Fustel de Coulanges*, que, na sua opinião, "transporta" para agrupamentos humanos cada vez mais numerosos, as crenças e os costumes que havia observado na família.[5]

Em abono à sua crítica, escreve *Glotz*:

"Mas não é assim que evoluem as sociedades humanas: *não se trata de figuras geométricas*, e sim de seres vivos, que só duram e só conservam a sua identidade se se modificarem de maneira profunda."[6]

Não há dúvida, diz *Glotz*, de que a cidade grega conheceu e conservou a instituição familiar. Mas a cidade "só pôde crescer às expensas dessa instituição".[7]

Por outras palavras, à medida que a "Polis" se afirmava, o agrupamento familiar se debilitava.

A assertiva "supra" formulada, não deve dar margem a interpretações errôneas. Ela deve ser entendida no sentido de que a cidade, ao

---

[2] Op. cit., p. 103.
[3] Op. e loc. cit.
[4] Cf. "A Cidade Grega", tradução brasileira de Henrique de Araújo Mesquita e Roberto Cortes de Lacerda, Rio de Janeiro, Editora Bertrand Brasil S.A., 2ª edição, 1988, página 3.
[5] Op. e loc. cit.
[6] Op. e loc. cit., grifos nossos.
[7] Op. cit., página 4.

longo do tempo, recorreu às energias individuais que, no seio da família, eram reprimidas por ela própria.

Ainda de acordo com *Glotz*, o "grande erro" de *Fustel de Coulanges* consistiu em estabelecer uma total oposição, uma antinomia, entre a onipotência da cidade e a liberdade individual, quando, pelo contrário, "o progresso do poder público e do individualismo se fez com base num mútuo apoio e em passo uniforme".[8]

Assim, ao passo que o autor de "A Cidade Antiga" vislumbra *duas forças em confronto*, a família e a "Polis", *Glotz* lobriga três: a família, a cidade e o indivíduo. Cada uma dessas três forças, ainda em consonância com o autor de "A Cidade Grega", teve o "seu momento de preponderância". E isto permitiria a redução da história das instituições helênicas a três períodos, assim caracterizados:

a) No primeiro deles, a "Polis" compõe-se de famílias que, com todo o zelo, resguardam o seu direito primitivo, e sujeitam todos os seus membros ao interesse da coletividade;

b) No segundo período, a cidade coloca sob sua dependência as famílias, chamando em seu auxílio os indivíduos libertos (libertos da família);

c) Finalmente, num terceiro período, os excessos do individualismo acarretam a ruína da cidade, ao ponto de se tornar necessária a constituição de Estados mais extensos.

Algumas observações são oportunas, a propósito da lição de *Glotz*. Em primeiro lugar, fala ele de "liberdade individual". A expressão, cremos, demanda um uso cauteloso ao extremo. Nós, homens do final do século XX, tendemos a lhe dar o sentido que passou a ter a partir da Revolução de 1789, nisto cedendo ao vezo de olhar o passado com as lentes do presente. E este sentido, não no conheceu o mundo antigo. A propósito, ilustrativa é a lição de *Miguel Reale*, em "Horizontes do Direito e da História":

"Em um Estado de caráter monista, como foi o antigo, como são os totalitários, desde o fascista até o soviético, tal correspondência entre liberdade política e liberdade civil não existe, nem é necessária. Não havendo o problema do indivíduo "perante" a ordem estatal, mas tão-somente "pela" ordem estatal, não há direito individual que não seja mero *consecutivum* da autoridade, a qual pode arbitrariamente se delimitar para "permitir" a atividade individual."[9]

---
[8] Op. e loc. cit.
[9] V. op. cit., São Paulo, Edição Saraiva, 2ª edição revista e aumentada, 1977, páginas 36 e 37 — grifo no original.

Verifica-se que, para o autor de "O Direito como Experiência", não há uma identidade entre o que chama de "liberdade antiga" e "liberdade moderna", nada mais tendo sido a "liberdade" entre os antigos, do que a "Isonomia", isto é, o *privilégio de obediência* às mesmas leis.

Em segundo lugar, na sistemática dos três períodos de *Glotz*, onde está o "Período Heróico" (ou homérico), em que uma sociedade eminentemente agrária e pastoril, fundada num "Ethos" aristocrático, prescinde da cidade? Sobre o período heróico, escreve *Werner Jaeger*, com a sua imensa autoridade:

"A história da formação grega — o aparecimento da personalidade nacional helênica, tão importante para o mundo inteiro — *começa no mundo aristocrático da Grécia primitiva com o nascimento de um ideal definido de homem superior,* ao qual aspira o escol da raça. Uma vez que a mais antiga tradição escrita nos mostra uma cultura aristocrática que se eleva acima do povo, importa que a investigação histórica a tenha como ponto de partida."[10]

Homero é o educador, por excelência, desta Idade Primitiva, a um ponto tal, que "homérico", em certa medida, é sinônimo de "heróico", e a cultura da aristocracia bélica destes idos, pode ser resumida em uma palavra: "Arete". Para *Jaeger*, ela é o "superlativo de distinto e escolhido".[11]

"Arete" designa a força e a destreza dos guerreiros e, sobretudo, *heroísmo*.[12]

Glotz, neste ponto coincidindo com *Fustel de Coulanges*, fala do "antepassado comum" nos agrupamentos primitivos.

Qual era a constituição deste agrupamento familiar, é o que veremos a seguir.

3. O PODER, NO ÂMBITO FAMILIAR, ENTRE OS PRIMITIVOS HELENOS. OPINIÃO DE GUSTAVE GLOTZ.

Ao que nos parece, há em *Glotz* uma identificação entre o "período heróico" e o surgimento da cidade.

---

[10] V. "Paidéia", "A Formação do Homem Grego", tradução portuguesa de Artur M. Parreira, São Paulo, Martins Fontes, 1ª edição brasileira, 1986, página 18 — grifos nossos.
[11] Op. cit., p. 19.
[12] Idem, ibidem.

Ora, cremos que, a rigor, as crenças e costumes noticiados pelo autor para a época em que os helenos eram "pastores seminômades", *continuaram a existir no "posterius" do surgimento da "Polis"*. Que, inobstante, só pôde se afirmar, na medida em que conquistava o espaço antes pertencente, exclusivamente, à família.

O vetusto clã patriarcal, tinha os nomes de "patriá" ou "génos". No "génos" havia o culto a um mesmo deus, pois que todos descendiam de um só antepassado. Os "génos", reunidos em número mais ou menos grande, formavam associações maiores. Eram as "phratríai" (fratrias), *corporações para a guerra*, cujos integrantes recebiam os nomes de "phrátores" ou "phráteres", "étai" ou "hetaîroi".

Julgamos não ser demais insistir nas críticas de *Gustave Glotz* a *Fustel de Coulanges*: elas podem ser sintetizadas no excesso de lógica com que o autor de "A Cidade Antiga" "transporta" as observações pertinentes à família para agrupamentos cada vez mais amplos. Sucede que esta não é, segundo pensamos, a única crítica a ser feita à obra clássica. Há uma outra crítica a ser feita a *Fustel de Coulanges*. E, conseqüência dela, há uma outra cautela, de que deve se cercar o estudioso do Mundo Antigo, ao ler as conclusões do genial sistematizador de "A Cidade Antiga": ele, em boa medida, contempla o Universo Indo-Europeu *como um todo homogêneo*. Com base na religião doméstica, no culto do lar, e nas relações familiares derivadas desse culto, *Fustel de Coulanges* faz assertivas que, a seu ver, seriam válidas quer para os hindus, quer para os gregos, quer para os romanos. Por outras palavras, ele monta as suas estruturas teóricas, e como que as impõe à realidade dos fatos. Percorre, assim, *o caminho inverso* do moderno investigador. Uma das conseqüências desta atitude intelectual é a pouca atenção dada aos particularismos regionais.

Os particularismos locais importam, e muito, ao estudioso da História do Direito. E a Grécia foi rica nos particularismos de que ora falamos: a rigor, não houve "A Grécia". Houve sim, com mais propriedade, "As Grécias". Ao fenômeno grego faltou *a unidade monolítica* da cultura romana. Aqui, importa apenas consignar que *Glotz*, escrevendo depois de *Fustel de Coulanges*, não incorreu na falha do seu predecessor. E deu, aos apontados particularismos, importância científica. Aliás, ele inicia o seu "A Cidade Grega" com a apologia da "Polis", "razão profunda de todas as grandezas" da Grécia antiga[13]. E "de todas as suas

---

[13] Op. cit., página 1.

fraquezas" também[14]. É significativo que, logo a seguir, *Glotz* fale das condições geográficas da Hélade, em trecho que julgamos oportuno transcrever:

"Na verdade, as condições geográficas da Grécia contribuíram fortemente para dar-lhe a sua feição histórica. Recortada pelo contínuo embate entre o mar e a montanha, a Grécia apresenta em cada palmo do seu território estreitas depressões cercadas de montanhas cujo acesso só é possível pelo litoral. Formam-se assim inúmeros cantões, cada um dos quais é o receptáculo natural de uma pequena sociedade. *A fragmentação física determina, ou pelo menos facilita, a fragmentação política.*"[15]

Assim, as condições geográficas, em boa medida condicionadoras da fragmentação política, não puderam deixar de influir nas manifestações do "gênio helênico". Seja como for, é possível observar algumas constantes nas polimorfas manifestações deste gênio. E ele alcançou toda a sua plenitude na "Polis" e com a "Polis", daí decorrendo o célebre axioma aristotélico, no sentido de o homem ser um animal político por excelência.

4. AINDA O PODER, NO ÂMBITO FAMILIAR, ENTRE OS PRIMITIVOS HELENOS.

A "Polis" foi a mais completa, complexa e elevada forma de organização à qual chegaram os gregos. Subscrevemos as conclusões de *Glotz*, a propósito de terem sido três, e não duas, as "forças em confronto", no evolver das instituições gregas: a família, a cidade e o indivíduo. Ora, para chegarem à plenitude das suas instituições, os helenos, desde o período homérico, conheceram diversas e sucessivas formas de organização social e política. No regime da "Polis", o "Estratego" foi, sem dúvida, uma manifestação do que hoje chamaríamos de "Poder Discricionário". Mas, antes da "Polis" e ao tempo do regime patriarcal, houve essa espécie de Poder? É o que aqui estudaremos.

Embora merecedora das críticas que lhe faz *Glotz*, a obra de *Fustel de Coulanges* continua a ser uma fonte indispensável para o estudo das Instituições da Antiguidade.

---

[14] Op. e loc. cit.
[15] Op. e loc. citado, grifos nossos.

Pois bem, como já visto, a Religião Doméstica conferia ao pai um "poder ilimitado", como o chama *Fustel de Coulanges*. E, sendo pacífico que as normas religiosas precederam as jurídicas, cabe por primeiro indagar se o Direito repetiu a Religião, em termos de poder do pai. Preleciona o autor de "A Cidade Antiga", "verbis":

"As leis gregas e as romanas reconheceram ao pai aquele poder ilimitado de que a religião, primitivamente, o revestira."[16]

Refere-se o autor, a seguir, a "três categorias" de direitos do pai, conforme seja ele encarado como chefe religioso, proprietário ou juiz. Já foram aqui tratados os poderes do pai, como chefe supremo da religião doméstica. Na família, ninguém contesta ao pai, o que *Fustel de Coulanges* denomina "supremacia sacerdotal". Esta supremacia chega a tal ponto que "a própria cidade e os seus pontífices nada podem alterar no seu culto". Sacerdote do culto doméstico, o pai, "sacerdote do lar", não reconhece nesse culto nenhum superior hierárquico. É prudente que, com relação ao poder do pai — derivado exclusivamente da religião doméstica — nos abstenhamos de falar em "poder discricionário" e em "poder arbitrário".

A responsabilidade do pai pela perpetuidade do culto, decorre para ele da chefia desse culto. E isto acarreta para o pai toda uma somatória de direitos: em primeiro lugar avulta (por sua grande importância para o Direito de Família), "o direito de reconhecer o filho ao nascer, ou de o repelir".[17] Aqui importa dizer que, no primitivo Direito Grego, havia este direito (preferimos chamá-lo de "Poder") do pai. Dissemos, "retro", da imensa importância de *HOMERO*, para a compreensão do "período heróico" da Hélade. Pois bem, a propósito do grande relevo dado à figura do pai nesta época recuada, convém salientar que os heróis de *Homero eram conhecidos pelos seus nomes, e pelos dos seus genitores...*

As freqüentes alusões à filiação dos heróis, em *HOMERO*, são altamente significativas, a merecerem algumas considerações. No "período heróico" da Hélade, o estudioso contempla uma sociedade *agrícola, pastoril* e *guerreira* por excelência. De acordo com *Werner Jaeger*, op. cit., os membros dessa aristocracia guerreira perseguem a "Arete". E é mais do que evidente que um herói se orgulha da sua ascendência, que não raro remonta à divindade. Ancestrais ilustres, aumentam o prestígio

---

[16] Op. cit., página 105.
[17] Fustel de Coulanges, op. cit., p. 106.

de um herói; refletem-se na sua "Arete". Ora, há não olvidar que este pai ilustre, com freqüência associado aos heróis de *Homero*, é aquele mesmo chefe do culto doméstico referido por *Fustel de Coulanges*.

O "período heróico", ou "lendário" da Hélade revela, insista-se, uma sociedade possuidora de uma vida econômica ainda bastante rudimentar. Deste período diz *Glotz*, "verbis":

"Nos tempos homéricos, como vimos, cada uma das pequenas comarcas de que se compõe a Grécia forma uma cidade. A palavra *dêmos* designa quer o território, quer a população, e só raramente serve para opor a massa do povo à classe dominante."[18]

O centro da administração da cidade, nesta época, era a "Polis", ou "Ástu". Tanto um nome como o outro, eram aplicados a toda a região. Assim, os cidadãos eram chamados ora de "astoi", ora de "polítai".

Ensina *Glotz* que a "cidade homérica" tem geralmente por centro uma praça forte onde residem os principais chefes e que oferece um refúgio, em caso de alarma, à maior parte da população.[19] O resto da região "abriga povoados mais ou menos importantes".[20] Também esses povoados são chamados de "Ástu" ou de "Pólis". No entanto, na poesia de *Homero*, não existe vocábulo para designar as aldeias e os lugarejos. Por quê? — indaga o autor. Parece, reponde *Glotz*, que *Homero* hesita diante de uma palavra vulgar, e que apenas pretende cantar os heróis nascidos em lugares ilustres. Isto — seja dito — estaria em conformidade com o "Ethos" aristocrático que anima a poesia do primeiro épico. Mas *Glotz* aventa uma outra explicação: a de que *Homero* só conhecesse bem a Ásia Menor, onde os terratenentes se achavam reunidos em centros urbanos muito importantes, fazendo com que as suas glebas fossem lavradas por "meeiros ou servos dispersos pelos arrabaldes".[21]

Existe a omissão em *Homero*, insista-se. Seja como for, adverte *Glotz*, havia na cidade, à sombra da urbe principal, uma confusa massa de pequenas localidades. Assim "Ástu", nome dado às cidades mais famosas, aplicava-se igualmente às muitas localidades (ástea pollá), de uma determinada região puramente rural. O autor exemplifica com a Ilha de Creta, que abrigava noventa ou cem cidades. Entretanto, *Homero*

---

[18] Op. cit., página 29 — grifo no original.
[19] Op. e loc. cit.
[20] idem, ibidem.
[21] op. e loc. cit.

se refere a apenas sete como sendo "bem povoadas".[22] Para resumir, ao tempo de *Homero*, há a capital, "onde brilham em primeiro plano os chefes das grandes famílias", que é "cercada de grande número de burgos, aldeias e pequenos lugarejos", nos quais "vivem, de maneira mais ou menos obscura, as famílias mais humildes".[23]

---

[22] (V. Odisséia, XIX, 174, Ilíada, II, 646 ss).
[23] op. e loc. cit.

CAPÍTULO II

O PODER NA MONARQUIA HOMÉRICA

1. O PODER DO REI, NA PAZ E NA GUERRA.

O rei, que encarnava o poder da cidade, tinha nos régulos das tribos e fratrias os seus inimigos naturais. E, antes de adentrarmos o declínio da primitiva monarquia, convém dar, num rápido bosquejo, o perfil do poder real, à época da epopéia. Aqui, a principal fonte é a poesia de *Homero*. E, mais especificamente, a "Ilíada".

Ao tempo da Guerra de Tróia, é palpável a origem divina do poder real: "O rei da cidade, o rei dos reis, é portanto aquele cuja origem celeste se encontra melhor estabelecida. Todos lhe conhecem a genealogia."[24] Assim, aduz o autor, Agamenon e Menelau são descendentes de Zeus, através de Tântalo, Pélope e Atreu. Aquiles também é um descendente de Zeus, por meio de Éaco e Peleu. Ulisses, por igual, descende de Zeus, através de Arcésio e Laertes. E o mesmo antepassado divino é ostentado por Idomeneu.

Os exemplos retirados da poesia homérica, demonstram que os heróis da Ilíada — todos eles, detendores do título de rei — orgulhavam-se das suas estirpes divinas, que entroncavam no próprio Zeus. "Orgulhavam-se", dissemos. E o comentário não é gratuito: descender de uma estirpe divina era algo que integrava a "arete". E os heróis de *Homero*, com freqüência, declinam a sua genealogia. Ora, os reis do período de que tratamos, saíam da classe dos nobres; da primeira das três classes em que estava repartida a sociedade helênica (nobres, demiurgos e thêtes). Ensina *Gustave Glotz*:

"Os nobres pertencem às famílias que descendem dos deuses: são os filhos, os rebentos de *Zeus*. Cada um deles conserva cuidadosamente a genealogia que é causa do seu orgulho; a qualquer ensejo, desfia em tom glorioso a lista dos ascendentes que o levam até o ancestral divino.

---

[24] Glotz, op. cit., página 34.

Mas a riqueza já importa tanto como a pureza do sangue. Depois de enumerar os seus maiores, o herói homérico procura fascinar o interlocutor com o inventário dos bens que lhe pertencem."[25]

O título hereditário de "rei" (basileús) era utilizado por todos os chefes, vale dizer, pelos dos "génê", pelos das "fratrias" e pelos das tribos. Também "rei" (basileús), é o chefe da cidade. Verifica-se que o título de rei era aplicado a indivíduos investidos em vários tipos de chefia. "Basileús" não é, pois, à época de *Homero*, uma palavra unívoca. Sim, equívoca.

Cremos ser provável que as particularidades geográficas da Grécia tenham influenciado bastante, no que tange à existência desta multiplicidade de "reis".

Em abono à importância dos fatores geográficos, em conexão com a fragmentação do poder político, é oportuno fazermos remissão à lição de *Glotz*:

"Para cada compartimento existe uma nacionalidade distinta. Imaginem-se num vale fechado, pastagens banhadas por riachos, bosques sobre as colinas, pradarias, vinhedos e olivais que dêem para alimentar algumas dezenas de milhares de habitantes, *raramente mais de cem mil*, e, mais adiante, um outeiro que pode servir de refúgio em caso de ataque e um porto para o contato com o exterior, *e ter-se-á uma idéia do que é para um grego um Estado autônomo e soberano.*"[26]

Se, neste quadro delineado por *Glotz*, muitos são os homens que ostentam o título de "rei" (basileús), é natural que, entre eles, se estabeleça um relacionamento em que há "reis" maiores do que os outros, havendo também um "rei máximo". Do maior ao que tem menor importância, os reis são "filhos e discípulos diletos de Zeus"(Diogenées Diotrephées). O nascimento divino confere aos reis o direito ao cetro, como indicado por Homero na "Odisséia", VIII, 41, 47, e na "Ilíada", XVIII, 507. O cetro tem um cunho sacral. É a insígnia dos sacerdotes, dos arautos e dos adivinhos.

Pelo fato de os reis serem os chefes de grupos subordinados uns aos outros, *Glotz* se refere a uma ..."hierarquia de suseranos e vassalos, uma espécie de *feudalismo*".[27] Parece não haver dúvida de a realeza do

---

[25] Op. cit., página 30 — grifo no original.
[26] Op. e loc. cit. — grifos nossos.
[27] Op. e loc. cit. — grifo no original.

período homérico comportar graus hierárquicos. *Agamenon* é chamado de "pastor de reis". Em função desta hierarquia que existe entre os reis, um deles é "mais rei do que o outro" (basileúteros), e só um é o rei máximo, o "basileútatos".

Em época de paz, o rei associa à sua autoridade a dos reis das tribos. Mas isto não é ainda suficiente, para assegurar sejam executadas as medidas com eles concertadas. Para tanto, o rei tem que convocar os chefes de "génê".

Nos períodos de guerra melhor se revela que o rei é o chefe supremo. Na guerra, o rei ostenta o título de "koíranos". Em numerosas passagens da "Ilíada" e da "Odisséia" aparece este título. No primeiro destes poemas, aliás, é dito que a partilha do poder (polukoiraniê) não é uma boa coisa, é necessário que haja apenas um "koíranos", o que foi para o mando escalado pelo filho de Cronos. A propósito, consulte-se a "Ilíada", Canto II, 204 e seguintes. Cremos haver aqui, com nitidez, *a indicação da origem divina do poder supremo*.

Em campanha, o rei supremo pode perfeitamente reunir na sua tenda os demais reis que lhe estão subordinados, da mesma forma como, em tempo de paz, os reunia no seu palácio. Reúne-os, para lhes ouvir as opiniões. *Mas após ouví-los, o rei supremo é quem decide*. Verificamos, destarte, que nesta situação (bélica), as cousas se passam de modo diferente da época de paz.

Cabe aqui — na guerra — falar sim, de um "poder discricionário" do rei supremo, do "basileútatos". Com efeito: é ele quem estabelece os planos de combate, designa o lugar a ser ocupado pelas unidades e escolhe os chefes de companhia. Mas o "poder discricionário" se revela, em especial, *no direito de vida e de morte ostentado pelo "basileútatos", em relação aos seus comandados*.

Ele exerce a Justiça (Thémis), na ágora do acampamento, e apenas ele pode parlamentar com o inimigo. Digno de ser observado, na "Ilíada", é que Príamo é quem vai parlamentar com Aquiles, a propósito da devolução do cadáver de Heitor... (Canto XXIV, num. 472 a 508).

Não estaria aqui, indagamos, neste poder exclusivo de parlamentar com o inimigo, mais uma exteriorização do poder discricionário? Ao parlamentar com o inimigo, ao celebrar a paz, ao estabelecer condições para ela, o "basileútatos" é o único que tem o poder de, com a sua palavra, vincular a todos os que lhe estão subordinados.

Se é verdade que, exclusivamente em época de guerra, o rei supremo era detentor de um poder discricionário, não menos certo é que, não raro, era este poder desafiado pelos reis que lhe eram subordinados e, de resto, na própria "Ilíada", Aquiles se insurge abertamente contra a autoridade de Agamenon, em função do destino a ser dado à cativa Briseida. (Canto I, num. 104 — 141).

A que fator, ou a quais fatores, deveríamos atribuir esta inquestionável fragilidade de um poder que, em tese, era discricionário? Uma primeira explicação radicaria no estágio de desenvolvimento dos helenos no período homérico: estava-se, ainda, na Idade do Bronze.

Uma segunda explicação, é a de que nos grupos sociais primitivos, também as instituições são "jovens" e instáveis.

Estas explicações não esgotam a questão da fragilidade intrínseca deste poder discricionário do rei supremo em período de guerra. É preciso ir além, penetrando na psicologia destes aristocratas guerreiros. Eram eles extremamente ciosos das suas prerrogativas, e tinham plena consciência do seu valor.

Não é de estranhar que estes aristocratas guerreiros, ciosos da sua genealogia, da sua destreza com as armas, dos seus talentos oratórios, e cada um deles também "rei" em sua terra natal, se sentissem tentados a, mesmo em época de guerra, desafiar a autoridade suprema do "basileútatos".

Há, à evidência, um último fator, a determinar a fragilidade intrínseca do "poder discricionário" do rei ao tempo da epopéia, em período de guerra. E este fator é o alusivo à arte bélica do tempo. Ela era rudimentar ao extremo e muito importava o valor individual dos combatentes. Conta a "Ilíada" que a sorte passa a sorrir aos troianos, em função da pendência entre Aquiles e Agamenon.

Ora, se um dos aristocratas guerreiros tinha plena consciência de que o seu valor podia decidir as batalhas, era natural que deste valor se utilizasse para desafiar a autoridade suprema do "basileútatos".

Esta monarquia homérica, destarte, trazia no seu bojo os germens da sua futura destruição, o que examinaremos a seguir.

2. POR QUE DECLINOU E DESAPARECEU A MONARQUIA HOMÉRICA?

Em certas partes da "Ilíada", mas principalmente na "Odisséia", vislumbra-se o fim da monarquia patriarcal. Aponta *Glotz* os seguintes exemplos, retirados da epopéia: Peleu, idoso e fraco, é objeto de preocupação do seu filho Aquiles, que, em campanha, se questiona sobre se o pai não terá sido privado da majestade. E as disputas entre os irmãos Agamenon e Menelau, depois da queda de Tróia, constituem "provações terríveis para as famílias reais".[28] No retorno de Ulisses a Itaca, é perceptível, num grau mais acentuado, a fragilidade do poder real: na ausência do herói, a sua dignidade real é ameaçada...

Algumas conclusões daí podem ser retiradas. Em primeiro lugar, a de que o rei só conserva a sua autoridade, enquanto presente, e visto diuturnamente pelos governados. Em segundo lugar, o rei só é rei, enquanto conserva por inteiro a sua higidez. Trata-se de uma "autoridade quase anímica".

Em terceiro lugar, cabe assinalar que esta chefia ligada à força física, à coragem e à destreza nas armas, sobre ser *personalíssima*, casa muitíssimo bem com um *povo guerreiro*, vivendo num grau bastante primitivo de civilização. Em quarto lugar, é perceptível o culto da força em um povo guiado por um "Ethos" eminentemente guerreiro; esta força, física, recebe o "toque" de fatores divinos. Em quinto lugar, é patente a intervenção dos deuses. Por fim, tem que ser assinalado que a autoridade *moral e política* do rei, não era forte o suficiente para se manter, se ele se ausentasse (caso de Ulisses, em campanha e longe de Ítaca), ou envelhecesse e decaísse em força física (caso de Peleu).

Em decorrência, tire-se uma outra conclusão: a de que a monarquia, no período homérico, não chegou a configurar uma "instituição", no sentido hodierno da palavra. Repousava em excesso nas qualidades pessoais do rei, para ser uma "instituição".

---

[28] Op. cit., página 49.

3. O PODER NA GRÉCIA ANTIGA, APÓS O DESAPARECIMENTO DA MONARQUIA HOMÉRICA.

No Livro II do seu "Instituições da Antiguidade", *Gaudemet*, ao iniciar o estudo da Grécia, realça a importância do estudo das instituições gregas:

"O estudo das instituições jurídicas e do pensamento político gregos merece mais atenção ainda que o das sociedades orientais. O pensamento grego, com efeito, exerceu uma influência inegável sobre as doutrinas jurídicas e políticas de Roma, e, para além disto, sobre as da Europa inteira. As instituições políticas, a organização social e familiar das cidades gregas, apresentam certas analogias com as de Roma. Simples paralelismos, semelhanças superficiais ou empréstimos da Grécia a Roma? Isto se discute ainda, e apenas o estudo das instituições gregas pode fornecer os elementos de uma resposta."[29]

Glotz critica *Fustel de Coulanges*, com referência à visão lógica em demasia dos grupos humanos primitivos. Esta visão, seria a responsável pela generalização dos seus conceitos, indistintamente, a todos os povos indo-europeus que estuda, sem atentar para os seus particularismos. Pois bem: a leitura da obra clássica de *Gaudemet* reforça o asseverado. Os apontados particularismos existem dentro da própria cultura helênica, se a encararmos como um todo. *Gaudemet* afirma que, após o perecimento da monarquia homérica, o regime da "Polis" não foi o adotado em toda a Grécia. No Norte e no Oeste, manteve-se uma organização tribal (Ethnos), com vilas isoladas e locais de refúgio. Na Trácia, no Épiro e na Macedônia, o rei não era o representante da comunidade, mas "titular de um poder que lhe é próprio. Terras e homens lhe pertencem".[30] Todavia, aduz o autor, entre os molossos existem, ao lado do rei, magistrados e assembléias que limitam "estreitamente" o seu poder.

É visível que essas regiões, à margem das grandes correntes comerciais e intelectuais, ficaram mais livres do cosmopolitismo que caracteriza os habitantes das regiões que mantêm intensos laços de intercâmbio com outras. E que, nelas, as instituições dos antigos gregos aparecem ao estudioso numa forma mais "pura".

---

[29] V. "Institutions de L'Antiquité", Paris, Sirey, 1967, página 125.
[30] Op. cit., páginas 145 e 146.

O quadro bosquejado por *Gaudemet*, confirma que os particularismos assinalaram a existência da Grécia. Assim como os heróis de Homero eram ciosos da sua própria "Arete", que os impedia de bem aceitar o comando de outrem, ulteriormente, no fastígio das "Poleis", o particularismo de cada uma delas as impedirá de realizarem qualquer união política durável.

Desaparecida a monarquia homérica, as instituições — e pois, o Poder — não evoluíram analogamente em todas as partes da Hélade. Seja como for, é possível afirmar que a forma de governo que sucedeu a monarquia homérica, foi a Oligarquia.

4. O PODER NA GRÉCIA ANTIGA, AO TEMPO DA OLIGARQUIA.

Homero continua a ser a melhor fonte para o conhecimento da primitiva Hélade.

Ao nosso estudo interessa a provável data da composição da obra "homérica", dado ser ela um testemunho da sociedade helênica do seu tempo. Por outras palavras: a "Ilíada" e a "Odisséia" foram poemas compostos na mesma época? Ou guardam eles, um do outro, uma significativa distância cronológica? É o que ora examinaremos, como um intróito ao estudo do regime oligárquico. Sobre a matéria em apreço, escreve *Werner Jaeger*:

"Atualmente não é possível considerar a *Ilíada* e a *Odisséia* — fontes da primitiva história da Grécia — como uma unidade, quer dizer, como obra de um só poeta, embora na prática continuemos a falar de Homero como a princípio fizeram os antigos, agrupando sob este nome diversos poemas épicos. O fato de a Grécia clássica, desprovida de senso histórico, ter separado daquela massa os dois poemas, considerando-os superiores de um ponto de vista puramente artístico e declarando os outros indignos de Homero, não afeta o nosso juízo científico nem pode ser considerado como tradição no sentido próprio da palavra. Do ponto de vista histórico, a *Ilíada* é um poema muito mais antigo. A *Odisséia* reflete um estágio muito posterior da história da cultura."[31]

---

[31] V. Paidéia – A formação do homem grego – Tradução portuguesa de Artur M. Parreira, São Paulo, Livraria Martins Fontes Editora Ltda., 1986, página 27, grifos no original.

É óbvio que esta distância cronológica entre a "Ilíada" e a "Odisséia" vai interessar ao estudioso da História do Direito, na medida em que cada um dos poemas retrata uma sociedade diferente da outra, no que diz respeito a estágios de evolução.

A leitura de ambos os poemas é importante, quando se leva em conta ser ela que, em primeiro lugar, pode revelar a idade dos dois. Neste sentido, opina *Werner Jaeger*.[32]

Ensina *Jaeger* que as partes mais importantes da "Odisséia" remontam à segunda metade do século VI a.C. E a "Ilíada" é mais antiga.

O que importa salientar, é que na "Odisséia" se vislumbra uma amenização deste "poder discricionário" do rei; poder esse que, com freqüência, aparece na "Ilíada".

Glotz, quanto à "Odisséia", refere o exemplo do *Rei Alcínoo*, mencionado por Homero no Canto VIII, números 390 e seguintes. Oportuna é a transcrição do próprio Homero:

"— Atenção, caudilhos e conselheiros dos feácios! Nosso hóspede parece-me dotado de grande inteligência. Eia, demos-lhe um presente de hospitalidade à altura. Com efeito, doze ínclitos reis exercem a soberania em nosso país; comigo, somos treze."[33]

No relacionamento de Alcínoo com os seus "pares", segundo *Glotz*, já há o prenúncio do futuro.[34]

Glotz é taxativo ao afirmar que "Por volta do ocaso do século VIII, o caminho já se traçara: a monarquia homérica deixara de existir".[35]

O que houve em linhas gerais, para *Glotz*, foi a redução da realeza à situação de magistratura. Deixou ela de ser hereditária, e foi retirada às famílias que antes tinham a investidura real. Passou a ser uma "realeza anual" e "acessível a todas as famílias da classe dominante".[36]

De um modo geral deve ser dito, quanto ao "posterius" da monarquia homérica, que, onde ela subsistiu, estava confinada às funções religiosas. E qual seria a razão profunda desta sua persistência no tempo? *Glotz* aponta, como fator decisivo, o apego dos antigos à tradição.[37]

---

[32] Op. cit., página 28.
[33] Cf. "Odisséia", tradução direta do grego, introdução e notas do professor Jaime Bruna, São Paulo, Editora Cultrix, 2ª edição, 1.976, páginas 95 e 96.
[34] Op. cit., página 49.
[35] Op. cit., página 51.
[36] Op. cit., página 52.
[37] Op. e loc. cit.

O poder político, que ao tempo da monarquia homérica fora exercido pelos reis, passa para os chefes dos "génê" poderosos.

Cabe agora examinar se, com o advento da Oligarquia, os chefes dos "génê", guindados ao mando supremo, chegaram a ostentar um poder que hoje chamaríamos de discricionário.

De plano, deve ficar consignado que, à época da Oligarquia, a ascendência ilustre continuou a ser levada em conta. Apenas os bem nascidos podiam aspirar ao mando. Só os que podiam remontar a própria ascendência a um deus, podiam ter a pretensão de governar.

Mesmo sofrendo golpes em sua situação econômica e financeira, a nobreza conservava o seu prestígio natural e o direito de ser respeitada.

5. AINDA O PODER, NA GRÉCIA ANTIGA, AO TEMPO DA OLIGARQUIA. HAVIA UM "PODER DISCRICIONÁRIO"?

A aristocracia que, no mando, substituiu a monarquia homérica, era uma aristocracia agrária por excelência, e cujo poder estava ligado à posse da terra. E é bastante proveitoso passar em revista os nomes pelos quais eram conhecidos os membros desta classe. Segundo *Glotz*, eles eram chamados de "os bons" (agathoí), "os melhores" (áristoi, béltistoi), "os belos e bons" etc.[38]

Havia também outras denominações mais precisas, para designar estes aristocratas rurais. Eram eles "os homens bem nascidos", os "Eupatrídai", e ainda "os cavaleiros", os "Hippeîs".

É significativa a designação de "cavaleiros". Deve ser dito que a superioridade política da nobreza estava indissoluvelmente ligada ao cavalo. Criar cavalos, possuí-los, neles montar, ou se fazer transportar em carros por eles tirados, era um marco distintivo do aristocrata.

O homem a cavalo conta com uma superioridade, a um tempo física, moral e psíquica, sobre o infante. Além do mais, o cavalo sempre foi um animal caro. E todos estes fatores podem explicar que os "bem nascidos", na guerra, estivessem a cavalo, ao passo que os humildes combatessem a pé.

---

[38] Op. cit., página 54.

Ao título de "Hippeîs" (cavaleiros), era a que os nobres mais se apegavam.

Aristóteles não deixou de observar o fenômeno que acabamos de apontar. O estagirita mostra, para a época anterior à dele, a estreita correlação existente entre a Oligarquia e a Cavalaria. Escreve, na "Política":

"Ora, compondo-se a massa do povo de quatro divisões — os lavradores, os artesãos, os comerciantes e os mercenários e a classe dos homens de guerra compreendendo outras quatro — a cavalaria, os lutadores, a infantaria ligeira e a marinha — é nos países cuja conformação natural favorece as manobras de cavalaria que melhor convém estabelecer uma oligarquia fortemente constituída; porque a segurança dos seus habitantes depende dessa parte do exército, e somente os grandes proprietários podem criar cavalos."[39]

É oportuno lembrar que Xenofonte legou à posteridade um tratado de equitação, e um manual, para uso dos comandantes de Cavalaria.

É por volta do século VII a.C. que se observam algumas alterações importantes nas estruturas sociais da antiga Grécia. E tais alterações deitaram raízes em fatores econômicos. Até então, houvera o predomínio da "economia natural", em que a posse da terra determinava a condição social e política dos homens. A genealogia de um grego ilustre contava para o seu prestígio social. Mas ela estava ligada à extensão das suas terras, e ao número das suas cabeças de gado.

Neste mesmo século, um novo mundo é descoberto e colonizado. Os gregos estabelecem colônias por todo o Mediterrâneo. Com isto, florescem a indústria e o comércio. E a economia natural é substituída pelo regime monetário. Segundo *Glotz*, os grandes proprietários rurais tiraram proveito disto.

O fenômeno abordado, teve exceções. Mas, em linhas gerais, e em muitas "Poleis", a aristocracia sofreu alterações profundas. Ela, que até então tivera na posse da terra o supremo valor, lança-se à cata de bens mobiliários. A partir do século VII a.C., já não era somente a terra a base do poder dos nobres: era também o dinheiro. Isto permitiu a formação de uma "nova classe", de uma "nova categoria" de ricos. Com efeito: nas cidades, os "dêmiourgoí", vale dizer, os artesãos e comerciantes,

---

[39] Vide "A Política", tradução brasileira de Nestor Silveira Chaves, São Paulo, Atena Editora, 1.963, página 288.

beneficiaram-se com o incremento da indústria e do comércio. Enriqueceram-se, e passaram a formar uma "classe intermediária", ubicada acima dos "thêtes", e abaixo dos velhos nobres rurais.[40]

A organização militar do tempo, reflete as estruturas sociais. Estes "dêmiourgoí" não eram senhores de terras, e tampouco possuidores de cavalos. A sua condição econômica, destarte, apenas lhes permitia, na guerra, o armarem-se como "hoplitas". Eram eles a "infantaria pesada".

Quando ajudados pelo número, os "hoplitas" eram capazes de pôr em perigo a cavalaria.[41] Aqui, releva salientar que alguns "dêmiourgoí", enricados acima dos outros, começaram a se fazer notar "pelo brilho de súbita opulência."[42] Tal fato provocou o desdém da velha aristocracia. O poeta *Teógnis*, mostrou-se um crítico mordaz destes novos ricos.

Deve ser salientado que os membros da "nova classe", detentores de riquezas mobiliárias, irão procurar imitar em tudo, a velha classe dos cavaleiros.

Ao imitarem os aristocratas rurais, os comerciantes e artesãos enriquecidos nada mais faziam que aderir a um tipo de formação, de "paidéia", cujas excelências vinham cantadas desde a "Ilíada".

Cremos oportuno, neste passo, bem elucidar o sentido de duas palavras que vêm sendo utilizadas amiúde, ao longo desta monografia. São elas os vocábulos "Aristocracia" e "Oligarquia". E isto nos leva, necessariamente, aos domínios da lingüística. O "Dicionário Grego-Português e Português-Grego" do *Padre Isidro Pereira*, S. J.,[43] fornece elementos para uma adequada distinção entre os vocábulos "Aristocracia" e "Oligarquia".

De um ponto de vista estritamente semântico, "Aristocracia" e "Oligarquia" não são uma só e mesma coisa: a "Aristocracia" é o "governo dos melhores", ao passo que a "Oligarquia" é o "governo de poucos".

Entre os velhos aristocratas e os novos ricos, passaram a surgir os casamentos mistos, fruto da conveniência.[44]

Cumpre agora responder à indagação formulada no início do presente Capítulo, vale dizer, havia ou não, ao tempo da Oligarquia, e pois,

---

[40] Op. e loc. cit.
[41] Glotz, op. e loc. cit.
[42] Glotz, op. cit., páginas 55 e 56.
[43] Braga, Livraria Apostolado da Imprensa, 7ª edição, 1990.
[44] Glotz, op. cit., página 56.

a partir do século VII a.C., manifestações de Poder Arbitrário e de Poder Discricionário? É o que veremos no item seguinte.

6. OLIGARQUIA E PODER. O PODER ARBITRÁRIO E O PODER DISCRICIONÁRIO A PARTIR DO SÉCULO VII A.C.

Refere *Glotz* que o regime oligárquico assume diversas formas. E, ao fazer a distinção entre a democracia e a oligarquia, escreve o autor, "verbis":

"Era a seguinte a diferença essencial entre a democracia e a oligarquia: numa, todos os indivíduos que compõem a nação eram cidadãos legítimos; na outra, os cidadãos legítimos, com plena capacidade jurídica, distinguiam-se dos que eram cidadãos por natureza (*phúsei polítai*)."[45]

Aduz o autor que a oligarquia "supõe sempre a divisão dos nacionais em duas classes, sendo que apenas uma participa do governo".[46]

De acordo com *Glotz*, variando o dado de cidade para cidade, a classe superior "podia ser mais ou menos numerosa e estender-se quer à maioria dos nacionais, quer a uma minoria mais ou menos restrita".[47]

O autor, ao se referir à oligarquia deste período, afirma que "o privilégio de que ela gozava podia compreender um número maior ou menor de direitos".[48] E ensina que este (o privilégio oligárquico), podia estar ligado ao nascimento, à propriedade territorial (estimada de acordo com a receita que apresentava), à riqueza (seja mobiliária ou imobiliária) etc. De cidade para cidade, refere o autor, "todos esses elementos combinavam-se de maneira diferente".[49]

Aristóteles, na "Política", dedicou-se ao estudo da oligarquia. Escreve *Glotz*, a respeito:

"Nessa variedade desconcertante, **Aristóteles** distingue quatro formas principais. A sua classificação, embora puramente lógica e por isso mesmo artificial, não deixa de ser cômoda."[50]

---
[45] Op. cit., página 57 — grifo no original.
[46] Op. e loc. cit.
[47] Op. e loc. cit.
[48] Op. e loc. cit.
[49] Op. e loc. cit.
[50] Op. cit., página 57 — negrito no original.

Prossegue o autor:

"Vamos, pois, conservá-la, ainda que a corrigindo em certos pontos. **Aristóteles** examina a oligarquia depois de ter tratado do regime democrático, e parte, portanto, da forma mais moderada para chegar à forma extrema; nós inverteremos a ordem adotada pelo filósofo a fim de acompanhar, como convém à História, a evolução natural das instituições. **Aristóteles**, como teórico, permanece no domínio da abstração; teremos de dar vida à teoria através de exemplos concretos."[51]

Prossegue o autor:

"A oligarquia extrema (a quarta forma de oligarquia segundo **Aristóteles**) é aquela em que o magistrado supremo detém um poder hereditário e possui tais riquezas, dá ordens a tantos seguidores e súditos, que a soberania, em vez de pertencer à lei, acha-se nas mãos de um homem."[52]

Conclui *Glotz*:

"Esse regime lembra a monarquia patriarcal da cidade organizada por *génê*; é a oligarquia "dinástica"."[53]

Aqui, cumpre realçar que cabe falar em um "poder discricionário" para este tipo de oligarquia — bastante parecido com a aristocracia rural de Homero. Nesta oligarquia "dinástica", como na aristocracia homérica, a posse da terra é um elemento fundamental. E não é por acaso que este tipo de oligarquia, na qual há um "poder discricionário" do oligarca, tenha existido na região mais primitiva da Grécia: a *Tessália*.

Na região mais agreste e primitiva da Hélade, pois, na Tessália, onde Aristóteles lobrigou a mais acendrada forma de oligarquia, é possível falar de um "poder discricionário" do oligarca.

O autor de "A Cidade Grega" ensina que os oligarcas da Tessália, diversamente do que acontecia com os reis de Homero, não tinham o seu poder — o seu poder discricionário, aduzimos — limitado às épocas de guerra.

Glotz entende que esta forma mais extremada de Oligarquia existiu também em outras regiões de todo diferenciadas da Tessália.

Passemos ao segundo tipo de oligarquia, à "terceira forma" da classificação aristotélica. Trata-se ainda da "oligarquia dinástica", porém com um número maior de indivíduos no mando. Ele surgiu, na opinião

---

[51] Op. e loc. cit. — negrito no original.
[52] Op. cit., página 58 — negrito no original.
[53] Op. e loc. cit. — grifos no original.

de *Glotz*, quando os chefes das famílias nobres romperam "o último elo de subordinação que os prendia a um dentre eles".⁽⁵⁴⁾ Neste segundo tipo de oligarquia, todos os cargos do Estado estavam restritos, em termos de acesso, a algumas famílias. Todos os empregos eram transmissíveis de pai para filho.

À primeira vista, nenhuma diferença existe entre este tipo de oligarquia e o anterior. Para *Aristóteles*, citado por *Glotz*, a diferença essencial reside em que, já não estando os poderes concentrados nas mesmas mãos, a lei intervinha para assegurar a hereditariedade dos privilégios. Sobre esta intervenção da lei, entretanto, escreve o autor de "A Cidade Grega":

"Mas nada prova que sempre tenha sido assim, pelo menos na origem. Nas cidades rurais, esse gênero de oligarquia parece ter tido um caráter puramente tradicional: encontramos aí os vestígios do tempo em que existiam reis "mais reis"uns que os outros, com a ressalva de que, desta vez, nenhum deles pode proclamar-se "o mais rei de todos".⁽⁵⁵⁾

Acrescenta o autor que a fixação dos privilégios hereditários na legislação, apenas se deu nas cidades de fundação mais recente, surgidas durante a expansão marítimo-comercial.

Deve ser observado, também, que nas cidades beneficiadas pela expansão marítima e comercial, a classe dos comerciantes e artesãos enriquecidos, exerceu pressões, no sentido de ter acesso às funções e cargos públicos. E estas pressões tiveram os seus frutos na edição de textos legislativos. Nas regiões fundamentalmente agrícolas e pastoris, ao revés, a tradição bastou para assegurar a existência deste tipo de oligarquia, na qual o poder supremo não mais pertence a um só (como na anterior), mas a uns poucos.

Passemos ao outro tipo de Oligarquia. É a que, deixando de ser "dinástica", passa a ser "política". Nesta, o poder ainda pertence a uma minoria de cidadãos, mas, a uma minoria mais ampla. Para **Aristóteles**, esta oligarquia supõe "possuidores menos numerosos que na primeira hipótese, com riquezas mais consideráveis. Como a ambição cresce com o poder, arrogam-se o direito de nomear para todos os postos do governo; mas, como ainda não são bastante poderosos para governar sem leis, fazem aprovar uma lei que lhes conceda tal prerrogativa".⁽⁵⁶⁾

---
⁵⁴ Op. e loc. cit.
⁵⁵ Op. e loc. cit.
⁵⁶ Apud. Glotz, op. cit., página 62.

Para *Glotz*, o regime oligárquico podia existir, tanto nas grandes quanto nas pequenas cidades.

A quarta e última forma de oligarquia, e, portanto, a primeira da classificação aristotélica, é a caracterizada, de acordo com *Glotz*, "por um censo bastante elevado como para impedir o acesso dos mais pobres às magistraturas, e, no entanto, bastante baixo para franquear o acesso das classes privilegiadas e nelas receber, por exemplo, qualquer indivíduo que seja capaz de servir como hoplita".[57]

Como adverte *Glotz*, nela os cidadãos, a despeito de não possuírem recursos suficientes que os dispensem de trabalhar, são, no entanto, ricos o suficiente para não precisarem do Estado para o seu sustento. Isto acarreta um número demasiado grande de cidadãos, para que haja a concentração da soberania nas mãos de um só. E a soberania, destarte, encontra a sua expressão na lei.

Este regime, sempre de acordo com *Glotz*, existiu nas regiões onde eram muitas as pequenas riquezas.

Convém observar, a propósito desta imbricação entre as noções de "cidadania" e de cumprimento dos deveres militares que, de acordo com *Miguel Reale*, de tal modo a vida do indivíduo se integrava na da "Polis" que, de uma certa forma, é impossível distinguir entre o "público" e o "privado", na Grécia Antiga. E isto é válido também para Roma.[58]

Havia um "Poder Discricionário" nesta última forma de Oligarquia, a mais branda da classificação do estagirita?

Em primeiro lugar, existiu esta "Oligarquia Mitigada", de acordo com *Glotz*, nas cidades que integravam a confederação beócia, no final do século V a.C., e no início do século seguinte. Os poderes políticos pertenciam a uma assembléia de proprietários de imóveis.

É preciso reter que esta "Oligarquia Mitigada" existiu onde eram numerosas as pequenas riquezas. Ela só era possível graças ao pequeno número de cidadãos das "Poleis".

Para *Glotz*, esta oligarquia mitigada "confina com a democracia mitigada", e é impossível dizer com precisão onde começa uma e onde termina a outra,[59] e acrescenta que a reforma de *Sólon* — que preparou o caminho para a democracia absoluta — não precisou de fazer muitas

---

[57] Op. cit., páginas 63 e 64.
[58] V. "Horizontes do Direito e da História", cit., página 22.
[59] Op. cit., página 65.

modificações na constituição oligárquica de Atenas. Esta — censitária ou "timocrática" — dividia o povo em quatro classes. *Clístenes* aboliu este regime, e proclamou a igualdade *quase completa* de todos os atenienses. Seus adversários lamentavam "a perda da constituição dos antepassados".

Houve um "Poder Discricionário" no bojo da "Oligarquia Mitigada", naqueles momentos de crises institucionais em que os adversários dos princípios democráticos instituíam oligarquias mais restritas (e mais rigorosas), do que as até então existentes. Neste passo, estamos a nos referir, especificamente, à experiência ateniense.

A experiência ateniense oferece aspectos muitíssimo interessantes. Em primeiro lugar, os atenienses jamais estenderam os princípios democráticos às regiões subjugadas. Segundo, os oligarcas atenienses, quando no Poder, foram mais violentos e mais cruéis do que os seus congêneres de outras regiões. Por fim, diga-se que os partidários da oligarquia, em Atenas, não hesitaram em se aliar a estrangeiros (inimigos), em defesa do princípio oligárquico.

Aristóteles, na "Política", contempla uma outra forma de Oligarquia, que é a "democracia sofisticada".

Além dos quatro tipos "básicos" de Oligarquia, existiu mais este outro, o da "democracia sofisticada". Mais um tipo de organização política de um povo que, tendo teorizado com brilho e profundidade sobre a Política, só pôde encontrar a unidade nacional sob a dominação estrangeira.

CAPÍTULO III

O SURGIMENTO DA DEMOCRACIA

1. CONSIDERAÇÕES PRÉVIAS.

As instituições políticas não evoluíram na Hélade de maneira homogênea, e a causa deste evoluir heterogêneo radicou na desconcertante variedade dos particularismos regionais.

De um modo geral, à monarquia homérica sucedeu a oligarquia, a esta a democracia e, por fim, a decadência da Cidade-Estado.

O magistrado denominado "Estratego" surgiu à época da Democracia. Assim, algumas considerações são necessárias, a propósito do surgimento da Democracia.

Glotz assim principia o Capítulo sobre a matéria:

"Enquanto os grandes *géné* monopolizavam o crescente poder da cidade, o que acontecia com todos aqueles que pelo nascimento estavam confinados numa classe inferior? Os artesãos "que trabalham para o público" e os *thêtes* que mal se distinguem dos escravos não podiam sequer alimentar a esperança de uma melhora de situação. Quanto aos camponeses, dia a dia a sua situação se agravava. Os pedaços de terra que cultivavam com o suor dos próprios rostos estavam como que perdidos no meio dos grandes domínios. A terra nobre, protegida contra toda alienação pelo direito de reivindicá-la, ou recuperá-la, reembolsando o comprador, tinha o seu território continuamente aumentado por meio de arroteamentos feitos nas pastagens comunais, de compras de lotes e através da execução de hipotecas. Dessa maneira, formou-se em algumas cidades, acima da própria classe dos cavaleiros, uma elite de grandes proprietários, como, por exemplo, na Ática, a classe dos pentacosiomedinos. Em contrapartida, de nada servia aos aldeões sujeitar-se à dura lei do trabalho, "imposta aos homens pelos deuses" 1; a vida corria-lhes difícil. Os mais sensatos não queriam mais que um filho, para evitar o parcelamento da propriedade e não produzir uma descendência andrajosa 2. Chegavam, se as circunstâncias fossem favoráveis, a constituir uma classe de lavradores médios, que possuíam a sua parelha de bois para o amanho das terras e eram capazes, em caso de guerra, de se armar com recursos próprios. No entanto, a maioria desses homens do campo passava privações. Nos anos maus, eram obrigados a recorrer ao grande proprietário vizinho para conseguir os poucos medinos de cereais indispensáveis à sobrevivência e à semeadura; mas, sobre esse empréstimo incidiam pesados juros. Desse caminho não havia retorno. O devedor insolvente caía em poder dos credores, e, com ele, sua mulher e filhos. E o que de mais desesperador havia na situação das classes inferiores era que todo indivíduo que não fizesse parte do *génos* privilegiado se via entregue sem defesa à justiça de senhores cúpidos e irresponsáveis. Para os "devoradores de presentes", nenhuma fonte de receita produzia mais dividendos do que a iniquidade 3. Testemunha e vítima de sentenças "torcidas", a Hesíodo só resta apelar para *Zeus*, protetor de *Díkê*, e aconselhar aos infelizes que caíram nas garras dos opressores a resignada atitude do rouxinol apanhado pelas unhas do gavião 5."[60]

2. AS TRANSFORMAÇÕES ECONÔMICAS OCORRIDAS A PARTIR DO SÉCULO VIII A.C.

No século VIII a.C., houve o início de um processo de transformações econômicas radicais, que iriam se refletir na ordem política e social. A partir deste século, os gregos se fizeram ao mar, fundando colônias ao longo do Mediterrâneo.

A partir deste século, houve uma economia centrada na circulação da moeda. Ensina *Glotz* que um "capitalismo audacioso" passa a dominar o mundo grego.

Com algumas exceções de economia agrária, e de intituições tradicionais, o regime urbano atingiu um grande desenvolvimento. O comércio e a indústria, passaram a significar poder político.

A quem aproveitavam as transformações econômicas? Demos a palavra a *Glotz*:

"A quem aproveitava essa riqueza mobiliária que ia num crescendo constante? Antes de tudo, em boa parte, àqueles que já eram os detentores da riqueza fundiária. Os nobres deram início à exploração das minas e pedreiras existentes em seus vastos domínios, converteram em

---
[60] Op. cit., páginas 83 e 84 — grifos no original.

moedas as suas colheitas e os lingotes amontoados em seus tesouros, reuniram nas oficinas *thêtes* e escravos, dotaram-nas das instalações necessárias e, renunciando às proezas da pirataria, lançaram-se a negócios mais seguros e rendosos. Todavia, não eram os nobres os únicos que se enriqueciam. Ao lado deles, existia agora nas cidades um grupo de burgueses enricados, alguns dos quais eram filhos caçulas ou bastardos de família ilustre, sendo os outros egressos da plebe. Tinham com que comprar terras sempre que a ocasião se apresentava; também podiam criar cavalos, se assim o desejassem; gostavam de exibir a opulência recentemente alcançada. A aristocracia de linhagem não tardou a desprezar os novos ricos, tal como, em outras eras, o comandante de piratas desgabava o capitão de navio mercante. Ela não hesitou, no entanto, em aliar-se com eles quando compreendeu as possibilidades de *mésalliances* proveitosas: acaso não é verdade que "o dinheiro faz o homem"? Doravante é a plutocracia que passa a governar as cidades."[61]

Esta opinião de *Glotz* é corroborada por *M. Cary* e *T. J. Haarhoff*, "in" "La Vida Y El Pensamiento En El Mundo Griego Y Romano".[62] No mesmo sentido, *Gaudemet*.[63]

Para *M. Cary* e *T. J. Haarhoff*, em numerosas cidades, e em especial, naquelas em que a indústria e o comércio se haviam estabelecido com firmeza, o poder dos nobres foi destruído pela violência, acarretando o surgimento da Tirania.[64]

3. BREVE ESTUDO DA TIRANIA.

Para *Glotz*, a economia monetária provocou o surgimento de uma "burguesia média", composta de cidadãos que podiam adquirir uma armadura completa. O aumento numérico da Infantaria, e as novas táticas, provocaram um decréscimo da importância da Cavalaria.

De acordo com *Glotz*, os membros desta "burguesia média" opuseram à aristocracia as suas reivindicações políticas, e a pretensão de

---

[61] Op. cit., página 85, grifos no original.
[62] Versão espanhola de "Life and Thought in the Greek and Roman World", de Ignacio Bolivar, Madrid, Editorial Alhambra S.A., 1957, páginas 39 e 40.
[63] Op. cit., páginas 151 e 152.
[64] Op. cit., páginas 40 e 41.

acesso às magistraturas. Há aduzir que esta classe média nunca foi muito numerosa.

Em linhas gerais, a "nova ordem" provocava um aumento, rápido, das classes inferiores e piorava a sua situação. Ao mesmo passo em que os ricos se tornavam mais ricos, os pobres mais se empobreciam. Os camponeses tiveram que se habituar a comprar e a vender, em valores monetários. Pagavam caro pelos produtos manufaturados que tinham que adquirir nas cidades. E os produtos que eles vendiam alcançavam preços baixos, pois grande era a concorrência estrangeira. Os camponeses passaram a contrair dívidas, pagáveis em dinheiro. Refere *Glotz* que a usura "carcomia" as classes mais baixas. Uma vez insolventes, os devedores podiam ser alienados como escravos para o exterior, com todos os seus familiares. Os chamados "hektêmórioi", quando cultivavam o campo como colonos, o faziam em condições duríssimas.

Inobstante isto, havia, nas classes inferiores, elementos passíveis de interesse pela Política. Tratava-se do que *Glotz* chama de "plebe urbana", integrada pelos pequenos artesãos e revendedores, operários e trabalhadores braçais, pescadores e marinheiros, enfim, "os mais humildes dentre os profissionais a quem a epopéia chama *dêmiourgoí* e toda a massa de mercenários a quem dá o nome de *thêtes*".[65]

A partir do século VIII a.C., um proletariado urbano existe, de maneira significativa.

Escreve *Glotz*, a propósito:

"Esse proletariado vivia o seu dia-a-dia com salários aviltados pelo emprego cada vez mais freqüente da máquina humana — o escravo. Os filhos da terra se encontravam misturados aos estrangeiros de todas as origens, mas, por estarem concentrados nos mesmos subúrbios, no mesmo porto, era inevitável que, com o tempo, abrigassem um sentimento de solidariedade e encontrassem a maneira de unir-se."[66]

Prossegue o autor, "verbis":

"Estava constituído o exército da revolta. Impunha-se-lhe encontrar chefes. Uma elite, *a burguesia*, capaz pela bravura, pelos hábitos de trabalho, pela inteligência, de tomar os direitos políticos que eram recusados, colocou-se à frente da força que se lhe oferecia. Desde então, a cidade viu-se claramente *dividida em duas*. Já se fora o tempo em que os

---

[65] Op. cit., página 86 — grifos no original.
[66] Op. e loc. cit.

descontentes se limitavam a gemer e a implorar os céus: os místicos cediam lugar aos violentos. Iniciava-se a luta de classes."[67]

A luta de classes foi atroz e prolongada. Exacerbou-se o ódio partidário, que alcançou uma intensidade jamais vista. Ainda de acordo com o autor de "A Cidade Grega", nas pequenas cidades, as lutas internas assumiram a natureza de genuínas vendetas.

Os "tiranos" é que conduzirão o proletariado urbano, em suas reivindicações políticas. E eles sairão, basicamente, da classe chamada, por *Glotz*, de "burguesia".

A primeira reivindicação da Democracia, após haver se organizado como partido foi a publicação das leis, o que interessava a todos os adversários da oligarquia.

O objetivo de ver as leis publicadas foi atingido, pela vez primeira, nas colônias da Magna Grécia e na Sicília. Nesses locais, adverte *Glotz*, codificar as leis era algo mais urgente do que na Velha Grécia. E, também, uma tarefa mais fácil, dado que, nas colônias, os costumes, ainda pouco numerosos, não davam solução para todos os litígios, sendo ademais, recentes, não dispondo da consagração de uma antiguidade imemorial.

Na altura de 663-662 a.C., *Zaleuco* deu um código de leis a Locros. E, trinta anos depois, *Carondas* deu um código a Catânia.

O trabalho legislativo de *Zaleuco* e de *Carondas* teve um grande sucesso. Em especial, o do segundo. O "código" de *Carondas* foi copiado em outras cidades, e inspirou *Androdamas de Régio*, quando este deu leis para a Calcídia da Trácia. Depois, as leis de *Carondas* teriam passado para a Ilha de Cós, e daí para a Ásia Menor, Teos, Lébedo e Capadócia. Mais tarde, a Velha Grécia também adotou leis escritas e códigos.

É verdade que a Oligarquia se aferrava às suas prerrogativas. Destarte, uma grande parte das leis então publicadas, lhe foi, literalmente, "arrancada". Isto explica que muitas leis ainda tivessem uma índole eminentemente aristocrática. Aqui, os interesses de duas classes se chocavam: aos comerciantes interessava a circulação das riquezas. E aos aristocratas, não convinha a rápida circulação da riqueza. Assim, e em consonância com o cunho ainda aristocrático de boa parte das leis de então, havia uma série de prescrições que refletiam o espírito dos velhos legisladores, como a inalienabilidade do patrimônio familiar.

---

[67] Op. e loc. cit. — grifos nossos.

A despeito de tudo, o fato é que, com o sistema de escrevê-las, as leis passaram a ser conhecidas por todos. Mais ainda, elas eram sancionadas pela cidade. Como é intuitivo, esta segurança — a das leis serem escritas — privou os chefes dos grandes "géne" do privilégio de as interpretar a seu talante.

Uma conseqüência fundamental de as leis serem escritas, foi o estabelecimento de uma ligação direta entre o indivíduo e o Estado. Isto era um golpe no regime gentílico. A solidariedade familiar perdeu a sua razão de ser. A Cidade passou a impor sua jurisdição à parte lesada. A violência passou a ser reprimida com grande severidade, que nunca devia ultrapassar o talião.

Uma conseqüência do desaparecimento da solidariedade familiar, tanto em sua forma ativa, quanto na passiva, foi o surgimento da responsabilidade individual. Ficava proibida a vendeta. Mas, com a aludida individualização da responsabilidade, o "génos" livrava-se de ser coletivamente responsabilizado pelo ato de um dos seus membros.

Uma conclusão deve ser aduzida a quanto foi dito; com as leis escritas, e sancionadas pela "Polis", há um fortalecimento do "Demos".

O proletariado urbano iria encontrar, na burguesia empreendedora da "nova ordem econômica", os chefes capazes de satisfazer as suas reivindicações. Estes chefes é que passariam à História com o nome de "tiranos".

Tratemos agora, especificamente, da "Tirania" e dos "tiranos". Estas palavras, no início, não encerravam um significado negativo.

Antes de mais nada, indaguemos: como surgia o tirano? Para, em seguida, buscarmos uma resposta para esta outra indagação básica: o que era a tirania?

A época do surgimento dos tiranos coincidiu com as lutas civis que convulsionaram a Grécia, na prática, do século VII a. C., até à época da conquista romana. Em termos exclusivamente didáticos, e com extrema cautela, pode-se afirmar que duas forças se digladiaram nas lutas civis: o "Demos" e a velha Aristocracia. As leis escritas foram, recordemos este dado, uma conquista do "Demos". Quando um homem, chefiando o "Demos", tomava o poder pela força, pelo ardil, ou pelo concurso de ambos, tinha-se a "Tirania". Entretanto, podia haver uma solução de compromisso. É o que veremos agora.

4. O "AISUMNÊTES".

Quanto ao surgimento do "Aisumnêtes", é básico assinalar que o momento em que, na "Polis", atuava o legislador, não era de "normalidade política"; bem ao revés, o legislador atuava em plena guerra civil. Esta a lição de *Glotz*.

Em tal conjuntura, prossegue o autor, o legislador era "investido de poderes extraordinários", tornando-se, pelo tempo necessário, "o chefe supremo da cidade".[68]

Ao continuar a falar da figura do legislador surgido em meio às lutas civis, escreve *Glotz*, "verbis":

"Não se sabe ao certo o título que em geral lhe cabia; vê-se, porém, que, na Ásia Menor, o nome de *aisumnêtes*, que costumava designar o primeiro magistrado, passou muito naturalmente a aplicar-se àquele que de fato devia, como esse nome indicava, conhecer os bons costumes e ditar o direito."[69]

Segundo *Glotz*, a missão do "aisumnêtes" era temporária, sendo-lhe delegado, ora sem um prazo fixo, ora com um prazo, o cumprimento de determinada tarefa.

Para a investidura do "aisumnêtes", havia a necessidade de consenso.

5. A INTRANSIGÊNCIA DA OLIGARQUIA; INEVITABILIDADE DA TIRANIA.

Escreve *Glotz*:

"Mas a oligarquia dos nobres e dos ricos nem sempre foi bastante ajuizada para submeter-se a concessões. Então, para quebrar qualquer resistência, para obter a todo custo uma melhoria material da sua sorte e pelo menos uma aparência de direitos políticos, o povo recorria ao meio supremo: entregar-se a um tirano."[70]

Nesta linha de raciocínio, o tirano era a "ultima ratio" do "Demos", e uma figura que apenas poderia ter surgido, nos quadros das lutas civis.

---
[68] Op. e loc. cit.
[69] Op. e loc. cit.
[70] Op. cit., página 90.

Vimos como surgiam os tiranos. E que era a Tirania? Escreve *Glotz*: "O que vem a ser o regime da tirania? Tudo nele é extraordinário, anormal. A bem dizer, quando da sua introdução no mundo grego, o vocábulo *túrannos* era um termo que nada tinha de aviltante. Provavelmente originário da Lídia no tempo de *Giges*, teve a princípio a acepção de senhor, de rei, e, tal como o seu equivalente *basileús*, ficava bem em alguns deuses. Entretanto, em virtude da sua própria origem, já que designava os déspotas orientais, foi aplicado, em sentido pejorativo, por adversários irreconciliáveis àqueles que detinham o poder absoluto, não mais por força de um acordo legítimo entre os partidos, mas de uma insurreição."[71]

De acordo com *Glotz*, os tiranos, eles próprios, jamais fizeram uso deste título.[72]

Antes de haver sido execrado, o tirano desempenhou um papel histórico: ele foi, por excelência, o "Demagogo", o homem que guiava os pobres contra os ricos, os plebeus contra os nobres, em síntese, o chefe, ao qual a multidão seguia cegamente. A ele, a multidão tudo permitia, *desde que trabalhasse em favor dela*.

A tirania não existiu em todas as regiões. Com a exceção da Sicília, ela apenas se instalou nas cidades em que a economia industrial e comercial tendia a se sobrepor à economia rural, mas onde era preciso um pulso firme para organizar a multidão, lançando-a contra uma classe privilegiada. Na Sicília, a tirania, que extinguiu as lutas internas, contribuiu para a defesa nacional.

A Tirania foi uma decorrência de dois fatores: 1º) a formação de grandes riquezas mobiliárias; 2º) a formação de massas proletárias. A correlação riqueza-Tirania, não escapou a *Tucídides* (I, 13).

A "nova ordem econômica" era a economia monetária. Esta, por seu turno, estava assentada na trípode comércio-indústria-navegação. Pois que a tirania surgiu depois que os gregos se lançaram às navegações. Assim, não é de causar pasmo que os tiranos tenham sido freqüentes nas cidades que eram portos marítimos. A propósito, *Glotz*.[73]

Às vezes, fatores outros que não a luta de classes, contribuíram para o surgimento da tirania. Por vezes, a luta de classes foi agravada por ódios raciais.

---

[71] Op. e loc. cit., grifos no original.
[72] Op. e loc. cit.
[73] Op. cit., página 91.

Gaudemet usa como sinônimas as palavras "aisumnêtes" e "tiranos".[74] Para *Glotz*, como já verificamos, tais palavras não são sinônimas. O "aisumnêtes" era um fruto do consenso. O "tirano", o resultado de uma insurreição armada.

Há um outro detalhe que merece atenção. Ele foi posto em realce pelo ilustre *Manoel Martins de Figueiredo Ferraz*, em sua monografia sobre o Tribunado da Plebe. Refere o autor, nas "Considerações Finais" do seu trabalho, que os romanos eram capazes de estender a uma classe social, as prerrogativas de outra, sem rupturas violentas. Esta capacidade, aduzimos, faltou aos gregos.[75]

Estando elucidado que o "tirano" chega ao poder no bojo de uma insurreição, vamos dizer alguma coisa sobre a origem do vocábulo. É ainda *Gaudemet* quem, na nota de rodapé 1 da página 153, ensina que a palavra, de provável origem lídia, designa um senhor, um amo. O sentido de poder violento e arbitrário, foi introduzido pela filosofia política do V século.

Glotz opina no mesmo sentido. Tornou-se a palavra impregnada de um sentido negativo, em função do uso que dela fizeram os adversários ferrenhos do tirano. De acordo com o autor, o fato de a palavra "tirano" designar os déspotas orientais, teria facilitado este uso, pejorativo, por parte dos adversários.

6. ALGUNS ASPECTOS DA TIRANIA NA SICÍLIA.

A Tirania, na Sicília, apresentou algumas características especialíssimas. Lá, ela desempenhou um papel de relevo, para a defesa nacional. Recordemos que a Sicília estava próxima de Cartago, cujo poderio marítimo crescente, no século V a.C., era tanto bélico quanto comercial.

No dizer feliz de *Jaeger*, a Sicília era "um posto avançado do mundo grego".[76]

No caso particular da Sicília, a proximidade de Cartago imprimia, às tiranias ali instaladas, uma fisionomia toda própria.

Na Sicília, como refere *Glotz*, a tirania pôs termo às dissenssões internas, "para dirigir a defesa nacional".[77] No mesmo sentido, *Jaeger*.[78]

---

[74] Op. cit., páginas 152 e 153.
[75] Vide "Do Tribunado da Plebe", São Paulo, Editora da Universidade de São Paulo, 1989, páginas 135 e 136.
[76] Op. cit., página 187.
[77] Op. cit., página 90.
[78] Op. e loc. cit.

Cumpre notar que a Sicília abrigou cidades gregas que chegaram a ser grandes, ricas e poderosas. Estas cidades praticavam uma política externa de imperialismo comercial, o que implicava em que dispusessem de força militar. Pois bem, era a tirania, em tais condições, o expoente, tanto da política externa de imperialismo comercial quanto da força militar. Ao passo que na Velha Grécia e nas colônias do Leste, as necessidades internas determinavam o aparecimento dos tiranos, na Sicília, este surgimento decorreu das necessidades externas.

Um outro fator existia, no quadro siciliano: o étnico. Lá, havia um forte contingente púnico. Isto influenciou, também, na existência da tirania.

O fato que estamos a apontar — a fisionomia particular da tirania na Sicília — dá razão a A. J. *Toynbee*, quando este autor fala da extraordinária "fertilidade espiritual" de cada uma das "Poleis."[79]

A tirania foi um fenômeno apenas concebível no âmbito, exíguo, da "Polis". E isto é válido para a Sicília. *Glotz* observa que a maioria dos tiranos sicilianos ocupara, antes de assumir o poder absoluto, a alta magistratura dos estrategos. De resto, estes homens que surgiam como campeões das classes inferiores, quase sempre provinham ou da aristocracia, ou da oligarquia, observação esta válida não só para a Sicília, mas também para as demais regiões. Como, via de regra, antes de deter o poder absoluto, o tirano ocupava uma alta magistratura, era praticamente impossível que ele ascendesse dos extratos mais humildes da população. Aliás, é necessário lembrar que apenas os filhos da nobreza e da oligarquia, tinham acesso àquela "paidéia" apta a educar governantes.

A força militar era o instrumento de que se valia o tirano, para chegar ao exercício do poder absoluto. Neste sentido, *Glotz*.[80]

Sobre a tomada do poder, escreve o autor ora seguido:

"Em todos os casos, o tirano instalava-se na acrópole, protegido por uma boa escolta, procedia ao desarmamento geral, bania os oligarcas mais poderosos e, para conter os demais, tomava alguns deles como reféns.

Por conseguinte, era de todo inútil mudar a constituição, tanto mais que se apresentava como muito embaraçoso traduzir em fórmulas legais a situação de fato. Talvez tenha sido por esse motivo que os tiranos raramente deixaram de aplicar as leis políticas e jamais revogaram as leis

---

[79] Vide "A Herança dos Gregos", tradução de Vera Ribeiro — revisão do texto de Roberto C. de Lacerda — Rio de Janeiro, Zahar Editores, 1.984, página 72.
[80] Op. cit., página 91.

civis; bastava-lhes acomodar a prática dessas leis aos seus interesses pessoais e completá-las, se fosse o caso, com disposições favoráveis às classes baixas."[81]

É interessante observar que este período da História Grega, iniciado a partir do século VIII a.C., e finalizado com a Guerra do Peloponeso, foi o período áureo dos povos helênicos, em todos os domínios. Destarte, o regime dos tiranos — onde ele se instalou — coincidiu com o apogeu da Hélade. Isto é compreensível se, na esteira de *Tucídides*, associarmos a tirania à riqueza material.[82] Aliás, o notável cronista da Guerra do Peloponeso foi mais longe: ele estabeleceu uma ligação entre a tirania e a exportação de artigos de cerâmica. Para *Glotz*, haveria uma boa justificativa para tal associação de idéias, dado que a cerâmica é um indício de comércio internacional.

A explicação de *Glotz* para o paralelo de *Tucídides*, é sem dúvida atraente. Mas ela não esgota o assunto. Talvez a explicação esteja no que R. G. *Collingwood* chama de "Tendência Anti-Histórica do Pensamento Grego". Os gregos, ensina *Collingwood*, apreciavam a História. Mas os seus historiadores estavam limitados pelo próprio método com o qual trabalhavam, que era o de recorrer às testemunhas oculares dos fatos que narravam.[83] Metodologicamente limitado, *Tucídides* tenderia a uma explicação monodimensional para a Tirania.

7. QUAL ERA A NATUREZA JURÍDICA DO PODER DOS TIRANOS?

Antes de adentrarmos o problema da natureza jurídica do poder dos tiranos, consideramos prudente um recuo no tempo, e uma mudança geográfica para, *na Lídia*, perquirir a propósito dos tiranos.

André Aymard e *Jeannine Auboyer* dão interessantes informações sobre a civilização lídia, separada da Grécia pelo Helesponto. Esta proximidade da Grécia parece reforçar a versão de que o vocábulo "tirano" seja de origem lídia.[84]

---

[81] Op. cit., páginas 91 e 92.
[82] Op. cit., página 91.
[83] Vide "A Idéia de História", tradução portuguesa de Alberto Freire, Lisboa, Editorial Presença Ltda. — Livraria Martins Fontes, 1972, página 38.
[84] Vide "O Oriente e a Grécia", "in" "História Geral das Civilizações", tradução de Pedro Moacyr Campos, São Paulo, Difusão Européia do Livro, 5ª edição, 1972, 1º volume — "Civilizações Imperiais do Oriente", páginas 195 e 196.

A desconfiança era uma constante característica dos tiranos, sendo que eles, *tinham consciência de que o seu poder era usurpado*. Em abono da mencionada desconfiança, convém lembrar que, na História da Tirania Grega, a morte violenta dada ao "tirano" — o "tiranicídio" — foi uma prática assaz freqüente.

Ao nos debruçarmos sobre a natureza jurídica do poder dos tiranos, devemos recordar que eles, normalmente, antes de se instalarem como tais, ocupavam uma das magistraturas, chegando ao "governo de um só" por um ardil, ou por um ato de força.

O conjunto dessas características que cercam o poder do tirano basta a que percebamos que ele *NÃO ERA UM MAGISTRADO*.

Parece-nos óbvio que o poder exercido pelos tiranos, por derivar da astúcia, ou da força, ou de ambas conjugadas, e não de suportes jurídicos, era um "Poder de Fato". Não um "Poder de Direito".

Bertrand de Jouvenel estudou com brilho este assunto. Fê-lo ao tratar do Poder em seu estado "puro".

Assevera *Jouvenel* que pode o Poder se destacar da sociedade, e se constituir, relativamente a ela, em *um corpo distinto e opressor*. Isto causa repugnância, ajunta. Mas esta repugnância deve ser superada, uma vez que o fenômeno — o da separação entre o Poder e a Sociedade – é bastante freqüente. O fenômeno apontado por *Bertrand de Jouvenel* é, à evidência, aplicável à Tirania Grega.

Para *Bertrand de Jouvenel*, a essência do Poder é o comando. E este comando estava presente no poder exercido pelo tirano. Na Tirania, havia o binômio mandar-ser obedecido, do autor francês.

Para o autor citado, o Poder é possuidor de uma "dinâmica interna", que lhe possibilita continuar a existir, ainda quando aquilo que o fez surgir desapareceu. Daqui decorre uma indagação: se o Poder procede do Direito, se deste deriva, como pode continuar a existir, tendo uma "vida própria", após haver renegado a fonte de que promana?

Esta indagação tem interesse genérico. No caso particular do tirano, é irrelevante, porquanto o seu poder, era um "poder de fato".

Para concluir este item, dizemos que o poder do tirano era um "poder de fato", e na medida em que era ilimitado, um "poder arbitrário", na terminologia do moderno Direito Administrativo, por nós utilizada analogicamente.

8. AS RELAÇÕES ENTRE O DIREITO E O PODER, NO PENSAMENTO DE NORBERTO BOBBIO.

O capítulo VII da obra "Diritto e Potere", tem a significativa rubrica "Dal potere al diritto e viceversa". E afirma *Bobbio* que o conceito de "Poder" é o conceito principal de que usam, *em comum*, os estudos jurídicos e os estudos políticos. Escreve, a propósito, o jusfilósofo italiano:

"O conceito principal que os estudos jurídicos e aqueles políticos *têm em comum* é em primeiro lugar o *conceito de poder*. Tendo freqüentado uns e outros em razão do meu ensino, ora de filosofia do direito, ora de filosofia (ou de ciência) política, devi constatar, com uma certa surpresa, que os juristas e os politicólogos usam o mesmo termo, poder, do qual uns e outros não podem prescindir, *ignorando-se reciprocamente de todo*. Na interminável literatura política sobre o conceito de poder, raramente me aconteceu encontrar referência à teoria do direito. De maneira semelhante, na teoria geral do direito, raramente, poderei dizer nunca, me aconteceu de encontrar uma referência às mil sutis e sofisticadas variações que sociólogos e politicólogos desenvolveram sobre o conceito de poder, nestes últimos trinta anos."[85]

Para *Bobbio*, norma jurídica e Poder podem ser considerados duas faces da mesma moeda. Em conseqüência, o problema da relação entre Direito e Poder, pode ser visto, seja do ponto de vista da norma, seja do ponto de vista do Poder.

Para os autores de Direito Público — os quais, por uma tradição já antiga, se ubicam no ponto de vista do Poder — o princípio é a *Soberania*, o "Sumo Poder", acima do qual não existe nenhum outro. E o Ordenamento Jurídico apenas existe se existir, como seu fundamento, um Poder capaz de o manter vivo. Para estes autores de Direito Público, destarte, primeiro há o Poder, e depois, o Direito.

Ao contrário de tais autores, para *Kelsen* primeiro há o Direito, e depois, o Poder. Pois *Kelsen* conduz às últimas conseqüências a redução do Estado a Ordenamento Jurídico. Esta redução do Estado a Ordenamento Jurídico, de acordo com *Bobbio*, foi iniciada pelos autores de Direito Público da segunda metade do século XIX.

---

[85] Vide "Diritto e Potere — Saggi su Kelsen". Napoli, Edizioni Scientifiche Italiane, 1992, página 141 — grifos nossos.

Razão assiste ao eminente autor italiano, quando fala da "contínua e complexa confrontação" que existe entre o Direito e o Poder.

Miguel Reale, em crítica a *Hans Kelsen*, escreve:

"Com essa vinculação essencial entre *Estado* e *Direito*, até o ponto de identificá-los normativamente, a Política passou a ser estudada em correlação essencial com o Direito, dando nascimento a uma disciplina que, de certo modo, ultrapassava as perspectivas kelsenianas, a *Política do Direito* pelo exame da complementaridade de dois conceitos: o de *poder do Estado* como eficácia do ordenamento jurídico; e o de *poder jurídico* como momento da ordem jurídica positiva."[86]

Uma vez reduzido todo o Direito a Direito Positivo, em Direito posto por uma autoridade — prossegue *Bobbio* — resta a velha objeção: como se distingue uma comunidade jurídica, como o Estado, do bando de ladrões; a norma de Direito, da ordem do malfeitor; o comando do legislador da intimação do bandido "Ou a bolsa ou a vida?" A dificuldade, aduz, não existe para o jusnaturalista, para aquele que mantém na memória que uma norma só pode ser considerada "jurídica", se for também "justa", isto é, se corresponde a princípios éticos cuja validade não depende da autoridade à qual é atribuído o poder de expedir normas jurídicas.

O problema não existe para o jusnaturalista. Mas com ele tem que se defrontar, forçosamente, o adepto do Positivismo Jurídico. *Bobbio* formula as seguintes, candentes, indagações:

"Mas para quem considera direito apenas a norma posta por uma autoridade que tem o poder de fazê-la respeitar recorrendo em última instância também à força, em suma para uma teoria do direito, para a qual o direito é, sem mais nem menos, segundo a definição kelseniana (e não apenas kelseniana), um ordenamento coativo, ou bem, com uma ulterior especificação devida, também ela ao fundador da teoria pura do direito, uma organização da força? Em outras palavras, uma vez *reduzido o direito* não mais a conjunto de normas derivadas de princípios éticos, mas *a produto de um poder capaz de impor regras de conduta* a um grupo social, como se pode ainda evitar *a redução do direito a poder, o poder jurídico a poder de fato, o direito do Estado a direito do mais forte*?"[87]

---
[86] Vide "Direito Natural/Direito Positivo", São Paulo, Editora Saraiva, 1984, página 64, grifos no original.
[87] Op. e loc. cit. — grifos nossos.

Pensamos que estas indagações são *irrespondíveis*, porquanto elas corporificam uma petição de princípios. Neste ponto, ensina *Bobbio*, o positivista é levado a "virar a medalha", ainda que ao preço de voltar-se sobre ele próprio: o Direito é derivado do Poder, contanto que se trate de um poder, por sua vez, derivado do Direito, sendo que por "derivado do Direito" se deve entender regulado, pelo menos formalmente, senão também quanto ao conteúdo, por uma norma jurídica. Cremos que esta solução longe está de responder às indagações formuladas por *Bobbio*. A rigor, ela contorna o problema fundamental, sem o solucionar.

Na história do Positivismo Jurídico — prossegue o autor — é uma constante este movimento do Poder ao Direito e do Direito ao Poder. Na história da doutrina do "Estado de Direito", há um movimento inverso: do Direito ao Poder, e do Poder ao Direito.

Ensina *Bobbio* que, enquanto a doutrina do Positivismo Jurídico considera o Direito do ponto de vista do Poder, a doutrina do Estado de Direito considera o Poder do ponto de vista do Direito. Estes dois pontos de vista correspondem, respectivamente, às máximas "Auctoritas facit legem", e "Lex facit regem". Para *Bobbio*, estas duas máximas representam, de maneira exemplar, o dilema que, por séculos, esteve presente no desenvolvimento da Filosofia Jurídica e Política.

Insistamos nisto, sempre na esteira de *Bobbio*: a questão é de perspectiva. Os autores de Política possuem, como "centro gravitacional" das suas preocupações, o tema do Poder; quanto aos juristas, têm eles no problema do Direito, o centro de gravidade das suas preocupações.

"Se as duas escalas terminam na norma fundamental ou no poder soberano, depende manifestamente, ainda uma vez, do diverso ponto de partida. Mas a escolha de um ou de outro ponto de partida é apenas questão de oportunidade.

Retomando e adaptando ao nosso tema a fórmula de uma célebre tese filosófica se pode dizer que, no vértice do sistema normativo, *lex et potestas convertuntur.*"[88]

"Lex et potestas convertuntur", enfatizamos. Mas será este aforismo aplicável ao Poder, enquanto exercido na Grécia pelos tiranos? Como vimos, os tiranos chegavam ao mando supremo mediante a força, o ardil, ou ainda pela combinação de ambos, o que nos autorizaria a afirmar que, em se tratando da Tirania, há um primado da "Potestas", relativa-

---

[88] Op. cit., páginas 154 e 155 — grifos no original.

mente à "Lex". E isto é válido mesmo quando escoimamos o vocábulo "tirano" de qualquer laivo negativo, com que os adversários do regime o carregaram.

9. O PODER DOS TIRANOS GREGOS, À LUZ DO MODERNO DIREITO ADMINISTRATIVO.

Este estudo está inçado de muitas dificuldades. E uma delas, é a inexistência do "Estado", como hoje o concebemos. Para *José Carlos de Ataliba Nogueira*, o Estado é uma realidade posterior ao Tratado de Westfália. Inobstante tais dificuldades, é oportuno estudar o poder dos tiranos, à luz das distinções atuais, formuladas pelos administrativistas. O estudo em apreço nos remete ao problema da *discrição* e do *arbítrio*.

Ao tratar da matéria, escreve *José Cretella Júnior*:

"Agindo através de pessoas físicas, dotadas de razão e sentimento, a administração pronuncia-se diante do fato concreto. Seus agentes analisam a situação com a necessária rapidez, fazem o levantamento das circunstâncias que cercam o fato, tomam atitudes axiológicas que preparam e antecedem a prática do ato.

Para isso dispõem os agentes de livre poder de apreciação, de ampla possibilidade de movimentos não condicionados por nenhuma regra jurídica preexistente. Ao livre pronunciamento da autoridade administrativa, traduzido em ato, desvinculado de qualquer prévia regra de direito condicionante de seu modo de agir, damos o nome de *poder discricionário da administração pública*."[89]

Aduz o autor, "verbis":

"Se o *poder discricionário* é a possibilidade ou faculdade de editar o ato, este é aquele poder *em concreto*. Concretização do poder discricionário, que lhe define os limites, o ato discricionário é um momento pontual, fase final, acabada, resultante necessária duma potencialidade que se exteriorizou, reunindo, ao nascer, os requisitos impostos para uma existência eficaz."[90]

Chega por fim, o autor ora seguido, às definições de "arbítrio" e de "discrição", escrevendo a este propósito:

---
[89] Vide "Curso de Direito Administrativo", Rio de Janeiro, Forense, 3ª edição revista e ampliada, 1971, página 188 — grifos no original.
[90] Op. cit., página 188 — grifos no original.

"Denomina-se *arbítrio* a faculdade de operar *sem qualquer limite*, em todos os sentidos, sem a observância de qualquer norma jurídica. É a liberdade do ser irracional, que opera no mundo da força e da violência, onde imperam os apetites e se conhecem por limites apenas as impossibilidades de ordem física ou material.

Chama-se *discrição* a faculdade de operar *dentro de certos limites*, poder concedido ao agente público de *agir ou deixar de agir* dentro de um âmbito demarcado pela regra jurídica."[91]

Para *Fernando Henrique Mendes de Almeida*, o Direito Administrativo é um capítulo da Política.[92]

Ora, se o Direito Administrativo é "um capítulo importante da Política", as presentes considerações, alusivas à "discrição" e ao "arbítrio", têm integral pertinência, num livro de História do Direito voltado, precipuamente, para o estudo do Poder, num dado espaço-tempo!...

Escreve *Hely Lopes Meirelles*, "verbis":

"*Poder discricionário* é o que o direito concede à Administração de modo explícito ou implícito, para a prática de atos administrativos, com liberdade na escolha de sua conveniência, oportunidade e conteúdo."[93]

A seguir, *Hely Lopes Meirelles* distingue entre o "Poder Discricionário" e o "Poder Arbitrário":

"À luz desse conceito convém esclarecer que *poder discrionário* não se confunde com *poder arbitrário*. Discricionariedade e arbítrio são atitudes inteiramente diversas. Discricionariedade é liberdade de ação administrativa, dentro dos limites permitidos em lei; arbítrio é ação contrária ou excedente da lei."[94]

Clóvis de Carvalho Júnior segue a mesma orientação quanto à discricionariedade.[95]

Caio Tácito assim define o Poder Discricionário:

"O poder discricionário é a faculdade concedida à administração de *apreciar o valor dos motivos e determinar o objeto* do ato administrativo, quando não o preestabeleça a regra de direito positivo. Ele se

---

[91] Op. cit., página 190 — grifos no original.
[92] Vide "Noções de Direito Administrativo", São Paulo, Edição Saraiva, 1956, páginas 24 e 25.
[93] Vide "Direito Administrativo Brasileiro", São Paulo, Editora "Revista dos Tribunais Ltda.", 1964, página 66 — grifos no original.
[94] Op. e loc. cit. — grifos no original.
[95] Vide "Mérito do Ato Administrativo", São Paulo, 1978, página 356.

submete não somente a limites externos (que Vítor Nunes Leal chamou, simbolicamente, de *horizontais*), como sejam a competência, a forma e a existência material dos motivos, como também a limites internos (que se poderiam descrever como *verticais*) que dizem respeito à observância do fim legal."[96]

Mais além, escreve o autor:

"Não se confunde o poder discricionário com o arbítrio irresponsável. A capacidade de autodeterminação naqueles setores em que a lei não vinculou o procedimento do administrador se executa apenas no tocante a determinados elementos do ato administrativo, num sistema por assim dizer de liberdade vigiada, porque, como fixou modelarmente Seabra Fagundes, "no que concerne à competência, à finalidade e à forma o ato discricionário está tão sujeito aos textos legais como qualquer outro."[97]

Themistocles Brandão Cavalcanti escreve:

"A teoria dos atos discricionários tem, entretanto, graves dificuldades, que consistem principalmente na fixação dos seus limites e da sua natureza.

Aqui, como na maioria dos casos, não é possível fixar em uma fórmula rígida a noção do ato discricionário. Depende, principalmente, do sistema jurídico dentro do qual tem de se definir a doutrina."[98]

Marcello Caetano, ao abordar o "Ato Administrativo", faz menção ao "Poder Discricionário":

"Outras vezes, a norma deixa ao órgão certa liberdade de apreciação acerca da conveniência e da oportunidade de exercer o poder e até sobre o modo desse exercício e o conteúdo do ato, permitindo-lhe que escolha uma das várias atitudes ou soluções que os termos da lei admitem. Isto porque o legislador entende que se entra numa zona que pertence preferentemente, ou até exclusivamente, a uma função que não é jurídica e sim política ou técnica.

No primeiro caso o poder funcional está *vinculado* no seu exercício pela norma. No segundo o exercício do poder funcional é *discricionário.*"[99]

---

[96] Vide "Direito Administrativo", São Paulo, Edição Saraiva, 1975, página 68 — grifos no original.
[97] Op. cit., páginas 141 e 142.
[98] Vide "Curso de Direito Administrativo", Rio de Janeiro, Livraria Freitas Bastos S.A., 8ª edição refundida e atualizada, 1967, páginas 45 e 46.
[99] Vide "Princípios Fundamentais do Direito Administrativo", Rio de Janeiro, Forense, 1977, página 141 — grifos no original.

No que diz respeito ao "Poder Discricionário", elucida o autor, a lei dá, ao titular do seu exercício, liberdade para agir, segundo o seu critério. Esta liberdade de escolha, outrossim, não retira, ao "Poder Discricionário", o seu caráter funcional.

Passaremos, agora, ao exame do "Poder Discricionário", como o entendem alguns doutrinadores estrangeiros.

Começaremos a abordagem da doutrina estrangeira, pela obra de *Pedro Guillermo Altamira*, da Universidade Nacional de Córdoba, Argentina. Escrevia ele, a propósito das maneiras de agir da Administração Pública:

"e) *Atividade regrada e discricionária*. A administração pode agir no uso do seu poder de mando de duas maneiras: "discricionária" ou "regradamente". *Atuar regradamente* significa ter que ajustar sua atuação ao conteúdo, requisito, ou limite ditado por uma norma ou preceito anterior. Atuar "discricionariamente" equivale a fazê-lo livremente, se bem que acomodando a conduta a um fim público específico: fiscal, fim de polícia etc."[100]

Renato Alessi, ensina:

"No caso de determinação *precisa* do interesse público, a Administração não tem poder algum de valoração deste, em ordem à oportunidade de atuar ou não, pelo que sua atividade se chama *regrada*. Ao contrário, no caso de determinação *imprecisa,* à Administração lhe fica, de qualquer modo, o poder de valorar a oportunidade de atuar ou não, poder que é mais ou menos amplo à medida que se passa da primeira às últimas hipóteses expostas. Tal poder de apreciação do interesse público com o fim de decidir a conveniência ou não da ação administrativa se chama *poder discricional* ou *discricionariedade*, enquanto que atividade discricional é a atividade a respeito de cuja realização existe uma esfera de discricionariedade."[101]

---

[100] Vide "Curso de Derecho Administrativo", Buenos Aires, Ediciones Depalma, Edición póstuma, 1971, página 110 — grifos no original.
[101] Vide "Instituiciones de Derecho Administrativo", tradução da 3ª edição italiana de Buenaventura Pellisé Prats, Barcelona, Bosch Casa Editorial, 1970, tomo I, página 188 — grifos no original.

10. O PODER DOS TIRANOS GREGOS: PODER ARBITRÁRIO OU DISCRICIONÁRIO?

É chegado o momento de, à luz do hodierno Direito Administrativo, darmos um nome ao poder exercido pelos "tiranos", na Antiga Grécia. Era ele um "Poder Discricionário", ou era, ao revés, um "Poder Arbitrário"?

Cremos andar com acerto, ao afirmar que, na linguagem do moderno Direito Administrativo, o Poder do "Aisumnêtes" era um "Poder Discricionário", ao passo que o poder do tirano, era um poder arbitrário.

Pensamos não haver dúvida possível: conseguido e mantido pela força ou pelo ardil, ou por ambos combinados, o poder dos "Tiranos" — ubicados, na expressão de *Glotz*, "fora do Direito", — era um "poder arbitrário". Isto, é óbvio, segundo a terminologia do atual Direito Administrativo, e de acordo com a mundividência contemporânea.

Era, a Tirania, o que *Glotz* chama de "situação de fato". E afirma ainda, este autor, que o regime dos tiranos possuía "origens revolucionárias" e "caráter despótico".[102]

11. AINDA OS TIRANOS GREGOS. CONSIDERAÇÕES SUPLEMENTARES.

A Tirania surgia no ambiente conturbado das lutas civis. Neste sentido é o testemunho de *Aristóteles*, que trata, também, do uso da força e do ardil.

A menção feita por *Aristóteles* aos "Quatrocentos", torna obrigatória a abordagem do fenômeno de a "Tirania" poder ser exercitada, não por um indivíduo (o que foi a regra), mas por um grupo de indivíduos. Os "Quatrocentos" instalaram, em Atenas, uma genuína "Tirania".

O estagirita, em "A Política", no mesmo Livro Oitavo, logo no início do Capítulo IV, descreve aquilo que, na sua opinião, faz nascer as "Tiranias". Segundo o filósofo, o fator que mais contribui para as revoluções na Democracia, é "a insolente perversidade dos demagogos".

O étimo "demagogo" exige algumas considerações. De plano, devemos assinalar que, como vimos ao examinar o pensamento de *Glotz*, o

---
[102] Op. cit., página 92.

"Tirano" podia ser um "Demagogo". O autor, ao escrever sobre o "Demagogo" (neste passo específico, equiparado ao "Tirano"), o define como aquele que "guiou os pobres contra os ricos, ou os plebeus contra os nobres, o chefe a quem a multidão segue de olhos vendados e a quem permite todos os atos contanto que trabalhe em favor dela".[103]

Em segundo lugar, a palavra "Demagogo" não tinha, no início, o sentido pejorativo, de que depois veio a se revestir. Para a adequada compreensão do texto aristotélico, é preciso ter em mente as grandes transformações econômicas do século VII a.C.

A propósito de a Tirania derivar da revolução, *Aristóteles* escreve: "§ 4. Mas, nos tempos antigos, em que o mesmo indivíduo era demagogo e chefe militar, tais revoluções produziam a tirania; de fato, a maioria dos antigos tiranos era composta de chefes populares. O que fez com que essas usurpações tivessem lugar naquela época e que hoje não mais se dêem, é que então os demagogos eram tirados de entre aqueles que já houvessem exercido a autoridade militar, porque naquele tempo não se tinha ainda muita habilidade na arte da palavra. Ao contrário, hoje que a eloqüência fez progresso, aqueles que são capazes de falar em público obtêm, em verdade, um grande crédito por parte do povo; mas, sem experiência das causas de guerra, eles não conspiram (ou pelo menos só tem havido pequenas tentativas destituídas de importância)."[104]

Glotz assinala que os Tiranos, não raro, investiam nos cargos públicos "os amigos e sobretudo os parentes, a começar pelos filhos".[105] O estímulo à delação existia no governo do Tirano, como é possível inferir de *Aristóteles*.[106]

Refere *Aristóteles* que a adulação é freqüente nas Tiranias.

Assinala *Aristóteles*, ainda, que o Tirano busca demonstrar ser, apenas ele, o detentor das virtudes da "gravidade" e da "liberdade".[107]

Ainda de acordo com *Aristóteles*, a Tirania se propõe, em primeiro lugar, "o aviltamento dos súditos"; em segundo lugar, fomentar "a desconfiança que nutrem os cidadãos entre si". E, por derradeiro, criar a "impossibilidade de agir" (claro que contra a Tirania).

---

[103] Op. cit., página 90.
[104] Op. cit., páginas 312 e 313.
[105] Op. cit., página 92.
[106] Op. cit., página 342.
[107] Vide op. e loc. cit.

O estagirita apresenta a Tirania como uma espécie de corrupção da Realeza, escrevendo:

"O meio de destruir a realeza é torná-la mais tirânica; o meio de conservar a tirania é fazê-la mais real, cuidando-se de garantir-lhe a força, a fim de mandar nos cidadãos, com o seu consentimento, ou sem ele."[108]

Como nos parece evidente, o filósofo, neste passo, *trata do Tirano que, de preferência a se utilizar da força, lança mão da habilidade para governar*. Mas o Tirano deve dispor da força. Se lhe for impossível mandar nos cidadãos com o consentimento destes, dispondo da força, neles mandará, sem o seu consentimento. No que diz respeito ao Tirano imitar um monarca, cremos aí vislumbrar o que hoje chamaríamos de "busca da legitimidade".

A nota de nº 326, alusiva ao trecho de *Aristóteles* há pouco transcrito, elucida que "os mesmos pontos de vista que Aristóteles apresenta, e aproximadamente as mesmas idéias, são expostas na carta de Platão aos pais de Dion". Assim, cremos que estas idéias sobre a Tirania, eram difundidas em Atenas na época, ou, ao menos, eram o pensamento dominante na "Academia".

Recomenda *Aristóteles* que o Tirano — ao menos na aparência — deve se interessar pelo "bem público".[109]

Ao Tirano, o que interessava, para a manutenção do seu poder pessoal, era contar como o apoio das camadas mais baixas da população.

Ao estudar as relações entre o Poder e a Plebe, escreve *Bertrand de Jouvenel*, "verbis":

"Se o Poder tende naturalmente a aumentar, e se ele não pode estender sua autoridade, aumentar os seus meios, senão às expensas dos poderosos, *a plebe deve ser sua eterna aliada*. A paixão do absolutismo deve necessariamente conspirar com a paixão da igualdade."[110]

---

[108] Op. cit., página 343.
[109] Op. cit., página 344.
[110] Vide "Du Pouvoir – Histoire naturelle de sa croisance", Paris, Librairie Hachette, 1972, página 289, grifos nossos.

CAPÍTULO IV

A DEMOCRACIA DE ATENAS

1. CONSIDERAÇÕES PRÉVIAS — OS VALORES FUNDAMENTAIS DA DEMOCRACIA ATENIENSE.

Por que debruçarmo-nos sobre o estudo de uma das magistraturas dos helenos? Os gregos, que se revelaram incapazes de atingir a unidade política, não legaram à Cultura do Ocidente uma herança política e jurídica tão sólida quanto a dos romanos, sendo que uma enorme distância medeia entre as portentosas construções dos seus filósofos, e as acanhadas proporções das obras dos seus legisladores.

O fato inconteste é que a Grécia fascina no mais exato sentido desta palavra, o que foi percebido *Veit Valentin*.

O retorno à Grécia é fundamental, para a plena compreensão do que somos, e do que poderemos vir a ser. Di-lo *Jaeger*.[111]

Jaeger, op. e loc. cit., faz uso da expressão "heleno-cêntrico". Aduzimos que todo o Ocidente pode ser chamado de "heleno-cêntrico", o que justifica o estudo das instituições gregas. Além disto ao prefaciar a edição francesa de 1.953 de "A Cidade Grega", de *Glotz*, escreveu *Henri Berr* este título notável: "A Grécia, Escola Política da Humanidade".[112]

O valor paradigmático da "Polis", não pode ser ignorado pela História do Direito: ainda que nos cerquemos das cautelas usuais, evitando o erro de olhar para o passado com a ótica do presente, remanesce o dado de que a "Polis" conserva o seu papel de "modelo", para a ulterior evolução das instituições.

A "Polis" foi, a um só tempo, a grande criação, e a fonte dos males da Grécia. Aqui é possível lobrigar quão profundamente diversos foram o "gênio grego" e o "gênio romano". Isto foi percebido por *Miguel Reale*, que, em "Horizontes do Direito e da História", escreve, "verbis":

---
[111] Op. cit. páginas 4 e 5.
[112] Op. cit., página VII.

"Há um contraste impressionante entre a robustez do edifício político erguido pelos romanos, a magnitude do Estado romano, unitária e poderosamente constituído sem prejuízo dos usos e costumes e das instituições vigentes nas províncias incorporadas 3, e o polipeiro de centros políticos que foi o mundo grego, com as suas cidades autárquicas erguidas umas contra as outras, e suas federações urbanas instáveis e passageiras."[113]

Tivemos oportunidade de estudar a Tirania. Esta teria sido, de acordo com *R. Maisch* e *F. Pohlhammer*, nada mais nada menos, do que uma "forma de transição", entre a Oligarquia e a Democracia.[114] A Tirania teria sido uma "transição necessária" entre a Oligarquia e a Democracia.

Vamos aceitar, como hipótese de trabalho, esta assertiva. O que importa é que a "transição" noticiada pelos autores, é indissociável das grandes transformações econômicas sofridas pela sociedade grega a partir do século VIII a.C.

O nosso estudo sobre o Estratego, terá por objeto a figura deste magistrado, em Atenas. Temos um motivo para nos fixar em Atenas: a sua História, ao lado da de Esparta, é a mais fartamente documentada, entre as várias "Poleis". Teremos que abordar o surgimento da Democracia Ateniense, no seio da qual, ubica-se o Estratego. E, de plano, reclama o rigor científico que tornemos bem claro que o vocábulo "Democracia", aplicado à Antiguidade, não tem o significado hoje ostentado pela palavra.

Assim, *R. Maisch* e *F. Pohlhammer* assinalam que, no início da Guerra do Peloponeso, havia em Atenas, por volta de 45.000 cidadãos, para 130.000 habitantes.[115]

É preciso que não nos equivoquemos, quanto à "Democracia Ateniense". Com propriedade, escreve *Miguel Reale*:

"No caso de Glotz há talvez excessivo otimismo quanto à democracia ateniense, que ele cuidadosamente extrema das demais cidades helênicas, demonstrando que, mesmo na terra de Péricles, nunca foi insignificante a pressão aristocrática de Platão, Xenofonte e alguns teóricos *laconizantes*. Nem é demais lembrar que os atenienses nunca pensaram em estender aos povos sob seu domínio as conquistas e benefícios

---

[113] Op. cit., página 56.
[114] Op. cit., páginas 53 e 54.
[115] Op. cit., páginas 71 e 72.

das liberdades democráticas. Eric Bethe aponta mesmo os atenienses como "déspotas brutais", mais duros que os oligarcas de Esparta."[116]

Na verdade, a Democracia Ateniense é o privilégio de um dever político, mais do que um direito político. Esta é a lição de *Erich Kahler*, citado por *Miguel Reale*.[117]

Em crítica ao autor de "A Cidade Grega", escreve *Miguel Reale*, "verbis":

"Adiantando-nos na leitura da obra de Glotz, verificamos, todavia, que nela não há qualquer aceno à falta de "consciência jurídica" da liberdade usufruída pelo círculo reduzido dos cidadãos privilegiados de Atenas, nem se adverte que a nota distintiva da liberdade moderna é a delimitação prévia e expressa da esfera individual de ação perante o Estado e até mesmo contra o Estado, com uma *ligação essencial entre a liberdade política e a civil*. Por outro lado, além de reconhecer que a liberdade antiga constituía um privilégio do cidadão, Glotz reconhece que a igualdade, e não a liberdade, foi a idéia dominante da constituição ateniense: "Orgulhosos por serem cidadãos livres, os atenienses ainda mais se vangloriam de ser cidadãos iguais. *A igualdade é para eles até mesmo a condição da liberdade;* não podem ser escravos, nem senhores uns dos outros, porque todos são irmãos nascidos de uma mãe comum. As únicas palavras que na sua língua distinguem o regime republicano dos demais são *isonomia*, igualdade perante a lei, e *isegoria*, igual direito de falar."[118]

É significativo que a igualdade (e não a liberdade), tenha sido o que *Miguel Reale* chama de "a idéia dominante da constituição ateniense". Na "Polis", a "Igualdade" condicionava a "Liberdade". Ou, por outras palavras, os cidadãos eram livres, PORQUE, ANTES DISTO, ERAM "IGUAIS". Pois bem, o que aqui desejamos consignar, é que tanto a "Igualdade" (valor fundante), quanto a "Liberdade", existiam na "Polis" "in concreto", condicionadas por determinadas circunstâncias históricas. Os cidadãos eram "iguais" numa determinada "Polis", e por serem cidadãos dessa determinada "Polis". E, sendo "iguais", eram, de conseguinte, "livres".

---

[116] Vide "Horizontes" cit., páginas 27 e 28 — grifo no original.
[117] Op. cit., página 25.
[118] Op. cit., página 28 — grifos no original.

"Igualdade" e "Liberdade" eram, pois, valores bafejados pela historicidade. "Eram", em suma, em um determinado espaço, e em um determinado tempo.

2. A LEGISLAÇÃO DE SÓLON.

A Democracia Ateniense não surgiu "ex nihil". Foi ela o resultado final de toda uma série de vicissitudes históricas, inseparáveis das grandes transformações econômicas que, na sociedade grega, ocorreram a partir do século VIII a.C. Isto nos leva ao exame da legislação de *Sólon*. De acordo com *R. Maisch* e *F. Pohlhammer*, *Sólon* foi considerado um dos "sete sábios da Grécia".[119]

Sólon era um integrante da classe dos aristocratas. E, de conseguinte, fora forjado à luz da "Paidéia" e do culto da "Arete".

Passemos adiante. A propósito de *Sólon* e da sua legislação, escreve *Fernando Fournier Acuña*, "verbis":

"O descontentamento continua até que novamente se ordena a emissão de uma legislação que termine com aquela situação intolerável. O encargo o recebe *um dos homens mais sábios* da história de Atenas: Sólon. Da mesma maneira que de Licurgo, de Sólon se conta que *viajou pela Ásia Menor e Egito*, ante de redigir suas leis."[120]

Por seu turno, assim se expressa *Werner Jaeger*:

"Enquanto o Estado Ático e a sua vida espiritual autônoma subsistiram, Sólon foi uma coluna fundamental do edifício da formação ática. Os seus versos imprimiram-se na alma da juventude e eram evocados pelos oradores nos tribunais de justiça e nas assembléias públicas, como expressão clássica do espírito da independência ática (1). A sua viva influência persistiu até o tempo em que, com a decadência do poder e do esplendor do império ático, despertou a saudade da grandeza passada e os gramáticos e historiadores de uma nova era se consagraram à conservação dos seus restos. Ainda então o testemunho poético de Sólon foi guardado como documento histórico do mais alto valor. Ainda não há muito tempo o encarávamos predominantemente sob esse ponto de vista."[121]

---

[119] Op. cit., página 48.
[120] Vide "Historia del Derecho", San José, Editorial Juricentro S.A., 1978, página 59 – grifos nossos.
[121] Op. cit., página 119.

As reformas de *Sólon* tiveram importantíssimas conseqüências na vida política de Atenas. Estas reformas vieram após a famosa legislação de *Drácon*, o qual, nas palavras de *Glotz*, "passou por legislador sanguinário, por ter-se dedicado a pôr fim ao derramamento de sangue".[122] *Drácon* realizou um antigo anseio das classes populares, qual seja, *que as leis fossem publicadas*. Assim — e ainda de acordo com o autor de "A Cidade Grega" — armou o Estado do Poder Judiciário.

A legislação de *Drácon* deve ser encarada como um grande progresso. Mas, a despeito dela, a aristocracia continuava com os seus privilégios, e amarga era a sorte das classes mais pobres. Dois partidos se digladiavam, à época. E estes partidos se baseavam, o primeiro, na "legalidade tradicional", e o segundo, em uma "eqüidade revolucionária". É nesta quadra que surge *Sólon*. Foi ele capaz de, como legislador, realizar o que *Glotz* chama de uma "revolução mitigada". Permanecendo insensível aos ataques das facções que lutavam, *Sólon* eliminou as barreiras que mantinham os Eupátridas separados das outras classes. Legislou, também, em matéria agrária, e em matéria familiar.

A legislação de *Sólon* é anterior à tirania de *Pisístrato*. Isto inobstante, nas suas reformas, deve ser vislumbrado o embrião da Democracia Ateniense. E isto porquanto este legislador eliminou as barreiras que separaravam os Eupátridas das demais classes. Além disto, *Sólon* melhorou, em geral, o nível de vida das classes populares.

As reformas de *Sólon* deram margem a que surgisse uma classe de pequenos proprietários rurais. Na política econômica, o legislador estimulou a produção, e reprimiu a especulação. Para estimular o comércio, *Sólon* procurou atrair os estrangeiros — "metecos" — que, em Atenas, gozaram de uma situação comparativamente melhor que nas outras "poleis".

É difícil para nós, homens do século XX, entender, exatamente, o que era a "Polis". "*Sir*" *Ernest Barker* ensina, "verbis":

"Da mesma forma que a cidade medieval italiana, a cidade grega é a unidade da vida social. Ela centraliza todas as ocupações: combina a cultura do milho e das oliveiras com a manufatura de vasilhame e o preparo de couros. É também o centro de todas as classes: une a nobreza fundada na propriedade da terra com os artífices e os comerciantes."[123]

---

[122] Op. cit., páginas 100 e 101.
[123] Vide "Teoria Política Grega — Platão e seus Predecessores", tradução brasileira de Sérgio Fernando Guarischi Bath, Brasília, Editora Universidade de Brasília, 2ª ed., 1978, página 27.

Não podemos deixar de apontar um equívoco no texto acima. Trata-se da cultura do milho, na Grécia Antiga. Este cereal é originário da América.

Glotz identifica a obra de *Sólon* com a própria Democracia.

Em suas reformas, *Sólon* levou em conta as distinções entre os cidadãos, fundadas na riqueza. De acordo com *Glotz*, o legislador, abraçando "um sistema que há algum tempo tendia a estabelecer-se", [124] dividiu os cidadãos em quatro classes censitárias (ou "timocráticas"). Eram elas: a dos "Pentacosiomedinos", que colhiam pelo menos 500 medinos de sólido (260 hectolitros) ou 500 metretas de líquido (195 hectolitros); a dos "cavaleiros", que colhiam pelo menos 300 (156 ou 117 hectolitros); a dos "Zeugîtai", que colhiam pelo menos 200 (104 ou 78 hectolitros); e, por último, a dos "Thêtes", classe dos que não possuíam terras, ou não conseguiam alcançar a produção mínima de 200 medinos.

O corolário da divisão dos cidadãos em classes, é que *não havia uma "igualdade"* entre eles. Ou, ao menos, *não havia uma "igualdade" entre os cidadãos*, parecida com aquela encontrada nas democracias da nossa época. Com efeito, o acesso às funções públicas, estava vinculado à divisão das classes, examinada "retro". Escreve *Glotz*, a propósito:

"As obrigações e os direitos dessas classes são fixados proporcionalmente ao seu respectivo censo. Os *thêtes*, simplesmente por serem cidadãos, podem fazer parte da Assembléia e dos tribunais; mas só devem prestar o serviço militar como remadores e não têm acesso às magistraturas. Os *zeugîtai* devem armar-se como hoplitas e podem aspirar a algumas funções subalternas. Os cidadãos das duas primeiras classes têm o dever de juntar-se ao exército com um cavalo e são obrigados às prestações denominadas *leiturgíai*, mas têm direito às principais magistraturas."[125]

Todos os integrantes das quatro classes eram "cidadãos" da "Polis". Mas as obrigações e os direitos variavam, de classe para classe.

Glotz vislumbra, na reforma de *Sólon*, o advento da Democracia. Mas as duas magistraturas mais elevadas — o Arcontado e a Tesouraria — ficavam reservadas para os "Pentacosiomedinos".

---

[124] Op. cit., página 101.
[125] Op. cit., páginas 101 e 102 — grifos no original.

De acordo com *"Sir" Ernest Barker*, a lição de Delfos, do limite e da moderação, foi seguida pelos legisladores. A tradição inclui *Sólon* entre os "Sete Sábios", devendo ser esclarecido que, deles, *Sólon* é a única figura histórica. A atividade política dos legisladores da época, aduz, seguia a inspiração délfica.

As reformas de *Sólon* constituíram o embrião da Democracia Ateniense. A equanimidade do legislador fez com que ele fosse venerado por sucessivas gerações de atenienses, que o consideravam o seu organizador e legislador por excelência. O ano em que *Sólon* foi Arconte, passou a ser considerado a data do nascimento da Democracia.

Ainda há outro dado a ser levado em conta. A legislação de *Sólon* — e referimo-nos à sua legislação "autêntica" — foi considerada excelente pelos atenienses. Ela teria adquirido, mercê da sua excelência intrínseca, um valor paradigmático, exemplar. E é próprio do ser humano este retorno a um paradigma, ubicado num passado longínquo. Lobrigou-o *Adolpho Crippa*, em "Mito e Cultura".

Foram, os gregos, os criadores da tragédia. E esta é indissociável do "herói". *Sólon*, o legislador que deu, aos atenienses, uma legislação sábia, justa e equânime, foi, pelos pósteros, guindado às dimensões de um herói. Como se isto não bastasse, os autores gregos de História, não tinham condições de cobrir o passado muito remoto. Assim, é compreensível que, algum tempo depois da morte de *Sólon,* os próprios atenienses a ele atribuíssem muitas leis, que não eram, autenticamente, da sua lavra.

Ao tratarmos do surgimento da Democracia, cremos ser interessante buscar saber o que os gregos entendiam por "Demos". *Geraldo de Ulhoa Cintra*, em seu "História da Organização Judiciária e do Processo Civil", ensina, "verbis":

"Demos, *masc.,* é a terra habitada por um povo, a população de um lugar. Nos estados livres e democráticos, é a reunião ou o conjunto dos homens livres; em Atenas, sobretudo, é subdivisão da tribo (phylê), logo, cantão, distrito, município."[126]

Duplo era o significado do étimo "Demos". A palavra queria dizer, tanto a terra, quanto a população de um lugar. Esta é a primeira observação que devemos fazer. A segunda é a de que incorreria em erro

---

[126] Vide op. cit., Rio de Janeiro, Editora Jurídica e Universitária Ltda., 1970, volume primeiro, nota de rodapé nº 17, páginas 13 e 14 – grifo no original.

quem traduzisse "Demos" por "Povo". Este é um equívoco bastante freqüente, em que não podemos incidir.

Sólon teve existência histórica, repitamos. A tendência de cobrir os grandes legisladores com uma aura gloriosa, não se limitou aos atenienses. Existiu, também, entre os helenos de outras paragens. Vamos nos limitar ao exemplo de Esparta, e do seu legislador, *Licurgo*. Escreve, a respeito, *Dominique Venner*, "verbis":

"Foi ao lendário legislador Licurgo, ao qual atribuem como antepassado o próprio Héracles, que os Espartanos fizeram remontar as instituições orais a que deviam a sua inflexível virtude. "Licurgo merece ser admirado — escreve Plutarco — por ter gravado na alma dos seus concidadãos a idéia de que é preferível enfrentar a morte do que aceitar a ignomínia como preço da vida". E Xenofonte acrescenta: "Nos outros Estados, quando um homem é cobarde, contentam-se em chamar-lhe cobarde; mas ele passeia na praça pública, no mesmo lugar que o bravo, e senta-se junto dele; se quiser, freqüenta o mesmo ginásio. Na Lacedemónia, pelo contrário, ruborizar-se-iam se sentasse um cobarde à sua mesa e se lutassem com ele na palestra. Quando vejo uma tal infâmia pesar sobre os cobardes, não me espanta nada que, em Esparta, prefiram a morte a uma vida desonrada e ignominiosa."[127]

É chegado o momento de encerrarmos estas considerações introdutórias, em que buscamos enfocar, em Atenas, o legislador *Sólon* e as suas reformas.

3. A LEGISLAÇÃO DE CLÍSTENES.

Após as reformas de *Sólon*, adverte *Glotz*, Atenas "não permaneceu tranqüila por muito tempo". Foi necessário permitir que os artesãos e os comerciantes ingressassem nas três primeiras classes. E foi aceita a equivalência entre a renda imobiliária e a mobiliária — isto, provavelmente, no ano de 581 a.C. A despeito da reforma solônica, a organização familiar ainda fazia sentir a sua força. Mais grave do que isto, era o fato de que os dois partidos extremos — nenhum dos quais obtivera satisfação completa — não estavam com os ânimos desarmados. Havia um terceiro partido, que se aferrava à constituição de *Sólon*, tendo, en-

---

[127] Vide "Corpos de Elite do Passado", Lisboa, Editora Odisséia, 1974, página 12.

tretanto, dificuldade para defendê-la. Neste quadro, houve a luta entre três facções. A vitória sorriu a *Pisístrato*.[128]

Pisístrato, como Tirano, foi altamente benéfico para Atenas, uma vez que solucionou, em definitivo, a questão agrária, favoreceu o comércio externo, e fez com que, aos atenienses, fosse ministrada educação política. Escreve *Glotz*, "verbis":

"Depois de prestar os serviços que dela esperava o povo, a tirania desapareceu: foi esse, em geral, o seu destino nas cidades gregas. Os oligarcas puderam acreditar, por um momento, que a queda dos **Pisistrátidas** reverteria em seu proveito. O **Alcmeônida Clístenes** tirou-lhes essa ilusão."[129]

Clístenes era um integrante da família que, nas lutas partidárias anteriores à Tirania de *Pisístrato*, liderava os comerciantes e os pescadores do litoral.

Afirma *Glotz* que *Clístenes* "concluiu a obra esboçada por **Sólon** e pôs em letras definitivas a constituição democrática de Atenas (508/7)".[130] O escopo deste legislador era o de impedir o retorno de Atenas à Tirania. Para tanto, *Clístenes* se voltou à destruição da robusta organização que os nobres haviam estabelecido nas "fratrias" e nas quatro tribos jônias, ao mesmo passo em que buscou que as classes sociais se agrupassem por regiões.

Com as reformas de *Clístenes*, os "génê" cedem o passo à cidade. O legislador criou circunscrições, nas quais, todos os concidadãos foram classificados, de acordo com o domicílio.

Com este expediente, *Clístenes* tornou impossível que as antigas tribos voltassem a se encontrar nas novas. Mas, podia haver o perigo de as rivalidades regionais se eternizarem, com a aliança das tribos vizinhas. Para atenuar um tal perigo, o legislador se valeu de um meio muito engenhoso: lançou mão de um critério de divisão geográfica,[131] aplicando o sistema decimal das tribos, a toda a organização política e administrativa de *Atenas*. Este sistema contrariava todas as tradições. Era puramente lógico, e integrou a Democracia Ateniense, sendo imitado nas outras cidades gregas, que saíam do regime oligárquico.

---

[128] Op. cit., página 102.
[129] Op. cit., página 103 — negritos no original.
[130] Op. e loc. cit. — negrito no original.
[131] Glotz, op. e loc. cit.

No século V a.C., Atenas viveu de acordo com as leis civis de *Sólon*, e as leis políticas de *Clístenes*.

4. BREVE ESTUDO DAS INSTITUIÇÕES DA DEMOCRACIA ATENIENSE.

Para estudar as instituições da Democracia de Atenas, é preciso abordar as idéias que lhe serviram de "substractum".

Ao tratar do tema "As Idéias sobre a Democracia", escreve *Glotz*, "verbis":

"Os atenienses percebiam perfeitamente que o estabelecimento da democracia numa urbe tão populosa como a deles era uma grande novidade. Tinham orgulho da sua constituição. Dos três regimes que os gregos conheciam, apenas um parecia convir à dignidade humana: era o que opunha o princípio de igualdade ao princípio oligárquico e mantinha, contra a tirania, o direito à liberdade."[132]

Continua o autor de "A Cidade Grega":

"Liberdade, igualdade, tal era propriamente a divisa dos atenienses; a essa divisa, acrescentaram a fraternidade, sob o nome *filantropia*. Não deixavam de experimentar um sentimento de orgulho ao compararem a sua cidade a todas as outras, e especialmente a Esparta, para a qual se voltavam, invejosos, todos os inimigos das idéias que lhes eram caras ao coração. Sem dúvida, os estadistas e os poetas atenienses mostravam-se exagerados no louvor com que gabavam a sua constituição; mas esse mesmo lirismo tem um valor histórico: efusões desse tipo nos dão a conhecer a alma de um povo e há entusiasmos que revelam um ideal."[133]

Glotz exalta os valores fundantes da Democracia Ateniense. É necessário ter em mente que tais valores eram exclusivos da "Polis". Com efeito, a Democracia Ateniense não foi, em momento algum, exportada, pelos próprios atenienses, para outros povos da Hélade.

Glotz fala de um "ideal de Atenas", fazendo remissão a *Tucídides*.

É significativo que, ao falar do "ideal de Atenas", o autor mencione a figura de *Péricles*. Este foi um vulto exponencial. Marcou de tal modo a sua época, que ela é chamada "O Século de Péricles".

---

[132] Op. cit., página 118.
[133] Op. e loc. cit. — grifo no original.

Ao pronunciar o "epitaphios" dos mortos pela pátria, *Péricles* afirmou:

"A constituição que nos rege, nada tem que invejar às leis dos povos vizinhos; serve-lhes de modelo e de modo algum as imita. O seu nome é democracia, porque visa ao interesse, não de uma minoria, mas da grande maioria."[134]

Em seu discurso, *Péricles* exalta o princípio da igualdade, na vida pública e na privada, afirmando que o mérito pessoal é a base de todas as recompensas. O discurso é um texto apologético, a propósito de Atenas, do seu povo, e das suas instituições. *Péricles não fala na qualidade de pensador político.* Sim, na qualidade de dirigente máximo dos atenienses. Ele faz o elogio fúnebre de combatentes atenienses, mortos na guerra. E, destarte, um tal discurso não poderia ser isento de paixão.

O discurso de *Péricles* não pode ser subestimado, como fonte para o conhecimento das instituições da Democracia Ateniense. Mas, por outro lado, ele não pode ser superestimado.

A "Polis", com o seu entranhado exclusivismo, continha os germens da sua própria destruição. Isto vem a propósito da Guerra do Peloponeso, na qual foi pronunciado a oração de *Péricles*.

Para resumir, foi a "Polis" a mais completa e complexa forma de organização e de associação atingida pelos antigos helenos; além disto, foi ela que propiciou que os gregos atingissem o seu clímax, em termos de realizações do espírito. Mas foi ela, também, a causa da ruína da Antiga Grécia. E a prova, irretorquível, do ora afirmado, é a Guerra do Peloponeso, que possibilitou a dominação estrangeira. Sobre as proporções verdadeiramente desastrosas dessa guerra, que fale o próprio *Tucídides*, no Livro Primeiro da sua "História da Guerra do Peloponeso":

"1. O ateniense Tucídides escreveu a história da guerra entre os peloponésios e os atenienses, começando desde os primeiros sinais, na expectativa de que ela seria grande e mais importante que todas as anteriores, pois via que ambas as partes estavam preparadas em todos os sentidos; além disto, observava os demais helenos aderindo a um lado ou ao outro, uns imediatamente, os restantes pensando em fazê-lo. Com efeito, tratava-se do maior movimento jamais realizado pelos helenos, estendendo-se também a alguns povos bárbaros — a bem dizer à maior parte da humanidade."[135]

---

[134] Op. cit., páginas 118 e 119.
[135] Vide "História da Guerra do Peloponeso", tradução brasileira do grego, introdução e notas por Mário da Gama Kury, Brasília, Editora Universidade de Brasília, 3ª edição, 1987, página 19.

O extremado particularismo das cidades gregas, existiu também em Atenas. Esta, chamada por *Péricles* de "escola da Grécia", era, em boa medida, uma síntese das qualidades e dos defeitos do gênio grego. Esta circunstância não pode ser olvidada, em qualquer estudo das instituições da Democracia Ateniense.

Miguel Reale distingue a "Polis" da "Urbs", segundo um grau de "juridicidade". E nisto anda com acerto: Os romanos, voltados para a concreção da existência, tiveram a capacidade — que faltou aos gregos — de construir uma vasta e complexa organização política. Eles foram capazes de propiciar e de vivenciar a transformação de uma pequena cidade em um império universal, cimentado por uma grande unidade. E isto seria impensável, sem o profundo senso jurídico da gente do Lácio.

Cultores das realizações da "Voluntas", os romanos, pouco propensos às elaborações teóricas, estavam imbuídos daquele "senso jurídico", que apontamos há pouco. E não hesitamos em fazer derivar esse "senso jurídico" dos homens do Lácio, da "triade romana", que *Hannah Arendt* aponta: *Religião-Autoridade-Tradição*.[136]

É preciso que bem diferenciemos a Grécia de Roma, evitando tratá-las como uma única realidade. No momento em que buscamos perquirir qual era o "substractum" doutrinário da Democracia Ateniense, é preciso fixar essas diferenças essenciais, entre a "Polis" e a "Urbs".

A experiência política de Roma teria que ser radicalmente diferente da dos gregos. A presença da noção de "Autoridade", entre a gente do Lácio, e a sua ausência na Hélade iria determinar a prodigiosa unidade romana, e a trágica fragmentação grega.

Convém lembrar, sempre de acordo com *Hannah Arendt*, que os filósofos gregos, em busca de um conceito de "Autoridade", o foram procurar, *fora da experiência política*. Isto aconteceu, de acordo com a autora, em função de os helenos *não haverem conhecido* a "Autoridade", no âmbito da sua experiência política.

A Democracia Ateniense, pelo fato de não reconhecer as distinções oriundas do nascimento, não pode ser chamada de "Democracia Aristocrática". E nem é, tampouco, uma "Democracia Popular". Cremos, pois, poder chamá-la de uma "Democracia Elitista", na medida em que às mais elevadas magistraturas, só podiam ascender os cidadãos que integravam as duas primeiras classes.

---

[136] Vide "Entre o Passado e o Futuro", tradução brasileira de Mauro W. Barbosa de Almeida, São Paulo, Editora Perspectiva S/A, 3ª edição, 1992, p. 167 e seguintes.

Platão, no Livro Oitavo da "República", critica acerbamente as instituições democráticas. Esta atitude era a dos "laconizantes". *Platão*, como é amplamente sabido, viveu uma boa parte da sua existência no exílio, o que nos leva, quer o queiramos, quer não, a formular a seguinte pergunta: levando em conta que esses "laconizantes" eram, em tudo e por tudo, o que havia de melhor em Atenas, que eles eram "o escol da raça", para fazermos uso da teminologia de *Werner Jaeger*, acaso não eram movidos, em sua insatisfação, pelo fato de as instituições democráticas possibilitarem o acesso ao Poder Político, dos menos aptos?

Glotz reproduz, a propósito da "Igualdade", as palavras que o teatrólogo *Eurípides* coloca nos lábios de *Teseu*:

"A liberdade está contida nestas palavras: 'Que se adiante e fale aquele que quiser dar um bom conselho à cidade'. Cada qual pode, por sua vez, apresentar-se ou permanecer em silêncio. Onde encontrar mais bela igualdade entre os cidadãos?"[137]

Escreve *Glotz*:

"Em suma, por todos os seus princípios, a democracia ateniense do século V tende a manter um justo equilíbrio entre o poder legal do Estado e o direito natural do indivíduo."[138]

É preciso salientar que a Antiguidade Clássica não conheceu os "direitos individuais", como hoje os concebemos. E isto, pelo bom motivo de que, só com muito esforço, é possível falar de uma "esfera privada", para esta época. Em função de inexistir, propriamente, uma "esfera privada", não existia, nem na "Polis" nem na "Urbs", uma "liberdade", contra ou em relação ao Estado.

Sólon pode ser considerado o fundador da "Democracia Ateniense". E recordemos que a sua legislação dividiu os cidadãos em quatro classes, segundo um critério censitário, ou "timocrático". Também verificamos que, nos termos das reformas solônicas, o acesso às mais altas magistraturas estava reservado, apenas, aos cidadãos integrantes das duas primeiras classes. Assim, se todos os cidadãos podiam se vangloriar de obedecer às mesmas leis, essas leis, elas próprias, se encarregavam de dividir os cidadãos em classes diferentes. Daí a síntese que formulamos: a lei era igual para todos; mas todos não eram iguais para a lei. Cremos que nisto consistia a "Isonomia", na Democracia Ateniense. Passemos à

---

[137] Eurípides, "Suplicantes", 406 ss., 429 ss., apud Gustave Glotz, op. cit., página 120.
[138] Op. e loc. cit.

"Isegoria". É, ela, o "igual direito de falar". Ou, por outras palavras, o igual direito de fazer uso da palavra, nas assembléias. Este direito parece ser algo de compreensão intuitiva. Com efeito, nos termos da reforma de *Sólon*, até mesmo os "thêtes" participam da "Isegoria".

Na Democracia Ateniense, não eram "iguais os direitos". Relativamente às quatro classes, havia tanto a desigualdade dos direitos, quanto a desigualdade das funções. Com efeito, se os integrantes das duas classes mais baixas, não podiam chegar às mais elevadas magistraturas da "Polis", como admitir que havia uma "igualdade de direitos"? Com as reformas de Sólon, não havia o privilégio do nascimento. E a ausência dele implicava em que a mobilidade social fosse uma realidade. Embora nascido em uma classe, podia o indivíduo passar a integrar outra, desde que satisfizesse os critérios censitários. É verdade que, com a grande revolução econômica de que já nos ocupamos, a mobilidade social abrandou, de maneira considerável, a rígida divisão dos cidadãos em quatro classes sociais. Mas remanescia o dado de que os "thêtes" e os "zeugitas" não ascendiam, *por lei*, às magistraturas mais importantes.

A obra de *Sólon* foi completada por *Clístenes*. Observam R. *Maisch* e F. *Pohlhammer* que *Clístenes* proclamou o seguinte axioma: "Todo homem livre, domiciliado em uma localidade ática, será considerado como cidadão ateniense".[139] Uma conseqüência da aplicação de tal princípio foi a de que milhares de libertos e de colonos estrangeiros, adquiriram o direito de cidadania. O princípio de *Clístenes*, foi um golpe contra a instituição familiar.

A teor das reformas de *Clístenes*, todos os povoados existentes na Ática passaram a ser unidades independentes, e dotadas de administração própria. Várias pequenas aldeias constituíam, juntas, um município, um "demo". À frente do "demo" estava um "demarca", eleito por um ano, que tinha a seu cargo fazer a matrícula dos cidadãos, e o cadastro do território comunal. Tinha, ainda, outras atribuições. Ajudado por um ou dois funcionários, administrava os fundos públicos, presidia as assembléias dos membros da comunidade, mandava executar as resoluções da assembléia, e era o homem de confiança, que redigia as listas locais de conscrição de hoplitas e de remadores. Como podemos verificar, estas últimas atribuições eram nitidamente militares. Ao "demarca" estava afeto o registro civil. A inscrição no registro civil conferia a naturalida-

---

[139] Op. cit., página 55.

de do distrito respectivo, mas também a cidadania do Estado. Por este motivo, e desde então, a qualificação oficial de um lídimo cidadão de Atenas era dada pelo seu nome próprio, o nome do seu pai (patronímico), e a "indicação demótica", que dizia respeito ao povoado de origem. Os autores exemplificam com "Demóstenes, filho de Demóstenes, oriundo de Paeania". Pertencer, o cidadão, a uma determinada circunscrição territorial, era algo que passava, por via hereditária, à posteridade, aos sucessores do que, por primeiro, havia sido inscrito no registro civil. Era algo que não se perdia, pela ausência da povoação de origem.

Os vários "demos" foram reunidos, por *Clístenes*, em uma unidade de categoria superior, o "Cantão" ou "Terço" (Tritus), dez deles situados em cada uma das três regiões da Ática (a planura de Atenas, a zona costeira e as montanhas do interior, ou Diácria), de modo que a totalidade da Ática constava de trinta "terças partes".

Mostrou-se, *Clístenes*, extremamente hábil, no que tange a quebrantar a força local das famílias da nobreza: ao reunir três "trítias" em um distrito (chamado, também, de "phila"), o fez com a particularidade de que a composição destas novas solidariedades era determinada por sorteio, sendo que um distrito não representava, nunca, um conjunto geográfico, mas era composto por três "demos", sempre dispersos nas três regiões distintas da Ática.

As "philas" novamente criadas, derivavam o seu nome de algum herói regional, venerado como epônimo, ou na qualidade de fundador (archegetai), isto é, como progenitores fictícios. Estes heróis possuíam sacerdotes e templos para o seu culto, e estátuas perto da "Tholo" (palácio de despacho dos prítanes), sendo que tal palácio estava ubicado na vertente norte do Areópago.

As quatro antigas "philas" jônias, embora despojadas de qualquer importância política, muito provavelmente subsistiam, como associações do culto do ancestral comum. De maneira análoga, as antigas relações de parentesco e as "fratrias", continuavam a existir, no Direito Gentílico, e para a prática dos sacrifícios.

Clístenes preparou Atenas para as guerras médicas, que de acordo com *R. Maisch* e *F. Pohlhammer*, deram "novos, rápidos impulsos à vida política de Atenas".[140] A quarta das classes sociais teve fortalecida a consciência do seu próprio valor, em função dos grandes êxitos alcançados pela marinha de guerra.

---

[140] Op. e loc. cit.

Além do incremento da crença dos "thêtes" no seu valor, houve o afluxo de forasteiros a Atenas, a partir do momento em que esta ficou à testa da "Liga Delo-Ática", uma liga marítima, criada em 477 a.C. Esses estrangeiros que chegavam em grande número, alteravam a composição da população, e a própria vocação da cidade. Como observam os dois autores, "a sociedade de caráter agrário ia se convertendo em um empório comercial".[141] Tão grandes proporções tomou tal afluxo de estrangeiros que, mais tarde, *Péricles* buscou coibi-lo.

As guerras médicas implicaram em entrada de numerário. E isto redundava na manutenção de aproximadamente 10.000 homens a soldo, na marinha e no exército. Tudo caminhava para que o "Demos" reclamasse a direção do Estado.

Um obstáculo havia para as mudanças: o Conselho do Areópago, eminentemente conservador. Era, ele, "uma sobrevivência dos princípios tradicionais da antiga oligarquia". Havia pouco tempo que o Areópago empunhara, de novo, o poder efetivo do Estado. Ele se havia coberto de prestígio, ao tempo da segunda invasão persa. Com energia, colaborou, de maneira decisiva, na preparação da Batalha de Salamina. De maneira sintética, é possível afirmar que o Conselho do Areópago era "o último baluarte principal da nobreza". Sucede que também este derradeiro baluarte aristocrático, estava destinado a cair. Não conseguiu resistir à jovem Democracia, excitada por *Efíaltes*. No ano de 462 a.C., uma decisão da Assembléia Popular anulou a autoridade do Areópago, e as suas atribuições políticas foram repartidas entre o "Conselho dos Quinhentos", a Assembléia do Povo e o Júri Popular. Depois de 462 a.C., o Areópago ficou confinado à jurisdição sobre lesões premeditadas, assassinatos, envenenamento e delitos de incêndio. Esta jurisdição subsistiu em mãos do Areópago, pelo fato de isto estar arraigado no Direito Sagrado, que não se queria alterar.

Com o incremento do regime democrático, ocorreram modificações nos critérios de acesso às magistraturas. Isto aconteceu, inclusive, com o cargo de Arconte. Originariamente, só podiam ser arcontes os grandes proprietários de terras. "A posteriori", a dignidade se tornou acessível aos membros da classe de cavaleiros. Não é possível, de acordo com os autores ora seguidos, precisar a data a partir da qual o cargo de Arconte se tornou acessível aos cavaleiros. O fato é que, a partir de 458-457 a.C., os integrantes da terceira classe podiam aspirar ao cargo.

---

[141] Op. cit., página 60.

Com o tempo, o acesso às diversas magistraturas passou a ser feito mediante sorteio, com a compreensível exceção das magistraturas, para cujo exercício, eram precisos conhecimentos profissionais. Do sorteio podiam participar todos os cidadãos maiores de trinta anos. Tratava-se de uma alteração profunda, relativamente ao que fora estabelecido por *Sólon*.

É preciso consignar, neste passo, que época tinha havido em que cabia ao Areópago o direito de decidir — em última instância — sobre a admissão dos eleitos a uma das magistraturas. Na época ora examinada, os pretendentes aos cargos podiam apelar para o povo, para que decidisse, este, como árbitro supremo. Os pleitos dos cidadãos das cidades confederadas, tinham que ser solucionados em Atenas. Aproximadamente 6.000 cidadãos compunham o corpo de jurados de vários tribunais populares. Na época de *Péricles*, tais cidadãos passaram a ser remunerados por seu trabalho.

Na "Liga Marítima Delo-Ática", Atenas possuía uma indisfarçável posição hegemônica. Ao se relacionarem com as outras cidades, os atenienses, literalmente, dominavam-nas.

Caminhava-se para o apogeu da Democracia. Os líderes que galgavam o Poder, não eram mais indivíduos da classe aristocrática, mas sim, elementos egressos das próprias fileiras do "Demos". Muitos cargos só podiam ser desempenhados por um cidadão uma única vez, no decurso de um determinado período de tempo. Isto facilitava a participação extensiva do povo, nos distintos cargos da "Polis". A duração máxima dos cargos era um ano. Cabia, à Assembléia, decidir, *antes* do exercício do cargo, sobre a qualificação do aspirante a funcionário, julgando também, "a posteriori", do exercício do mandato.

A existência da remuneração permitia que até os cidadãos mais pobres tivessem uma participação ativa na vida pública. Assim, arrematam os autores ora seguidos, "todos aprenderam, na prática, o seu ofício de cidadãos".[142]

Diante de todas as circunstâncias examinadas — continuam *R. Maisch* e *F. Pohlhammer* — era de se esperar que a experiência política do conjunto dos cidadãos, alcançasse um nível muito elevado. E isto, de fato, aconteceu, como é possível aferir dos discursos de *Demóstenes*, e dos dramas de *Eurípides*. Sucede que este quadro não poderia permane-

---
[142] Op. e loc. cit.

cer indefinidamente inalterado. E isto em função, basicamente, dos grandes gastos suportados pelos dinheiros públicos.

Arnaldo Biscardi e *Eva Cantarella*, fazem um excelente estudo da Democracia Ateniense. Estes autores chamam *Clístenes* de "um aristocrata dissidente".[143]

Os autores italianos referem a reforma constitucional feita por *Clístenes*, de acordo com a qual, foi instituída "uma nova unidade política, territorial, administrativa", o "Demos". Mencionam, de maneira análoga, a divisão do território da Ática em uma centena de "demos", número este que, posteriormente, aumentou para 180. Ao "Demos", o cidadão ateniense pertencia, independentemente de qualquer privilégio de classe. Como podemos verificar, os dois autores peninsulares não discrepam do afirmado por *R. Maisch* e *F. Pohlhammer*, no que diz respeito à nova divisão da população em tribos.

Falar das tribos, quais foram instituídas na reforma de *Clístenes*, obriga a falar da "Boulé", ou "Conselho dos Quinhentos". Para *Arnaldo Biscardi* e *Eva Cantarella*, tratava-se de... "um novo órgão do poder executivo".[144]

Se a "Boulé" era o mais importante e o mais poderoso órgão da Democracia Ateniense, e se ela era uma "magistratura coletiva", é preciso salientar que, ao lado dela, havia outras magistraturas principais, nesta época. Vamos nos ocupar, agora, de tais magistraturas.

Havia, em primeiro lugar, os nove arcontes. Eles não atuavam colegialmente. Tinham, ao revés, um atuar independente um do outro. Depois que, aos "nove arcontes", foi acrescentado um Grammateús, cada um dos arcontes era nomeado por uma tribo. À época da Democracia, anotam os autores de "Diritto Greco Antico", o rol de competências dos arcontes era notavelmente reduzido.

Consideramos ter interesse tratar das atribuições de alguns arcontes. Um deles foi, ulteriormente, chamado de "eponimo", competindo-lhe a superintendência dos assuntos de família, e a realização de algumas festas. O "Basileus", por sua vez, era o chefe dos sacerdotes. Exercia a jurisdição sacra. O "Polemarco", possuía jurisdição sobre os "metecos", vale dizer, os estrangeiros.

---

[143] Vide "Profilo di diritto greco antico", Milano, Cisalpino-Goliardica, seconda edizione, 1974, página 61.
[144] Op. cit., página 62.

Outros magistrados eram os "Onze", aos quais incumbiam as funções de polícia, como a superintendência da prisão de Atenas, a vigilância dos detidos, e o presidir as execuções capitais.

O "onze" possuíam algumas outras atribuições. Eles eram escolhidos, anualmente, mediante sorteio. Competia-lhes julgar os que fossem surpreendidos em flagrante em alguns delitos, como o furto, e a venda de homens livres como escravos.

Qualquer estudo pertinente às instituições da Democracia Ateniense, seria incompleto sem uma abordagem da "Eclésia". *Arnaldo Biscardi* e *Eva Cantarella* não vacilam em chamá-la de "o órgão mais poderoso de Atenas no V século".[145] A "Eclésia" era a assembléia popular, na qual se reuniam todos os cidadãos que tinham atingido a maioridade.

---
[145] Op. cit., página 69.

CAPÍTULO V

AS ASSEMBLÉIAS DA DEMOCRACIA ATENIENSE

1. O AREÓPAGO.

Das fileiras dos eupátridas — ensina *Cyril E. Robinson* — saíam os três "Arcontes", nos tempos mais recuados. Os "Três Arcontes" correspondiam à Administração Civil, à Religião, e à Guerra.[146]

Os "eupátridas" compunham o "Conselho do Areópago", que o autor ora seguido considera "uma sobrevivência, sem dúvida, dos patriarcais "anciãos".[147] O "Areópago" chegou a possuir um controle completo da política interna e da política externa. Para *Cyril E. Robinson*, não há dúvida de que, nos tempos históricos, os membros do "Conselho do Areópago" eram recrutados entre ex-magistrados.

R. Maisch e *F. Pohlhammer* fazem recuar as origens do "Areópago" aos tempos heróicos, uma vez que "as descrições homéricas nos ensinam que o rei era rodeado pelos seus pares".[148] Estes "pares" do rei, nos tempos homéricos, formavam o "Conselho", ou, simplesmente, a "Boulé". Este "Conselho" era a representação da aristocracia.

O que aqui deve ficar claro é que, nos tempos mais recuados do "Período Homérico", ainda não existia, com este nome, o Conselho ora enfocado.

Para a época propriamente histórica, fornece dados precisos o tratado de *Aristóteles*, intitulado "Estado dos Atenienses", encontrado no final do século XIX.

No que tange à origem do Areópago, *Biscardi* e *Cantarella* afirmam, "verbis":

"Em época histórica, pois, Atenas é regida por um Basileus, ao qual são, entretanto, já afetos outros órgãos constitucionais. Como em Esparta e em Roma, desde a época mais remota, atuam a *Gerúsia*, e a

---

[146] Vide "A history of greece", Bristol, J. W. Arrowsmith, s/d, página 63.
[147] Op. e loc. cit.
[148] Op. cit., página 42.

87

Apelá, o *Senatus* e um *comitium* (a assembléia curiata), assim também em Atenas existem um conselho dos anciãos (que auxilia o rei no exercício das suas funções de soberania, vale dizer o comando do exército em guerra, o supremo sacerdócio, e a função jurisdicional) e um rudimento de assembléia popular, constituído pela totalidade dos membros da polis."[149]

Os dois autores peninsulares ubicam o surgimento do "Areópago" em época bastante recuada, no início do período histórico. Aqui, há a necessidade de um pequeno esclarecimento. Para *R. Maisch* e *F. Pohlhammer*, o "Areópago" passou a ser assim chamado, para ser distinguido de um outro Conselho, com atribuições diferentes. Até receber tal nome, fora ele chamado de "Boulé". Passou a ser chamado "Areópago".

O "Conselho do Areópago" surgiu, com este nome, como uma natural sobrevivência daquele Conselho de Anciãos que, em época mais recuada, assessorava o rei. Desempenhou um notável papel na História de Atenas. Os seus integrantes recebiam o nome de "areopagitas", os quais, de acordo com os dois autores por último citados, "representavam o mais elevado poder do Governo".[150]

Cremos que o Areópago pode, ainda, ser comparado com a "Gerúsia" de Esparta, da qual escreve *Cyril E. Robinson*:

"Este Conselho da Gerúsia consistia de vinte e oito anciãos, acima de sessenta anos de idade, escolhidos nas melhores estirpes do país, e que permaneciam na função vitaliciamente."[151]

Se a "Gerúsia" era recrutada entre os varões das mais aristocráticas cepas da Lacedemônia, o "Areópago" ateniense remanesceu, ainda no período da Democracia, como o último baluarte da aristocracia. No que tange à extração aristocrática dos seus membros, é possível vislumbrar uma semelhança entre a "Gerúsia", o "Areópago" e o "Senatus". À medida em que a Democracia se fortaleceu, decresceu a importância do Areópago.

Arnaldo Biscardi e *Eva Cantarella* chamam ao "Areópago", literalmente, "conselho dos anciãos". E aduzem que o "Conselho do Areópago", "permanecerá caro ao coração dos atenienses, como símbo-

---

[149] Op. cit., páginas 56 e 57 – grifos no original.
[150] Op. cit., página 44.
[151] Op. cit., página 49.

lo da constituição citadina", mesmo tendo sido mais tarde, em 461 a.C., privado de todos os seus poderes, por obra de *Efialtes*. O "Areópago" teve a sua competência limitada, apenas, à matéria relativa a homicídio voluntário.

No ano de 462 a.C., à epoca de *Efíaltes*, uma decisão da assembléia popular, de acordo com *R. Maisch* e *F. Pohlhammer*, "anulou a autoridade do Areópago e suas atribuições políticas foram repartidas entre o Conselho dos Quinhentos, a Assembléia do Povo e o júri popular, procedimento que Ésquilo se atreveu a vituperar energicamente em suas "Eumenidas" (representadas em 458)".[152]

Cyril E. Robinson afirma que as reformas de *Sólon* haviam deixado o Areópago "com a sua soberania intacta".[153]

A abordagem do "Conselho do Areópago" seria claudicante, se não mencionássemos a origem do seu nome. Este está ligado ao elemento religioso. De fato, o "Areópago" tirou o seu nome das Deusas da Execração.

2. A ECLÉSIA.

Assinala *Claude Mossé* que conhecemos suficientemente as instituições políticas de Atenas nos séculos V e IV a.C.[154] A assertiva é válida para o estudo da "Eclésia".

O que era, afinal, a "Eclésia"?

É ainda *Claude Mossé* quem escreve, "verbis":

"A *Eclesia* não era uma instituição, a falar com propriedade, era o povo reunido e teoricamente, pelo menos, todos os cidadãos atenienses tinham, não apenas o direito, mas o dever de assistir às sessões."[155]

Na prática, nem sempre isto acontecia, como o assinala *Claude Mossé*.[156]

Apenas uma minoria dos cidadãos se ocupava dos negócios da "Polis". A assertiva contraria aquilo que, convencionalmente, costumamos atribuir à Democracia Ateniense: uma experiência política na qual

---

[152] Op. cit., página 60.
[153] Op. cit., página 68.
[154] Vide "As Instiuições Gregas", tradução portuguesa de Antônio Imanuel Dias Diogo, Lisboa, Edições 70 Ltda., 1985, página 49.
[155] Op. e loc. cit. — grifo no original.
[156] Op. cit., páginas 49 e 50.

todos os que ostentavam a cidadania, se empenhavam, ativa e intensamente, no trato dos negócios da "Polis".

Alguma coisa deve ser dita, a propósito da extração social daqueles que integravam a "Eclésia". Ao fazê-lo, devemos ter em mente que a "Polis" não se resumia ao núcleo urbano. Ela era integrada, também, pela zona rural adjacente. De conseguinte, muitos dos cidadãos não residiam no que hoje chamaríamos de "a zona urbana". Na Grécia Antiga, o rural e o urbano se interpenetravam com grande intensidade. Pois bem, sem embargo de tal grande interpenetração, é preciso salientar que os cidadãos residentes na zona rural, apenas muito raramente compareciam às reuniões da "Eclésia".

O que aqui nos importa é o caráter eminentemente citadino da "Eclésia". Ele condiz com a fisionomia de Atenas, no "posterius" da grande revolução econômica ocorrida a partir do século VIII a.C.

Como tivemos ocasião de verificar antes, com base em *Glotz*, um dos resultados das grandes transformações da Economia, foi o surgimento de um forte contingente de proletários urbanos. Destarte, não é de causar estranheza que, desta extração social, saíssem, majoritariamente, os integrantes da "Eclésia".

A "Polis" teve que remunerar a função pública, para que houvesse suficiente comparecimento à "Eclésia".

Já tivemos a oportunidade de afirmar que a Grécia era um país pobre, dispondo de poucas terras agricultáveis. O trigo importado era vital para a sobrevivência das diversas "Poleis". Atenas não escapava à regra geral. Esta dependência do trigo estrangeiro, iria se refletir na pauta das duas principais reuniões da "Eclésia".

As sessões da "Eclésia" eram realizadas na colina da Pnix. Havia uma tribuna, da qual os oradores dirigiam a palavra aos que se sentavam nas bancadas. Essa tribuna era uma plataforma talhada na rocha, e cercada por uma balaustrada. Havia, na tribuna, um altar, dedicado a Zeus Agoraio.

A "Ecclésia" contava com um presidente, e com secretários. Tanto o presidente, quanto os secretários participavam das sessões, instalados na tribuna. É de todo o interesse saber quem presidia as reuniões da "Ecclésia". Refere *Claude Mossé* que o Presidente "era no séc. V o epístata dos pritanes, quer dizer o presidente, sorteado diariamente, dos cinqüenta buleutas que, durante um décimo do ano, constituíam a secção permanente do conselho".[157]

---

[157] Op. cit., página 52.

No século IV a.C., houve uma alteração, a propósito da Presidência da "Ecclésia". Refere *Mossé* que ela passou a ser presidida pelo epístata dos proedros.[158]

As sessões principiavam por um sacrifício religioso. Após o sacrifício, era feita a leitura do "probouleuma", relatório da "Boulé", sobre o projeto apresentado à ordem do dia. Após a leitura do "probouleuma", havia uma votação, destinada a se saber se o projeto era adotado sem discussão, ou se era submetido à discussão. No último caso — que era o mais freqüente — começava a deliberação propriamente dita, na qual qualquer ateniense podia tomar parte pessoalmente, "desde que não fosse em ilegalidade". Mais uma vez, neste passo, é preciso fazer referência a alterações ocorridas com o passar do tempo. Escreve, com efeito, *Claude Mossé*:

"No séc. V era impossível por em deliberação uma questão que não tivesse sido previamente relatada pela *Boulé* e submetida ao voto prévio. Mas no séc. IV, no dizer de Aristóteles, podia acontecer que a deliberação se iniciasse sem um voto prévio. E isto corresponde, sem dúvida, a uma diminuição de poderes da *Boulé*, que parece ser bem característica da evolução das instituições democráticas no séc. IV."[159]

A propósito dos poderes da Assembléia, escreve a autora:

"Se efectivamente se tentar definir a natureza dos poderes da *Ecclesia*, apercebemo-nos de que, pelo menos em teoria, eles eram ilimitados. Em primeiro lugar, era a assembléia que procedia à designação dos principais magistrados, quer fossem eleitos ou sorteados em frente do povo. Era o povo que lhes delegava, por um ano, a *arché* soberana, e era ao povo que eles tinham de prestar contas da sua gestão."[160]

A autora chega a fazer referência a um "poder total" da "Ecclesia".[161]

Em casos excepcionais, a "Eclésia" podia se reunir em lugares outros, que não a Colina de Pnix. *Claude Mossé* elenca vários exemplos neste sentido.

Escreve *Claude Mossé* que, em matéria de política externa, e de legislação interna, o papel da "Ecclesia" era "determinante".[162]

---

[158] Op. e loc. cit.
[159] Op. e loc. cit. — itálico no original.
[160] Op. e loc. cit. — itálico no original.
[161] Op. cit., página 54.
[162] Op. cit., página 54.

Anota a autora que *Tucídides*, na "História da Guerra do Peloponeso", fez reviver alguns dos debates, da "Eclésia", nos quais se decidia da paz ou da guerra. Consideramos oportuno, a esta altura, reproduzir parte de um desses debates. No Livro Segundo, número 13, escreve *Tucídides*:

"13. Os peloponésios ainda estavam reunindo-se no istmo e apenas iniciando a marcha quando Péricles, filho de Xantipos, um dos dez comandantes dos atenienses, prevendo a invasão, suspeitou de que Arquidamos, que ele já hospedara, poderia respeitar as suas propriedades, por sua própria vontade para lhe ser agradável, ou por ordem dos lacedemônios para torná-lo suspeito, como quando haviam reclamado a expulsão dos sacrílegos visando-o especificamente. Ele então disse aos atenienses, em plena assembléia, que Arquidamos costumava ser seu hóspede, mas que nada deveria resultar disso em detrimento da cidade, e que, se o inimigo não devastasse as suas terras e as suas casas como as dos outros, abandoná-los-ia de qualquer modo a fim de não haver por esse motivo alguma prevenção contra ele."[163]

Do fato de competir à "Ecclésia" o decidir em Política Externa, decorriam importantes conseqüências, inclusive de índole financeira.

O "controle absoluto sobre o conjunto das questões financeiras", ao qual se refere *Claude Mossé*, era uma parte das atribuições da "Ecclésia", em matéria de política interna e de legislação. Porquanto tinha ainda ela, a iniciativa das leis. É verdade que a Assembléia não podia decidir uma medida que contrariasse as antigas "nomoi" da "Polis". Aliás, a ameaça da "graphé paranómon", da acusação de ilegalidade, era um freio à onipotência popular, em matéria legislativa. Seja como for, a "Ecclesia" podia promulgar decretos — chamados "psephismata" — que tinham força de lei.

A "Ecclesia" não esteve infensa à influência dos demagogos. É o que veremos logo mais. Antes, devemos insistir no problema do respeito da Assembléia pelas leis. De acordo com *Aristóteles*, a "Ecclesia" legislava principalmente por decreto e já não tinha em conta as leis. Isto sem embargo — adverte *Claude Mossé* — imediatamente depois da restauração democrática de 403 a.C., foi designada uma comissão de "nomótetas" para proceder a uma total revisão das leis. Reconstituída "a posteriori", tal comissão se transformou em comissão permanente, a partir

---
[163] Vide "História da guerra do Peloponeso", tradução brasileira do grego, Editora da Universidade de Brasília, 3ª edição, 1987, página 88)

de meados do século IV a.C. Anualmente, após um voto prévio da "Ecclesia", a comissão fazia um exame geral das leis, em ordem a evitar que coexistissem duas leis contraditórias.

Era perniciosa, na "Ecclesia", a atuação dos demagogos sem ética, dos homens despidos de escrúpulos, e que, graças à oratória, manobravam a Assembléia, ao seu talante.

Claude Mossé adverte que é preciso acolher com prudência as críticas, "muitas vezes sectárias", formuladas contra a "Ecclesia", pelos autores do século IV a.C. Seja como for, prossegue a autora, havia um fundo de verdade em tais críticas. Releva salientar que *Demóstenes* foi um crítico acerbo da "Ecclesia". E, no entanto, ele se proclamava um defensor do "Demos". As censuras que não lhe poupa — conclui *Claude Mossé* — é que permitem supor que havia o aludido "fundo de verdade" na imagem dada da "Ecclesia", "uma assembléia ao mesmo tempo omnipotente e ineficaz, que parece caracterizar a democracia ateniense nos seus finais".[164]

H.D.F. Kitto escreve, "verbis":

"A Assembléia era suprema, e fazia-se todo o possível para manter essa supremacia, tanto na realidade como no papel."[165]

Não discrepa, *H.D.F. Kitto*, dos autores até aqui citados, no que diz respeito à composição da "Ecclesia".

A "Ecclesia" era uma das assembléias da Democracia Ateniense. E é pacífico que a Democracia de Atenas teve o seu apogeu com *Péricles*.

Ao tratarmos da época de *Péricles*, é preciso que tenhamos em mente que este notável ateniense exerceu um poder indissociável do seu carisma pessoal. *Tucídides* deixou o seu testemunho, a propósito do tipo de poder detido pelo "Olímpico". Escreve, com efeito:

"A influência que Péricles exerceu deveu-se à consideração com que era cercado e à profundidade de sua inteligência. Com um desprendimento absoluto, sem atentar contra a liberdade, dominava a multidão que conduzia, muito mais do que esta o conduzia. Não precisava lisonjear a plebe, uma vez que adquirira influência por meios honestos e, graças à sua autoridade pessoal, podia se opor a ela e, até, manifestar-lhe irritação. Todas as vezes que os atenienses, extemporaneamente, entregavam-se à insolência e ao orgulho, Péricles fazia-os recuar temerosos;

---

[164] Op. cit., página 57.
[165] Vide "Os Gregos", tradução portuguesa de José Manuel Coutinho e Castro, Coimbra, Armênio Amado Editora, 3ª edição, 1990, página 208.

quando se amedrontavam sem motivo, ele lhes infundia confiança. Este governo, chamado de democracia, era, na verdade, o de um só homem."[166]

A advertência de *Tucídides* se presta para mostrar que laboram em grave erro os que tentam estabelecer uma sinonímia entre a "Democracia dos Antigos" e a "Democracia dos Modernos". Há diferenças radicais entre ambas, o que seria inevitável, tendo em conta que os antigos priorizavam o valor igualdade, em cotejo com o valor liberdade.

Parece fora de dúvida, a darmos crédito ao testemunho de *Tucídides*, que o poder exercido por *Péricles*, ao menos em larga medida, derivava das qualidades personalíssimas daquele que foi chamado de "O Olímpico", e não da magistratura por ele ocupada. Recordamos, a propósito, que *Péricles* foi um "Estratego". De *Péricles* enquanto "Estratego", iremos nos ocupar ulteriormente. O que aqui tem que ser consignado é que um sistema político que, para o seu funcionamento, tanto depende das qualidades pessoais de um único homem, não é, certamente, um exemplo de higidez institucional; isto, partindo-se do pressuposto de que tanto mais robustas serão as instituições de um povo, quanto menos dependerem dos homens que as dirigirem. Sob este aspecto, diríamos que a "Democracia Ateniense" foi bastante frágil.

Claude Mossé atribui a *Péricles*, inclusive, a criação de uma "doutrina democrática".

Para *H. D. F. Kitto*, não seria possível que a "Ecclesia" tomasse, de maneira absoluta, a direção dos negócios públicos, em função de Atenas ser uma cidade pequena.

"Sir" Ernest Barker aborda o problema da composição da "Ecclesia", e entra na questão de ser ela, ou não, um "órgão representativo". Como é óbvio, esta questão implica em uma outra, a de ser, ou não, a Democracia Ateniense, uma "democracia representativa". Escreve este autor, "verbis":

"Dissemos que "não faltavam à cidade-estado instituições representativas, e ela não desconhecia a aparelhagem política associada a tais instituições. Se olharmos para a *ekklesia* de Atenas, da qual os 40.000 cidadãos tinham o direito de participar, e que se reunia cerca de três vezes por mês (e na qual sabemos que havia 3.616 pessoas presentes

---

[166] Tucídides, II, 65, 9, "apud" Claude Mossé, "Atenas: A História de uma Democracia", tradução brasileira de João Batista da Costa, Brasília, Editora Universidade de Brasília, 2ª edição, 1982, página 35 — grifos nossos.

numa certa ocasião), seremos levados a pensar na democracia primária, e diremos que os gregos conheciam o princípio da representação. Mas estaríamos interpretando o significado da representação política de uma forma excessivamente estreita. Um órgão executivo pode ser tão representativo quanto uma assembléia; o Gabinete inglês, por exemplo, pode ser — e na verdade é — tão representativo quanto o Parlamento."[167]

H. D. F. Kitto vê, na "Ecclesia", o "único corpo legislativo" da Ática, detendo ainda, de várias formas, "o domínio completo da administração e justiça".[168]

Temos que consignar que o Arcontado, na época ora examinada, tinha sofrido uma "democratização". Salientamos que os Arcontes, no século V a.C. eram escolhidos, anualmente, por votação da Assembléia. E, com isto, qualquer cidadão, em qualquer ano, podia estar entre os nove Arcontes. Para *H. D. F. Kitto*, o Arcontado, sem embargo de ter responsabilidades administrativas, não tinha qualquer poder real.

Ao menos teoricamente, qualquer cidadão, em qualquer ano, poderia se encontrar entre os "Nove Arcontes". É preciso consignar que nesta rotatividade dos cargos públicos, é possível vislumbrar o cunho mais popular da Democracia Ateniense.

A "Ecclesia" tinha reuniões mensais, mas podia ser especialmente convocada para resolver qualquer assunto dotado de importância.

Não é um exagero afirmar que, na "Ecclesia", a palavra era absolutamente livre, entre os iguais.

A "Eclésia" era o órgão mais democrático da constituição ateniense. Esta assertiva, sem embargo, tem que ser corretamente interpretada. Como elucidam os autores ora seguidos, os requisitos para participar da Assembléia Popular, eram estabelecidos de um modo tal, que *era excluída uma notável parcela da população, de toda forma de participação política*. Esta exclusão existiu, em especial, a partir de uma lei de *Péricles*, de 451-450 a.C., que condicionou o atributo de "cidadão", a ser, o indivíduo, filho de pai e de mãe atenienses.

Na prática, tais eram as exigências, que uma parte considerável da população era alijada do exercício dos direitos políticos, inclusive da participação na Assembléia Popular.

---

[167] Op. cit., páginas 40 e 41 — grifo no original.
[168] Op. cit., página 209.

Mesmo para a participação na mais popular das assembléias, tantas eram as restrições que podemos com facilidade concluir que, na Democracia Ateniense, o pleno exercício de todos os direitos políticos, correspondia àquela minoria dos habitantes, que ostentava a cidadania. E isto, em especial, após a indigitada lei de *Péricles*, de 451 a.C.

Passemos a examinar a competência e o funcionamento da "Eclesia".

Nos primeiros tempos, ela se reunia apenas uma vez por pritania, o que equivalia a dez vezes por ano. À medida que os poderes da Assembléia Popular aumentavam, as suas reuniões passaram a ser mais freqüentes, até que foi atingido o número de quarenta por ano. Havia, para as reuniões, apenas duas datas fixas, que eram o dia 11 do mês de Hecatonbeon, e o dia 21 do mês de Elafebolion. O dia 11 do mês de Hecatonbeon, abria o ano civil. E a segunda data, era a subseqüente às grandes festas de Dionísio. Para as demais reuniões, as datas eram fixadas, vez por vez.

Passemos a nos ocupar da presidência do órgão. No século V a.C., a presidência da "Eclésia" era afeta ao Epistátes dos prítanes, escolhido por sorteio em todas as sessões. Era ele assistido por um secretário e por um arauto. No século IV a.C., ocorreu uma modificação. A presidência da "Eclésia" passou aos nove representantes das tribos não-pritâneas, escolhidos — também por sorteio — entre os integrantes das próprias tribos.

Veremos, agora, alguma coisa alusiva ao funcionamento da "Eclésia". A convite do presidente, o arauto lia a ordem do dia, a qual, até o século V a.C., devia ter sido aprovada pela "Bulé". No século IV a.C., no entanto, como conseqüência da democratização da Constituição, esta regra não mais era considerada taxativa. Admite-se que pudesse ter sido derrogada. O Presidente, após a leitura da ordem do dia, punha em votação a alternativa entre a discussão do assunto e a sua votação sem discussão. Se havia a decisão no sentido de que se discutisse a matéria, o arauto indagava quem, entre os presentes, queria fazer uso da palavra. Ao término da discussão, os prítanes, punham em votação, ponto por ponto, o "probuleuma".

O usual era que as votações fossem feitas pelo erguer das mãos (keirotonia). Isto sem embargo, havia, também, o voto por escrutínio secreto, em alguns poucos casos. Eram eles o ostracismo, a atribuição de imunidade a quem fazia uma proposta contrária a uma lei, e o julgamento de magistrado por alta traição.

Nas votações da "Eclésia", em regra, bastava a maioria dos votos dos cidadãos presentes. Em alguns casos, era exigido o consenso unânime, obtido, legalmente, com um mínimo de 6.000 votos. No século V a.C., era um requisito, nas votações de ostracismo, e nas de atribuição de imunidade, tal consenso unânime. No século IV, passou a ser exigido nas votações do direito de cidadania. É necessário que estudemos aqui, também, os poderes da "Eclésia".

Afirmam *Biscardi* e *Cantarella*, baseando-se, em especial, em *Aristóteles* ("Política", VI (IV), II, I), que a soberania da Assembléia se manifestava, ao decidir ela sobre os seguintes assuntos: Política Externa, Controle sobre o Executivo, Poder Judiciário e Poder Legislativo.

Em matéria de Política Externa, a Assembléia do Povo decidia sobre a guerra e a paz, designava os embaixadores, recebia os embaixadores estrangeiros, ratificava os tratados e, em tempo de guerra, fixava os contingentes.

Quanto ao controle sobre o Executivo, competia à Assembléia nomear alguns magistrados, como os estrategos. Nove vezes por ano, incumbia ainda, à "Eclésia", controlar a atuação de todos os magistrados que estivessem na ativa.

Quanto às funções jurisdicionais da "Eclésia", é preciso fazer algumas considerações prévias. O titular do Poder Judiciário, em Atenas, era o povo. O povo, entretanto, via de regra, delegava o exercício da função jurisdicional às seções de cidadãos que tinham assento nas diversas dikasteria na qual era dividida a "Eliéia". O poder de julgar pertencia ao povo, que o delegava, em regra, às indigitadas seções de cidadãos. Sucede que, às vezes, podia acontecer que, quem pretendia intentar uma ação pública contra um outro cidadão, pedisse, com o procedimento da "probolé", ou acusação preliminar, o parecer do povo, reunido em assembléia. Elucidam *Biscardi* e *Cantarella* que, em Atenas, vigorava o sistema acusatório.

Pois bem, pedido o parecer do povo, mediante a "probolé", a "Eclésia" avaliava a questão, e votava, a favor ou contra. A votação a favor da acusação, tinha o nome de katakeirotonia, ao passo que a contrária tinha o nome de apokeirotonia.

Em outros casos a "Eclésia" emitia diretamente o juízo. Na hipótese em que fosse apresentada uma acusação por um flagrante crime contra a segurança do Estado, a "Eclésia", após ter votado, preliminarmente, sobre o acolhimento ou a rejeição da acusação, desde que tivesse votado pelo acolhimento, podia escolher entre duas soluções: reservar, para ela própria, a emissão do juízo, *ou* delegar tal atribuição a um tribunal de eliastas, presidido pelos "tesmotetes". Quando a Assembléia do Povo reservava, para ela própria, proferir o juízo, possuía no que tange à fixação da pena, poderes ilimitados. "A posteriori", a "eisaggelia" foi estendida aos crimes contra a moral pública, como o adultério.

Por fim, em matéria legislativa, competia à "Eclésia" o poder de estabelecer regras de conduta, vinculantes, expressas na forma da lei, ou do decreto. Elucidam *Biscardi* e *Cantarella* que, para os gregos, as leis não eram o produto da vontade da "Polis", e sujeitas portanto — pela sua própria natureza — a mudanças contínuas. Para os gregos a lei era qualquer coisa de transcendente, de preexistente ao Direito. A "lei", era o produto do querer da divindade, não passando, o legislador, de intérprete da vontade divina. Os autores, para ilustrar a assertiva, mencionam a legislação de Esparta, aconselhada a *Licurgo* pelo oráculo de Delfos.

Aqui nos interessa de perto o fato de que, revestindo a "lei" a característica apontada (a de ser a emanação da vontade divina, e não do querer humano), várias conseqüências daí derivavam. Com efeito, emanadas do querer divino, as leis eram, ao menos em princípio, imutáveis, e fácil é inferir que a proposição de novas leis era algo *excepcional*. O que garantia tal excepcionalidade, é que havia uma série de normas que, no seu núcleo, eram atribuídas ao legislador *Sólon*. Isto era bastante diferente do que iria suceder em Roma, em que a simples oportunidade bastava, para justificar o advento de novas leis.

Havia um genuíno "processo legislativo", para alterar as leis antigas. E ele era de todo incindível da concepção de "lei", como emanação da divindade. Não é demais lembrar que *Sólon* teve existência histórica. Mas isto não acontece, relativamente a outros legisladores da Hélade, entre os quais, *Licurgo*. Aliás, a imutabilidade da lei foi uma constante, no que tange a Esparta.

Havia formalidades prescritas, para que novas leis fossem introduzidas em Atenas. E a não-observância de tais formalidades, implicava em sanções. Qualquer cidadão podia intentar uma ação pública, contra o que tivesse obtido a aprovação de uma nova lei, sem observar as formalidades prescritas. Bastava, para intentar a ação pública, que o cidadão considerasse que as formalidades não haviam sido seguidas. Era suficiente o seu parecer, enquanto cidadão de Atenas. A ação pública em epígrafe, tinha o nome de graphé paranómon. Uma outra observação a ser feita é a de que no decurso da ação pública, eram discutidas a legalidade do procedimento, e a oportunidade da lei aprovada. É digno de nota, pois, que o procedimento ora examinado não se ocupava, apenas, dos aspectos formais da nomogênese: por meio dele, também o mérito da lei nova era examinado.

3. A BOULÉ.

Havia um outro órgão, que preparava os assuntos para a "Eclésia". Tratava-se da "Boulé", escrevendo, a respeito, o autor de "Os Gregos":

"Mas um corpo tão vasto necessitava de uma comissão que preparasse os assuntos e tratasse dos mais urgentes. Esta comissão era o Conselho (*boulé*) dos quinhentos, não eleito, mas escolhido por votação, cinqüenta de cada tribo. Uma vez que este conselho era escolhido à sorte e todos os anos composto por pessoas completamente diferentes, não tinha possibilidades de desenvolver o sentimento de corporação. Essa era a idéia dominante: nada podia ofuscar a Assembléia."[169]

Falar da "Boulé", implica em abordar a "Pritania". Constituiria uma erronia, tentar aplicar, à Cidade Antiga, as nossas idéias, pertinentes à "separação dos Poderes do Estado". "Mas — escreve o autor de "Os Gregos" — como quinhentos homens não podiam conservar-se em sessão permanente, e eram demais para constituírem uma comissão executiva eficiente, havia um conselho mais íntimo, a pritania, composto, por sua vez, por cinqüenta homens tirados de cada uma das dez tribos, que permaneciam em sessão durante a décima parte do ano."[170]

Temos, pois, que a "Pritania" era um conselho mais restrito do que a "Boulé". Apenas cinqüenta homens o compunham. Dos cinqüenta membros, um era escolhido por votação, para presidir os trabalhos, em cada dia. Se havia uma reunião da Assembléia (isto é, da "Ecclesia"), este cidadão que presidia a "Pritania", presidia a própria Assembléia, sendo durante vinte e quatro horas, "o chefe de Estado titular", no dizer do autor inglês ora seguido.

---

[169] Op. e loc. cit. — grifo no original.
[170] Op. cit., páginas 209 e 210.

Assinala o autor britânico que existia uma teoria da "Polis", razoavelmente consciente. De acordo com ela, o dever de tomar parte, na idade adequada, em todos os assuntos da cidade, era algo que o indivíduo devia tanto à "Polis", quanto a ele próprio. É preciso que insistamos neste ponto, sem cuja compreensão, jamais compreenderemos a "Polis", e a própria Democracia Ateniense: cremos que a "Isonomia" e a "Isegoria" não apenas "permitiam" que o indivíduo tomasse parte na vida pública; mais do que isto, elas "exigiam" que o indivíduo tomasse parte nos assuntos públicos.

A estas considerações, devemos aduzir uma outra: os helenos se orgulhavam sobremaneira da "Polis". Era a participação na vida da "Polis", que os diferenciava dos "bárbaros". E é preciso salientar que, até o advento de Alexandre e do Helenismo, a rígida divisão dos homens entre "helenos" e "bárbaros", foi aceita como pacífica. Em verdade, os helenos se consideravam "livres", ao passo que os "bárbaros" eram "escravos".

A "Boulé", ou "Conselho", funcionava como uma espécie de comissão, que preparava os assuntos a serem debatidos na "Ecclesia". Além disto, a "Boulé" tratava dos assuntos mais urgentes. *"Sir" Ernest Barker* aí vislumbra um sistema bicameral.

Para a "Boulé" eram designados 50 (cinqüenta) representantes por tribo, o que perfazia 500 (quinhentos) representantes do Conselho. Inicialmente, os representanes de cada uma das 10 (dez) tribos eram escolhidos mediante um sistema misto de sorteio e de eleição. Com o tempo, desapareceu a eleição, ficando o sorteio como único critério. Aliás, à medida que se consolidava a Democracia, o sorteio foi se afirmando como o único critério de preenchimento dos cargos públicos.

A "Boulé", ou "Conselho dos Quinhentos", possuía várias competências, sendo as principais:

1-) A emissão do "probuleuma", isto é, a deliberação preliminar sobre toda proposta que fosse feita na assembléia: os prítanes, de fato, anotavam-na para inseri-la na ordem do dia da sessão sucessiva, e passavam-na à "Boulé", para ser examinada;

2-) O controle do trabalho do magistrado;

3-) O cumprimento, em geral, de todos aqueles atos de caráter executivo que não eram atribuição das assembléias dos cidadãos.

Estas eram as funções principais da "Boulé" (ou "Bulé"), o "novo Conselho democrático" de Atenas que, instituído pela reforma de *Clístenes*, estava destinado a sobrepujar o "Areópago".

A "Boulé" possuía um *cunho democrático*. Este caráter decorria de o Conselho ser integrado por um grande número de membros, e também, de os integrantes do "Conselho dos Quinhentos" terem que prestar contas, ao povo, da sua atuação. Esta prestação de contas era feita mediante a "docimasia".

4. O TRIBUNAL DA HELIÉIA.

Para *Arnaldo Biscardi* e *Eva Cantarella*, "a criação da Eliéia representou a máxima concessão de *Sólon* às classes menos favorecidas, que eram excluídas da vida política e dos cargos públicos, aos quais, por disposição do próprio Sólon, eram admitidos somente os cidadãos pertencentes às primeiras duas classes".[171] Lembramos que a Eliéia foi, de acordo com os dois autores italianos, "o primeiro tribunal verdadeiramente popular, no qual podiam tomar assento como juízes, indistintamente, todos os cidadãos que tivessem completado 30 anos, e que não fossem doentes mentais".[172]

---

[171] Op. cit., página 60.
[172] Op. cit., página 59.

CAPÍTULO VI

O ESTRATEGO

1. CONSIDERAÇÕES GERAIS.

Vamos iniciar a abordagem do Estratego, por algumas considerações filológicas.

A palavra "Estratego" vem da junção de um substantivo com um verbo. O substantivo é stratiá, ás, hé, um nome da primeira declinação, feminino. O "Dicionário Grego-Português e Português-Grego", do *Pe. Isidro Pereira, S.J.*, dá as seguintes traduções para a palavra: "exército, expedição militar".[173] Por seu turno, *John Williams White*, em "The First Greek Book", dá, para a palavra, as seguintes traduções: "exército", "tropas", "hoste".[174] O eminente *Waldir Carvalho Luz* aduz, a estes significados, os de "expedição militar", e de "força armada". O verbo, por sua vez, é o verbo "Ago", que possui o significado de "conduzir". O verbo grego em pauta, ao menos "grosso modo", equivale ao verbo latino "ducere".

O vocábulo grego "Estratego" se relaciona com várias outras palavras. Apresenta algum interesse, relacionar aqui tais palavras. Vamos nos valer, também aqui, do Dicionário do *Pe. Isidro Pereira, S.J.*, e da gramática há pouco citada. Antes, entretanto, de passarmos em revista tais palavras afins, busquemos uma tradução, a mais fiel possível, para a palavra "Estratego".

O *Padre Isidro Pereira, S.J.*, dá as seguintes traduções para o vocábulo: "general, chefe do exército". E aduz que, *em Atenas*, o "strategós" era "espécie de ministro da guerra", ao passo que, na Ásia Menor, tratava-se de "alto funcionário, estratega".[175] *John Williams White*, apresenta, para a palavra, as traduções "general", em vernáculo, "general", e "comander", em vernáculo, "comandante". De plano, verificamos que a palavra não é unívoca, porém, multívoca: "strategós" seria "general", "comandante", "chefe do exército", "espécie de ministro da guerra", "alto funcionário", e, por fim, "estratega", mesmo. O Estratego era um magis-

---
[173] Vide op. cit., página 532.
[174] Vide op. cit., Boston, Ginn and Company, 1.937, página 43 do vocabulário.
[175] Op. e loc. cit. — grifos no original.

trado. Tudo isto considerado, ficaremos com a tradução "general", fazendo, desde já, a ressalva de que o Estratego possuía, também, atribuições não-militares.

Vejamos, agora, a derivação latina da palavra "Estratego". O "Novissimo Diccionario Latino-Portuguez", de *Francisco Rodrigues dos Santos Saraiva*, traz a palavra "Strategus, i", masculina da segunda declinação. Lê-se ali: "PLAUT. General. INSCR. Governador militar (no Egypto). Fig. PLAUT. Chefe, maioral, superintendente".[176]

O "Dictionnaire Illustré Latin Français", sob o verbete "Stratégus, i", assim se insculpe: "géneral d'armée: Pl. Cure 265 (fig.) président (d'un banquet): Pl. *Stich* 697".[177] Este dicionário é da autoria de Félix Gassiot.

Vejamos, agora, o que diz o "Dicionário Latino-Português", de *José Cretella Júnior* e *Geraldo de Ulhoa Cintra*. Sob o verbete "Strategus", i", ali se lê: "*m.* 1) general. (*Plaut. Curc.* 265). 2) o que preside ao banquete (Plaut. *Stich.* 697)".[178]

Podemos verificar que, "grosso modo", os três dicionários registram a mesma coisa, sobre o étimo em questão. Chamamos a atenção para o fato de os dicionários latinos grafarem a palavra com um "macron" na penúltima sílaba, a indicar ser, a penúltima, a sílaba tônica. Assim, a pronúncia da palavra, em Latim, é "Stratégus", "Stratégi" (utilizamos, neste passo, o acento agudo do Português, para indicar a quantidade). Ora, como vimos "retro", em grego, a sílaba tônica é a última: Strategós. Por uma questão de coerência, sendo o Português uma língua novi-latina, aqui adotamos, para o vernáculo, a pronúncia latinizada: dizemos "Estratego", com o acento tônico na penúltima sílaba. Forçoso é reconhecer, no entanto, que "Estrátego" é a pronúncia corrente.

Cremos apresentar algum interesse, a consulta aos dicionários da Língua Portuguesa. É o que passamos a fazer. O "Dicionário da Língua Portuguesa", de *Antônio de Moraes Silva*, registra: "Estrátego, s.m. (do Gr. *strategos*) t. de hist. ant. General em chefe. § Commandante das forças militares d'um nomo no Egypto, no tempo dos Ptolomeus".[179]

---

[176] Vide op. cit., Rio de Janeiro, H. Garnier, Livreiro-Editor, quinta edição, s/d, página 1.131 — maiúsculas no original.
[177] Vide op. cit., Paris, Librairie Hachette, 1934, p. 1.482.
[178] Op. cit., São Paulo, Cia. Editora Naciona, 7ª edição (revista) 1956, página 1172.
[179] Vide op. cit., Lisboa, Typographia de Joaquim Germano de Souza Neves — Editor, 7ª edição, 1877, tomo I, página 737 — grifo no original.

Como podemos verificar, este dicionário registra a palavra com um acento gráfico na antepenúltima sílaba. Ou, por outras palavras, o vocábulo, em vernáculo, seria proparoxítono.

No "Novo Dicionário Aurélio", se lê: "Estratego (é). (Do gr. *strategos*) *S.m.* General superior, ou generalíssimo, entre os gregos antigos".[180]

Prossigamos. Assim se insculpe o "Dicionário Ilustrado" de Lello & Irmão: "Estrátego (*te*), *s.m.* (*gr. strategos*). Chefe do exército, entre os Gregos. Principal magistrado de Athenas, desde o séc. V a.J.C.: *os estrátegos eram dez*".[181] Como percebemos, este dicionário registra a palavra como proparoxítona.

Verificamos que há dicionários da Língua Portuguesa que registram a palavra com acento tônico na penúltima sílaba — estra*te*go — e dicionários que a registram como proparoxítona — es*tra*tego. Ao que parece, ambas as pronúncias podem ser utilizadas. Temos para nós, entretanto, que fazer recair o acento tônico na penúltima sílaba, é mais conforme à derivação latina do vocábulo: em termos de gramática histórica, a pronúncia do vocábulo como uma paroxítona, nos parece mais escorreita.

O dicionário da Academia Real Espanhola, ensina:

"Estratego. (Del. lat. *stratégus*, y éste del gr. *strategós*, m. Persona versada en estrategia."[182]

Pelo que vimos, Strategós, e as palavras relacionadas com este vocábulo, são étimos que dizem respeito, fundamentalmente, à vida militar. E fique consignado que o Strategós, na Democracia Ateniense, possuía, sem dúvida, atribuições militares. Sucede que ele não possuía, apenas, atribuições militares

Finalizadas as nossas considerações filológicas sobre o Estratego, passaremos ao estudo da magistratura, em si mesma. Neste passo, evocamos o *Professor Moacyr Lobo da Costa*. Ao passar, para os alunos, o estudo de uma magistratura, o mestre formulava três perguntas capitais:

1ª) O que era?

---

[180] Cf. "Novo Dicionário da Língua Portuguesa", *Aurélio Buarque de Holanda Ferreira*, Rio de Janeiro, Editora Nova Fronteira S.A., 1ª edição, 14ª impressão, 1975, página 586 — grifos no original.
[181] V. op. cit., Porto, s/d, p. 450 — grifos no original.
[182] V. "Diccionario de La Lengua Española", Madrid, Talleres Tipográficos de la Editorial Espasa-Calpe, S.A., décimoséptima edición, 1947, página 567.

2ª) Em que período funcionou?
3ª) Quais eram os seus poderes?

Esta será a nossa metodologia, no estudo do Estratego. Ao respondermos à terceira indagação, buscaremos falar do "Poder Discricionário" e do "Poder Arbitrário". Buscaremos dar um nome ao tipo do Poder de que dispunha o Strategós, à luz do hodierno Direito Administrativo, usando o método analógico.

2. O QUE ERA O ESTRATEGO?

"Estratego" vem de "conduzo o exército", ou "comando o exército". Principiaremos a abordagem do Estratego, pelas suas atribuições militares. E isto se justifica, inclusive, do ponto de vista filológico. Passemos a responder à pergunta fundamental: O que era o Estratego? O Estratego era um magistrado, devemos afirmar sem rebuços.

Biscardi e *Cantarella* incluem os estrategos no estudo das *magistraturas* do período clássico.[183] Os dois autores contam os estrategos, entre as magistraturas principais:

"c) os *dez estrategos*, que exerciam o comando militar, auxiliados pelos *taxiarcas* no que dizia respeito à frota, e pelos *hiparcas* para a cavalaria."[184]

Acrescentam que o poder dos estrategos se desenvolveu desmesuradamente sob *Péricles*; a tal ponto, que eles se transformaram no principal órgão executivo do Estado.

As funções dos estrategos eram, básica e fundamentalmente, militares. Esta "exclusividade militar" dos estrategos, é algo inquestionável, no início da existência da magistratura.

H. D. F. Kitto afirma que os "stratêgoi" eram, "indistintamente", generais ou almirantes.[185]

O "Estratego" era um magistrado. Assim, e de acordo com a equipolência, abraçada por *Aristóteles*, entre "cidadão" e "magistrado", ou melhor, entre "cidadão" e o que pode ser magistrado, podemos concluir — algo tautologicamente — que, para chegar a "Estratego", um indivíduo carecia de ser cidadão da "Polis".

---

[183] Op. cit., páginas 65, 66 e 67.
[184] Op. cit., página 65 — grifo no original.
[185] Op. cit., página 210.

É preciso ter em mente que, na Antiguidade, a "cidadania" era bastante avaramente concedida. Atenas, objeto do nosso estudo, não era hostil aos estrangeiros, como Esparta. Isto sem embargo, mesmo em Atenas, os estrangeiros não tinham a plenitude dos direitos; não eram equiparados aos cidadãos.

Na Democracia Ateniense, a regra era que as magistraturas fossem preenchidas por sorteio. Este dado, aliado ao de que o número de cidadãos sempre foi pequeno, fazia com que houvesse uma alta rotatividade, no preenchimento das magistraturas. Assim, e ao menos em tese, um cidadão poderia, ao longo da sua existência, passar por todas as magistraturas.

Sob o aspecto que acabamos de apontar, o Estratego era uma exceção. E isto, pelo motivo de que esta magistratura requeria, do nela investido, conhecimentos especializados.

Uma vez mais, vamos fazer uma remissão à arte bélica, em conexão com as instituições políticas e jurídicas. À época da Democracia Ateniense, a arte militar não era a mesma da época primitiva; e a guerra não mais se desenvolvia como a havia descrito *Homero*.

Se o Estratego era um magistrado, é preciso que indaguemos como os antigos gregos concebiam as magistraturas. Convém recordar, na esteira de *Hannah Arendt*, que o conceito de "Autoridade" foi estranho à experiência política da Antiga Hélade.[186]

A palavra grega para magistratura é "Arché". No plural, a palavra é "Archai" — "as magistraturas". Algumas considerações filológicas mais uma vez se impõem. Para elas, vamos nos valer do já citado "Dicionário Grego-Português e Português-Grego", do *Padre Isidro Pereira, S.J.* Sob o verbete, escreve o helenista português, "verbis":

"princípio, origem// ponta, extremidade// princípio, fundamento// mando, poder, autoridade// cargo, magistratura// império, reino."[187]

Como verificamos, a palavra "Arché", não é unívoca; é, ao revés, multívoca. "Magistratura" é um dos seus significados. Pois bem, o cargo de Estratego, era uma das "Archai"; uma das magistraturas.

Os estrategos, pois, eram eleitos. É preciso que examinemos como era feita a eleição desses magistrados. O processo de contar as mãos levantadas, era o utilizado ("cheirotonía"). Este processo, parece ter sido o mais freqüente, mas não, necessariamente, o único.

---

[186] Op. cit., página 142.
[187] Op. cit. — página 84.

Fustel de Coulanges demonstrou que o elemento religioso se misturava ao político, entre os antigos. E tal presença do religioso, é válida para a eleição destinada a escolher os estrategos. Com efeito, escreve o autor:

"Geralmente, tinha lugar durante a 7ª pritania, ou seja, por volta de meados de Fevereiro. Mas era necessário que os presságios fossem favoráveis, senão as eleições seriam recomeçadas ou interrompidas."[188]

O que pode ser dito a propósito das eleições, na Democracia Ateniense? A respeito deste assunto, escreve *Claude Mossé*, "verbis":

"No dizer dos próprios escritores atenienses, as eleições davam lugar a todo o tipo de manobras e de intrigas, e é por isso que o sorteio era considerado "mais democrático". Mas os testemunhos que possuímos datam sobretudo do séc. IV, quer dizer de uma época em que a miséria popular, por um lado, a demissão política do *demos*, por outro, tinham corrompido o livre jogo das instituições. E se os atenienses se deixavam facilmente convencer por um orador hábil ou por um intriguista pródigo do seu dinheiro, é preciso reconhecer ainda assim que os resultados não foram tão catastróficos como se poderia imaginar. Afinal, os atenienses ignoravam os processos eleitorais científicos e o princípio da candidatura oficial, e no fim de contas, o caráter público do voto tornava difícil as eleições pré-fabricadas."[189]

Aqui, uma observação se impõe. A Democracia Ateniense costuma ser vista como um arquétipo dos regimes democráticos, em geral. Nesta idealização, ela é encarada como isenta de todos os vícios que inquinaram os regimes democráticos — e as fraudes eleitorais, são um destes vícios. Ora, a realidade histórica era outra. Também na Democracia de Atenas, houve a prática de falcatruas eleitorais; também nela, o povo foi vitimado pela astúcia dos demagogos e dos oportunistas. Aqui, como alhures, há uma sensível diferença entre o modelo e a "praxis".

Contra as mazelas da Democracia Ateniense, se insurgia *Platão*; bem como os seguidores do partido "laconizante", que viam, em Esparta, um modelo a ser seguido. De maneira análoga — escrevendo mais tarde — *Cícero* profligou os defeitos da Democracia de Atenas.

Como é sabido, *Platão* dedicou à problemática da Política, o melhor dos seus esforços.

---
[188] Op. e loc. cit.
[189] Op. e loc. cit. — itálico no original.

Em várias passagens de "A República", *Platão* critica aquilo que vigorava na Democracia Ateniense. Vamos, aqui, nos limitar à crítica platônica ao princípio, democrático, do serviço militar obrigatório para todos os cidadãos. Escreve o filósofo:

"E no que respeita à guerra, não deve ligar-se ainda mais importância ao seu aperfeiçoamento? Ou é assim tão fácil que será ao mesmo tempo guerreiro qualquer lavrador, ou quem trabalhar de sapateiro ou em qualquer outra arte, ao passo que ninguém pode tornar-se um bom jogador de damas ou dados, se não se dedicar a isso desde a infância, e se só o pratica como passatempo? Se uma pessoa pegar num escudo ou em qualquer outra arma ou instrumento de guerra tornar-se-á no próprio dia um lutador satisfatório com armas pesadas ou em qualquer outra espécie de combates, ao passo que o facto de tomar nas mãos qualquer outro instrumento não fará de ninguém um artífice ou um atleta, nem será útil àquele que não tiver adquirido o conhecimento de cada arte, nem obtido a prática suficiente?"[190]

Como verificamos, as idéias de *Platão* são a antítese do que preconiza *Péricles*, no elogio fúnebre aos mortos da Guerra do Peloponeso.

Platão, coerentemente, com a missão pedagógica por ele atribuída à "Polis", tinha que ser refratário à postura democrática de *Péricles*. Não é demais, aliás, lembrar que, aos "guardiões", o filósofo exigia qualidades especialíssimas, como podemos inferir de "A República", loc. cit.

É preciso não perder de vista que *Platão* era um aristocrata, tendo recebido a educação reservada aos jovens pertencentes à aristocracia; assim, fica mais inteligível a mundividência revelada em "A República". Sobre a origem aristocrática do filósofo, escreve *André Cresson*, "verbis":

"Platão nasceu em Atenas ou em Egina, perto de Atenas, provavelmente em 427 antes de J. C. Ele pertencia a uma família aristocrática que contava, entre os seus ancestrais e na cidade, personalidades de relevo. Seu pai, Ariston, descendia de Codros, o último rei de Atenas; por sua mãe, Perictiona, ele se ligava a Dropido, amigo íntimo de Sólon. Um dos seus tios era Crítias, um dos Trinta Tiranos e o principal artífice da revolução de 404."[191]

---

[190] Vide "A República", tradução portuguesa, introdução e notas de Maria Helena da Rocha Pereira, Lisboa, Fundação Calouste Gulbenkian, 3ª edição, 1980, páginas 81 e 82.
[191] Vide "Platon — Sa Vie — Son Oeuvre — Sa Philosophie" — Paris, Presses Universitaires de France, 5 ème edition, 1956, página 1.

Também *Cícero* foi um crítico acerbo da Democracia Ateniense. Com efeito, nas falas de *Cipião*, na "República", verbera a Democracia.[192]

As magistraturas passam por alterações, no tempo e no espaço. São tais alterações que, de resto, justificam a sua abordagem na História do Direito. Tais alterações dizem respeito às magistraturas, consideradas do ponto de vista da sua composição e funcionamento, e à sua importância, em comparação com as demais magistraturas. Os Estrategos, na Democracia Ateniense, não fogem a esta regra. E é necessário dizer que a necessidade de competência técnica, para o exercício desta magistratura, desempenhou um papel de relevo, na sua evolução.

Claude Mossé, escreve:

"O caráter colegial e anual das magistratuas atenienses era, aos olhos dos teóricos, uma garantia para a salvaguarda da democracia. Mas aconteceu que, na medida em que as magistraturas se diversificavam e se especializavam, quer dizer que as competências técnicas se tornavam essenciais, o princípio foi-se estabendo (sic). E primeiro para os estrategos."[193]

Com a magistratura dos estrategos, "grosso modo", ocorreu, em Atenas, aquilo que, mais tarde, ocorreria em Roma, com a do Pretor. Sabido é que, primitivamente, o Consulado era mais importante do que a Pretura, e que, paulatinamente, o Pretor foi se tornando mais importante do que o Cônsul. Em Atenas, ocorreu algo semelhante, envolvendo os arcontes e os estrategos.

Cyril E. Robinson não discrepa de *Claude Mossé*, a propósito da necessidade de os estrategos terem uma "qualificação técnica".[194]

É preciso ter em mente, no estudo da magistratura dos estrategos, que as chamadas "Guerras Médicas" representaram uma dura prova para os helenos, e para as suas instituições. Como é evidente, as citadas guerras não deixaram de ter influência, no evolver das instituições da "Polis". Escreve *Claude Mossé*, referindo-se aos estrategos:

"Após as Guerras Médicas, eles controlavam efectivamente toda a vida militar da cidade e, por conseqüência, a sua política externa e financeira. Quer dizer que eles controlavam a cidade."[195]

---

[192] Vide "Da República", tradução brasileira de Amador Cisneiros, Rio de Janeiro, Edições de Ouro, Editora Tecnoprint Ltda., s/d, Livro Primeiro, página 36.
[193] Op. cit., página 68.
[194] Op. cit., páginas 79 e 80.
[195] Op. cit., página 68.

Por ocasião das "Guerras Médicas", as cidades gregas tiveram que explorar, ao máximo, as suas potencialidades bélicas. Assim, obteve preeminência uma magistratura ligada ao comando militar. Foi em função dessa preeminência que alguns estrategos chegaram a dispor de um grande poder. Neste sentido, *Claude Mossé* aponta os nomes de *Temístocles*, *Aristides* e *Péricles*.

A partir de *Péricles*, inclusive, o estratego é um "magistrado supremo".

Gaudemet também menciona o dado de serem os estrategos eleitos, em função de a magistratura exigir competência técnica.[196]

A regra geral era a de que os magistrados fossem sorteados. No que tange aos estrategos aconteceu aquilo que chamaríamos de "a necessidade da especialização". Convém lembrar que, na época da Democracia Ateniense, houve a produção de obras científicas, sobre a educação para a vida militar, e sobre o comando. Neste sentido, as obras de *Xenofonte*, vale dizer, a "Ciropédia", o "Hiparchion", ou "O General de Cavalaria" e — por que não? — a própria "Anabasis", é, também, um tratado de Estratégia e de Tática.

Gaudemet aponta as seguintes características, aplicáveis às magistraturas da Democracia Ateniense, e que podem ser tidas como características gerais da magistratura dos estrategos:

1ª) Curta duração das funções;
2ª) As magistraturas são múltiplas e especializadas;
3ª) A recondução do magistrado ao cargo é, em princípio, proibida;
4ª) O poder próprio dos magistrados é restrito;
5ª) Os magistrados são responsáveis.[197]

Debrucemo-nos sobre o enunciado. Parece-nos óbvio que a curta duração das funções estava em harmonia com a alta rotatividade no preenchimento delas, que caracterizava a Democracia. Ao menos em tese, um cidadão podia passar por todas as magistraturas. Para a duração das funções de um magistrado, na época da Democracia, *Gaudemet* se refere a "um ano, por vezes seis ou mesmo três meses".[198] A curta duração estava, ademais, em consonância com o poder, incontrastável, da Assembléia. Na Atenas da época da Democracia, a "Eclésia" podia depor

---
[196] Op. cit., página 168.
[197] Op. cit., página 168.
[198] Op. e loc. cit.

um magistrado que estivesse exercendo a função. Além disto, o magistrado estava adstrito a obter, a cada mês, a confirmação do seu cargo, pela Assembléia. Um dado muitíssimo curioso, era o de que os magistrados não podiam, exceto por motivo grave, renunciar ao cargo. E isto nos leva ao dado de inexistir, rigorosamente, uma "vida privada", na Cidade Antiga: a cidade tudo absorvia e, de conseguinte, o "público" e o "privado" se confundiam.

Múltiplas e especializadas eram as magistraturas, ensina o autor francês. À época da Democracia, a sociedade da Ática já passara pelas grandes transformações econômicas, cujo resultado fora, fundamentalmente, a substituição da economia agrária pela monetária. A vida econômica se havia tornado mais complexa e mais sofisticada. E tal complexidade, longe de se cingir ao econômico, alcançava o político. A administração da "Polis" passou a requerer pessoal especializado. Assim, esta segunda característica das magistraturas é indissociável da complexidade assumida pela vida econômica.

Passemos ao exame da terceira característica. Em princípio, era proibida a recondução do magistrado ao cargo. Um temor havia, subjacente a tal proibição: o de que, ao se perpetuar no cargo, o magistrado confiscasse bens, em proveito próprio.

A magistratura, entretanto, que é objeto específico do nosso estudo, constituía uma exceção. E isto porque os estrategos foram livremente reeleitos. *Cimon* e *Péricles* são apontados como exemplos de estrategos reeleitos.

Passemos à outra característica das magistraturas da Democracia, apontada por *Gaudemet*. O poder próprio do magistrado é restrito. Em Atenas, o magistrado, para se comunicar com a Assembléia (Ecclesia), só podia fazê-lo, com a intermediação da "Boulé". Além disto, as sentenças proferidas pelos magistrados são passíveis de apelo ante a Assembléia (Ecclesia).

A derradeira característica, é a de que os magistrados eram responsáveis. Ao deixarem o cargo, prestavam contas a uma "comissão de verificação". Cremos ser, esta última característica, incindível do valor igualdade. Ciosos de serem "iguais", os cidadãos não se sentiam ubicados num plano inferior ao ocupado pelos magistrados. E daí que lhes exigissem as contas, o que seria impensável, nos despotismos orientais.

Os Estrategos eram magistrados cujos deveres, aos menos no princípio, eram puramente militares. Esta é a opinião de *Cyril E. Robinson*.[199]

---

[199] Op. e loc. cit.

Mesmo por esta época, aduz o autor, os Estrategos podem ter parecido "um rival sério" para o Polemarco.[200]

No ano de 487 a.C. — sempre de acordo com o autor britânico — ocorreu uma importante mudança, que deu ao cargo dos Estrategos, uma "peculiar proeminência". Naquele ano foi determinado, em nome de uma democracia mais completa, que os Arcontes e o Polemarco não mais deviam ser eleitos por voto direto, porém, selecionados dentre aqueles que eram delegados do povo, pelo método do voto de Minerva.[201]

A mudança significou uma considerável diminuição da autoridade dos Arcontes e do Polemarco. E houve um incremento da importância dos Estrategos. O generalato passou a ter uma importância política, tão grande quanto a militar.

É preciso acentuar que a magistratura dos Estrategos era, também, colegial. Os Estrategos eram dez. E um, dentre os dez, tinha uma posição de liderança.

Como é evidente, à medida que cresceu a importância política, econômica e militar de Atenas, isto repercutiu nas funções dos Estrategos.

Atenas alcançou uma posição de destaque, sendo a cabeça da "Liga Delo-Ática". A complexidade da vida política e econômica, teria que se refletir na vida interna das diversas magistraturas.

Cyril E. Robinson se refere a "amplos poderes de administração", conferidos aos Estrategos, à medida que cresciam as necessidades e responsabilidades de Atenas.

Também os assuntos estrangeiros estavam afetos aos Estrategos.

Um outro campo afeto aos Estrategos, era o do gerenciamento das finanças e o do abastecimento de alimentos. E isto fala, alto e bom som, da sua importância.

De acordo com a lição de *Claude Mossé*, os estrategos — ao menos no princípio da existência da magistratura — eram oriundos, exclusivamente, da primeira das classes censitárias.[202] Para *Claude Mossé*, a anualidade e a colegialidade, "constituíam limites ao poder total dos estrategos".[203]

Embora os atenienses fossem extremamente ciosos da "Isonomia" e da "Isegoria", as necessidades decorrentes das situações concretas, fa-

---

[200] Op. e loc. cit.
[201] Op. e loc. cit.
[202] Op. e loc. cit.
[203] Op. e loc. cit.

ziam com que, amiúde, alguns estrategos tivessem mais poder do que os seus colegas. Tais necessidades, referiam-se à vida militar.

Um dado merecedor de atenção, é o alusivo aos predicados que deviam ser ostentados pelo estratego. Escreve *Claude Mossé*, "verbis":

"O estratego não era apenas um chefe de exército, ele devia ser igualmente um orador hábil para se fazer compreender pela assembléia, para defender a sua política face a ela, também para se justificar em campanha face aos seus soldados. A narrativa de Tucídides é a este respeito uma fonte excepcional que põe em ação estes generais políticos, de que Péricles era, claro, o exemplo mais glorioso e o mais célebre, mas que também compreendiam Nícias e Alcibíades, Cleon e Cleofonte, Trasíbulo e Conon e, no séc. IV, homens como Timóteo, Ifícrates ou Fócion."[204]

Consideramos extremamente feliz a expressão utilizada para designar os estrategos: "generais políticos". Pelas suas atribuições, eles eram, efetivamente, "generais políticos", o que nos remete, às considerações de *Clausewitz*, pertinentes às relações entre a Guerra e a Política. Uma incursão ao "Da Guerra", não é ociosa, a esta altura.

Escreve *Clausewitz*, em passagem a tal ponto conhecida, que podemos chamá-la de clássica:

"Vemos, pois, que a guerra não é somente um acto político, mas um verdadeiro instrumento político, uma continuação das relações políticas, uma realização destas por outros meios... pois que a intenção política é o fim, enquanto que a guerra é o meio, e não se pode conceber o meio independentemente do fim."[205]

São lapidares, as palavras do autor. Não é possível negar as imbricações entre a Política e a Guerra.

Se as inegáveis ligações entre a Guerra e a Política eram intensas à época de *Clausewitz*, mais próximas eram tais realidades, à época da Democracia Ateniense. A Guerra e a Política estavam mais próximas uma da outra, pelo excelente motivo de que a "Polis" era uma realidade concreta e palpável, por ser diminuta.

Observa *Claude Mossé* que *Péricles* imprimiu, ao cargo de estratego, o caráter de "magistratura suprema"[206]. Até o início do século IV

---

[204] (Op. cit., páginas 68 e 69).
[205] Vide "Da Guerra", tradução portuguesa de Tereza Barros Pinto Barroso, Lisboa, Perspectivas & Realidades, 1976 — original alemão — páginas 87 e 88.
[206] Op. cit., página 68.

a.C. — aduz — "os grandes nomes da história política de Atenas são os dos estrategos".[207]

Os estudos de História do Direito revelam as vicissitudes pelas quais passam as magistraturas, no tempo. A magistratura de que ora nos ocupamos, não escapou a essas vicissitudes; também ela, não quedou estática, imutável no tempo. A respeito, escreve *Claude Mossé*, "verbis":

"É importante, no entanto, marcar bem a diferença entre os estrategos do séc. IV e os do período precedente. Já tivemos ocasião de o sublinhar, o séc. IV vê operar-se uma divisão do trabalho político, graças às dificuldades sociais e financeiras que a cidade conheceu. Os estrategos, que cada vez mais têm sob as suas ordens soldados mercenários, que se dedicam a operações cada vez mais longínquas, parecem voltar a ser o que eram na origem: primeiro e antes de tudo, chefes militares."[208]

Houve, pois, uma diferença marcante, entre os estrategos do século IV a. C., e os do período imediatamente anterior. Eram, os primeiros, dominantemente, chefes militares. Paralelamente a esta alteração — assinala *Claude Mossé* — houve uma outra, pertinente à escolha desses magistrados. Eles deixaram de ser recrutados na proporção de um por tribo, passando a ser escolhidos, indiferentemente, entre todos os atenienses. Era o próprio voto popular que estabelecia uma função determinada para cada estrategos. Assim, existia um estratego dos hoplitas, encarregado de comandar o exército em campanha. Além deste, havia um do território, ao qual incumbia a defesa da Ática. Dois estrategos eram destinados ao Porto do Pireu: um deles, comandava a Fortaleza de Muniquia; o outro a Fortaleza da Ática. Ambos estes estrategos do Pireu, controlavam os arsenais. Por fim, o estratego das Simorias, era o encarregado de controlar a divisão da trierarquia, e a equipagem dos navios. Os demais cinco estrategos, não tinham atribuições determinadas, podendo ser utilizados ao acaso das necessidades.

No estudo de uma das instituições da Democracia Ateniense, não podemos perder de vista que a "Polis" era o "centro de gravidade" da vida dos antigos gregos. Neste sentido, escreve *Jean Touchard*, ao tratar dos "quadros gerais da reflexão política":

---

[207] Op. e loc. cit.
[208] Op. cit., página 69.

"A vida política dos Gregos e, poder-se-ia dizer, da Antiguidade clássica está condicionada por inteiro à existência da Cidade, à Pólis, que desempenha no universo político dos Gregos o mesmo papel que os nossos Estados modernos, mas deles se diferencia profundamente. Todas as suas especulações a implicam; não existe, para eles, civilização, senão a imanente à Cidade, e a Cidade é uma dádiva dos deuses, da mesma forma que o trigo: ela basta para distinguir os Helenos civilizados dos Bárbaros incultos que vivem como nômades."[209]

É nos quadros da "Polis" que devemos compreender o Estratego.

Ao tratar das magistraturas eleitas, escreve *Jean Touchard*:

"As magistraturas regidas pela eleição, função de estratego, sem dúvida, durante um tempo, extraíram sua importância, do fato de que elas eram as únicas a propósito das quais um programa político ou qualidades pessoais podiam determinar a escolha."[210]

Levando em conta a preferência pelo sorteio dos magistrados, não é temerário afirmar que elegê-los era uma exceção, e também uma concessão.

As magistraturas eleitas — aduz o autor — tiveram o seu momento de grande prestígio. Mas, sintomaticamente, não houve, em momento algum, a elaboração de uma teoria política da eleição: os pensadores democratas não chegaram a elaborá-la.

O que teria determinado a inexistência de uma teoria política da eleição, em um povo tão propenso àquilo que *Reale* chama de "uso especulativo da razão?" Os helenos amavam as teorias, e as discussões em torno delas. E tal amor era particularmente acendrado, entre os da Ática. Assim, a indagação ora formulada, ganha em interesse.

Escreve o autor ora seguido, "verbis":

"A eleição permaneceu inquinada de espírito aristocrático no sentido mais geral da palavra e não se a vê preconizada senão pelos teóricos que afirmam a necessidade de os governantes serem competentes, e almejam que o poder esteja entre as mãos de uma elite (Hipódamo de Mileto, Isócrates etc.)."[211]

Jean Touchard, após relacionar a eleição dos magistrados com o "espírito aristocrático", conclui, "verbis":

---

[209] Vide "Histoire des Idées Politiques", Paris, Presses Universitaires de France, 5 ème edition, 1975, vol. I, páginas 9 e 10.
[210] Op., vol. e loc. cit.
[211] Op. e loc. cit.

"Seja como for, no IVº século, a estratégia perde a sua importância em Atenas; a desconfiança a leva de roldão, e pode-se dizer que, mesmo antes de Queronéia(338) a democracia ateniense morria, por causa da predominância dos órgãos de controle sobre os órgãos de autoridade."[212]

As magistraturas conhecem períodos de florescimento e de fastígio, ao lado de outros de decadência. Tais oscilações são incindíveis da própria historicidade do Direito. Tal historicidade, vislumbrou-a *José Pedro Galvão de Souza*.

A magistratura dos estrategos, surgiu na Democracia Ateniense. E, para falar da Democracia de Atenas, nunca é demais enfatizar o papel da Assembléia Popular, da "Eclésia".

Fernando Fournier Acuña, escreve:

"A base de toda a organização política de Atenas foi a Assembléia Popular que era a que votava em definitivo as leis, a que julgava alguns assuntos litigiosos de importância e nomeava os diversos magistrados que exerciam o governo em seu nome; a assembléia se reunia na praça chamada *ágora*, ordinariamente dez vezes por ano."[213]

É preciso que pensemos nos estrategos, em conexão com a Assembléia Popular, e com o Conselho dos Quinhentos. O autor da Costa Rica, se refere ao "Conselho dos Quinhentos" como ao "Senado".[214] Preferimos reservar este nome, exclusivamente, para o Senado Romano.

O "Conselho dos Quinhentos", de acordo com *Fournier Acuña*, criado por *Sólon*, e fortalecido por *Clístenes*, juridicamente, era o órgão executor das decisões da Assembléia do Povo. Pudemos verificar antes, que o "Conselho dos Quinhentos" era o órgão que discutia os projetos de lei, antes que eles fossem submetidos à Assembléia. De fato, no entanto, as coisas se passavam de um modo diverso. Escreve, a respeito, o autor hispano-americano:

"Mas de fato os executores foram dez magistrados chamados *estrategos* e que vieram a ser os substitutos dos arcontes; realmente eram estes estrategos os que dirigiam a política do Estado; Péricles regeu os destinos de Atenas durante 25 anos, do seu posto de estratego."[215]

É significativo que os dez estrategos, teriam sido substitutos dos antigos arcontes. Recordemos que os arcontes detinham os poderes que, primitivamente, haviam sido os do rei. Ademais disto, eram os integrantes do Arcontado, oriundos da aristocracia; da classe dos eupátridas.

---
[212] Op. e loc. cit.
[213] Vide "Historia Del Derecho", San José, Editorial Juricentro S.A., 1978, página 61 – grifo no original.
[214] Op. e loc. cit..
[215] Op. e loc. cit. — grifo no original.

Com *Aristides*, foram abolidas as diferenças calcadas em critérios censitários. Assim, em tese, qualquer cidadão podia ser Estratego. Sucede que o cargo exigia determinados dotes, que apenas podiam ser possuídos, por aqueles que tinham acesso à velha "Paidéia" aristocrática. Assim — e na prática — os estrategos sempre saíram da aristocracia. Algumas possíveis e eventuais exceções, só fazem confirmar a regra.

Atenas era uma sociedade mais aberta do que a de Esparta, ou a da Tessália. Mas ao cargo de Estratego, só chegaram os integrantes de um escol da sociedade — quer oriundo da classe dos eupátridas, quer oriundo da classe dos "demiurgoi" enriquecidos.

Por outras palavras, o cargo de "Estratego", jamais chegou a ser rigorosamente "popular". E para tanto contribuiu o fato de ser, a magistratura, eletiva, e não preenchida mediante sorteio.

3. EM QUE PERÍODO FUNCIONOU O ESTRATEGO?

Clístenes realizou as suas reformas, no final do século V a.C. e foi a reforma clistênica que criou os "Estrategos".[216]

O dado cronológico oferece interesse: os estrategos surgem com as reformas políticas que, de maneira real e efetiva, introduzem a Democracia. *Glotz* refere que, por volta do ano 500 a.C., a constituição de *Clístenes* (feita em 508/507 a.C.), sofreu "importantes retoques". Um deles, foi a criação de dez estrategos eleitos, a qual foi um rude golpe contra o Colégio de Arcontes, um reduto da velha aristocracia.

As reformas de *Clístenes* se tornaram uma realidade após Atenas haver passado por um período difícil em sua vida política. É o que ensinam *R. Maisch* e *F. Pohlhammer*.

O que é importante reter é a criação da magistratura dos estrategos.

As magistraturas eram uma das vigas mestras da vida da "Polis", a tal ponto que *A. Aymard* e *J. Auboyer* escrevem:

"Em particular, a verdadeira cidade não existe sem três órgãos políticos: assembléia, conselho e magistraturas."[217]

Uma palavra deve ser dita a propósito da vida política da Grécia. Para bem compreendermos as instituições da "Polis", e, inclusive, as

---
[216] Cf. Fournier Acuña, op. cit., páginas 60 e 61.
[217] Op. cit., volume I, tomo 2, página 115.

suas magistraturas, é mister que nos assenhoreemos da seguinte noção, nuclear: os antigos gregos não conheceram a "representação política", nos moldes em que hoje a concebemos. Com acerto, escrevem *A. Aymard* e *J. Auboyer*, "verbis":

"Entretanto, por mais graves que sejam estas diferenças, a existência generalizada da assembléia não exprime apenas uma analogia superficial. Significa, na realidade, que o direito de participar da vida política da cidade é um direito pessoal e instransmissível: a Grécia clássica ignora o sistema representativo e só concebe o exercício direto da soberania."[218]

No sentido de os estrategos haverem sido instituídos pela reforma de *Clístenes*, opina *Claude Mossé*:

"Outras medidas constitucionais coroaram a obra de Clístenes. Em 501/500 a.C., estabeleceu-se que, ao entrar em função, os membros da *Boulé* obrigar-se-iam a um juramento que os transformaria em guardiães perpétuos da constituição. No mesmo ano, organizou-se um colégio de 10 estrategos, eleitos à razão de um para cada tribo. Eram, fundamentalmente, chefes militares, e, portanto, naquele período, estavam ainda sob o comando supremo do polemarco. Contudo, eleitos por todo o povo, muito cedo passariam a desempenhar um papel cada vez mais importante em matéria de política geral, ao mesmo tempo em que se verificava o declínio do arcontado."[219]

No que diz respeito à criação dos estrategos por *Clístenes*, *Max Savelle* não discrepa de *Claude Mossé*.[220]

Os estrategos, que, de início, possuíam atribuições puramente militares, passaram a, progressivamente, ter ingerência nos assuntos civis. Aqui, uma observação se impõe. Assim como não havia, na Cidade Antiga, uma linha divisória nítida entre o "público" e o "privado", não havia, de maneira análoga, uma separação clara entre o "civil", e o "militar". O cidadão, o "Polites", era também o soldado.

Max Savelle escreve que os estrategos eram escolhidos "em todas as classes". A afirmação deve ser acolhida com alguma cautela. Com

---
[218] Op. e vol. cit. — página 116.
[219] Vide "Atenas: A História de uma Democracia" — tradução brasileira de João Batista da Costa, Brasília, Editora Universidade de Brasília, 2ª edição, 1982, página 23 e 24 — grifo no original.
[220] Vide "História da Civilização Mundial" — tradução brasileira de Milton Amado — Belo Horizonte, Editora Itatiaia Limitada, 1964, vol. 1, página 163.

efeito, observa *Claude Mossé* que as reformas de *Clístenes*, estabelecendo a "Isonomia", criaram novas estruturas na vida política de Atenas. As modificações foram, no entanto, mais formais do que substanciais. Com efeito, os chefes das grandes famílias, ao se elegerem estrategos, conservaram, de fato, a direção da vida política. Excluído o caso excepcional de *Temístocles*, todos os dirigentes atenienses, entre 508 a.C. e 462 a.C., eram aristocratas.

Aqui, importa que tenhamos em mente que foram as novas condições de vida, acarretadas pelas Guerras Médicas, que tornaram mais efetivas as reformas de *Clístenes*, e, de conseguinte, a própria Democracia. Em verdade, elas contribuíram para a consolidação da Democracia. As causas de tal consolidação, teriam sido:

a) A obrigatoriedade de os estrategos prestarem contas ao povo de sua política; e

b) A periodicidade que, nesta época, se estabeleceu para as sessões da "Ekklesia".

Biscardi e *Cantarella*, endossam a opinião de que os dez estrategos foram instituídos pelas reformas de *Clístenes*.[221] No entanto, à página 61 de seu livro, escrevem: "E a Pisístrato alguns julgam que seja devida também a instituição dos dez estrategos".[222]

Cremos não haver dúvida, no que tange ao fato de os dez estrategos haverem surgido no bojo das reformas clistênicas. Agora, indagamos: foram eles instituídos, diretamente, pelo próprio *Clístenes*? *Cyril E. Robinson*, opina em sentido contrário. Para ele, a tendência democrática da reforma de *Clístenes* foi, de certa forma, temperada por uma instituição, que foi a dos estrategos. O autor frisa que, com toda a probabilidade, os estrategos não foram criação de Clístenes, mas um direto desenvolvimento de sua organização. Como é sabido, *Clístenes* criou dez unidades tribais. Para comandá-las, foram designados esses dez generais.

Criados diretamente por *Clístenes*, ou sendo uma decorrência, lógica das suas reformas, o certo é que os estrategos existiram, em Atenas, desde tais reformas.

A conquista macedônica assinala o fim da "Polis". Nas cidades que *Alexandre* e os seus sucessores fundaram, haviam assembléias, conselhos e magistrados, mas tudo era ilusório. Em primeiro lugar, as decisões tomadas por essas cidades, tinham pouco peso, em confronto com o poder dos reis. Em segundo lugar, o poder estava nas mãos de uma

---

[221] Op. cit., páginas 65 e 66.
[222] Op. e loc. cit.

minoria de homens ricos, os quais, com freqüência, eram obrigados a aceitar o controle exercido por um funcionário real, e a presença de uma guarnição militar.

Os estrategos continuaram a existir, em Atenas, após a conquista macedônica, despidos do seu antigo poder, pelo motivo de que a "Polis" não mais era independente. Uma última palavra deve ser dita, neste item, a propósito dos estrategos, sob a dominação romana.

Referem R. *Maisch* e F. *Pohlhammer* que, após a destruição de Corinto, em 146 a.C., os romanos distinguiram Atenas com a condição de "civitas foederata". Mas, em função de sentimentos anti-romanos, as prerrogativas foram restringidas, e foi restringido, em particular, o regime democrático. Os romanos respeitaram a Democracia apenas formalmente. O cargo de maior importância à época da dominação de Roma foi – novamente – o do estratego. Sucede que, em contraste com o que ocorrera no fastígio da Democracia, os estrategos passaram a ter atribuições nitidamente pacíficas, consistentes em colaborar com o Areópago (que tinha voltado a ter um papel preponderante), para cuidar da instrução da juventude, do florescimento das escolas e do abastecimento de cereais.

Os estrategos da dominação romana, tinham em comum, com os do apogeu da "Polis", apenas o nome. O que nos interessa, basicamente, é que a magistratura dos estrategos, criada pelas reformas de *Clístenes*, teve o seu fastígio, no apogeu do regime democrático, sob *Péricles*, tendo subsistido, apenas nominalmente, após a conquista macedônica.

4. QUAIS ERAM OS PODERES DO ESTRATEGO?

O estudo dos poderes do estratego é inseparável do estudo dos deveres deste magistrado. E ambos estes estudos comportam as seguintes indagações: os estrategos estavam subordinados a quem? Quem os fiscalizava? A quem eles prestavam contas? Para bem abordar tais matérias, dividiremos o presente item em varios subitens.

Os poderes militares do estratego

Até mesmo a etimologia de "estratego", recomenda que o nosso estudo principie pelos poderes militares destes magistrados. O assunto que ora vamos versar, apresenta um interesse jurídico, apenas indireto.

Em seu "História da Organização Judiciária e do Processo Civil" (Rio de Janeiro — São Paulo — Editora Jurídica e Universitária, 1970),

Ulhoa Cintra adverte que, até o início do século V a.C., o Polemarco era o encarregado da guerra. Ao depois, tal atribuição passou aos estrategos.[223]

Robert Flacelière, em "La Vie Quotidienne en Grèce au Siècle de Péricles", afirma que os estrategos estavam encarregados, essencialmente, da defesa nacional. Eles comandavam os exércitos e as frotas de navios de guerra, em campanha. Além destas atribuições puramente militares, tais magistrados ainda negociavam os tratados, em nome do Estado, e podiam requerer aos prítanes que reunissem a Assembléia.[224]

Jean Gaudemet também aborda o comando da Marinha e do Exército pelos estrategos. Refere o autor que os dez estrategos comandavam, alternando-se dia após dia, o Exército e a Armada.[225]

Em abono a esta alternância, escreve *Glotz*, ao tratar do Colégio dos Estrategos:

"Nos outros colégios, tornava-se necessário, em geral, apesar da igualdade de princípio, que um fosse presidente. Ora esse presidente era nomeado pelo ano inteiro, como no caso dos tesoureiros, ora era escolhido, em rodízio: por exemplo, nos primeiros tempos, cada estratego dispunha da presidência e do comando supremo um dia em cada 10."[226]

Logo que passaram a existir, os dez estrategos eram os comandantes de cada um dos regimentos, postos à disposição da Polis pelos distritos. Estes eram dez. Daí, os dez magistrados militares. Desde que os estrategos passaram a generais-em-chefe, cuidando de todos os assuntos alusivos à guerra, o seu antigo posto passou a ser ocupado pelos taxiarcas. Passando a "generais-em-chefe", os estrategos passaram a deter mais poder.

A noção de magistratura militar por excelência está presente no que, dos estrategos, escreve *Jonathas Serrano*.[227]

Prossigamos o nosso exame dos poderes militares dos estrategos. Escreve *Cyril E. Robinson*:

"Os seus deveres no princípio eram sem dúvida puramente militares; mas, mesmo assim, eles devem ter parecido um rival sério para o

---

[223] Op. cit., página 19 — nota de rodapé de nº 30.
[224] Vide op. cit., Paris, Librairie Hachette, 1.959, página 58.
[225] Vide op. cit., página 169.
[226] Op. cit., página 183.
[227] Vide "Epitome de História Universal" — Prefácio de Escragnolle Dória — Rio de Janeiro, 14ª edição revista e consideravelmente aumentada, 1932, página 84.

Polemarco e em 487 ocorreu uma importante mudança que serviu para dar ao seu cargo uma peculiar proeminência."[228]

Refere-se, o autor, ao fato de que, a partir de 487 a.C., os Arcontes e o Polemarco passaram a ser escolhidos, não mais pelo voto direto, porém, selecionados dentre os delegados eleitos pelo povo, pelo método de aclamação.

É óbvio que uma tal mudança, apenas poderia fortalecer e prestigiar uma magistratura que continuava a ser eletiva, e cujos titulares eram eleitos "intuitu personae".

H. D. F. Kitto se refere aos estrategos como "...os únicos funcionários eleitos expressamente devido às suas aptidões especializadas".[229] O autor atribui a esta circunstância, e ao fato de ocuparem "cargos da maior importância", a grande influência dos estrategos nos negócios da cidade.[230]

Dois dados devem ser enfatizados:

1º) Houve um progressivo alargamento dos poderes dos estrategos. Estes, de início, possuíam poderes puramente militares, os quais irão, a pouco e pouco, abranger aspectos da vida civil;

2º) A fronteira entre o "militar" e o "civil" era extremamente tênue.

Biscardi e *Cantarella*, por igual, mencionam os poderes militares dos estrategos.[231]

Ao menos na prática, *Péricles* dispôs de mais poderes do que a generalidade dos outros estrategos. Para tanto terão contribuído as suas qualidades pessoais, das quais falaremos ulteriormente. Sucede que *mesmo Péricles, em assuntos militares*, tinha que apelar para a Assembléia do Povo (Ekklesia).

---

[228] Op. cit., página 80.
[229] Op. cit., página 211.
[230] Op. e loc. cit.
[231] Op. cit., páginas 65 e 66.

Os poderes civis do estratego

Falar dos "poderes civis" dos estrategos, é uma tarefa inçada de dificuldades. Os poderes desses magistrados, partindo da esfera militar, foram se alargando para os setores da vida civil.

Refere *Cyril E. Robinson* que o incremento dos poderes de cunho civil dos estrategos, foi uma decorrência do aumento do poderio de Atenas. À medida que as necessidades e responsabilidades de Atenas cresciam, "largos poderes de administração foram conferidos aos estrategos". Os assuntos de política externa, tornaram-se de sua competência exclusiva. Controlavam as finanças e organizavam o suprimento de alimentos. Em resumo, tornaram-se os chefes executivos do Estado, ocorrendo este fenômeno, paralelamente ao declínio da importância da "Ekklesia".[232]

Contra esta opinião, há a de *Moses I. Finley*.

Com *Moses I. Finley*, alinha-se *Glotz*, no que diz respeito ao fato de os magistrados serem controlados pela Assembléia. Para o autor de "A Cidade Grega", a Ekklesia tinha um "poder direto" e muito amplo sobre os magistrados, que não passavam de "executores transitórios" da sua vontade.[233]

De acordo com *"Sir" Ernest Barker*, os estrategos possuíam funções administrativas, puramente civis. Eram elas: direção da política externa, controle das finanças, e organização dos suprimentos de alimentos.

Os helenos desconheceram a "representação política". *Moses I. Finley* assevera que a participação direta era "a chave" da democracia ateniense.[234]

Nesta ordem de idéias, podemos asseverar, na esteira de *Glotz*, que os magistrados — e, inclusive, os estrategos — não passavam de "executores transitórios" da vontade da Ekklesia. Segue-se que, assim como não havia a "Representação Política", não havia, entre a Assembléia do Povo e os magistrados, a "figura juris" da "delegação de poderes". Esta pressupõe a noção de hierarquia. E os "polites", impregnados das noções de "Isonomia" e "Isegoria", não podiam conceber qualquer tipo de hierarquia entre eles.

---

[232] Op. cit., páginas 80 e 81.
[233] Op. cit., página 184.
[234] Vide "Gli Antichi Greci", tradução italiana de Fausto Codino, Torino, Giulio Einaudi editore, s. p. a., página 69.

Gilissen perfilha a opinião da ausência de representação política entre os helenos.[235]

Segundo *Glotz*, os altos magistrados tinham os seguintes poderes:

1º) O direito de atuar espontaneamente em conformidade com as leis que os guiavam ou de consultar a Assembléia ou o Conselho quanto a novas decisões (*bouleúsasthai*);

2º) O direito essencial de ordenar e o de tomar medidas de cumprimento obrigatório (*epitáxai*), que trazia consigo o direito de punir o delinqüente (*epibolàs epibállein*), inflingindo-lhe multa cuja importância máxima variava, segundo as magistraturas, entre 50 e 500 dracmas, ou então de entregá-lo aos tribunais para uma punição ainda mais severa;

3º) A competência judiciária em causas determinadas (*Krenai*), competência esta que não compreendia mais o direito de dirimir litígios, mas somente o de receber queixas, de instruir a questão e de presidir ao tribunal (*hegemonía*).[236]

A eleição do estratego

Biscardi e *Cantarella* ensinam que três eram os sistemas de nomeação dos magistrados: a) A "Keirotonía", ou seja, eleição feita pela Assembléia, reunida sobre a Pnix; b) Sorteio; c) Sistema misto, ou seja, sorteio entre pessoas eleitas pelas tribos.

Os Estrategos eram sempre eleitos por "keirotonía".

Robert Flacelière, por igual, ensina que os dez estrategos eram eleitos, pela Assembléia do Povo, à razão de um por tribo. Eles eram "indefinidamente reelegíveis". De fato, as suas atribuições exigiam uma tal competência, que a sua nomeação não podia repousar na sorte. E os que haviam dado boas provas de si, deviam, no interesse público, poder continuar a servir ao Estado.[237]

Neste passo, convém que digamos algo sobre as condições do candidato para preencher um cargo. Referimo-nos à "Docimasia". A "Docimasia", em sentido lato, era um inquérito sobre a pessoa do candidato ao cargo, que levava em conta as suas origens familiares, a participação nas cerimônias religiosas, o cumprimento de obrigações militares e financeiras. Testemunhas, que, por vezes, eram acusadores, podiam falar.

---

[235] Vide "Introdução Histórica ao Direito", tradução portuguesa de A. M. Hespanha e L. M. Macaista Malheiros, Lisboa, Fundação Calouste Gulbenkian, 1986, página 74.
[236] Cf. op. cit. — página 168 — grifos no original.
[237] Op. cit., página 58.

A "Docimasia" para os candidatos a estrategos, era especialmente rigorosa, possuindo algumas peculiaridades. Como ensina *Gaudemet*, os estrategos tinham que possuir filhos legítimos, e bens de raiz na Ática. Com isto, esperava-se que fossem mais zelozos, na defesa dos interesses da cidade.[238]

Ao tratar do fim da exclusividade da Aristocracia para o preenchimento do cargo, *Cyril E. Robinson* escreve que embora, a princípio, os estrategos fossem escolhidos, principalmente, entre homens de nascimento nobre, a difusão da educação permitiu que os indivíduos mais inteligentes e mais ambiciosos das classes médias, começassem a ocupar o cargo. Nas proximidades do fim do V século a.C., há demagogos como *Cléon*, o mercador, ou *Cleófon*, o fabricante de liras, eleitos ao lado dos aristocratas *Nícias* ou *Alcebíades*, este, da família dos Alcmeônidas. Aduz *Cyril E. Robinson* que os aristocratas e os homens do povo, presentes no Colégio dos Estrategos, estavam pouco propensos a ver as coisas com os mesmos olhos. Nestas condições — acrescenta — é notavel que o sistema tenha funcionado tão bem como funcionou, levando em conta o conflito de opiniões entre generais rivais, que era... "comum".[239]

Os totalmentes despossuídos, não tinham acesso à magistratura, pelo motivo de que, *ANTES* de assumi-la, deveriam provar ser donos de bens de raiz, na Ática. E os "thêtes" não possuíam terras.

A "Docimasia" se inseria no primeiro tipo de controle a que estavam submetidos os magistrados (controle preventivo). A propósito, vide *Biscardi* e *Cantarella*, op. cit., página 67.

Glotz, ao tratar das eleições, refere que os candidatos recorriam a "manobras de toda a espécie". Assim, por motivos de moralidade, a Democracia preferiu o duplo sorteio. *Demóstenes* se referiu aos candidatos, "escravos da popularidade que garante os sufrágios" indo "de pessoa em pessoa", cada qual tendo o sonho de "ser sagrado estratego". Um veterano, dramaticamente, exibia o peito, coberto de cicatrizes. Outros candidatos, ainda, estimulavam a venalidade dos eleitores. Adverte *Glotz*, no entanto, que, apesar de todas estas mazelas, os atenienses sabiam colocar — em regra — nos postos mais importantes, os homens melhores. Assim, *Fócion*, referido por *Plutarco*, que tinha "repugnância

---

[238] Op. cit., página 168.
[239] Op. cit., página 81.

pelo populacho", e que jamais pleiteou coisa alguma, foi eleito estratego, nada menos do que 45 vezes.[240]

No que diz respeito à eleição dos estrategos, é preciso assinalar que ela, no início, seguiu um determinado sistema, depois, substituído por outro. É do que vamos nos ocupar.

Refere *Glotz* que havia duas maneiras de proceder, quando se tratava de nomear colégios de dez magistrados: ou eles eram escolhidos à razão de um por tribo, ou eram "colhidos indistintamente na massa dos atenienses".[241] Os estrategos, no início, eram escolhidos à razão de um por tribo, critério que veio a ser modificado, sendo adotado o segundo.

A "competência técnica" parece ter sido a nota decisiva, para a eleição dos estrategos. Seja lá como for, parece-nos lícito pôr em dúvida a infalível preponderância do fator. Em primeiro lugar, as eleições não estavam livres da ação dos demagogos, e nem protegidas, de maneira absoluta, contra a venalidade. Em segundo lugar, há atentar para o fato de que a popularidade — e referimo-nos à popularidade merecida — de um cidadão, podia se sobrepor ao critério da competência técnica. Que outro fator poderia explicar a eleição de *Sófocles*, em 440 a.C.? Não é, tal eleição, um ponto pacífico, historicamente falando. Mas, se levarmos em conta a fundamental importância do teatro, na vida dos atenienses, seremos levados a acreditar nela.

O estratego e a reeleição

Os estrategos podiam ser reeleitos. A Democracia Ateniense se acautelava contra os seus próprios magistrados, evitando conferir-lhes poderes em excesso. É bem por isto que a anualidade e a colegialidade, eram a regra. Mas isto comportava temperamentos. Neste sentido, *Glotz*, op. cit., página 169, e *Moses I. Finley*, op. cit., página 69. Também, *Claude Mossé*, op. cit., página 68.

A reeleição dos estrategos era a exceção. E uma exceção que só podia derivar da circunstância de os estrategos deverem a eleição, à sua competência técnica. Os atenienses do "Período Clássico", profundamente imbuídos das noções da "Isonomia" e da "Isegoria", restringiram, de um modo geral, os poderes dos magistrados. Ensina *Gaudemet* que o temor do poder pessoal, e da Tirania, conduziu a reduzir, progressiva-

---
[240] Op. cit., páginas 177 e 178.
[241] Op. cit., página 177.

mente, o poder dos magistrados. De maneira sintética, havia as seguintes restrições ao seu poder:

1ª) Duração breve das funções.
2ª) As magistraturas são múltiplas e especializadas.
3ª) A recondução ao cargo é, em princípio, proibida.
4ª) O poder próprio do magistrado é restrito.
5ª) Por fim, os magistrados são responsáveis: ao deixarem o cargo, eles prestam contas a uma comissão de verificação (os logistai), que examinam a sua gestão.[242]

Os estrategos constituíram uma exceção à terceira restrição apontada por *Gaudemet*, porquanto foram livremente reeleitos.

O fastígio da magistratura do estratego — Péricles

O apogeu da magistratura, ocorreu com *Péricles*, coincidindo com o apogeu de Atenas e do espírito ático. E apenas este dado, justificaria a abordagem de *Péricles*, como estratego, num subitem apartado.

O homem que mais alto elevou o cargo de estratego, era um genuíno aristocrata. Ao tratar da origem aristocrática do "Olímpico", *Donald Kagan*, em "Pericle di Atene e la Nascita della Democrazia", ensina que, tendo nascido na primeira década do século V a.C., e, mais especificamente, por volta do ano de 494 a.C., *Péricles* era, pelo lado materno, membro da família dos *Alcmeônidas*, por certo, "a mais célebre e poderosa de Atenas". A mãe de *Péricles*, *Agariste*, era sobrinha do grande reformador *Clístenes*. De acordo com uma lenda, os *Alcmeônidas* eram descendentes de *Nestor*; segundo uma outra, a família descendia dos primeiros "funcionários públicos" de Atenas, que teriam governado a "Polis", depois da queda dos lendários reis da Cidade. O pai de *Péricles* era *Xantipo*, também ele, um aristocrata.[243]

A parcialidade dos historiadores gregos é conhecida. *Tucídides* tem, para com *Péricles*, uma atitude encomiástica. Isto aconselha que os seus juízos pertinentes ao "Olímpico" sejam, hoje, acolhidos com um "quid" de reserva. Mas isto não lhes rouba o valor científico. Escreve Tucídides, a propósito de *Péricles*:

"A razão do prestígio de Péricles era o fato de sua autoridade resultar da consideração de que gozava e de suas qualidades de espírito,

---
[242] Op. cit., páginas 168 e 169.
[243] Vide op. cit., Milano, Arnoldo Mondadori Editore, 1993, página 17.

além de uma admirável integridade moral; ele podia conter a multidão sem lhe ameaçar a liberdade, e conduzi-la ao invés de ser conduzido por ela, pois não recorria à adulação com o intuito de obter a força por meios menos dignos; ao contrário, baseado no poder que lhe dava a sua alta reputação, era capaz de enfrentar até a cólera popular."[244]

Homens assim, como que "transformam" as instituições com o poderoso magnetismo da sua personalidade.

A verdade é que o gênio não pode ser enquadrado, com precisão, no rigor das classificações científicas. Parece-nos fora de dúvida o fato de que *Péricles*, por força da sua personalidade, e dos seus dotes de chefia, tenha enfeixado mais poder em suas mãos, do que o constitucionalmente possível. Só esta circunstância, pode explicar a longa permanência do "Olímpico" no Poder.

Moses I. Finley, ao tratar da liderança direta e pessoal exercida por *Péricles*, ensina:

"Homens como Péricles constituíram certamente uma elite política, mas não era uma elite capaz de se perpetuar a si mesma; a ela se chegava por méritos públicos, especialmente no seio da Assembléia; era aberta a todos, e para continuar a fazer parte dela era necessária uma ativa presença contínua."[245]

A lição acima, comporta algumas reflexões. Que homens como *Péricles* integravam "uma elite política", parece-nos fora de dúvida. Será que tal elite — sem ser dinástica, como a dos Pisistrátidas — não tendeu a se perpetuar no Poder? Quando recordamos que *Péricles* era sobrinho-neto de *Clístenes*, e que *Alcebíades* era sobrinho do próprio *Péricles*, somos levados a encarar com muita cautela, a afirmação do autor.

Prossigamos: era tal elite política "aberta a todos", como o afirma o autor? Sabemos que assim não era.

A elite política de Atenas não era aberta a todos os integrantes do "Demos". Nesta ordem de idéias, cremos ser oportuno trazer à colação a opinião de *Donald Kagan*, que se refere à Democracia Ateniense, como sendo a "Democracia Hoplita". O autor afirma que o regime de *Clístenes* foi definido como uma "democracia hoplita", pelo fato de a "terceira classe" lhe garantir o apoio.

---

[244] Op. cit., Livro Segundo, nº 66 — página 111.
[245] Vide "La Democrazia degli Antichi e dei Moderni" cit., páginas 25 e 26.

Prerrogativas dos magistrados, e inclusive dos estrategos, na democracia ateniense

"Os magistrados gozavam de múltiplas prerrogativas. É possível que o Estado lhes concedesse uma espécie de imunidade suspensiva, válida em certo tipo de causas, pois não se conhece exemplo de que um magistrado tenha sido objeto de um processo em matéria de direito civil.⁹³ Em qualquer hipótese, assegurava-se-lhes proteção especial no exercício das respectivas funções. Nessa situação, diz **Demóstenes**, a ofensa que lhes é feita "atinge as leis, a coroa, símbolo da autoridade pública, e o próprio nome da cidade".⁹⁴ O insulto torna-se um delito passível de penas severas. Contam, além disso, os magistrados com privilégios honoríficos. Cabe-lhes lugar de destaque nas procissões e cerimônias de todos os gêneros. Reservam-se-lhes assentos no teatro. Nos festins que se seguem aos sacrifícios, cabem-lhes as melhores partes, como acontecia com os chefes dos tempos homéricos. Um decreto especifica a proporção das postas a serem extraídas das vítimas da hecatombe panatenaica, em benefício dos pritanes, dos arcontes, dos tesoureiros da deusa, dos hieropeus, dos estrategos e dos taxiarcas. ⁹⁶"[246]

As prerrogativas não subtraíam os magistrados ao controle do "Demos", nem os livravam da desconfiança popular, e nem, sequer, deixavam-nos livres do espírito satírico dos comediógrafos.

Os particulares podiam intentar um processo de "eisaggelía" diante do Conselho (Boulé), contra qualquer magistrado por eles acusado de desobediência às leis.[247]

Os principais magistrados de Atenas — e, entre eles, os estrategos — possuíam auxiliares.

O juramento dos magistrados, inclusive dos estrategos

Refere *Glotz* que os magistrados, antes da posse, deviam prestar um juramento. O juramento sempre continha o compromisso de que o empossado na função, obedeceria as leis e não se deixaria corromper.[248]

O juramento, além de constituir uma cautela para o bom desempenho das funções, tinha um cunho religioso.

---

[246] Vide *Glotz*, op. cit., páginas 183 e 184 — negrito no original.
[247] *Glotz*, op. cit., página 184.
[248] Op. cit., página 180.

Ao tratarmos do juramento dos magistrados, convém que falemos dos seus assessores, cidadãos que poderiam substituí-los. Escreve *Glotz*:

"Certos magistrados contavam com assessores, *páredroi*, que também eram magistrados, porque podiam substitur os titulares e porque a eles também cumpria passar pelas provas da docimasia e prestar contas no fim do ano. 77"[249]

Em se tratando dos "páredroi" dos estrategos, é de se supor que tivessem aptidões para o comando militar, e para todas as outras atribuições dos "generais políticos".

O controle da democracia ateniense sobre os magistrados em geral e, em particular, sobre os estrategos

A Democracia tomava precauções contra as magistraturas, temendo, quiçá, o fantasma da Tirania.

O excesso de controle sobre os magistrados foi, muitas vezes, prejudicial ao bom desempenho das magistraturas.

Biscardi e *Cantarella* afirmam que um sistema de rigoroso controle sobre os magistrados, foi se afirmando, como expressão da progressiva tendência democrática, de limitar as suas "inicialmente ilimitadas possibilidades de arbítrio".[250]

De acordo com estes autores, os magistrados atenienses, de um modo geral, estavam submetidos a três tipos de controle.

a) Um controle preventivo era a "docimasia", que teria sido introduzida por *Sólon*. A "Docimasia" competia, originariamente, ao Areópago. "A posteriori", a competência passou para a Boulé (Conselho dos Quinhentos). E, em um terceiro momento, contra as decisões da Boulé, se admite o apelo à Heliéia.

b) Um controle que tinha lugar durante o período em que exerciam o cargo e, mais especificamente, em toda pritania (décima parte do ano); e,

c) Finalmente, um controle ao término do mandato.

Escrevem os autores ora seguidos, "verbis":

"Os estrategos, únicos entre todos os magistrados atenienses, não estavam submetidos ao controle da Boulé, mas apenas ao controle da Heliéia."[251]

---

[249] Op. cit., página 181 — grifo no original.
[250] Op. cit., página 67.
[251] Op. cit., página 67.

Outra peculiaridade do controle sobre os estrategos é a de que, contra eles, não eram admitidas as acusações aos "eutinos". Havia dez "eutinos", escolhidos pela Boulé em seu próprio seio, à razão de um por tribo.

Os estrategos estavam sujeitos ao segundo tipo de controle, há pouco mencionado, sob a letra "b". Era a apreciação da gestão do magistrado pela Ekklesia. Tinha lugar em toda pritania. E o procedimento utilizado era o da "Epikheirotonía".

No que diz respeito ao controle no final do mandato, ao qual estavam submetidos os magistrados, ensinam os autores ora seguidos que, ao término do mandato, e dentro de trinta dias, os magistrados deviam prestar contas aos tesoureiros chamados de "logistas". Estes passavam as contas à Heliéia, na ocasião, presidida por eles próprios. Se fossem encontradas irregularidades, o culpado devia pagar o décuplo de quanto havia estornado ou recebido, se tivesse havido furto ou corrupção. Se tivesse havido malversação de fundos, o culpado devia ressarcir os danos. Na hipótese de que as contas estivessem regulares, a Heliéia dava, ao magistrado, quitação liberatória.[252]

Havia no Direito Público de Atenas, além da prestação de contas no sentido técnico do termo, uma "prestação de contas em sentido amplo e mais vago". Tratava-se da "eúthuna", diante dos "eúthúnoi". Esses homens — segundo *Glotz* — "endireitavam" as contas. Durante os três dias que se seguiam à prestação de contas propriamente dita, qualquer cidadão podia dirigir, aos "eutinos", acusações, privadas ou públicas, contra o magistrado, cujas contas já haviam sido julgadas.[253]

Contra os estrategos, não eram admitidas tais acusações aos "eutinos". Segue-se que, com a quitação liberatória, dada pela Heliéia, findava o controle de término de mandato, sobre eles.

Para *Moses I. Finley*, na Democracia de Atenas, qualquer oficial, por importante ou insignificante que fosse o seu posto, era responsável direta e unicamente, perante o "Demos". Ora, o "Demos", estava presente no Conselho dos Quinhentos (Boulé), na Assembléia (Ekklesia), ou nos tribunais.[254] Os estrategos estavam submetidos ao controle da Heliéia, logo, ao controle do próprio "Demos". Por outras palavras, os

---

[252] Op. cit., página 68.
[253] Op. cit., páginas 186 e 187.
[254] Cf. "Gli Antichi Greci", cit., página 69.

magistrados eram responsáveis, direta e unicamente, perante o Povo, e não perante um magistrado superior.[255]

Cada general era responsável perante a Ekklesia, isoladamente, e tinha liberdade de propor moções por sua própria iniciativa, independentemente da concordância ou da discordância dos seus pares.

O "Demos" estava presente em todas as assembléias, colégios e tribunais, da Democracia de Atenas. Até os estrategos, podiam ser destituídos pela Ekklesia. Tivemos a oportunidade de citar a Epikheirotonía. *Glotz* afirma, no entanto, que, antes mesmo que a Epikheirotonía se tornasse um procedimento normal, a Ekklesia "não relutava em destituir os estrategos que não a satisfaziam".[256] O autor, neste passo, faz remissão a *Tucídides*, capítulo 54 do Livro Oitavo da "História da Guerra do Peloponeso".

Apenas a justiça popular podia condenar ou absolver os estrategos que deixavam as funções. O tribunal, no caso, era a "Heliéia".

Diríamos que os estrategos, graças à gravidade intrínseca das suas funções, eram "os primeiros dos primeiros", na Democracia de Atenas. Sucede que os cidadãos a tal ponto estavam imbuídos da "Isonomia" e da "Isegoria", que tais magistrados eram, a bem da verdade, controlados com mais rigor do que os outros.

A Ekklesia não vacilava em processar os estrategos pelo crime de prevaricação, mediante a "eisaggelia".[257] Quando o voto de confiança (Epikheirotonía) foi introduzido regularmente na pauta das principais assembléias, a pronúncia podia vir antes da destituição do estratego, ou depois dela.[258]

A "Eisaggelia" era o processo por crime de prevaricação, movido contra os magistrados, inclusive, contra os estrategos.

A prestação de contas dos magistrados era conatural à própria Democracia de Atenas. Em um célebre discurso de *Demóstenes*, há uma referência ao tema:

"Tanto Caridemo como Diotimo, ó Esquines, estavam sujeitos à prestação de contas referente aos negócios do cargo que ocupavam; mas não o eram pela causa que motivou a sua coroação. Nem eu também o sou, porque, achando-me na mesma situação, tenho os mesmos direitos."[259]

---

[255] Op. e loc. cit.
[256] Op. cit., página 185.
[257] Glotz, op. e loc. cit.
[258] Op. e loc. cit.
[259] (Vide "A Oração da Coroa", tradução brasileira de Adelino Capistrano, São Paulo, Atenas Editora, 3ª edição, 1954, página 54).

As câmaras de contas chamavam-se "logistêria". Depois de repartidos os processos entre eles, os "logistas" tinham o prazo de trinta dias para examiná-los. O exame não se limitava a verificar se as contas eram conformes aos documentos oficiais, que ficavam guardados no "Metrôon": quando era o caso, os "logistas" exigiam dos interessados os "suplementos de justificação necessários".[260]

Se os "logistas" concluíam que o magistrado cometera um ato repreensível ou delituoso, encarregavam os "sunêgoroi" (que Glotz chama de "promotores públicos") de tomar as medidas necessárias. Reconhecendo os "sunêgoroi" a procedência da incriminação, intentavam, de acordo com os "logistas", uma ação, diante de um tribunal de heliastas, por desvio de fundos (klopês dêmósiôn khrêmátôn), ou por venalidade (dorôn), ou por malversação (adikíou). Se os "logistas" e os "sunêgoroi" verificavam que as contas estavam em ordem, redigiam um "certificado de exatidão contábil", levando-o ao Tribunal de Heliastas (Heliéia). Era o Tribunal dos Heliastas, "única instância competente para absolver a pessoa em causa".[261] É interessante observar que, houvesse processo ou não, cabia a um júri de, no mínimo, 501 membros, a última palavra.

Tanta complexidade induz o espírito à conclusão de que os helenos longe estiveram de ostentar o senso jurídico dos romanos. Isto foi percebido pelo saudoso *Gabriel de Rezende Filho*, que escreveu:

"Os gregos, que tão alto elevaram as artes e a filosofia, mostraram-se, todavia, estéreis em assuntos jurídicos.

Roma foi, realmente, o berço do direito."[262]

Anota *Glotz* que, antes da quitação pela lisura da sua gestão, era proibido por em votação qualquer recompensa para o magistrado. Como observa o autor, op. cit., página 185, a responsabilidade dos magistrados era dupla: em primeiro lugar, financeira, e, em segundo lugar, moral e política.

Os magistrados respondiam, inclusive, com os seus bens, por todo crime, ou erro, cometido no desempenho do cargo.

Antes da quitação, os magistrados não podiam dispor dos seus bens.

---

[260] Glotz, op. cit., página 186.
[261] Op. e loc. cit.
[262] Vide "Curso de Direito Processual Civil", São Paulo, Edição Saraiva, 3ª edição, 1952, volume I, página 44.

A "Isonomia" era a idéia fundante da Democracia Ateniense. Na base de toda esta complexa prestação de contas, estava a "Isonomia", escrevendo *Guido Fassò*:

"Com a palavra *democracia*, ainda na linguagem dos antigos gregos, como na atual, não se entende a mesma idéia, está claro que na Grécia significou um poder absoluto e incontrolado do povo (demos), entendido como classe, em oposição à *oligarquia*, poder classista dos "poucos" (oligoi), ou melhor, dos ricos. Mas nos começos da doutrina filosófica e política grega, "democracia" (*demokratía*) veio a significar (e amiúde os dois termos se empregam como sinônimos) "isonomia", igualdade das leis para todos (de *isos*, "igual", e *nomos*, "lei") e, de conseguinte, igualdade de direitos entre os cidadãos."[263]

Todos diferençavam os grandes postos (hai mégistai arkhaí) dos pequenos (arkhídia). Os postos mais altos não eram remunerados. A responsabilidade pecuniária das altas magistraturas, era efetiva. Aos cidadãos das classes inferiores, interessavam tais condições. Os cidadãos mais pobres, aspiram aos cargos remunerados. E lhes interessa que os mais ricos ocupem as magistraturas mais altas, pelo motivo de que, sendo a responsabilidade pecuniária "efetiva", têm, os mais ricos, bens, com que responder...

Os estrategos não eram remunerados. Assim, só os cidadãos mais abastados se candidatavam ao cargo.

Além desta responsabilidade individual, havia a responsabilidade solidária, dos membros de um mesmo colégio.

No caso dos estrategos, o princípio da gestão e da responsabilidade coletivas, estava condicionado às necessidades da guerra.

O excesso de controle sobre os magistrados e, em particular, sobre os estrategos

Escreve *Gustave Glotz*:

"Os magistrados eram, por conseguinte, submetidos a uma fiscalização continuada e minuciosa. Nada podiam fazer sem concordância do Conselho, instruído por uma comissão permanente de controle. Nove vezes por ano, deviam obter da Assembléia, um voto de confiança, sob pena de serem suspensos e levados à barra dos tribunais. No fim do ano,

---

[263] Vide "Historia de la Filosofia del Derecho", tradução espanhola de José F. Lorca Navarrete, Madrid, Ediciones Pirámide S.A., 1978 — volume 1, página 27 — grifos no original.

toda a parte contábil da gestão deles era examinada pelo Tribunal de Contas formado pelos logistas; cada uma das ações deles era investigada, desde que o reclamasse qualquer um, por *euthúnoi* que atuavam como juízes encarregados da instrução do processo. Acontecia amiúde que as próprias leis e decretos cuja execução lhes era confiada previam a sanção de que eram passíveis, caso faltassem com suas obrigações. 120"[264]

Os estrategos não podiam ser acusados, por qualquer do povo, junto aos "euthúnoi" (eutinos). Seja como for, estavam continuamente à mercê do "voto de confiança" da "Epikheirotonía". Como se isto não bastasse estavam sujeitos a multas pesadíssimas.

Tratava-se de um excesso de controle. Chegou-se a isto, escrevendo *Glotz*:

"Diariamente expostos às injúrias e às calúnias dos demagogos e dos sicofantas, tocaiados pelo ódio de seus adversários, viam suspensas sobre as suas cabeças as sanções terríveis da *eisaggelía* e do processo por ilegalidade. Como o povo queria guardar todas as atribuições da soberania, não era, por acaso, necessário que tomasse conta de seus funcionários? O próprio princípio do governo democrático exigia esse controle sobre o poder executivo."[265]

Continua o autor:

"Aqui, tocamos com o dedo a ferida das democracias. Na realidade, a desconfiança míope do povo ateniense, não poupava ninguém. O próprio **Péricles**, por fim, não pôde escapar a essa desconfiança.

Ele prestava contas, anos após anos, óbolo por óbolo, das somas que lhe passavam pelas mãos. Mas teve necessidade, para sua diplomacia, de fundos secretos. Foi o bastante para que o acusassem de desvio de fundos; nada lhe valeu declarar que empregara o dinheiro nas "despesas necessárias"; foi condenado. 124"[266]

Muitas vezes, os magistrados eram perseguidos, em função de um acirrado espírito partidário. Assim, além da permanente desconfiança da Democracia para com os seus magistrados, estes tinham que se acautelar, também, contra a mesquinharia dos ódios partidários, e das intrigas.

---

[264] Op. cit., página 187 — grifo no original.
[265] Op. cit., páginas 187 e 188 — grifo no original.
[266] Op. cit., página 188 — negrito no original.

O excesso de controle, com freqüência, levou os magistrados a perder o espírito de iniciativa e a segurança.

Glotz dá o exemplo de Nícias que, com receio da Assembléia, paralisava-se como general.

Razão assiste a *Glotz*. A magistratura implicava em poder decisório. Quanto mais elevada fosse ela, mais poder decisório era conferido ao seu titular. Ora, na medida em que o estratego se abstinha de tomar uma decisão correta, por temer a ira do "Demos", prejudicada era a própria "Polis". O caso de *Nícias*, referido por *Tucídides*, é típico, neste sentido...

Os magistrados atenienses, inclusive os estrategos, e a irreverência dos comediógrafos

Nem mesmo as mais elevadas magistraturas, punham os seus titulares a salvo dos comediógrafos. Conhecemos a importância do teatro, para a vida quotidiana dos helenos. O teatro, na "Polis", era um genuíno formador da opinião pública. E este fato dá a medida da importância, política, de os mais altos magistrados não estarem livres das farpas dos comediógrafos.

Jaime Bruna, na sua "Introdução" ao "Teatro Grego", chama *Aristófanes* de "o terrível Aristófanes".[267]

Glotz, afirma que, em "Cavaleiros", de *Aristófanes*, há uma cena em que o "Paflagonense" e o "Salsicheiro" se esforçam para demonstrar que cada qual saberá, melhor do que o outro, prover as necessidades de "Demos", objeto da disputa. Mas, adverte *Aristófanes*, que o vencedor se acautele: "Demos" tudo aceita; aceita, "desde que receba a sua ração de cada dia, alimentar um ladrão, como *prostátis* único", mas "Demos" não hesita, ao ver o seu benfeitor esgotado, em dar-lhe o golpe de misericórdia.[268]

Em "As Nuvens", *Aristófanes* se refere a uma eleição para estratego. O implacável comediógrafo faz menção ao episódio ocorrido aos 21 de março de 424 a.C., às 8 horas da manhã. De acordo com *Glotz*, a eleição estava para começar, quando "para felicidade dos adversários de **Cleonte**"[269], um eclipse do sol forçou o adiamento dos trabalhos. As-

---

[267] Vide op. cit., São Paulo, Editora Cultrix, 2ª edição, 1968, página 12.
[268] Apud. Glotz, op. cit., página 188 — grifo no original.
[269] Op. cit., página 176 — negrito no original.

sim fala a primeira coreuta: "Quando estáveis elegendo estratego o inimigo dos deuses, o curtidor da Paflagonia,⁽¹⁴¹⁾ nós carregamos o cenho e fizemos rebuliço; o trovão ribombou entre relâmpagos, a lua desviou-se da rota e o sol à pressa recolheu em si a sua mecha, proclamando que não luziria para vós se Cleão fosse estratego. Apesar de tudo, elegeste-lo! Segundo dizem, esta cidade sofre de disbulia, mas os deuses convertem em acertos os erros cometidos por vós. Ensinar-vos-emos como tirar proveito também desse desatino; se convencerdes essa gaivota de Cleão de suborno e de roubo e lhe puserdes o pescoço na golilha, já será como dantes: qualquer erro cometido reverterá em benefício para o povo".[270]

"*Cleão*", ou "Cleonte", foi eleito estratego, após a vitória de Pilos. E as palavras que *Aristófanes* põe na boca da primeira coreuta, dão a medida do *alto grau de irreverência*, com que a comédia podia tratar os mais altos magistrados da "Polis". (Grifamos)

Ainda em "As Nuvens", *Aristófanes* satiriza a família da mãe de *Péricles*. Na mesma comédia, alude a uma prestação de contas de *Péricles*. É *Estrepsíades* quem, respondendo a uma pergunta de *Fidípedes*, seu filho estroina, diz, a propósito dos "socos": "Foram-se em *Gastos Necessários*, como na prestação de contas de Péricles".[271]

5. CONCLUSÕES QUANTO AO PODER DOS ESTRATEGOS.

Após o que examinamos, podemos dizer que os estrategos eram magistrados da Democracia Ateniense, eleitos para as funções, graças às suas qualidades personalíssimas. Eleitos, prestavam um juramento, pelo qual se comprometiam a não agir contra as leis. Prestavam contas dos seus atos, quando deixavam as funções. E estavam, ademais, continuadamente sob o controle do "Demos". O seu poder advinha, não da força, nem do estratagema, como o poder dos tiranos. Ao contrário, o poder dos estrategos tinha uma origem jurídica, e era exercido nos limites da lei. Tudo isto considerado, cremos poder afirmar que, à luz da terminologia do moderno Direito Administrativo, os estrategos detinham o Poder Discricionário, e não o Poder Arbitrário. E, com estas conclusões, encerramos esta parte da nossa monografia.

---

[270] Vide, de Jaime Bruna, "Teatro Grego", cit., página 150.
[271] Op. cit., página 158 — grifo no original.

SEGUNDA PARTE

O PODER ARBITRÁRIO
E O PODER DISCRICIONÁRIO
EM ROMA.
O DITADOR.

CAPÍTULO VII

O DITADOR ROMANO. O QUE ERA?

1. CONSIDERAÇÕES PRELIMINARES SOBRE ROMA. A IMPORTÂNCIA DA FUNDAÇÃO. A TRADIÇÃO. O SAGRADO NAS INSTITUIÇÕES. O CIVISMO.

Ao darmos início à abordagem da Ditadura Romana e do magistrado denominado "Dictator", impõem-se algumas considerações pertinentes à "alma romana", tão diversa da "alma helênica". Esta "alma romana" impregnou, profundamente, as instituições da gente do Lácio.

De plano, fazemos remissão à "tríade romana", posta em realce por *Hannah Arendt*: Religião-Autoridade-Tradição.

O ato da fundação da "Urbs" foi o ato nuclear de toda a História de Roma. Aduzimos que a fundação da cidade foi o ato nuclear da própria História do Direito Romano.

É possível falar de uma "mística da fundação", entre os romanos. *Fustel de Coulanges* trata do assunto.[272]

Sobre o culto religioso votado a *Rômulo*, o lendário fundador da "Urbs", escreve o autor:

"Todos sabemos ter sido Rômulo adorado, tendo templo e sacerdotes. Os senadores puderam matá-lo, mas não privá-lo do culto a que, como fundador, tinha direito (2)."[273]

Tão lapidar era a idéia da "fundação", que, logo nos primeiros versos do Livro Primeiro da "Eneida", Vergílio faz menção às peripécias de *Enéias*, antes de, em solo italiano, fundar uma cidade.[274]

No Livro Quinto, *Vergílio* relata a prática, por *Enéias*, de um ato que será o de *Rômulo*, na fundação da "Urbs":

"Durante esse tempo, Enéias traça com a charrua os limites da cidade, e tira à sorte o local das moradias; quer que este espaço seja

---

[272] Op. cit., página 170.
[273] Op. e loc. cit.
[274] Vide "Eneida", tradução brasileira de Tassilo Orpleu Spalding, São Paulo, Editora Cultrix Ltda., s/d, página 11.

chamado Ilião, e estes lugares, Tróia. O troiano Acestes folga com este reino e estabelece o local do foro e dá as regras de direito aos senadores convocados."[275]

Percebemos da leitura do texto, que a idéia de "fundação" nele está presente. Mas também estão presentes os auspícios, que desempenharam um papel de destaque na história de Roma e de suas magistraturas. Mais ainda, há um apelo à tradição, isto, na repetição dos nomes "Ilião" e "Tróia". Há, por derradeiro, uma referência expressa ao Direito, bem como aos varões mais idosos (senadores).

Hannah Arendt anota, ao tratar da "tríade romana", que Minerva era a deusa romana da recordação. No Livro Primeiro da "Eneida", Enéias, ao animar os companheiros, alude a "recordar":

"Criai coragem e afastai o triste temor; talvez um dia será agradável recordar estas coisas 8. Por vários perigos, através de variados acasos, caminhamos para o Lácio, onde o destino nos acena com agradável morada: lá nos será permitido reerguer o reino de Tróia. Perseverai e conservai-vos para dias mais favoráveis."[276]

A propósito da última exortação de *Enéias*, no sentido de que os seus companheiros de infortúnio devem "perseverar", é interessante observar que a perseverança e a sobriedade, foram traços predominantes do caráter romano; como, com argúcia, observa *Miguel Reale*, os romanos se identificaram intensamente com o Estoicismo, pelo bom motivo de que as doutrinas do Pórtico, exaltavam virtudes caras à gente do Lácio.

Enéias, é, a rigor, o "primeiro fundador", ou ainda, se o preferirmos, o "protofundador" de Roma. *Fustel de Coulanges* observa que o tema da "Eneida" é "o transporte dos deuses de Tróia" para a Itália. *Vergílio* canta Enéias "atravessando os mares para ir fundar a sua urbe e levar os seus deuses para o Lácio". Para o autor, o poeta, em Enéias, não quer apresentar um guerreiro ou um herói, mas um sacerdote.

A mística da fundação está presente em outros escritores latinos. Assim, em "Da República", Livro Segundo, capítulo II, *Cícero* põe, na boca de *Cipião*, palavras de louvor e de exaltação, à fundação de Roma.

"Fundar" e "conservar" o que já está fundado, são duas tônicas, duas constantes na alma romana.

"Fundar" aproxima o homem da divindade. E isto explica que Rômulo tenha sido venerado como um deus. Se, na esteira de *Fustel De*

---
[275] Op. cit., página 105.
[276] Op. cit., página 15.

Coulanges, admitirmos que o Direito Privado precedeu o Público, e que a Família deu as suas leis à Cidade, não poderemos deixar de perceber que há uma íntima imbricação entre o culto da Cidade ao seu fundador e o culto da família pelo Pai, após a morte deste.

Em íntima ligação com a mística da fundação está a consciência — que tinham os romanos — da santidade do destino da sua comunidade. No Livro Sexto da "Eneida", *Anquises* dá ao filho uma antevisão da sua ilustre descendência — os romanos.[277]

Se, na idéia da fundação da "Urbs", está insita a idéia de um porvir glorioso para ela, é preciso não olvidar que a fundação de Roma é uma continuação da obra de Enéias; daquele que, mais sacerdote do que guerreiro, transportou os Penates de Tróia para a Itália. A sacralidade está presente em tudo isto.

Na "Eneida", os romanos viam-se a si mesmos, ao seu fundador, à sua cidade, às suas instituições, às suas crenças, e ao seu império. E isto porque, sem os deuses, cuja luta é narrada na epopéia, *não existiria a cidade de Roma*.[278]

A "Eneida" teria que falar alto aos corações dos romanos. Ela é o seu "poema nacional". Nele, como bem pondera *Fustel de Coulanges*, os romanos se viam. E, mais do que isto, nele se reconheciam. No Livro Duodécimo, Júpiter fala, a Juno, do alto destino que está reservado aos romanos; um destino sagrado.[279]

Hannah Arendt observa que, ao passo que os deuses helênicos habitavam um Olimpo distante, os deuses romanos eram deuses da cidade, e na cidade habitavam. O destino da "Urbs", está indissoluvelmente ligado aos seus deuses... de acordo com *Fustel de Coulanges*, o respeito que cercava as vestais, era uma prova do ora afirmado.[280]

Cícero, pela boca de *Cipião*, menciona os áuspices e o Senado, como sendo... "os dois maiores apoios da República".[281] O "Senado" era um órgão que congregava os cidadãos mais idosos. E é preciso ter em mente, acompanhando *Hannah Arendt*, que os romanos reverenciavam as pessoas mais idosas. E isto porquanto os mais idosos se encontravam mais próximos da fundação da "Urbs".

---

[277] Op. cit., página 128.
[278] Op. e loc. cit.
[279] "Eneida" cit., página 265.
[280] Op. cit., página 176.
[281] Op. cit., página 59.

Aulo Gélio, no capítulo XV do Livro Segundo das "Noites Áticas", refere que, nos antigos tempos, os romanos tributavam honras extraordinárias à velhice; honras maiores do que aquelas conseguidas pela nobreza do sangue, ou pela riqueza.

No Livro Quinto da "República", e, mais especificamente, no capítulo I, *Cícero* mostra Cipião exaltando os versos de Ênio. Os versos em apreço, são bastante conhecidos: "Moribus antiquis res stat romana virisque."

Em um tal solo cultural, impregnado de religiosidade, e tão inclinado ao amor à tradição, teria que surgir o civismo. Mais do que isto, teria que aparecer um entranhado patriotismo. Para *Hannah Arendt*, a própria palavra "Pátria", é eminentemente romana.[282]

As referências ao civismo, as exortações ao patriotismo, são abundantes na obra de *Cícero*.

No estudo das instituições romanas, iremos perceber a presença do sagrado. A propósito deste assunto, escreve *Oliveira Martins*, "verbis":

"Assim a idéia e o corpo nacional se vão desentranhando do plasma primitivo da cidade, ganhando forma definida e consciência clara. Sem dúvida, no IV século da era romana, havia já o instinto seguro de que o destino da cidade do Tibre não era o de repetir Sparta ou Athenas, nem o de ser apenas a *caput* dos povos latinos, mas sim o de tornar-se capital da Itália romanizada."[283]

Sobre a presença do religioso nas instituições romanas, escreve *Ulhoa Cintra*:

"As antigas instituições romanas convergem na sacralidade e assim a imanência do sagrado-religioso e mágico — no mais antigo Direito Romano, subsistindo em todas as suas instituições, como que informando-as filosoficamente, já que são matéria, — tem sido reconhecida pelos mais abalizados mestres 92.

É, entretanto, de uma passagem em revista a lembrança por essas mesmas instituições, descrevendo-as à luz dos modernos estudos, que se poderá provar essa imanência, a tal ponto preciosa, que se afirma como alma e vida dos mesmos institutos."[284]

---

[282] V. Op. cit., página 162.
[283] Vide "História da República Romana", Lisboa, Parceria Antônio Maria Pereira, 1907, Tomo I, página 137 – Itálico no original.
[284] Vide "De Actione Sacramento"– São Paulo, edição do autor, 1960, página 101.

Em numerosas passagens da História de Roma, é perceptível esta "imanência do sagrado". O elemento religioso vai estar presente não apenas no período lendário, mas também no período histórico. Vamos nos cingir, para o período lendário, ao dado de que, para a escolha do local onde se ergueria a "Urbs", os irmãos Rômulo e Remo, observaram o vôo das aves.

Em época bem distante dos começos lendários, o elemento religioso ainda desempenhava um papel de destaque. Escrevendo sobre o final da República, *Plutarco* nos dá conta desta influência da religião nos negócios humanos. César estava em campanha contra os Usipes e os Tenteres. Os inimigos valeram-se do ardil de enviar embaixadores aos romanos, para os atacar durante a trégua. César não se deixou iludir, prendeu os embaixadores, e marchou contra os bárbaros, vencendo-os. O senado decretou sacrifícios e festas, em função desta vitória. Mas Catão declarou que era necessário entregar César aos bárbaros, para poupar Roma do castigo, merecido pela infração da trégua.[285]

Atento a este caráter religioso do Direito Romano, *Ulhoa Cintra* escreveu:

"Por último devemos frisar o caráter religioso do direito. Na realidade, todo o direito romano primitivo é mágico-religioso.

Por um lado, nasceu da magia e da religião e começa a tomar corpo, através de noções e de experiências mágico-religiosas. Não se pode mais descrer a esse respeito. Qualquer explicação racionalista ou econômica sobre a origem do direito é errônea, pelo menos no estado atual de nossos conhecimentos. 112

Por outro lado, o direito não é distinto do mágico-religioso. Nisto se inspirou e disto se deixou completamente penetrar, tanto nas instituições da *"civitas"*, como nas da família."[286]

As lendas revelam o caráter de um povo. Neste sentido, registramos:

"Pois bem: sóbrios, parcimoniosos e austeros, apegados ademais à noção do *Dever*, foram os varões que fizeram a grandeza da "Urbs". Lendário ou não, o episódio de Mucio Scaevola é revelador da rigidez de caráter do povo romano."[287]

---

[285] Vide "Alexandre e César", São Paulo, Atena Editora, 1959, páginas 133 e 134.
[286] Op. cit., página 116 — grifo no original.
[287] V., de Acacio Vaz de Lima Filho, "O Estoicismo e o Jus Gentium", "in" Revista de Direito Civil, São Paulo, Ano 15 — Outubro-Dezembro/ 1991 — nº 58, página 153 — grifo no original.

Há dois atributos da "alma romana", que não podem ser olvidados. Em primeiro lugar, há salientar a "gravitas", encarada por nós, na esteira de *Hannah Arendt*, como sendo a capacidade de arcar com o peso do passado.[288]

Uma outra característica dos romanos residia em serem, eles, avessos às especulações teoréticas, e voltados para a concreção da existência. Neste sentido, lembramos que, ao passo que o gênio grego encontrou a sua manifestação maior na Filosofia, o gênio romano a encontrou no Direito.

Diz *Miguel Reale* que os gregos se notabilizaram pelo uso especulativo da razão, ao passo que os romanos se destacaram pelo seu uso prático.[289]

Os romanos eram voltados para os problemas suscitados pela vida diária, e seu espírito prático refletiu-se, inclusive, em sua teologia. Isto não escapou ao ilustre *Alexandre Augusto de Castro Correa*.

Aqui, damos por findas estas considerações pertinentes à "alma romana", propedêuticas ao estudo do Ditador e da sua magistratura. No item seguinte deste mesmo capítulo, abordaremos o senso jurídico dos romanos, sem cuja compreensão, baldado será tentar compreender as instituições da gente do Lácio.

2. O SENSO JURÍDICO DOS ROMANOS.

O extraordinário senso jurídico dos romanos, foi uma das manifestações do seu gênio, voltado para a concreção da existência. E este senso jurídico dos homens do Lácio, é incindível da sua habilidade política. Tal habilidade usaram-na, os romanos, em primeiro lugar, para realizar a unificação da Itália, e, em segundo lugar, para a edificação do seu império mundial.

Já tivemos ocasião de nos referir ao culto do dever, entre os romanos. Agora, é preciso por em realce que a virtude individual devia estar a serviço da "Urbs". Neste sentido, *Alexandre Augusto de Castro Corrêa*, op. cit., página 16.

---

[288] Op. cit., página 165.
[289] V. "Horizontes do Direito e da História" cit., página 55.

O afluxo de riquezas, posterior às Guerras Púnicas, alterou este quadro. O cosmopolitismo e o individualismo passaram a imperar, tendo sido alterada a tradicional mundividência republicana.

Até o período republicano, a vida do cidadão estava a tal ponto imbricada com a da "Urbs", que não podia haver espaço para o que, ulteriormente, recebeu o nome de "vida privada".

No que diz respeito ao elemento jurídico na civilização romana, deve ser salientado que *Pietro De Francisci* versou esta matéria, com rara felicidade. Em sua "Síntese Histórica do Direito Romano", o autor ensina que um dos elementos fundamentais de toda civilização digna desse nome é o elemento jurídico. Sucede que em nenhum povo este fator teve tão grande relevo, como na civilização romana, seja pelo original e pelo característico de suas manifestações, seja por sua vasta e profunda penetração nos campos mais diversos do pensamento individual e da vida civil, seja pela perícia com que os juristas romanos manejaram o Direito.

A posição singular do elemento jurídico na civilização romana, só pode ser compreendida — aduz *De Francisci* — se se tiver em mente a especial hierarquia de valores, sobre a qual estava fundada a civilização romana. Era uma hierarquia em que a primazia estava reservada aos valores políticos, no sentido de que, quaisquer que fossem as manifestações tomadas em consideração, sem excluir a ética e a religião, o motivo dominante é o das relações entre os homens, o esforço constante está dirigido a regulá-las, o fim preeminente é o da sua organização, com vistas a uma perfeição comum.

Ao tratar do conceito de "Res Publica", *De Francisci* ensina que, pelo termo, os romanos costumavam designar a organização adotada pela "civitas", que sucedeu à antiga comunidade de base gentilícia, e ao regime monárquico. O termo "não representa nem expressa certamente de um modo específico e próprio a forma constitucional". Indica, apenas, o Estado, a esfera das funções e dos interesses públicos, como antítese da "res privata" ou "familiaris".[290]

Não cremos exagerar, quando afirmamos que o conceito, romano, de "Res Publica" é muito mais impregnado de juridicidade do que o conceito, helênico, de "Polis". E para esta maior juridicidade contribuiu a "tríade romana", vislumbrada por *Hannah Arendt*: Religião, Autoridade e Tradição.

---
[290] Op. cit., página 123.

A corroborar o ensinamento de *De Francisci*, no sentido de que, na hierarquia de valores da civilização romana, a primazia estava reservada para os valores políticos, há a opinião de *Cícero*, externada no capítulo XIX do Livro Primeiro da "República". Trata-se das falas de Tuberão e de Lélio, as quais externam o interesse, fundamental, pelo bem da "Res Publica".[291]

Michael Grant se refere à habilidade política da gente do Lácio. Assim, em 381 a.C., a cidade latina de Túsculo mostrou-se hostil para com os romanos. Estes, não apenas incorporaram a cidade, mas também concederam a plena cidadania romana aos seus habitantes.

Em um rápido parênteses, lembramos que os democratas de Atenas, jamais cogitaram de estender, às cidades subjugadas pela "Polis", as regalias de que os atenienses desfrutavam; diametralmente oposto foi, sempre, o procedimento dos romanos. Na Hélade, vemos o particularismo estreito. Em Roma, a vocação para o Universal.

Prossegue *Michael Grant*. Roma possuía um "pendor conciliatório", jamais ostentado pelos gregos. Consistia, a sua política, em "ir aos poucos firmando acordos práticos com cada uma das cidades latinas, sem espírito de vingança".[292] A concessão da cidadania era um corolário dessa política. Havia a cidadania plena, e uma cidadania parcial, cujo nome era "civitas sine suffragio". Tal cidadania parcial, implicava em privilégios legais, e também na obrigação de fornecer tropas, para a defesa mútua.

Mediante a fundação de colônias, a "Urbs" aumentava o seu território. O progressivo aumento do território de Roma deve ser visto — na perspectiva de *Hannah Arendt* — como um prolongamento da fundação.

Sobre o relevantíssimo papel do Direito na civilização romana, há esta lapidar indagação de Cipião:

"Que é, pois, o Estado, senão uma sociedade para o direito?..."[293]

Um ponto deve aqui ser enfatizado. Ao priorizarem o Direito — por priorizarem a Política, de acordo com *De Franscisci* — os romanos o faziam com apoio em um dos elementos da sua "tríade", vale dizer, a Religião. Ao se referir à habilidade política dos romanos para aglutinar povos, *Fustel de Coulanges* ensina que Roma soube, com a guerra, au-

---

[291] Op. cit., página 31.
[292] Op. e loc. cit.
[293] Cícero, op. cit., página 39.

mentar a sua população. Nisto, foi única. Pautou-se ela por uma política "ignorada de todo o resto do mundo greco-itálico", juntando a ela, todos quantos vencera. Pouco a pouco, dos vencidos, "fez romanos". Roma chamou os cultos das cidades vizinhas.[294]

Temos falado do relevantíssimo papel desempenhado pelo Direito na vida de Roma, e do extraordinário senso jurídico dos romanos. Isto não pode nos conduzir ao equívoco de supor, nos romanos, grandes teorizadores do Direito. É verdade que os jurisconsultos romanos, mormente depois de haverem recebido o contributo metodológico do Estoicismo, fizeram estudos sistemáticos do Direito. Mas isto não elide o fato, lobrigado por *Oliver Wendell Holmes*, de que o Direito Romano foi, essencialmente, um Direito voltado para a solução de casos concretos.[295]

"Espíritos práticos" — ensina *Léon Homo* — mais dóceis às lições dos fatos do que à sedução das teorias, os romanos não se dedicaram, senão muito tardiamente, ao estudo da sua constituição. É apenas na segunda parte do II século a.C., no momento mesmo em que se prenuncia a decadência do sistema, que os romanos fazem, do seu Direito Público, um objeto de especulação.[296]

Vamos estudar uma magistratura romana — a Ditadura — que, em seus primórdios, foi acessível apenas aos patrícios. E convém, pois, reproduzir aqui o que ensina *Fustel de Coulanges*, a propósito do patrício romano, e de sua religiosidade intrínseca. Escreve o autor:

"O romano que aqui apresentamos não é o homem do povo, o homem de espírito débil que a miséria e a ignorância retêm na superstição. Falamos do patrício, do homem nobre, poderoso e rico. Este patrício é alternadamente guerreiro, magistrado, cônsul, agricultor ou comerciante, mas, por toda a parte, e sempre, é sacerdote e tem o seu pensamento voltado para os deuses. Patriotismo, amor da glória, paixão do ouro: por muito poderosos que sejam estes sentimentos, no entanto, em sua alma, são sempre dominados pelo temor dos deuses. Horácio numa frase lapidou a melhor definição do romano: por temer os deuses veio a ser o senhor da terra, *Dis te minorem quod geris, imperas.*"[297]

---

[294] Op. cit., página 444.
[295] Vide "O Direito Comum", tradução brasileira de J. L. Melo — Rio de Janeiro, Edições O Cruzeiro, 1967, página 35.
[296] (Vide "Le Institutions Politiques Romaines", Paris, La Renaissance Du Livre, 1.927, páginas 137 e seguintes).
[297] Op. cit., páginas 269 e 270 — grifo no original.

3. A PASSAGEM DA MONARQUIA À REPÚBLICA, E O SURGIMENTO DA DITADURA.

Se a Ditadura surgiu e se desenvolveu ao longo da República, é óbvio que nos interessa saber, em primeiro lugar, como e quando se operou a passagem da Monarquia para a República. Desdobrando esta pergunta, temos que buscar saber se a Ditadura desempenhou algum papel na transição da Monarquia para a República. E, por fim, que papel terá sido este.

Há, basicamente, duas versões para a transição da Monarquia para a República: a versão da transição brusca, e a da passagem gradual. Passaremos a examinar ambas.

Sílvio A. B. Meira parece acreditar que a passagem da Realeza para a República, tenha sido brusca, porquanto escreve o professor do Pará, "verbis":

"A realeza foi substituída pela República no ano 510 a.C.

Novas instituições políticas surgiram a fim de dar configuração ao Estado Romano.

A magistratura, o senado e as assembléias populares sofreram profundas modificações."[298]

Como é sabido, esta versão, do fim abrupto da Realeza, com a substituição do monarca pelos dois cônsules, é a tradicional; a das próprias fontes romanas. Ela é perfilhada por *Cretella Júnior*.[299]

De maneira análoga, *Fernando Fournier Acuña* defende a tese de que a mudança foi brusca, ocorrendo no bojo de uma revolução.

Jonathas Serrano é um outro autor que crê na transição brusca.

Há um nome de extraordinário peso, a apoiar a tese da brusca passagem da Monarquia para a República. Trata-se de *Pietro Bonfante*, que, em "Storia del Diritto Romano", ensina que a queda da monarquia foi violenta, e uma prova disto seria o ódio, fanático, que permaneceu em Roma, contra a realeza e o próprio nome de "Rei".

O novo regime — de acordo com *Bonfante* — fundou, nas origens, a prevalência dos "poucos", isto é, dos "patres", sobre o Estado. O nome que o novo regime recebe — "Res Publica" — não o designa de modo próprio e específico. Como o grego "Politéia", como o nosso ter-

---
[298] Vide "História e Fontes do Direito Romano", São Paulo — Saraiva — Editora da Universidade de São Paulo, 1966, página 42.
[299] Vide "Curso de Direito Romano", Rio de Janeiro, Forense, 4ª edição, 1970, página 38.

mo "Constituição", "Res Publica" é "um termo genérico", uma "mera antítese paralela de *res privata* ou *familiaris*".[300]

Elucidemos um ponto: após o desaparecimento da Realeza, o Rei, e a instituição monárquica, passaram a ser fanaticamente odiados, como o pretende *Bonfante*?...

A própria existência do "Rex Sacrorum", parece contrária à assertiva do insígne romanista. Examinemos, a propósito, a opinião de *Vincenzo Arangio-Ruiz*. Tudo indica, em primeiro lugar, que a Monarquia não foi abruptamente abolida. E é muito provável que o sucessor direto do Rei tenha sido *o Ditador*, e não a dupla de cônsules.

Arangio-Ruiz assinala ser por demais evidente que o "Rex Sacrorum" é "uma larva" da monarquia originária. Era ele o primeiro homem na hierarquia sacerdotal, suplantando os flamines e o "Pontifex Maximus". Nos banquetes ocupava o lugar de honra. Era ele inviolável. Ademais disto, era vitalício, ainda na época histórica. O "Rex Sacrorum" não podia ocupar qualquer magistratura, ou ter o comando de tropas. Tudo isto, para o romanista, faz concluir que em Roma, como em Atenas, a realeza não foi abolida por uma lei constitucional, sendo que houve a criação, ao lado do rei, de uma série de magistraturas que, absorvendo todas as funções políticas e militares, reduziram o monarca à posição, respeitável, mas inócua, de um mestre de sacrifícios. Isto não quer dizer que não possa ser verídica a história relativa à queda dos Tarquínios: apenas, é de se pensar que, tranferindo-se a coroa para outra família, ou, talvez, para uma linha colateral da mesma dinastia, tenham sido restringidos os poderes reais, atribuindo-se uma parte deles a um ou mais magistrados eletivos.

Quanto à sucessão das várias magistraturas, opina *Arangio-Ruiz*, muitas circunstâncias levam a crer que o sucessor direto do Rei tenha sido o Ditador. Haveria uma razão de natureza militar para isto: o "Dictator" seria o comandante da única legião em que se resumia o exército da época. Desde então, este general deve ter sido auxiliado por um chefe da cavalaria (magister equitum).[301]

Cremos assistir razão, ao romanista por último citado. Além das ponderáveis razões por ele elencadas, que apontam para uma transição

---
[300] Vide op. cit., Torino, Unione Tipografico — Editrice Torinese — Quarta Edizione Riveduta Dall' Autore — 1934, vol. I, página 85 — grifo no original.
[301] Vide "Storia Del Diritto Romano", Napoli, Casa Editrice Dott. Eugenio Jovene, sesta edizione riveduta, 1950, páginas 27 e 28.

gradual da Monarquia para a República, há esta outra: os romanos, extraordinariamente apegados à tradição, eram avessos às bruscas rupturas. E uma prova disto é que, como o observa *Wolfgang Kunkel, Augusto*, ao criar o Principado, deixou de pé as velhas instituições republicanas.

Ao opinar sobre a passagem da Monarquia à Republica, *Gaudemet* observa que a tradição explica a queda dos reis, pela tirania dos soberanos etruscos. Mas é preciso reconhecer, nota, que se trata de "temas retóricos inspirados por uma ideologia democrática tardia". A animosidade em relação a uma dominação estrangeira (a dinastia etrusca), desempenhou um certo papel, na queda da Realeza. Mas, a mudança do regime não foi nem tão rápida, nem tão simples, como o relata a tradição.

É interessante observar — em abono da tese da transição gradual — que mesmo *Bonfante* tem dúvidas, quanto à anualidade e à colegialidade das magistraturas, terem nascido com a República.

Em segundo lugar, observaríamos que, se "há dúvidas" quanto à colegialidade haver nascido com a República, ao menos em uma certa medida, *Bonfante* coincide com *Arangio-Ruiz*. Este último é enfático, quanto ao "Rex Sacrorum" constituir um forte indício, de que a transição da Monarquia à República, foi gradual.[302]

Antes de passarmos à análise das opiniões de *De Francisci* e de outros autores, vamos nos debruçar sobre a crítica de *Arangio-Ruiz* à versão tradicional da mudança. Segundo ele, de acordo com a tradição, após uma conjura doméstica que derrubou o "Soberbo", o povo, convocado para um comício por M. Júnio Bruto, após aprovada a deposição de Tarquínio e a sua expulsão de Roma, substituiu o Rei por dois chefes eletivos e temporários, introduzindo assim, no Direito Público Romano, o novo conceito de magistratura. De acordo com esta versão tradicional, desde o primeiro momento, a magistratura estaria organizada, perfeita e acabada, sendo a antítese da Realeza. Em termos etimológicos, os dois magistrados supremos foram chamados de "Praetores", porque marchavam à frente do exército. E, em função do liame colegial que os unia, foram, depois, chamados de "cônsules".

Introduzido em 510 a.C., o sistema dos dois magistrados teria sido observado até 451 a.C., ano em que teria sido instituído o decenvirato. Em 449 a.C., teria havido o retorno ao regime consular. Durante um

---
[302] Op. cit., página 27.

certo período, as lutas entre patrícios e plebeus impediram que o sistema funcionasse. Em 367 a.C., houve um acordo entre patrícios e plebeus, segundo o qual, um dos cônsules seria, sempre, plebeu. Depois disto, o Consulado teria permanecido a maior, entre as magistraturas ordinárias.

Esta, enfatizemos, é a versão tradicional da transição. Ora, de acordo com *Arangio-Ruiz*, esta narração apresenta, "na sua aparente simplicidade, toda uma série de incongruências". É "contraditório o modo de passar da monarquia à república"; "singularíssima" a suspensão, quase secular, do consulado; "incerta", para o período das origens, a paridade dos poderes entre os dois cônsules, tanto quanto inexplicável a Ditadura.

Tudo indica que a transição não se fez "ex abrupto". E que houve uma "longa história de prevalência alternada da idéia republicana e da monárquica".[303]

Cremos serem irrespondíveis, as objeções de *Arangio-Ruiz* à versão tradicional. Aduzimos que esta é excessivamente lógica e racional.

E lembramos, também, as palavras de *Oliver Wendel Holmes*: "A vida do direito não foi a lógica; foi a experiência".[304]

Por derradeiro, e num desdobramento destes dois últimos argumentos, vamos lembrar que os romanos eram vocacionados para os aspectos concretos da vida, e avessos às teorizações estéreis. Assim, cremos, em primeiro lugar, ser muito mais provável, por mais conforme aos fatos, uma transição gradual, da Monarquia para a República. E o fato de o Rei, *ÚNICO*, ter delegado, progressivamente, a um MAGISTRADO ÚNICO, o comando do exército, no início, *INCIPIENTE E POUCO NUMEROSO*, explicaria o surgimento do "Dictator". Como bem observa *Arangio-Ruiz*, o seu surgimento permanece órfão de explicação, dentro da "versão tradicional" da mudança!...

Vamos, agora, adentrar nas explicações de *De Francisci*, o qual versa o ponto ora em exame, com invulgar equilíbrio.

Em primeiro lugar, a propósito da passagem, em si, da Monarquia à República, ensina este autor que, de tudo o que foi descoberto em recentes investigações, dois pontos podem ser considerados conquistados para a ciência. O primeiro é o da gradação, na passagem da Monarquia para a constituição republicana. O segundo ponto, afirmado por *De*

---

[303] Op. cit., páginas 25, 26 e 27.
[304] Op. cit., página 29.

Sanctis, e aceito por outros autores, é o de que a decadência da Monarquia se deveu à criação de magistraturas que, usurpando as funções políticas e militares do rei, confinaram o monarca ao campo religioso, no qual logrou sobreviver como "rex sacrorum".[305]

Vamos agora, perquirir da origem da Ditadura, no pensamento do autor.

Há quem pense — escreve *De Francisci* — que, nas origens da República, o poder supremo estava nas mãos de uma magistratura colegiada, vitalícia a princípio, e só mais tarde anual. Outros opinam que a passagem da Monarquia ao Consulado, se produziu através da Ditadura, que teria sido, em suas origens, uma magistratura ordinária e orgânica, uma espécie de monarquia anual. De acordo com esta versão, como, com o transcurso do tempo, este rei anual havia tido um auxiliar, este par com poderes desiguais (*dictator* e *magister aequitum*, ou, melhor ainda, *praetor maximus* e *praetor minor*), foi substituído por um colégio de magistrados com poderes iguais, ou seja, o colégio de cônsules. Esta é a opinião de BELOCH, de acordo com o qual, teria havido a substituição do par "dictator" e "magister aequitum", pelo colégio de cônsules, na época em que a tradição coloca o decenvirato (por igual, colegiado), e, provavelmente, um pouco antes.[306]

Assevera *De Francisci* que, da opinião de BELOCH se aproxima a hipótese de ARANGIO-RUIZ, para quem, sem embargo, a dupla com poderes desiguais (*praetor maximus* e *praetor minor*), teria existido até terminar o decenvirato, e então, ter-se-ia entregue e transferido o poder aos *tribuni militum consulari potestate*. Para *Arangio-Ruiz*, a dupla magistratura suprema (a dos cônsules), não se teria estabelecido, até o ano de 367 a.C. Este é o ano que os historiadores romanos dão para a renovação (do consulado). Se, entretanto, ainda de acordo com *Arangio-Ruiz*, o Consulado se estableceu em 367 a.C., isto não significa que, a partir desta data, teria havido poderes iguais para os dois cônsules. Os poderes iguais para ambos, só teriam existido quando passou a ser usual que um dos cônsules pertencesse à Plebe, ou seja, por volta de 320 a.C.[307]

Alinhamo-nos com os seguidores da segunda corrente: a passagem da Monarquia ao Consulado, se produziu através da Ditadura, no

---
[305] Op. cit., página 75.
[306] Op. cit., páginas 73 e 74 — maiúscula e grifos no original.
[307] Op. cit., página 74 — maiúsculas e grifos no original.

princípio, uma magistratura ordinária e orgânica, uma espécie de monarquia anual. E isto, em função da índole eminentemente militar da Ditadura Romana.

Com a sua indiscutível autoridade, argumenta *De Francisci*: se o fim do domínio etrusco foi acompanhado, ou provocado, por uma insurreição das populações latinas, seguramente, a este final, deve ter correspondido uma restauração de sentido oligárquico. As velhas "gentes" — reforçadas por novos grupos sabinos e etruscos — tentaram, seguramente, reorganizar a comunidade gentilícia, recuperar as suas posições, e voltar a dar eficácia às antigas organizações. O autor diz "voltar a dar eficácia" porque, em virtude do *apego romano às primeiras instituições*, deve-se pensar que o antigo "rex", de tipo latino, embora reduzido a um sacerdócio, e as assembléias dos "patres" e das "curiae", embora inativas, devem ter sobrevivido, durante a dominação etrusca (aliás, se tivessem sido suprimidas, não seriam encontradas na República). Mas não era possível um retorno, puro e simples, das vetustas instituições latinas, em virtude das novas exigências militares. Roma se encontrava em um período de lutas, constantes, com os vizinhos. E para comandar o "novo exército", tão diferente do primitivo, houve a necessidade de recorrer, com freqüência, a um chefe militar. Tal chefe, um delegado do "rex", já teria existido, no mais antigo período monárquico. Era, ele, o "tribunus celerum". "A posteriori", quando se contou com um primeiro exército de cavalaria e de infantaria, de base ternária, se confiou, com freqüência, a atribuição de dirigi-lo em guerra, a um "magister populi", auxiliado por um "magister equitum".

Opina *De Francisci* no sentido de que talvez o "magister populi", tenha sido, no começo, designado excepcionalmente, enquanto durassem as expedições militares (semestre da primavera e do verão). Logo, porém, auxiliado pelo seu "magister equitum", o "magister populi" se transformou "em uma instituição quase normal", à qual se acostumou confiar o mando militar, do qual ficava privado, de fato, o "rex", com os seus "tribuni celerum". Desta forma, o "imperium", que, em suas raízes, é um mando militar, passou do "rex" para o novo "magistratus", juntamente com as faculdades conexas. A primeira delas é a do "auspicium" (necessária ao exercício do "imperium"), e a do "ius agendi cum populo". Este último foi, na época histórica, o direito de convocar os comícios, para provocar as suas decisões. Mas, nos albores da República, o "ius agendi cum populo" "devia consistir essencialmente na faculdade de reunir os homens armados, para lhes comunicar as decisões do mando".[308]

Nesta ordem de idéias, o "Dictator" — ainda com o nome de "Magister Populi" — teria preparado a passagem da Monarquia para a República.

Pois bem, as necessidades de ordem militar, criaram o magistrado de que ora nos ocupamos; como vimos há pouco, na mais recuada Monarquia, ele já existia, como um delegado do Rei, e com o nome de "Tribunus Celerum". Deve ser agora enfatizado que, ainda em função das necessidades militares, é que se chegou à magistratura colegial — isto, ainda de acordo com *De Francisci*.

Conhecida é a etimologia de "Praetor", de "Prae-ire", ir à frente, marchar na vanguarda. Os "Praetores" eram os dois magistrados que — após terem sido duplicadas as legiões — comandavam-nas.

Quando teria ocorrido esta mudança — do "Magister Populi", magistrado único, para os dois "Praetores"? *De Francisci* refere que, em função da escassa confiança que merecem muitas das fontes, não é possível estabelecer, com precisão, a data em que ocorreu a mudança. O fato é que, com ela se dava, por meio da reforma militar, uma nova constituição ao Estado Romano. Pode-se no entanto — elucida o autor — afirmar, com relativa probabilidade, que a duplicação das legiões se produziu nos cinqüenta anos transcorridos entre a queda dos Tarquínios e o decenvirato legislativo, e, provavelmente, em momentos mais próximos da primeira data, do que da segunda.[309]

Ao tratarmos destes assuntos, temos que abordar as relações de Poder, na Realeza e na República.

De acordo com *De Francisci*, na antiga Monarquia, o fundamento do Poder era a autoridade de um chefe, não importando que fundada no carisma, na vontade divina, ou na tradição. A queda dos "déspotas etruscos", reforçou a intimidade entre as "gentes" mais fortes. E, entre elas, cresceu a consciência de que o conjunto de terras, coisas e interesses, a que estavam ligadas as suas vidas, a "res publica", *tinha uma existência própria e uma legitimação* (grifos nossos), e que a "civitas", de

---

[308] Vide op. cit., páginas 75, 76 e 77.
[309] Op. cit., páginas 78 e 79.

que elas, "gentes", eram o elemento constitutivo, correspondia, como tal, a uma lei orgânica própria, a uma ordem superior.

A conseqüência de uma tal consciência é que o "magister populi", ou o "praetor" (posteriormente ao primeiro, é claro), já não se apresentam como auxiliares do "Rex", pelo contrário, enquanto o substituem de fato, *convertem-se, de direito, em órgãos, em cargos da cidade* (grifamos); cidade cuja política, uma oligarquia limitada pretende dirigir, por mais de um século. O que tem que ser assinalado, de importantíssimo, neste passo, é que, em conseqüência, começam a delinear-se os conceitos de "populus", de "civitas", de "magistratus". Mais adiante, se vem a admitir que o Estado está dominado por uma organização impessoal, à qual ele deve se ater, a menos que esta organização venha a ser modificada em virtude de atos complexos — "leges" —; "leges" para as quais concorrem a vontade do magistrado, do Senado e do povo.[310]

Eis a prefiguração do glorioso destino de Roma, presidido pelo Direito! Eis o que fez com que o Império Romano diferisse de todos os impérios que o precederam, sendo o embrião do nosso Mundo Contemporâneo.

Tal era o senso jurídico da gente do Lácio, que abordamos no item anterior.

De acordo com *De Francisci*, pois, era o "Magister Populi", um magistrado ordinário. Foi só ulteriormente que ele assumiu o cunho de uma magistratura extraordinária, em função de, com a duplicação das legiões, os "Praetores" — mais tarde, chamados de "Cônsules" — terem se transformado nos magistrados colegiais e ordinários da "Res Publica". Dedicaremos o último item do presente capítulo, à Ditadura Romana, enquanto magistratura extraordinária, e ao "Dictator", magistrado extraordinário. Desde já, no entanto, adiantamos a opinião de *De Francisci*, sobre o assunto:

"Quando o consulado se impõe como magistratura ordinária, característica da nova constituição, a mais antiga magistratura única, temporária, ou seja, o *magister populi*, toma o caráter de uma magistratura extraordinária, à qual se podia recorrer em circunstâncias excepcionais, que requeressem a volta a uma unidade de comando."[311]

---

[310] Op. cit., páginas 80 e 81.
[311] Op. cit., página 91 — grifo no original.

De Sanctis, citado por *De Francisci*, perfilha a opinião de que a decadência da Monarquia, foi lenta e gradual.[312]

Entre os autores brasileiros, *Moreira Alves* expõe ambas as versões, da passagem da Monarquia à República.

Carlos Alfredo Vogel, de maneira análoga, aponta para a possibilidade da transição gradual e de ter sido o "Dictator", o primeiro magistrado republicano.[313]

Como verificamos, a Ditadura foi uma das "magistraturas extraordinárias". Mas é fora de dúvida que admitindo — como admitimos — o seu papel na transição da Realeza para a República, temos que afirmar que, no início, ela foi uma magistratura ordinária.

No sentido de haver sido o "Dictator", no princípio, um magistrado ordinário, opina *Arangio-Ruiz*, cujo pensamento, em parte, já examinamos "retro". Para o romanista, o sucessor direto do Rei, teria sido o Ditador. "Muitas circunstâncias" — escreve — apontam para isto. Houve uma interrupção desta magistratura ordinária para, em 451 e 450 a.C., atribuir os plenos poderes a uma comissão legislativa. Depois, houve a transferência do poder aos "tribuni militum consulari potestate". A dupla magistratura, só deve ter sido instituída em 367 a.C. Mas, ao que tudo indica, os dois "Praetores" (depois chamados de consules), não tiveram poderes iguais, desde o início. Assim — opina o autor — antes que existisse o Consulado, com os dois cônsules detendo poderes iguais, houve o "Dictator" com o seu "Magister Equitum", bem como houve o "Praetor Maximus" com o "Praetor Minor" — nesta ordem cronológica.[314]

Da opinião de *Arangio-Ruiz* não discrepa, em linhas gerais, *Gilissen*.[315]

Gaudemet, na nota de rodapé de nº 1, da página 342 do seu já citado livro, ensina que uma magistratura única (a ditadura?), pode ter feito a transição, entre a realeza e os dois cônsules. E *Meyer* (Rom. Staat, 38-39) atribui a Ditadura à época real. O ditador teria, então, comandado as tropas, na ausência do Rei. D. Cohen, em "The Origins of Roman Dictatorship", atribui uma origem mágica à Ditadura.[316] Já nos foi dado

---

[312] Op. cit., páginas 74 e 75.
[313] Vide "Historia del Derecho Romano", Buenos Aires, Editorial Perrot, 5ª edição — reimpressão — s/d, página 111 — grifo no original.
[314] Vide op. cit., páginas 28, 29 e 30.
[315] Op. cit., página 82.
[316] Op. cit., página 342.

falar da imanência do sagrado nas instituições romanas; além disto, pudemos verificar, com lastro em *Crippa*, a íntima conexão entre os mitos e todas as manifestações da Cultura. Assim, mesmo que a Ditadura Romana não possua uma origem mágica, *o elemento mágico tem muito a ver com ela*. (grifamos).

Partindo do pressuposto de que a Ditadura antecedeu a magistratura dual, parece que ela, assinalando a passagem da Monarquia à República, teria sido desejada pela Aristocracia.

Giuliano Crifò também se inclina, segundo parece, pela passagem gradual da Monarquia à República, e pela anterioridade da Ditadura, em relação ao Consulado. Em síntese, assim argumenta este autor: "Admitida a hipótese de que a passagem da Monarquia à República se verificou pela substituição do "Rex" vitalício por um "Magister Populi", com funções eminentemente militares, tem que ser admitido que a Ditadura antecedeu, cronologicamente, o Consulado. Mais ainda, admitida esta hipótese, a Ditadura seria, sim, uma magistratura temporária (dado que condicionada a situações de grave perigo), mas ordinária, e não extraordinária, como haveria de se tornar mais tarde, em presença do regime consular, e, mais ainda, quando houve "ditadores" incumbidos de funções não-militares".[317]

Para o autor, é difícil estabelecer o papel desempenhado pela Ditadura, na passagem da Monarquia à República.

Ao criticar a versão tradicional, escreve *Crifò* que a tradição afirma que a passagem da Monarquia para a República, se caracteriza pelo fato de que, no lugar do "Rex", há dois cônsules. Entretanto, aduz o autor, *não se sabe como isto se verificou* (grifamos). O fato de que, no início, o magistrado que substituiu o Rei fosse chamado, não de "Cônsul", mas de "Pretor" (o que vai à frente), *indica a função militar, com tudo aquilo que o comando do exército implica* (idem), ligada ao "imperium" ilimitado, que já era próprio do "Rex", e ao poder de vida e de morte, simbolizado pelos machados e fáscios, carregados pelos litores.[318]

Como iremos ver, o "Magister Populi" herdou as insígnias do Poder Real.

De acordo com *Crifò*, a presença do "Dictator" em outras cidades, latinas e não-latinas, suscita várias indagações. Antes de as formular,

---
[317] Vide "Lezioni di Storia del Diritto Romano", Bologna, Monduzzi Editore, 1994, páginas 62 e 63.
[318] Op. cit., página 84.

vamos aqui consignar, com apoio no autor ora seguido, que, para a própria Liga Latina, existiu um "dictator latinus".[319]

Quanto às indagações, suscitadas pela presença do "Dictator" em outras cidades, são as seguintes:

1ª) O "dictator" teve funções substitutivas das de precedentes reis e sacerdotes?

2ª) Foi, a Ditadura, uma "importação romana", nas demais cidades?

Tais perguntas, obviamente, se desdobram. Se respondermos afirmativamente à primeira, não poderia tal "substituição" de reis e sacerdotes pelo Ditador, ter ocorrido também em Roma? Neste caso, os 24 lictores do "Dictator", ter-se-iam transformado nos 12 de cada um dos cônsules. Para o autor peninsular, tais indagações podem ser resumidas, sinteticamente, a uma: o que veio, cronologicamente, antes: a Ditadura, ou o Consulado? Aqui estamos, escreve *Crifò* "em realidade, no coração do problema relativo à passagem" da Monarquia à República.[320] Esta passagem pode ter acontecido de modo bem diverso daquele relatado pela tradição (uma substituição sem mais e abrupta, do Rei pelos dois Cônsules). Esta passagem estaria, ao revés, concentrada na substituição de um "Rex" vitalício por um "Magister Populi", dotado de funções eminentemente militares, e sendo, ele próprio, magistrado "maximus"." Este "Magister Populi", ligado ao comício centuriado (comitiatus maximus), teria, como "collega minor", o "Magister Equitum", também dotado de "Imperium".[321]

Quanto à segunda indagação, no sentido de ter sido, a Ditadura, uma "importação romana" nas demais cidades, é preciso salientar que divergem as opiniões, a respeito. Na nota de rodapé de nº 3 da página 342, do seu livro clássico, Gaudemet aborda a matéria. Houve ditadores — ensina — não só em Roma, porém, em diversas cidades da Itália. *Rudolph*, continuando a doutrina de *Mommsen*, sustentava que os ditadores, encontradiços em várias cidades, nelas tivessem sido introduzidos por Roma, no final do século IV a.C. Opinando em sentido contrário, *Gaudemet* afirma que "parece", ao contrário, que este magistrado único era algo que integrava "as instituições comuns de diversas cidades

---

[319] Op. cit., página 62.
[320] Op. cit., página 62.
[321] Op. e loc. cit.

itálicas", e que a Ditadura Romana não tenha passado de uma "forma particular" dessa instituição.

Luigi Amirante fala de um substituto eventual do rei, no qual podemos — e se trata de uma nossa modesta opinião — vislumbrar a origem do "Dictator". Refere *Amirante*, que *Tácito*, em "Anais", 6, 11, recorda que, antigamente, quando o rei devia distanciar-se da cidade, escolhia, para servir por algum tempo, alguém que, em sua ausência, atendesse às necessidades mais urgentes. Este homem, substituto eventual do rei, teria sido, para Tarquínio "O Soberbo", Espúrio Lucrécio, de acordo com o próprio *Tácito*, sendo isto confirmado por Tito Lívio (1, 59, 12).[322]

Ora, cremos que este "substituto eventual do Rei", pode bem ter sido o comandante da Cavalaria, o "Tribunus Celerum", "a posteriori", o "Magister Populi", por fim chamado "Dictator"! Um "substituto eventual do Rei", não podia deixar de ser um seu delegado, um homem de sua confiança que, a pouco e pouco, teria assumido todas as funções militares do monarca, ficando este confinado às funções religiosas.

No início, pois, e contrariando a tradição, não teria havido a colegialidade. Teria havido o magistrado único.

Amirante aponta, como uma possível origem da Ditadura Romana, *as insurreições da plebe*. Escreve o autor que o ano de 495 a.C. foi "denso de acontecimentos". A plebe, cujos integrantes, em grande número estavam endividados, ameaçou não se alistar no Exército, estando iminente a guerra contra os volscos. O Cônsul Servílio, para se assegurar da participação dos plebeus nas operações, emitiu um edito, suspendendo o "jus retinendi" do credor. (Tito Lívio, 2, 24, 7). Encorajados por este comportamento, os plebeus responderam positivamente à convocação. Assim, primeiro os volscos, depois os sabinos, e depois os auruncos, foram vencidos. Mas, as promessas não foram cumpridas. E, novamente, a plebe se recusou ao serviço militar. Observa *Amirante* que há a ausência de uma pátria, de um sentimento da "Res Publica". E que as facções contrárias se chocavam, com prejuízo para a segurança comum. "Está em curso uma grande sedição", dizem os cônsules aos "patres". Mas estes não sabem fazer nada melhor do que proceder à nomeação de um ditador. (Tito Lívio, 2, 30, 5). Este ditador repetiu o que o Cônsul

---

[322] Vide "Una Storia Giuridica Di Roma (Dai Re A Cesare)" — Napoli, Jovene Editore, 1987, página 34.

Servílio fizera, emitindo um edito igual (suspensão do "jus retinendi"). Mais uma vez, a sedição recua, e os plebeus acorrem ao serviço militar. Os volscos, os sabinos e os equos, são novamente derrotados. O Ditador deixa o seu cargo. Os cônsules, para prevenir novas desordens, antes de licenciar as legiões, as conduzem para fora da cidade.[323]

Não menciona, o autor, se este teria sido, ou não, o primeiro caso da nomeação de um ditador e isto dá margem a dúvidas. Vamos sintetizá-las: não há dúvida (e a História o demonstra), de que a Ditadura Romana foi empregada, inclusive, para combater as sedições da Plebe. Mas não cremos que, em tal combate, esteja a sua origem. A Ditadura, segundo o cremos, é mais antiga, em Roma, do que as sedições plebéias. E a sua origem se imbrica com as necessidades militares, consubstanciadas na ameaça externa.

Prossigamos. Uma outra possível origem da Ditadura Romana, apontada por *Amirante*, é a "Ditadura Federal". Expliquemo-nos. Trata-se da "Liga Latina".[324]

Não cremos provável a derivação da Ditadura Romana, da "Ditadura Federal" da Liga Latina. E isto, pelo motivo de que, quando Roma se envolveu com a Liga Latina, já era detentora de um passado militar no qual, as necessidades bélicas já teriam requerido a atuação do "Dictator".

É ainda *Amirante* quem, com base em *Tito Lívio*, fala de uma possível origem da Ditadura, estranha à constituição citadina. *Tito Lívio* fala da "regia potestas" para qualificar o poder dos cônsules. Ele frisa que os cônsules — detentores da "regia potestas" — devem obedecer ao ditador. Esta circunstância, argumenta *Amirante*, constitui o melhor indício para afirmar que a Ditadura Romana tem uma origem estranha à constituição citadina. E isto porquanto não é "imaginável", em Roma, um poder superior ao do rei.[325]

Concordamos, em parte, com o autor peninsular. De fato, não é "imaginável", em Roma, um poder superior ao do "Rex". Consideramos, no entanto, algo cerebrino, inferir daí que a origem da Ditadura, seja estranha à constituição romana. Em primeiro lugar, há considerar que, após o estabelecimento da magistratura colegiada dos cônsules, estes

---

[323] Op. cit., páginas 35 e 36.
[324] Op. cit., página 41.
[325] Op. cit., página 42.

devem obedecer ao Ditador — já então, um magistrado extraordinário — apenas nas ocasiões em que as circunstâncias exijam a sua "creatio".

Em segundo lugar, na República inexistia uma hierarquia entre as magistraturas. Só com o Principado, é que passou a existir um "serviço público" hierarquizado. Certo, havia o "cursus honorum"; houve a doutrina da "Par vel maior potestas". Mas, hierarquia não.

Por fim, há o aspecto religioso da Ditadura, que iremos examinar adiante. Ora, todos estes fatores nos levam a rejeitar a origem sugerida por *Amirante*: para nós, a magistratura em estudo, não é exógena, relativamente à constituição romana.

É complexa a temática da origem da Ditadura. Há a versão tradicional, pela qual, a magistratura surgiu na República — que, por sua vez, teria surgido abruptamente, das ruínas da Monarquia. E há, também, a versão que ubica a origem da Ditadura, ainda no Período Monárquico, nas figuras do "Tribunus Celerum", e, ulteriormente, do "Magister Populi" — sendo que, para esta versão, a passagem da Monarquia à República foi gradual. E há, por derradeiro, autores que afirmam que a Ditadura Romana teria origem na "Ditadura Federal", da Liga Latina.

No que tange ao momento do surgimento da Ditadura, afirma *Theodor Mommsen* ser "provável" que, no próprio momento em que a Monarquia era abolida, tenha sido prevista a possibilidade de fazê-la, provisoriamente, reviver, para tanto se reconhecendo, tanto ao Cônsul quanto ao Tribuno Consular, o direito de nomear, de sua própria vontade, e sem o receio da intercessão colegial, um magistrado superior ao magistrado que o nomeia; superior, também, ao seu colega, ou aos seus colegas, abolindo, por um certo tempo, a colegialidade.[326]

O autor tedesco, assim, faz coincidir a origem da Ditadura, com o início da República.

Wolfgang Kunkel é partidário da versão tradicional para o fim da Monarquia, e da existência, desde o início da República, da magistratura dual. Sobre o "cargo supremo" da República, o catedrático da Universidade de Munique, escreve:

"Discute-se vivamente os pormenores da primitiva evolução do cargo supremo da república. Daí que, apesar das dúvidas, continue sendo o mais provável que a magistratura suprema romana fosse já dual, no

---

[326] Vide "Disegno del Diritto Pubblico Romano", tradução italiana de Pietro Bonfante, Milano — Casa Editrice Dottor Francesco Vallardi, 1904, páginas 188 e 189.

começo da república. Isto sem embargo, parece que o nome mais antigo para os magistrados que ocupavam este cargo não foi o de *cônsules*, mas o de *praetores*."[327]

Indiscutível é a autoridade do eminente mestre. Mas, cremos, as suas conclusões colidem com os dados da realidade militar. E a realidade militar foi o fator dominante, para a criação e o funcionamento das magistraturas, ao tempo da República. Dois Pretores se adequam às necessidades de dois exércitos distintos, atuando em duas frentes de combate. E não era esta a realidade militar de Roma, no fim da Monarquia, e no início da República. A força militar ainda era incipiente.

Deixamos para o final deste item, o exame do pensamento de *Charles Maynz*. Assim se insculpe a lição deste autor:

"62. A ditadura, instituição de origem latina, foi introduzida em Roma em 253, em um momento em que a jovem república, ameaçada por inimigos numerosos e poderosos, julga necessário concentrar momentaneamente todas as forças da nação nas mãos de um só, a fim de imprimir uma maior energia à condução da guerra, *dictator rei gerendae* ou *belli gerendi causa*[5]. Não tardou que se recorresse ao mesmo meio para combater os movimentos populares, *seditionis sedandae causa*[5], e, em outras ocasiões em que os poderes regulares se encontravam embaraçados para agir instantaneamente[6]."[328]

Umas poucas observações aqui se impõem. Em primeiro lugar, fala o autor de uma "introdução" da Ditadura em Roma, atribuindo-lhe uma origem externa à "Urbs", com a qual, não concordamos. Em segundo lugar, o autor aponta uma data, fixa, em que teria sido adotada a magistratura, quando a Ditadura foi surgindo, na medida das necessidades militares. Impossível é a precisa fixação da data do seu surgimento. Por fim, o autor fala de "poderes regulares", o que pode sugerir que fosse, a Ditadura, um "poder irregular". Ora, a Ditadura era um poder absolutamente "regular". O fato de cedo, na República, haver ela configurado uma magistratura extraordinária, não implica em sua "irregularidade". Ela emanava da constituição republicana. E, pois, era "regular".

---

[327] Vide "Historia del Derecho Romano" — tradução espanhola de Juan Miquel — Barcelona, Ediciones Ariel, 2ª edição, 1970, páginas 22 e 23 — grifo no original.

[328] Vide "Cours de Droit Romain" — Bruxelles, Bruylant — Christophe & Cie — Paris, A. Durand & Pedone — Lauriel, cinquième édition, 1891, tomo 1, páginas 117 e 118 — grifo no original.

Aqui encerramos o presente item deste capítulo. Em benefício da clareza, vamos rememorar as seguintes conclusões básicas:

1ª) A passagem da Monarquia à República foi gradual, e não abrupta;

2ª) A Ditadura — objeto do nosso estudo tem origem eminentemente romana, o que não elide que instituições semelhantes tenham existido em outras cidades itálicas;

3ª) A passagem da Monarquia à República, se efetivou por meio de um magistrado único, chamado, sucessivamente, de "Tribunus Celerum", "Magister Populi", e "Dictator";

4ª) Este magistrado único, provavelmente já existia na Monarquia, sendo um delegado do "Rex", para assuntos militares;

5ª) Progressivamente, tal magistrado único foi absorvendo todas as funções do "Rex";

6ª) No seu surgimento, a magistratura única do "Magister Populi", obedeceu a injunções puramente militares;

7ª) A magistratura dual (Praetores, Consules) foi um desdobramento da magistratura única do "Magister Populi", e não o contrário.

4. A SACRALIDADE DAS MAGISTRATURAS, INCLUSIVE, DA DITADURA.

Em Roma — ensina *Fustel de Coulanges* — "o primeiro acto do cônsul é sacrificar no Fórum. As vítimas são trazidas à praça pública; quando o pontífice as declara dignas para o oferecimento, o cônsul imola-as por sua própria mão, enquanto o arauto ordena silêncio religioso à multidão e um tocador de flauta faz ouvir a melodia sagrada (4). Poucos dias depois, o cônsul dirigia-se a Lavínio, de onde os Penates romanos eram oriundos e ali lhes oferecia novo sacrifício".[329]

Observa o autor que as características do magistrado, entre os antigos, "em quase nada" se assemelham às dos hodiernos Chefes de Estado. No magistrado antigo sacerdócio, justiça e comando, confundem-se na mesma pessoa.[330] O magistrado "representa a cidade, associação pelo menos tão religiosa como política".[331] Tem o magistrado, nas suas mãos, os auspícios, os ritos, a oração, e a proteção das divindades.

---

[329] Op. cit., página 222.
[330] Op. e loc. cit.
[331] Op. e loc. cit.

É preciso bem atentar para estas palavras de *Fustel de Coulanges*: a cidade é uma associação, pelo menos, tão religiosa como política. Tanto isto é verdade, que havia *os deuses da cidade*, a cujo culto, os estrangeiros não podiam assistir. (grifamos)

Ao tratarmos da sacralidade das magistraturas romanas, temos que falar do "Jus auspiciorum", que era um direito especial das magistraturas patrícias.

P. *Willems* ensina que era um princípio do Direito Público Romano, o de que todo ato importante, praticado por um magistrado, em nome do povo romano, devia se fazer "auspicato", isto é, depois que Júpiter — consultado previamente segundo os ritos prescritos — tivesse mostrado o seu assentimento.

A consulta dos "auspicia" era "especialmente necessária" antes das reuniões dos "comitia", antes da nomeação dos magistrados, antes que os magistrados entrassem no exercício das suas funções, e antes da partida dos generais-em-chefe para a guerra, ou para a sua província. *A consulta dos auspícios era necessária antes da nomeação do "Dictator"* (grifamos).[332]

A Ditadura foi no início, privativa do Patriciado. Assim, ela desfrutava deste "Jus Auspiciorum".

Falando ainda do "Jus auspiciorum", escreve P. *Willems*, "verbis":

"O direito de consultar a vontade divina sobre atos públicos (*jus auspiciorum, spectio*) (8) não pertence senão às magistraturas patrícias; na falta de magistraturas patrícias (9), o *jus auspiciorum* volta aos *patres* (senado patrício)[10]."[333]

Também em atribuições não-militares do "Dictator", é possível perceber o elemento sacro. Refere *Crifò* que época houve em que, estando o regime consular em funcionamento, à Ditadura foram confiadas "funções particulares, de natureza não-militar". Entre tais funções, o autor assinala a *cerimônia propiciatória* (grifamos) de fixar um prego na parede do templo de Júpiter Capitolino (dictator clavi figendi causa).[334]

Ao tratar dos auspícios, *Ulhoa Cintra* assinala que todo cidadão pode consultá-los; ocorre que os magistrados, quando os consultam, o fazem em nome da República."[335]

---
[332] Vide "Le Droit Public Romain Depuis L'Origine de Rome Jusqu'a Constantin Le Grand", Louvain, Typographie de Ch. Peeters, Editeur, troisième édition, 1874, página 223.
[333] Op. e loc. cit. — grifos no original.
[334] Op. cit., página 63.
[335] Vide "História da Organização Judiciária e do Processo Civil", cit., vol.1, página 112.

A influência do sacral haveria de concorrer para criar o arquétipo do "Cives Romanus", o que foi percebido por *Alexandre Augusto de Castro Correa*, que assim se expressa sobre o cidadão do tempo da República:

"Forma-se, historicamente, um tipo moral, cujos traços mais expressivos são a *pietas*, o cumprimento dos deveres para com os Deuses, a eqüidade, fundamentando as relações com os semelhantes e cujo fruto precioso foi a Jurisprudência, a probidade, a *"fides bona"*; não menos profundos são o amor ao trabalho, os sentimentos de solidariedade e disciplina. Estas notas, sintetizavam-nas os Romanos na figura ideal do *"vir bonus"*; a *"virtus"* é uma qualidade genérica, informando, necessariamente, as ações do cidadão."[336]

O "Jus Auspiciorum" é privativo dos magistrados detentores do "Imperium". Destarte, é mister que indaguemos em que consistia o "Imperium", uma noção nuclear do Direito Público Romano.

Pietro De Francisci define:

"O *imperium* é o poder soberano, unitário, original e originariamente absoluto e ilimitado que correspondia ao monarca, que passou — ainda que fora com algumas limitações — a seus sucessores, apesar de a posição destes a respeito da *civitas* ser, conceitual e juridicamente, distinta da do monarca a propósito da federação ou comunidade das *gentes*."[337]

Humberto Cuenca afirma que pode-se dizer que o "Imperium" é "o poder do Estado sobre seus súditos". Em geral é "a autoridade de que estão investidos os magistrados superiores". É "um agregado de faculdades políticas, religiosas, militares, administrativas e judiciais". No começo, o "imperium" foi a autoridade do general sobre suas tropas. O "imperium" é um "poder executivo e administrativo, pleno e enérgico, de caráter coativo".[338]

Gaudemet ensina que, na época republicana, o "Imperium" conserva os traços do que havia sido na realeza: um poder de comando, baseado na força e no prestígio do chefe. Sucede que na República, a noção adquiriu um valor jurídico mais preciso. Com efeito, apenas alguns magistrados, possuem "imperium". O "Imperium" é conferido, aos

---

[336] Op. cit., páginas 15 e 16 — grifos no original.
[337] Op. cit., páginas 125 e 126 — grifos no original.
[338] Vide "Proceso Civil Romano", Buenos Aires, Ediciones Jurídicas Europa-América, 1957, páginas 6 e 7.

magistrados, pelo voto da "lex curiata de imperio", e ele dá aos dele investidos, prerrogativas definidas.

Prossegue *Gaudemet*: o "Imperium" importa, sempre, no direito de comandar tropas em campanha, e, no de proceder ao recrutamento (dilectus), de nomear comandantes, e de impor tributos, para as necessidades da guerra. Apenas o magistrado que é titular do "Imperium" pode obter, após a vitória, o "triunfo". Ele é, então, saudado com o título de "imperator". Na medida em que é titular do "imperium", o chefe militar dispõe de um poder disciplinar absoluto sobre as suas tropas, inclusive, do poder de vida e de morte, sem recurso ao Povo. O comandante-em-chefe possui, de maneira análoga, algumas prerrogativas, justificadas pelas necessidades das operações — por vezes, distantes — como a de cunhar moeda.

Gaudemet liga o "Imperium" à "Jurisdictio" — civil e militar — que exercem os magistrados, isto é, ao poder de até mandar prender um cidadão (coercitio maior), bem como ao poder de convocar e presidir os comícios centuriatos e de tribos (jus agendi cum populo) e o Senado (jus agendi cum patribus). Na nota de rodapé de n° 1, da página 332, afirma que é discutida esta associação da "Jurisdictio" ao "Imperium".[339]

Thomas Marky identifica o "Imperium" como "poder de mando".[340]

Elício de Cresci Sobrinho assim leciona, "verbis":

"Voltando à análise de *imperium* dizemos que se identifica a *poder, comando* (relaciona-se a *impero, -as, -avi, -atum, -are* = comandar); indicando *poder soberano* — e — *imperare* pode ser usado *para comandar em chefia*. Na terminologia política é = comando, poder soberano de tomar todas as medidas de utilidade pública, mesmo em relação às leis.[141]"[341]

De maneira bastante sintética, vamos reter que o "Imperium" é o poder de comando, de que dispunham alguns dos magistrados romanos. Bem elucidado este ponto, assinalemos que o "Dictator" era um desses magistrados. Detentor do "Imperium", o Ditador o era também, de conseguinte, do "Jus Auspiciorum".

---

[339] Op. cit., páginas 331 e 332.
[340] Vide "Curso Elementar de Direito Romano", São Paulo, Editora Resenha Tributária Ltda., 2ª edição, 1974, página 35.
[341] Vide "Direito Público Romano", São Paulo, Supervisão de M. Cascino Editores Ltda., 1971, página 98 — grifos no original.

Bem esclarecidas estas questões, passemos às outras duas, nas quais, é patente a sacralidade da Ditadura. A primeira, diz respeito à maneira pela qual o Ditador era instituído. E a segunda é a pertinente à maneira pela qual ele adquiria o "Imperium".

Fique consignado, desde logo, que o "Dictator" não era eleito. Ele era, ao revés, "criado". Recordemos ser pacífico que o Ditador era designado por um dos cônsules, por deliberação do Senado. Esta designação é que era a "creatio", impregnada de sacralidade. *Gaudemet* escreve:

"É além do mais notável que o termo que significa a designação do magistrado seja o de *creatio*, já utilizado desde quando se tratava do rei, e não o de electio."[342]

Razão assiste ao autor. "Creatio" é palavra prenhe de significação religiosa, e que remonta, sim, à Realeza. Os escritores que, posteriormente à Monarquia, trataram da designação dos reis, usaram-na. Assim, *Eutrópio*, ao se referir à ascensão de Numa Pompílio ao trono, escreve:

"*Deinde Numa Pompilius rex creatus est*" etc.[343]

A "creatio" do "Dictator" implicava em que o Consul perquirisse os auspícios. Escreve, *J. P. Oliveria Martins*:

"O cônsul, interrogando no silêncio da noute (*oriens nocte silentio*) o segredo dos agouros, indica o dictador (*dicit dictatorem*); o dictador escolhe o mestre da cavallaria (*magister equitum*) dando lhe poderes de cônsul, e goza de uma authoridade absoluta e irresponsável."[344]

Como é evidente, o elemento mágico estava presente nesta vigília do Cônsul, na qual, ele interrogava a divindade.

Umas poucas observações são, neste passo, oportunas:

1ª) A "creatio" do magistrado, por um outro magistrado, é algo tipicamente romano, sendo inseparável da noção de "Auctoritas";

2ª) A eleição do magistrado, em Atenas, o escolhe. Em Roma, ao revés, a eleição serve para confirmar, para ratificar a escolha.

Escreve *P. Willems*, sobre as peculiaridades da nomeação do Ditador:

"Consul oriens (1) nocte (2) silentio (3) (quer dizer, depois da consulta dos auspícios ou *auspicato*) (4) DICIT (5) *dictatorem*. A nomea-

---

[342] Op. cit., página 333 — grifo no original.
[343] Citamos de memória.
[344] Op. e tomo citado, página 58 — grifos no original.

ção devia se fazer *in agro romano* (6). O ditador devia ser *consularis* (7); para o restante, a escolha do cônsul era livre. (8). Após a sua nomeação, o ditador se faz conferir o imperium, pela *lex curiata de imperio* (9)."[345]

Vimos que a "creatio" do "Dictator", é um ato eivado de religiosidade. Estamos, agora, em condições de passar à segunda questão, que referíamos há pouco: a maneira pela qual o Ditador adquiria o "Imperium".

Após ser nomeado, o ditador se faz conferir o imperium, pela *lex curiata de imperio*. Pois bem, examinaremos, agora, em que consistia a "lex curiata de imperio", e qual era a sua natureza jurídica.

De Francisci ensina que, no regime republicano, o cônsul eleito, apenas obtidos os "auspicia", convocava os "comitia curiata", e, ante eles, assumia solenemente o "imperium". A conservação, durante a República, deste procedimento, é explicável à luz do espírito tradicionalista dos romanos, que aplicaram ao magistrado republicano, mesmo depois de este se ter tornado ordinário e estável, o procedimento usado para o "Rex" e para os seus delegados temporários (por exemplo, o "Magister Populi"), quando assumiam o "imperium".

Estas sobrevivências monárquicas, em pleno período da República, atestam o apego à tradição. E robustecem a tese de que gradual foi a transição da Monarquia para a República, e de que a Ditadura antecedeu o Consulado. Voltemos a nossa atenção, no entanto, para a "Lex Curiata De Imperio". Para *De Francisci*, é "inaceitável" a opinião dos que, levando para a época primitiva o conceito de soberania popular, crêem que a "lex curiata de imperio" fosse o ato pelo qual o povo concedia, ao Cônsul, a faculdade de exercer o "imperium". A rigor — preleciona — o "imperium" corresponde ao Cônsul, em virtude da "creatio", de modo tal que, recebidos os "auspicia", já pode, o Cônsul, tratar com o Povo. Assim, a "Lex Curiata De Imperio" é a manifestação solene feita ao povo pelo magistrado. É, ela, a assunção unilateral do "imperium", sendo, a propósito, indiferente o consenso ou o dissenso do Povo.[346]

De Francisci se refere, no texto, ao Cônsul. Mas o ali afirmado é aplicável ao "Dictator": também para este, a "Lex Curiata De Imperio" é a assunção, unilateral, solene e perante o povo, do "Imperium"; "imperium" já existente, graças à "creatio".

---

[345] Op. cit., página 248 — grifos e maiúsculas no original.
[346] Op. cit., página 90.

É possível que reforce o argumento ora expendido, o dado apontado por *Gaudemet*, de que é o próprio Ditador quem faz a "rogatio", ao "Populus", da "Lex Curiata De Imperio".[347] Aliás, o autor faz uma observação muitíssimo importante, na nota de rodapé de nº 2, pertinente ao "Imperium" e ao "Auspicium" do "Dictator". Na época histórica, como é sabido, o Ditador é nomeado pelos cônsules. Sucede que os cônsules *não transmitem* (grifos nossos), ao Ditador o seu "imperium", e o seu "auspicium": o Ditador os "tem", os recebe diretamente de Júpiter.

É significativo que o Ditador receba o "imperium" e os "auspicia", diretamente de Júpiter. Isto o coloca acima dos cônsules que o nomearam. E representa a intervenção direta da divindade, na sua "creatio". Sem esta intervenção do divino nos negócios humanos, baldado será tentar compreender a natureza do poder dos magistrados. O "imperium" e os "auspicia" não pertencem, "pessoalmente", ao candidato à magistratura: um e outros lhe são transmitidos, pela "creatio". No caso do "Dictator", o "imperium" e os "auspicia", vêm de Júpiter...

A propósito da sacralidade das magistraturas, assinala *De Francisci* que, no início, era ignorada a eleição. O magistrado "cria" o magistrado ("creatio"). Isto começou a se modificar, algum tempo antes das XII Tábuas.[348] Não é temerário afirmar que, com o tempo, ocorreu uma progressiva "laicização", e uma crescente "dessacralização" do Direito Romano, e inclusive do Direito Público.

Na ordem das idéias acima expostas, diríamos que as indigitadas "laicização" e "dessacralização" do Direito Público Romano, contribuíram para o desaparecimento da Ditadura. Neste sentido, escreve *Bonfante*:

"E é sempre o cônsul quem nomeia (*dicit*) o ditador, o qual, por sua vez, nomeia o seu mestre dos cavaleiros; a introdução, ao tempo das guerras púnicas, da eleição popular, marcou o desaparecimento desta magistratura."[349]

Deste entendimento, não discrepa *Mommsen*, que ensina, "verbis":

"A extensão da eleição comicial à ditadura, por volta do tempo da guerra de Aníbal, pôs um fim, rapidamente, à instituição, pois com isto, ela perdeu a sua importância política, conservando, apenas, a odiosidade."[350]

---

[347] Op. cit., página 342.
[348] Op. cit., página 87.
[349] Op. e vol. cit., página 93 — grifo no original.
[350] Vide "Disegno" cit., página 189.

No Direito Público Romano mais primitivo, imperava a "creatio" do magistrado, impregnada do elemento religioso. Este quadro, no tempo, se modificou, mediante a evolução das tendências democráticas.

Do princípio antigo, o Direito Público Romano conservou vários traços. Mas, quanto mais nos distanciamos das formas primitivas da organização política, e quanto mais adota, a Magistratura, o caráter de ofício ou cargo, enfim, de órgão da "Res Publica", tanto mais limitada fica a primitiva liberdade de designação. Torna-se, com o tempo, obrigatório para o magistrado, propor os nomes dos sucessores à assembléia popular. Esta, com o seu assentimento, colaborava com o magistrado que fazia a designação, na "creatio" do sucessor. "A posteriori", a função do magistrado ficou ainda mais diminuída, limitando-se ele, a anunciar a vacância do cargo, sendo que todo cidadão que tivesse os requisitos exigidos, podia apresentar a sua candidatura.

Os romanos eram um povo tradicionalista. É por este motivo que, de acordo com *De Francisci*, os resíduos do princípio antigo, nunca foram apagados por completo: o magistrado tem, sempre, a faculdade de aceitar ou de recusar as candidaturas. É ele quem convoca e preside os comícios. Ainda, é ele quem, formalmente, sempre apresenta os nomes aos comícios. Reproduz, o autor, o convite que precede as designações dos candidatos propostos. Tal convite é "Velitis iubeatis Quirites". A proposta dos nomes dos candidatos é a "rogatio". Tudo se encerrava com a fórmula corrente: "Haec ita ut dixi vos, Quirites rogo". O povo não podia senão responder a esta pergunta, e não valiam os votos dados a candidatos não propostos pelo magistrado. Tudo isto explica que, mesmo em um período em que começaram a aflorar as tendências democráticas, os cargos tenham sido, quase sempre, atribuídos a um número restrito de famílias, ou a pessoas sustentadas por uma daquelas camarilhas, em que veio a se dividir a nova nobreza republicana.[351]

O "imperium" é uma "idéia central" do Direito Público Romano. E esta idéia se mantém, ao menos residualmente, mesmo em meio da evolução das tendências democráticas. É oportuno, neste passo, verificar como a gente do Lácio, com o seu ímpar senso jurídico, fez uso desta "idéia central", ou "nuclear", de "imperium". Com a palavra *De Francisci*:

---

[351] Op. cit., páginas 128 e 129.

"A idéia de ser necessária a autoridade de um chefe para que o grupo possa viver, recebe assim a sua consagração constitucional no reconhecimento do *imperium* ao Magistrado, poder soberano através do qual se exerce a vontade do Estado."[352]

Para finalizar o presente item, cremos oportuno falar do aspecto sacro de uma ditadura, "in concreto". A nossa escolha recaiu nas ditaduras de *Camilo*. Escreve *Fustel de Coulanges*:

"Tomemos o romano dos primeiros séculos; escolhamos, para seu exemplo, um dos seus maiores guerreiros, Camilo, cinco vezes ditador e vencedor em mais de dez batalhas. Para falarmos com maior rigor, *temos de apresentá-lo como sacerdote, tanto como* guerreiro. Pertence à *gens* Furia e o seu sobrenome é uma palavra que indica uma função sacerdotal. Criança ainda, fazem-no usar a toga pretexta que indica a sua casta, e a bula afasta a má sorte."[353]

Vamos, agora, tratar da tomada de Veios e dos aspectos religiosos da operação. Camilo, como "Dictator", comandava o exército. Ensina *Fustel de Coulanges* que, chefe do exército, Camilo — antes de sair da "Urbs" — consulta os auspícios e imola muitas vítimas. Sob o seu comando tem muitos oficiais, sacerdotes, um pontífice, alguns áugures, arúspices, pulários, vitimários, e um porta-fogo.

Camilo está encarregado de por termo à guerra contra Veios, assediada havia nove anos pelos romanos. Veios é uma cidade etrusca, "isto é, urbe quase sagrada; é de sentimento religioso, mais do que de coragem, de quanto precisam para lutar". Acreditava-se que os romanos não haviam levado a melhor, em função de os etruscos melhor conhecerem "os ritos que são do aprazimento dos deuses e as formas mágicas pelas quais se alcançam os seus benefícios". Os romanos capturam um sacerdote etrusco, para dele conhecer o segredo dos seus deuses. Conduzido ao Senado, o sacerdote afirma que, para que Roma conquiste Veios, é preciso fazer descer o nível do Lago Albano, evitando, por outro lado, que as águas corram para o mar. Os romanos obedecem, cavando "uma infinidade de canais e regueiros", e as águas do Lago Albano se perdem no campo. Com o exército, ele se dirige para perto de Veios, confiante na vitória, "porque todos os oráculos se revelaram, todas as ordens dos deuses se cumpriram e, além disso, antes de deixar Roma, prometeu, aos deuses protectores, festas e sacríficios".

---

[352] Op. cit., página 7 — grifo no original.
[353] Op. cit., página 270 — grifos no original.

É interessante observar que Camilo, embora cercado de toda a parafernália religiosa já apontada "não descura das possibilidades humanas", aumentando o exército, reforçando a disciplina, e fazendo escavar uma galeria subterrânea, para penetrar na cidade do inimigo. No dia do ataque, Camilo sai da tenda, tira auspícios, e imola vítimas. Neste instante — relata *Fustel De Coulanges* — o "Dictator" está rodeado pelos pontífices e pelos áugures. Envergando o "paludamentum", o Ditador invoca os deuses: "Sob o teu comando, ó Apolo, e pela tua vontade que me incutes, eu marcho para tomar e destruir a urbe de Veios; a ti, se eu for vencedor, prometo e juro a décima parte da presa."

Tudo isto, entretanto, ainda não era suficiente. O inimigo tem uma divindade poderosa, que o protege. Camilo se dirige a ela: "Rainha Juno, tu, neste momento, vivendo em Veios, eu te rogo, vem conosco vencedores; segue-nos para a nossa urbe, recebe o nosso culto e que a nossa urbe se torne tua!" Apenas depois de todos estes preparativos de cunho religioso, "quando os romanos estão certos de os deuses serem por eles, e de nenhum deus defender o inimigo", ordena-se o assalto. E Veios é tomada. [354]

Vemos que o Ditador foi, a um tempo, General e Pontífice. E isto era compreensível, em uma cosmovisão na qual a Cidade tinha os seus deuses.

Camilo é o arquétipo do general do fastígio da República. É, ele, aquele patrício dotado de entranhada religiosidade, da "Pietas" a que se refere *Alexandre Augusto de Castro Correa*. É ele aquele homem digno de receber o "imperium" e os "auspicia", diretamente de Júpiter.

A "Pietas" e o Patriotismo quase que chegam a ser sinônimos, entre os romanos. Eram eles, extremamente religiosos, não há dúvida. Mas eram também, homens voltados para a concreção da vida. E a competência militar com que Roma conduziu a guerra contra Veios, é uma prova do asseverado.

Como vimos antes, *M. Furio Camilo* ocupou a Ditadura por cinco vezes. Isto, traduzido em linguagem religiosa, significa: por cinco vezes, os presságios foram favoráveis à "creatio" de Camilo como Ditador, e também por cinco vezes, ele recebeu o "imperium" e os "auspicia", diretamente de Júpiter.

---

[354] V. op. cit., páginas 271 e 272.

Foi nosso intuito ilustrar a argumentação, pertinente à sacralidade das magistraturas romanas — a Ditadura aí incluída — com o exemplo, concreto, de Camilo. A figura de Camilo não foi escolhida de maneira aleatória. *Sílvio A. B. Meira*, elenca o nome de Camilo, entre os... "casos mais famosos de ditadores que salvaram Roma".[355]

É significativo que, ao mencionar Camilo, *Sílvio Meira* elucide que foi ele cognominado "o segundo fundador de Roma".[356] Isto, cremos, é auto-explicativo, quando levamos em conta a mística romana da "Fundação da Cidade".

Com isto encerramos este item, tendo chegado às seguintes conclusões básicas:

1ª) Houve a "imanência do sagrado nas instituições romanas";

2ª) O magistrado romano teve, inclusive, um caráter sacerdotal;

3ª) A Cidade é uma associação, pelo menos, tão religiosa quanto política;

4ª) O "Jus Auspiciorum" era privativo das magistraturas patrícias;

5ª) O Ditador detinha o "Jus Auspiciorum";

6ª) O "Jus Auspiciorum" é próprio dos magistrados que têm "imperium";

7ª) A "creatio" do Ditador, implicava em que o Cônsul, a propósito da escolha, consultasse os auspícios;

8ª) O "Dictator" recebia os "auspicia" e o "imperium", diretamente de Júpiter;

9ª) Pela "Lex Curiata De Imperio", o Ditador, em um ato unilateral e solene, assume, perante o Povo, o "Imperium", que já tem, graças à "creatio".

10ª) Camilo, o arquétipo do Ditador Romano, tem muito de sacerdote.

5. O DITADOR, MAGISTRADO EXTRAORDINÁRIO.

Buscaremos conceituar o magistrado romano, em um primeiro momento. Num segundo, daremos a sua classificação. E, por derradeiro, procuraremos falar do Ditador, como magistrado extraordinário.

---

[355] Op. cit., página 45.
[356] Op. e loc. cit.

Seria impossível tratar do Ditador, sem abordar o seu "imperium". No item anterior, fizemos algumas referências ao "imperium", necessárias à compreensão do "Jus Auspiciorum". Cremos que tais noções foram suficientes, também, para o enfoque do "Dictator", enquanto magistrado extraordinário.

Feitos estes esclarecimentos, a nós compete responder à pergunta: o que era o magistrado romano?

De Francisci define:

"*Magistratus*, segundo o significado predominante em nossas fontes, é o cargo político em virtude do qual seu titular tem a faculdade (e o dever correspondente), que lhe é própria e original (não derivada de outros em virtude de mandato), de exercer em nome da *res publica* romana uma série de funções, e de realizar uma série de atos igualmente eficazes a respeito de todos os cidadãos romanos. Com o mesmo vocábulo *magistratus* se designa também a pessoa investida naquele cargo."[357]

Um detalhe fundamental é a não-derivação das faculdades do "magistratus", de nenhum mandato. Esta noção é lapidar, em se tratando do magistrado romano.

Ulhoa Cintra, "in" "História da Organização Judiciária e do Processo Civil", volume primeiro, dá a etimologia da palavra:

"O termo *"magistratus"*, de magister, designa, quer a magistratura e equivale então a "honor", quer o indivíduo investido desta magistratura regular, desde que a tenha obtido por escolha regular."[358]

Dois comentários devem ser feitos. Em primeiro lugar, é significativo que a palavra "magistratus" derive de "magister, tri", vocábulo masculino da segunda declinação. Pois que "magister" significa "mestre". E mestre é, a um tempo, o que ensina, e o que dirige. Não é ocioso lembrar que o primitivo nome da magistratura que veio a ser chamada de "Ditadura", foi "Magister Populi" e que o auxiliar do "Dictator", era o "Magister Equitum". Ora, quem ensina e dirige, só pode ser aquele que possui o "Imperium"!

Em segundo lugar, cumpre dizer que *Ulhoa Cintra* insiste, não menos do que duas vezes, na palavra "regular", ao tratar do étimo "magistratus": "magistratura regular" e "escolha regular". É que a "regularidade", é ínsita à noção de "magistrado". "Magistrado irregular" é

---

[357] Op. cit., página 124 — grifos no original.
[358] Op. e vol. cit., página 109 — grifo no original.

uma contradição nos próprios termos. "Magistrado irregular", é o antimagistrado. Por outras palavras, é da essência do magistrado, o ser "regular". E "essência", de acordo com *Goffredo da Silva Telles Júnior*, é "*aquilo pelo que uma coisa é o que é e pelo que se distingue das outras coisas*".[359]

É preciso acrescentar que a noção de "magistratus", só poderia surgir entre um povo dotado de acurado senso jurídico, como o romano. Apenas quem, como os romanos, possuía as noções de "Imperium" e de "Auctoritas", poderia ter chegado à noção de "magistratus". Os helenos não conheceram a "Auctoritas". Dizemos, mais, que os da Hélade não conheceram o "Imperium", enquanto poder soberano, original e originário. E o resultado é que o magistrado romano difere, e muito, do magistrado grego.

John Gilissen sintetiza, com precisão, as apontadas diferenças:

"O magistrado romano é um órgão da cidade, um titular do poder (*potestas*); difere assim do magistrado ateniense, que não é afinal senão um agente da assembléia[23]."[360]

Crifò também aborda a matéria. De acordo com o autor, diferenças, profundas, existem entre o magistrado romano e o ateniense. Para bem compreendê-las, é necessário que nos fixemos na noção, tipicamente romana, de "Imperium". Este é um poder originário que, ao menos nas origens se baseava — inclusive — na força. E que se baseia no fato, no prestígio pessoal. O magistrado romano é, certamente, um órgão da coletividade, e é no interesse dela, que deve exercitar os seus poderes. Sucede que nem ele, nem os seus poderes, nem a sua designação, dependem da assembléia. O princípio que vige para a magistratura romana é o de que o magistrado é feito tal, pelo seu predecessor. Trata-se da "creatio". O voto popular não serve para eleger o magistrado. Sim, para confirmar e aceitar a decisão.

O magistrado ateniense é um instrumento e um representante da Assembléia, que, assim como o elege, o depõe.

Assinala *Crifò* que foi só na crise final da República Romana que a idéia — tipicamente ateniense — de que é, o magistrado, um instrumento e um representante da Assembléia, fez o seu aparecimento.[361]

Gaudemet, em linhas gerais, diz a mesma coisa: em Atenas, o

---

[359] Op. e vol. cit., página 52 — itálico no original.
[360] Op. cit., página 82 — grifo no original.
[361] Op. cit., páginas 90 e 91.

magistrado acaba por não ser mais do que uma espécie de agente da Assembléia. Diversa é a situação em Roma, onde a República não foi "democrática", senão tardia e parcialmente. Nem por sua designação, nem no exercício das suas funções, o magistrado romano depende diretamente do povo. *Mas o magistrado romano, não é um amo arbitrário* (Grifamos). Ele é um "órgão da cidade". E deve atuar de acordo com o interesse da comunidade. "Regras estritas", limitam a sua liberdade de ação. Escreve o mestre francês, "verbis": "Se ele é titular do poder — e, quanto a este ponto, a república romana difere profundamente da cidade ateniense — ele está, também, adstrito a exercer uma função."[362]

O magistrado apenas poderia existir no quadro — jurídico e político — da "Res Publica". Sobre o significado desta expressão, escreve *Gilissen*:

"*Senatus populusque Romanus* (S P Q R), o senado e a comunidade dos cidadãos romanos, esta expressão adquire um sentido jurídico e político. A *res publica*, a coisa pública, não é nem a república, nem o Estado no sentido moderno; designa a organização política e jurídica do *populus*, na qual o cidadão subordina o seu próprio interesse (*res privata*) ao da comunidade."[363]

Fala, o autor, da organização política e jurídica do "Populus". É preciso ter em conta que íntima era a conexão entre o político e o jurídico, para os romanos. É *De Francisci* quem põe isto em relevo:

"O sistema jurídico romano surge, assim, não como o efeito de especulações teóricas, mas como expressão de uma consciência política que considera como fim primordial da atividade a solidez e o poder do Estado, e exalta, portanto, todos os meios que sirvam para eliminar, ou pelo menos reduzir, as tendências desagregadoras, e para robustecer e excitar as forças de coesão."[364]

De Francisci ensina que, na época dos Gracos, tentou-se afirmar o "princípio democrático revolucionário e anti-romano", de que o magistrado é um mandatário do povo. Isto contrariava o espírito e as tradições de Roma, onde não havia, como em Atenas, uma soberania do "Demos".[365] É verdade que os magistrados romanos eram responsáveis. Mas não "pendiam" — literalmente — de um órgão, como os magistrados

---

[362] Op. cit., página 329.
[363] Op. cit., página 83 — grifos no original.
[364] Op. cit., página 8.
[365] Op. cit., página 128.

atenienses da "Eclésia". Os gregos não conheceram a "Autoridade". E toda a mundividência dos romanos, recebeu o bafejo da noção de "Auctoritas". Sobre os magistrados romanos serem responsáveis, veremos que o "Dictator" constituía uma exceção.

Os magistrados são essenciais à vida da "Urbs". *Gaudemet* ensina que, na Itália, a magistratura não se limita a Roma. Existe, também, em outras cidades. Isto inobstante, parece ser "tipicamente romano" o lugar que ocupam os magistrados, no governo da cidade. Eles, aí, são o "elemento fundamental", e, nesta medida, o magistrado "prolonga a realeza".

Todas as magistraturas eram gratuitas; eram "honores" que, aliás, exigiam gastos consideráveis dos seus titulares. Tais gastos só eram compensados, com a parte do botim do general vencedor. Este é o ensinamento de *Kunkel*, op. cit., página 27.

De Francisci coincide, com *Kunkel*, no que tange a serem gratuitas as magistraturas.[366] É ainda o autor da "Síntese Histórica do Direito Romano", quem aponta as seguintes características, comuns às magistraturas:

1ª) Elas são temporárias;
2ª) São colegiais; e
3ª) São gratuitas.

A duração normal era de um ano. As exceções eram o Censor, que permanecia no cargo dezoito meses; o Ditador, que permanecia na função, no máximo por seis meses, e outras magistraturas extraordinárias, cuja duração era fixada pela lei que as estabelecia. A colegialidade não se aplicava ao Ditador.[367]

Há falar, ainda, da inviolabilidade dos magistrados. Assinala *De Francisci* que, durante o desempenho do cargo, eram eles invioláveis, mas podiam ser chamados a prestar contas, sobre o modo de desempenhar a magistratura, no término do cargo. Desta obrigação estavam excluídos, no entanto, os seguintes magistrados:

1) O "Dictator Optima Lege Creatus";
2) O Censor; e
3) O Tribuno da Plebe.[368]

O magistrado romano não estava sujeito, como o ateniense, a todo um ritual de sucessivas e complexas prestações de contas.

---
[366] Op. cit., página 128.
[367] Op. cit., paginas 127 e 128.
[368] Op. e loc. cit.

Ao tratar da responsabilidade dos magistrados, *Maynz* ensina que eles tanto podiam ser acusados depois da sua gestão, como podiam ser privados do poder, por dele abusarem, sendo forçados a se demitir da sua dignidade. [369]

Ao cuidar dos requisitos para ocupar as magistraturas, escreve *Ulhoa Cintra*:

"Para ser eleito, é necessário preencher certas condições: ser cidadão, ser do sexo masculino, ser patrício para as magistraturas patrícias e plebeu para as magistraturas plebéias, ter feito o serviço militar e respondido, durante dez anos, às chamadas anuais do exército, que começa aos 17 anos, portanto, ter 27 anos; ser plenamente cidadão e não *"cives sine suffragio"*, não ser indigno apontado pela *"nota censoria"* ou atingido pela infâmia, por causa do julgamento numa falência."[370]

Ao tratar do acesso às magistraturas, *De Francisci*, em linhas gerais, repete o ensinamento do autor patrício.[371]

Tendo em conta a duração do serviço militar, o cidadão ingressava nas magistraturas, quando possuidor de alguma experiência.

Tivemos ocasião de verificar, "retro", que o "Dictator", normalmente, havia sido cônsul. Na prática, e graças ao "Cursus Honorum", um cidadão apenas podia chegar à Ditadura após os 36 anos de idade. Passando pelos diversos degraus do "Cursus Honorum", o "cives romanus" tinha a oportunidade de se exercitar, no trato dos assuntos da "Res Publica". Assim, não seria um exagero considerá-lo uma "escola" de políticos, soldados, juízes e administradores.

O "Cursus Honorum" constituía a ambição dos jovens patrícios, devendo ser salientado que, para os romanos, o Direito e a Política foram, em verdade, complementares, um do outro.

Falamos de "jovens patrícios". É necessário ter em conta que, nos primeiros tempos, apenas os patrícios tinham acesso às magistraturas (exceção feita, é claro, ao Tribunado da Plebe).

M. Cary e *T. J. Haarhoff* registram que em 366 a.C., foi permitido que os plebeus se candidatassem ao consulado.[372]

---

[369] Op. cit., tomo 1, página 105.
[370] Op. cit., página 115 — grifos no original.
[371] Op. cit., páginas 129 e 130.
[372] Op. cit., página 74.

P. Willems afirma que os magistrados, "em sua qualidade de eleitos do povo", participam da "majestas" do povo, sendo que, aquele que não respeita tal "majestas", comete um "crimen minutae majestatis".[373]

É chegado o momento de falar da classificação dos magistrados, para podermos tratar do "Dictator", magistrado extraordinário. Andamos com mais acerto, se nos referirmos às "classificações" dos magistrados, porquanto podem, os magistrados, ser classificados de acordo com vários critérios.

Ao tratar da classificação dos magistrados, escreve *Sílvio Meira*:

"Os magistrados podem ser classificados em: 1) magistrados ordinários; 2) magistrados extraordinários; 3) magistrados *cum imperio*; 4) magistrados *sine imperio*.

Magistrados ordinários, para Mommsen, os instituídos em caráter permanente, como o cônsul e o ditador. Esses cargos faziam parte da organização política romana, muito embora os ditadores só eventualmente desempenhassem as funções. Magistrados extraordinários assumiam esporadicamente. Não sendo previstos expressamente, somente em fases excepcionais eram investidos, como ocorreu com os decênviros."[374]

De Francisci ensina:

"Costuma-se dividir a Magistratura romana segundo diversos critérios. Uma primeira diferenciação, que é dos intérpretes modernos, distingue as magistraturas *ordinárias* e as *extraordinárias*. Chamam-se ordinárias aquelas que regem a República em condições normais, e se renovam anualmente (ficaria excluído, pois, o censor), ou em períodos fixos (e neste caso, ficaria incluído o censor, que se designa para cinco anos). Ao contrário, consideram-se *extraordinárias* as criadas para circunstâncias excepcionais, quando se julgava que as ordinárias não eram adequadas para fazer frente às necessidades do momento: assim, o *dictator* com o *magister equitum*, os *decemviri legibus scribundis*, os *triumviri rei publicae constituendae*, as comissões especiais com funções particulares."[375]

Ao cuidar dos magistrados "cum imperio" e dos "sine imperio", leciona *Sílvio Meira*:

---

[373] Op. cit., página 219.
[374] Op. cit., página 42 — grifos no original.
[375] Op. cit., páginas 124 e 125 — grifos no original.

"Magistrados *cum imperio* dispunham do *jus imperii*, como os Cônsules e os pretores. Esse *imperium* provinha dos reis e se transferiu para os cônsules na república.

Magistrados *sine imperio* não exerciam poder de coerção, como os questores, os edis."[376]

Ulhoa Cintra classifica os magistrados, em primeiro lugar, em "magistrados patrícios" e "magistrados plebeus".

Em seguida, o autor trata da classificação dos magistrados em "curuis" e "não-curuis".

Uma terceira classificação é apresentada pelo autor:

"Enfim, distinguem-se os magistrados superiores e os magistrados inferiores. Magistrados superiores são aqueles que foram eleitos pelos Comícios centuriatos, cônsules, pretores, censores. Os outros, eleitos pelos comícios tribunícios, são magistrados inferiores."[377]

Já examinamos, "retro", a classificação das magistraturas em ordinárias e extraordinárias, segundo *De Francisci*. Vamos, agora, verificar o que escreve o autor, a propósito de outra classificação das magistraturas:

"Outra classificação em *magistratus maiores* e *minores* (que é a de nossas fontes) se refere somente às magistraturas patrícias, e se baseia na posse dos *auspicia maiora* ou *minora*. São *maiores* entre as magistraturas ordinárias o cônsul, o censor, o pretor, e entre as extraordinárias, o ditador, os *decemviri legibus scribundis*, os *tribuni militum consulari potestate*, os *triunviri rei publicae constituendae*. São *minores* todas as demais."[378]

Aduz o autor, "verbis":

"Mas, a classificação fundamental, do ponto de vista da organização geral da Magistratura, é a diferenciação entre Magistratura *cum imperio* e *sine imperio*.

O *imperium*, quer dizer, o direito soberano correspondente ao magistrado que veio a substituir em suas funções ao antiqüíssimo *rex*, era reconhecido ao cônsul e ao seu colega menor, o pretor (em suas origens, o título comum a ambos era o de *praetores*), e também as magistraturas extraordinárias, como são o *dictator*, os *tribuni militum*

---

[376] Op. cit., página 43 — grifos no original.
[377] Op. e vol. cit., página 110.
[378] Op. cit., página 125 — grifos no original.

consulari potestate, os *decemviri legibus scribundis* e os *triumviri rei publicae constituendae*. Todas as demais magistraturas são *sine imperio*."⁽³⁷⁹⁾

Não podemos senão concordar com *De Francisci*, no sentido de ser "fundamental" a classificação das magistraturas em "cum imperio" e "sine imperio".

P. Willems, ao curar da classificação das magistraturas em ordinárias e extraordinárias, inclui o "Dictator" e o "Magister Equitum" entre as extraordinárias.⁽³⁸⁰⁾

Quanto à classificação das magistraturas em patrícias ou plebéias, escreve o autor ora seguido:

"As magistraturas são *patrícias* ou *plebéias* (3), segundo são criadas *auspicato* ou *inauspicato* (4). Sao eleitos *inauspicato*, os tribunos e os edis plebeus."⁽³⁸¹⁾

Escreve o autor, a propósito de uma subdivisão das magistraturas patrícias:

"As magistraturas patrícias se subdividem em majores e minores, segundo tenham, elas, o jus auspiciorum majorum ou minorum (1).

As magistraturas patrícias maiores (ditadura, censura, consulado, pretura) e a edilidade curul, em razão de certos privilégios honoríficos, se chamam curuis. Todas as outras são não-curuis (2)."⁽³⁸²⁾

Por derradeiro, *P. Willems* elenca a Ditadura entre as magistraturas extraordinárias "cum imperio".⁽³⁸³⁾

Humberto Cuenca, por sua vez, escreve:

"A divisão mais generalizada é a de magistrados *superiores* (rei, cônsul, imperador, senador, tribuno, pretor, prefeito etc.) e *inferiores* (magistrados provinciais, Nºs 26 e 27)."⁽³⁸⁴⁾

Ao abordar a classificação de *Mommsen*, o catedrático da Universidade da Venezuela refere que, para o autor alemão, a Ditadura é magistratura extraordinária.⁽³⁸⁵⁾

---

³⁷⁹ Op. e loc. cit. — grifos no original.
³⁸⁰ Op. cit., página 217.
³⁸¹ Op. e loc. cit. — grifos no original.
³⁸² Op. cit., página 218 — grifos no original.
³⁸³ Op. e loc. cit.
³⁸⁴ Op. cit., página 22 — grifos no original.
³⁸⁵ Op. e loc. cit.

Moreira Alves ensina que a primeira classificação das magistraturas, as distribui em magistraturas "cum imperio" e "sine imperio". A Ditadura era magistratura "cum imperio". Além desta classificação há, para *Moreira Alves*, as seguintes:

a) Magistraturas patrícias (ditadura, consulado, pretura, censura, questura, edilidade curul) e plebéias (tribunato e edilidade da plebe);

b) Magistraturas ordinárias (consulado, pretura, questura, censura, edilidade e tribunato) e extraordinárias (ditadura, decenvirato "legibus scribundis", tribunato militar "consulari potestate");

c) Magistraturas maiores (consulado, pretura, censura, ditadura, decenvirato "legibus scribundis", tribunato militar "consulari potestate") e menores (edilidade curul e questura).[386]

É interessante o que ensina *Carlos Alfredo Vogel*, sobre as magistraturas republicanas "curuis" e "não-curuis". Esta classificação considera as magistraturas do ponto de vista das insígnias que podem usar os seus titulares. Sob este aspecto, há magistraturas "curuis" e "não-curuis". Magistrados curuis são os que têm direito ao uso da "sela curul", assento com adornos de marfim, que pode ser transportado de um lugar para o outro. Os plebeus só tiveram acesso à sela curul, quando começaram a desempenhar as magistraturas, até então reservadas aos patrícios. Os curuis usavam, ainda, outros distintivos, ou insígnias como a "toga pretexta" e o "calceus" patrício, uma espécie de calçado especial. Quando se tratava de um magistrado que possuía "imperium", vestia um traje chamado "paludamentum" (manto militar). Em casos especiais, o exército aclamava o general como "imperator". Quando tal aclamação, ratificada pelo Senado, implicava no direito de celebrar o "triunfo" no Capitólio, o magistrado vestia a "tunica militiae". Apenas nestas condições, o magistrado pode entrar em Roma com o exército em armas, mas, finda a cerimônia do "triunfo", desaparecem esses direitos.

Os magistrados "não-curuis", não ostentam todas essas insígnias.[387]

Examinamos, "retro", a classificação dada por *Sílvio Meira*. Escrevendo sobre a classificação das magistraturas, acolhida por *Arangio-Ruiz*, ensina o autor:

---

[386] Op. e vol. cit, página 30.
[387] Op. cit., páginas 113 e 114.

"Arangio-Ruiz dá tonalidade um pouco diferente a esses conceitos.

Para o romanista italiano ordinários eram os magistrados previstos para as situações normais, distinguindo-se estes em permanentes e não permanentes. Ordinários permanentes seriam, por exemplo, os Cônsules; não permanentes, os Censores. Extraordinários diziam-se os magistrados instituídos para fases anormais, como, por exemplo, os ditadores, os decênviros, os tribunos militares."[388]

Charles Maynz considera que as magistraturas extraordinárias são... "numerosas em Roma". Entre tais magistraturas, inclui o "Dictator" com o seu "Magister Equitum".[389] É de se observar que *Maynz* inclui a Censura, entre as magistraturas ordinárias.[390]

Tanto *Cícero* na Antiguidade,[391] quanto hodiernamente *Bonfante*,[392] veêm na Ditadura um ressurgimento, excepcional, da magistratura régia.

Para *Arangio-Ruiz*, o ditador da época histórica é o resíduo de uma magistratura suprema unitária, que havia tomado o lugar da Realeza.[393]

Um motivo de ordem prática para a nomeação do "Dictator", aponta para a circunstância de se tratar de uma magistratura extraordinária. Referimo-nos à existência de perigo para a "Res Publica". Foi isto que, ao menos enquanto a magistratura esteve no seu apogeu, a justificou. A respeito, *Cretella Júnior*.[394] No mesmo sentido, *Kunkel*.[395]

Mommsen vê na Ditadura um restabelecimento momentâneo da Realeza, o que, pensamos, reforça a tese de que ela é uma magistratura extraordinária. Escreve, com efeito, em sua "História Romana":

"A nova república não tolera nem rei, nem lugar-tenente que se comporta como o *alter ego* do rei; mas o cônsul podia, se as circunstâncias parecessem exigi-lo, restabelecer momentaneamente a realeza sob o nome de ditadura, e nomear uma pessoa investida de autoridade plena, que suspendia de uma só vez o poder do cônsul que o nomeava e do seu

---

[388] Op. cit., páginas 42 e 43.
[389] Op. cit., tomo 1, página 117.
[390] Op. e tomo citado, página 113.
[391] Op. cit., páginas 74 e 75.
[392] Op. e vol. cit., página 93.
[393] Op. cit., página 105.
[394] Op. cit., página 39.
[395] Op. cit., página 25.

colega, e que, por medida extraordinária, exercia por um tempo o poder real, em toda a sua extensão."[396]

É curioso observar que, sem embargo, *Mommsen* se alinha entre os que consideram o Ditador um magistrado ordinário.

Era, a Ditadura, uma magistratura essencialmente militar. E, como estamos verificando, eram as situações de extremo perigo para a "Res Publica", o pressuposto — fático e jurídico — para a "creatio" do "Dictator". Neste sentido está a opinião de *Sérgio de Sá Mendes*, em "Direito Romano Resumido".[397]

André Aymard e *Jeannine Auboyer* condicionam a investidura do "Dictator", à existência de... "perigos extremos".[398]

No mesmo sentido, opinam *M. Cary* e *T. J. Haarhoff*.[399]

Tácito, nos "Anais", aponta para o dado de a Ditadura ser temporária. (...)

Magistratura Extraordinária, é da essência da Ditadura, o ser temporária.

Léon Homo, ao tratar da Ditadura como magistratura extraordinária, preleciona:

"Magistratura regular, o consulado, magistratura extraordinária, e, por assim dizer, de reserva, a ditadura, o problema do poder executivo, sob esta dupla forma que parecia responder a todas as eventualidades, se achava plenamente resolvido."[400]

Consideramos feliz o autor, ao chamar, à Ditadura, uma "magistratura de reserva". De fato, existente na constituição da "Res Publica", ela ficava — expressemo-nos assim — em estado latente, até que o perigo externo, ou a comoção intestina, tornassem necessário o seu uso.

Sebastião Cruz também considera a Ditadura uma magistratura extraordinária.[401]

Jonathas Serrano também inclui a Ditadura entre as magistraturas extraordinárias.[402]

---

[396] Vide op. cit., tradução francesa de De Guerle — Paris, Ernest Flammarion, Editeur, s/d — vol. 1, página 311 — grifos no original.
[397] Op. cit., página 26.
[398] Vide "Roma e seu Império", "in" "História Geral das Civilizações", tradução brasileira de Pedro Moacyr Campos, Rio de Janeiro, Editora Bertrand Brasil S.A., 1993, volume III, páginas 160 e 161.
[399] Op. cit. página 75.
[400] Op. cit., páginas 34 e 35.
[401] Op. e vol. cit., páginas 65 e 66.
[402] Op. cit., página 120.

Mommsen, em sua "História Romana", traz à baila uma engenhosa idéia: a Ditadura teria surgido, em função da necessidade de fazer reviver, em certos casos, a autoridade real. Vamos apresentar, numa rápida paráfrase, o que diz o jurista tedesco.

Com a República, os cônsules continuaram a ser, da mesma forma que os reis o haviam sido antes, os administradores, juízes e generais supremos. Mesmo do ponto de vista da Religião é preciso salientar que notável era o papel dos cônsules. Havia, é certo, o "rex sacrorum", mas este era nomeado, apenas para preservar o nome. Era o cônsul quem oferecia as preces e os sacríficios para o Estado, e quem, em nome do Estado, interrogava a vontade dos deuses, com o auxílio dos adivinhos sagrados.

Continua o autor alemão: para os casos de necessidade, conservou-se a faculdade de fazer reviver, a qualquer momento, sem consulta prévia à comunidade, a autoridade real completa e ilimitada, de modo a suprimir os limites impostos pela colegialidade, e pelas atenuações especiais de jurisdição. Desta forma — conclui — o problema consistente em conservar a autoridade real de Direito, e restringi-la de fato, foi resolvido, verdadeiramente "à romana", com perspicácia e com simplicidade, pelos homens de Estado desconhecidos, que realizaram uma tal revolução.[403]

Léon Homo vê, na Ditadura, uma "ressurreição" da monarquia de tipo etrusco, motivada pelos perigos externos. Buscaremos fazer uma síntese do pensamento deste autor.

Ensina ele que a concepção colegial da magistratura suprema (vale dizer, do Consulado) "tão preciosa e tão eficaz no terreno da política interna", oferecia, em termos da defesa nacional, "graves inconvenientes". O aumento do perigo externo, faria com que tais inconvenientes aparecessem, com toda a nitidez. Para o autor, op. cit., página 28, na História de Roma, as questões da política externa, tiveram um considerável papel, no evolver das instituições. *Léon Homo* faz (p. 34), uma remissão a *Tito Lívio*, para o qual não se sabe, com certeza, quem teria sido o primeiro Ditador. De uma forma ou de outra — continua o autor — a Ditadura teria sido criada "nos primeiros anos da República". E teria sido instituída em função do perigo externo, provocado pela expulsão da dinastia etrusca. A colegialidade dos cônsules era incapaz de as-

---
[403] Op. e vol. cit., páginas 315 e 316.

segurar, em face do inimigo, a unidade do comando. Assim, foi "ressuscitada" a antiga realeza de tipo etrusco. A este magistrado se chamou, de início, "magister populi", e, depois, "ditador". "Dictator" foi o nome que permaneceu. Adverte o autor que, entretanto, o poder real assim reconstituído, foi objeto de uma dupla limitação. A primeira, foi cronológica: o "Dictator" podia ficar no cargo, no máximo, seis meses, sem possibilidade de prorrogação. A segunda limitação dizia respeito à competência do magistrado extraordinário: obrigatória era a presença, ao seu lado, de um auxiliar, seu comandado, o "Mestre da Cavalaria". O "Magister Equitum", aduz *Léon Homo*, parece ter sido inspirado em uma instituição preexistente, o "Mestre dos Jovens" (magister juvenum), encontradiça nas cidades etruscas, e entre os povos italiotas.[404]

Aqui, cabe uma observação: o autor dá, como causa da Ditadura, apenas a ameaça externa. Há levar em conta, no entanto, as turbações internas, que embasaram, também elas, o recurso à Ditadura. Ainda que a utilização primeira da magistratura, tenha acontecido na guerra contra o estrangeiro, não é possível olvidar esta segunda causa. Veremos que a ameaça externa, e a comoção interna, davam azo a dois tipos diferentes de Ditadura.

Uma prova de que os romanos viam, na Ditadura, uma magistratura extraordinária, está em que o "Dictator" não estava sujeito à regra geral, de proibição do acúmulo de magistraturas. Com efeito, *Léon Homo* elucida que, no ano de 342 a.C., um plebiscito, cujo autor é desconhecido, proibiu que um cidadão acumulasse duas magistraturas, no mesmo ano. A proibição de acumular, no entanto, não visava as magistraturas extraordinárias, vale dizer, a Ditadura, a Chefia da Cavalaria, e a Censura.

Cremos que o "Dictator" era um magistrado extraordinário, a vários títulos. Assim, ele próprio escolhia o seu auxiliar imediato. Este não era escolhido pelo Cônsul que procedia à "creatio" do Ditador.

A associação entre a Ditadura e a aproximação do perigo, a denotar que se tratava de uma magistratura extraordinária, é notada por *Gustave Hugo*. Este autor observa que, na época republicana, diante da aproximação de "um grande perigo", era designado, por um Cônsul, um "Dictator", por indicação do Senado.[405]

---
[404] Op. cit., página 34.
[405] Vide "Histoire du Droit Romain", tradução belga de Jourdan, D.M.P. — Bruxelas, Société Belge De Librairie, ETC, 1840, página 111.

Falávamos da magistratura extraordinária, em conexão com as convulsões internas. Assinala *Sílvio Meira* que, em tempo de convulsões internas, ou de guerras contra estrangeiros, os dois Cônsules eram substituídos por um "ditador", também denominado *"Praetor Maximus"*. Este tinha "poderes absolutos". Via de regra, o Ditador era indicado por um Cônsul em exercício, como único recurso apto a restabelecer a paz, e salvar a República. Ao tempo das guerras púnicas, foi adotado o critério da eleição do Ditador pelo povo.[406]

"Salvar a República". Esta era a "ratio essendi" da Ditadura, e o que dela fazia uma magistratura extraordinária. Não se tratava de uma magistratura que assegurava o funcionamento da República; era uma magistratura da qual se usava, "in extremis", para salvar a própria República.

O catedrático de Belém do Pará sugere que, etimologicamente, "Dictator" viria de "dictare", isto é, "ordenar". Os outros nomes do magistrado, sempre de acordo com o autor, seriam "Magister Populi Romani", e "Praetor Maximus". *Sílvio Meira* classifica o Ditador entre os "magistrados extraordinários maiores".[407]

Cremos que uma prova, e irretorquível, de que a Ditadura era uma magistratura extraordinária, radica no fato de que era, o "Dictator", irresponsável. A respeito, registra *P. Willems*:

"O privilégio da irresponsabilidade pertenceu à ditadura (2), à censura, naquilo que concernia à *potestas censoria* (3), e ao tribunato do povo (4)."[408]

Este detalhe é importantíssimo, e revelador, também, da remota origem do Ditador, como um delegado do "Rex". Recordemos que, tradicionalmente, o monarca é irresponsável.

Mommsen, ao se referir às limitações ao poder dos dois Cônsules, ensina que tais limitações aplicavam-se, apenas, ao "governo ordinário do Estado". Em circunstâncias extraordinárias havia, no lugar dos dois chefes "eleitos pela comunidade", um só mestre do povo (magister populi) ou "ordenador" (ditador). A comunidade não tomava parte alguma na nomeação do ditador; esta nomeação dependia, de maneira absoluta, de um dos dois cônsules que estavam em função.[409]

---

[406] Op. cit., página 44.
[407] Op. cit., página 56.
[408] Op. cit., página 219 — grifos no original.
[409] Op. e vol. cit., páginas 314 e 315.

Ao tratarmos da Ditadura, enquanto magistratura extraordinária, é preciso que tenhamos em mente que a regra era a colegialidade. O magistrado singular, a exceção. A respeito, *Ulhoa Cintra*.[410]

Sebastião Cruz considera que a Ditadura, além de extraordinária (por não estar incluída no "cursus honorum"), era magistratura excepcional, por não fazer parte da vida política normal e permanente de Roma. Com efeito, a Ditadura era criada "em momento de *iustitium*" (grifo no original). Elucida que, do mesmo modo que "armistitium" é a interrupção das armas, "iustitium" era "a suspensão do ordenamento civil (da *iustitia* normal), motivada por calamidades públicas ou por uma crise política interna (v. g. revoltas populares) ou externa (guerras com o estrangeiro)".[411]

Willems segue a versão tradicional, da passagem da Monarquia para a República. Escreve que a Ditadura foi instituída, em 501 a.C., por uma "lex de dictatore creando". A causa primeira da instituição desta magistratura extraordinária — aduz — já era controvertida, entre os antigos. De acordo com *Tito Lívio*, o motivo foi a guerra latina, que ameaçava a existência da República, podendo, ainda, ser uma conspiração, em Roma, visando a restauração da Monarquia. *Dionísio de Halicarnasso* ubica o surgimento da Ditadura em 498 a.C., e o atribui às agitações que a questão das dívidas havia produzido no seio da plebe. Qualquer que tenha sido o motivo, ensina *P. Willems*, foi, por certo, "bem grave", para que o povo romano tivesse decidido, tão pouco tempo depois da expulsão dos reis, instituir uma magistratura que, embora sendo extraordinária e temporária, exerça um "poder real e quase absoluto".

Fica manifesto que, mesmo para os escritores antigos — *Tito Lívio* e *Dionísio de Halicarnasso* — o fundamento para o surgimento da magistratura extraordinária, foi o PERIGO PARA A REPÚBLICA. (As maiúsculas são nossas).

O cunho extraordinário da magistratura, exsurge do fato de ela estar condicionada à existência de perigo para a "Res Publica". No "Nuovo Digesto Italiano", no verbete "Dittatura", se lê, "verbis":

"A nomeação acontecia nos momentos de grave perigo para o Estado, e o exercício do supremo comando militar aí constituía o caráter mais visível. Nestes casos era denominado *dictator rei gerundae causa*,

---
[410] Op., vol. e loc. cit.
[411] V. op. e vol. cit., página 65 — grifo no original.

permanecia no cargo 6 meses, a sua autoridade não se estendia, em regra, fora da Itália, e, numa clara demonstração da supremacia do seu *imperium*, era acompanhado por 24 litores."[412]

No mesmo verbete, é possível ler, a propósito da Ditadura Romana, que ela "era, de fato, uma magistratura extraordinária, munida de *imperium maximum*, e portanto, da totalidade dos poderes civis e militares".[413]

Convém, antes de encerrarmos o presente item, examinar o verbete "Ditadura", no "Novissimo Digesto Italiano", e bem assim, o verbete "Dictator", em ambas as enciclopédias jurídicas.

No "Novissimo Digesto Italiano", o verbete "Dittatura" está a cargo do já citado *Paolo Biscaretti Di Ruffia*, e se encontra ubicado no volume VI. Aí se lê que a Ditadura era uma magistratura extraordinária, munida de "imperium maximum", e, portanto, da totalidade dos poderes civis e militares.[414]

A mesma fonte consigna que a nomeação do Ditador ocorria "nos momentos de grave perigo para o Estado", sendo que o exercício do supremo comando militar, constituía o seu caráter mais visível.[415]

Passemos a um rápido exame do verbete "Dictator", no "Nuovo Digesto Italiano", e no "Novissimo Digesto Italiano". O verbete está a cargo de *Francesco M. De Robertis*, em ambas as enciclopédias.

No "Nuovo Digesto Italiano", o autor ensina que se ignora em que época foi instituída a magistratura. Aduz que é provável que ela outra coisa não seja, que a reprodução da Realeza, de maneira apenas transitória, quando as circunstâncias o exigiam. Não sabemos — aduz o autor — se tais circunstâncias eram fixadas pela praxe constitucional. A denominação do cargo era a de "magister populi", ou "praetor maximus", porém, mais tarde, se usou freqüentemente a de "dictator", termo este bastante obscuro, ao passo que o de "magister populi", faz pensar no comando militar.

Prossegue o autor: dado o caráter extraordinário da Ditadura, vigorou rigidamente para ela, o princípio da temporariedade. Foi regra constante que o ditador não pudesse durar no cargo, além do limite de

---

[412] Vide op. cit., Torino, Unione Tipográfico — Editrice Torinese, 1938, vol. V, página 85 — verbete a cargo de Paolo Biscaretti Di Ruffia – grifos no original.
[413] Op. e vol. cit., página 84 — grifos no original.
[414] Op. cit., Torino, Unione Tipografico — Editrice Torinese, 1960, vol. VI, página 17.
[415] Op., vol. e loc. cit.

duração do magistrado que o havia nomeado. Em qualquer caso, o ditador não podia permanecer no cargo, mais do que seis meses. Em geral, no entanto, os ditadores costumaram demitir-se do cargo, apenas cumprida a missão para a qual haviam sido criados. Com o ditador, tinha que abdicar, também, o "magister equitum".[416]

Vejamos, agora, o que o autor escreve, sob o verbete "Dictator", no "Novissimo Digesto Italiano". Assinala que ignora-se em qual época foi instituída a magistratura. É provavel, acrescenta, que a Ditadura tenha constituído na origem, se não, propriamente, uma ponte de passagem entre a monarquia e a magistratura colegial republicana, a reprodução da Realeza de maneira apenas transitória, quando circunstâncias especiais o requeressem. Não sabemos — aduz — se estas circunstâncias foram fixadas, de maneira estável, pela praxe constitucional: é muito problemática a autenticidade de uma "lex de dictatore creando", recordada por Tito Lívio (II, 18, 5).[417]

No que tange à denominação do cargo, o autor, no "Novissimo Digesto Italiano", repete o que havia consignado, no "Nuovo Digesto Italiano".

Continua ele o seu magistério:

"A ditadura era um expediente constitucional reservado aos casos graves ou considerados tais (*quando duellum gravius, discordiae civium escunt*)."[418]

No que tange a ser temporária a magistratura, o "Novissimo Digesto" repete o que se lê no "Nuovo Digesto Italiano".

Aqui, chegamos ao fim do presente item, devendo enunciar as seguintes conclusões básicas:

1ª) Com o vocábulo "magistratus" se designa, a um tempo, o cargo político, e a pessoa nele investida;

2ª) O "magistratus" tem a faculdade, que lhe é própria e original, de exercer, em nome da "Res Publica Romana", uma série de funções, e de realizar uma série de atos, eficazes a respeito de todos os cidadãos romanos;

---

[416] Op. cit., vol. IV, página 811.
[417] Op. cit., vol. V, página 601.
[418] Op., vol. e loc. cit., – grifos no original.

3ª) O magistrado é um órgão da cidade, um titular do poder (potestas) diferindo, assim, do magistrado ateniense, que não é senão um agente da assembléia;

4ª) As magistraturas são temporárias e gratuitas (honores);

5ª) Os magistrados eram invioláveis, durante o desempenho do cargo. Mas, ao término da função, eles podiam ser chamados a prestar contas;

6ª) Da obrigação acima, estavam isentos o "Dictator Optima Lege Creatus", o Censor, e o Tribuno da Plebe;

7ª) A Ditadura é uma magistratura patrícia, curul, "cum imperio", superior, e uma das magistraturas "maiores";

8ª) A nomeação do "Dictator", estava condicionada à existência de graves perigos para a "Res Publica";

9ª) A Ditadura Romana era uma magistratura extraordinária. E, além de extraordinária, era excepcional.

CAPÍTULO VIII
EM QUE PERÍODO FUNCIONOU O DITADOR ROMANO?

1. A DITADURA EM SUA FORMA CLÁSSICA.

Não concordamos com a versão, tradicional, da passagem da Monarquia para a República. Preferimos a versão da passagem gradual. Por via de conseqüência, não abraçamos a versão tradicional, de que o Consulado teria sido, simplesmente, implantado em um determinado ano, sendo, pouco depois, "criada" a Ditadura.

Segue-se que repelimos a brusca instituição do Consulado por *L. Bruto*, no ano de 511 a.C. Afastamos, de conseguinte, a criação, brusca, da Ditadura, dez anos depois. E isto porquanto cremos no surgimento da magistratura ora estudada, durante o período monárquico.

Com efeito, para nós, o "Dictator" (inicialmente, "Tribunus Celerum", ao depois, "Magister Populi") foi, num primeiro momento, um auxiliar do "Rex" para assuntos militares. Com o tempo, passou a concentrar toda a autoridade militar. Assim, fica impossível fixar, com precisão, o momento em que teria surgido a magistratura. Em algum momento recuado, ainda durante a Monarquia, surgiu a magistratura em apreço, de início, uma magistratura ordinária, por meio da qual, ter-se-ia operado a transição da Monarquia para a República.

Em virtude da impossibilidade de se fixar, durante a Monarquia, o momento do surgimento da Ditadura, temos que adotar, como referencial didático, a data convencional, de 501 a.C., como o termo inicial para o nosso estudo. Mas reiteramos: a Ditadura é mais antiga.

No período compreendido entre 501 a.C., e a segunda guerra púnica, encontramos a Ditadura em sua forma clássica. *Manoel Gonçalves Ferreira Filho* escreve:

"Apesar de ter variado com o tempo e com os homens[48], a instituição permaneceu, em suas linhas fundamentais, a mesma, de 501 a.C., data em que se haveria conferido pela primeira vez a ditadura, até 216 a.C., quando as vitórias de Anibal, na segunda guerra púnica, forçaram o recurso a essa medida desesperada⁽⁴⁹⁾."⁽⁴¹⁹⁾

O que era a Ditadura em sua forma clássica, é algo muito bem sintetizado por *Don Faustino Gutierrez Alviz*, quando trata do "Dictator":

"**DICTATOR** — Magistrado extraordinário da época republicana, de origem duvidosa. Era designado nos momentos de perigo interior ou exterior, e assumia temporariamente a autoridade suprema do Estado, na ordem administrativa, na judicial e na militar, sem limitação, e com o desaparecimento do poder colegiado dos cônsules, da *provocatio*, da *intercessio*, e da distinção entre *imperium domi* e *imperium militiae*, devendo designar um *magister equitum*, chefe da cavalaria, que atuava como seu delegado, e o acompanhavam vinte e quatro lictores. Se o chamou também *praetor maximus* e *magister populi*. Originariamente se instaurava por acordo do Senado, e recaia, a nomeação, em um ex-cônsul; posteriormente, o nomeavam os comícios, por proposta de um cônsul, e durava o seu mando o tempo do mando deste. Geralmente o seu exercício não passava de seis meses. (D. 1, 2, 2, 18.19)."⁽⁴²⁰⁾

Ao se referir à Ditadura Romana em sua forma clássica, escreve *Ferreira Filho*, "verbis":

"Durante os três séculos que durou, em sua pureza, a instituição, foi ela usada para diversos fins. Mais freqüentemente foi ela conferida para que se vencesse perigo de invasão, mas não deixou de ser também empregada para solver comoções intestinas e ainda para levar a cabo perseguição a criminosos⁽⁵⁴⁾ e sediciosos."⁽⁴²¹⁾

Quanto ao uso para a perseguição aos criminosos, assinala o autor, na nota de rodapé de nº 54, da página citada, que, no ano de 314 a.C., a Ditadura foi criada para exercer a jurisdição criminal, "Quaestionibus exercendis".

Refere-se, *Ferreira Filho*, a três séculos de duração para a instituição, em sua "pureza original". Os três séculos a que ele se refere, tendo como ponto de partida o ano de 501 a.C., vão terminar, "grosso modo",

---

[419] Vide "O Estado de Sítio", Dissertação para concurso à Livre Docência de Direito Constitucional, na Faculdade de Direito da Universidade de São Paulo, São Paulo, Empresa Gráfica da "Revista dos Tribunais" S.A., 1964, página 31.
[420] Vide "Diccionario de Derecho Romano", Madrid, Instituto Editorial Reus, 1948, página 169 — Negrito, maiúscula e grifos no original.
[421] Op. cit., página 32.

em 216 a.C., quando, depois da Batalha de Canas, os romanos se defrontaram com a terrível realidade de "Anibal ad portas..."

A palavra "Dictator" longe está de ser unívoca, sendo, ao revés, multívoca. O Direito Público Romano conheceu diversos tipos de "dictatores". Antes de examinarmos esses diversos tipos, consideramos de interesse algumas considerações filológicas, sobre a palavra "Dictator", e palavras afins.

Cretella Júnior e *Ulhoa Cintra*, em seu "Dicionário Latino-Português", trazem a palavra "Dictator, oris", um vocábulo masculino da 3ª declinação, imparissilábico. Dão-lhe, com lastro em textos de *Cícero*, os significados de "Ditador", e de "Supremo Magistrado da República Romana".[422] Além da palavra "Dictator, oris", os exímios latinistas cuidam, ainda, das seguintes palavras:

1ª) "Dictatorius, a, um" (como é óbvio, um adjetivo de 1ª classe), que, em *Cícero*, tem o significado de "do Ditador".

2ª) "Dictatorius juvenis", expressão que, em *Tito Lívio*, significa "mancebo", "filho do Ditador".

3ª) "Dictatrix, icis" (como é evidente, palavra da 3ª declinação, imparissilábica), um substantivo feminino, tem, no comediógrafo *Plauto*, o significado de "a que governa, a soberana absoluta".

4ª) "Dictatura, ae", palavra feminina (claro que da 1ª declinação latina), tem, ainda em *Cícero*, o significado de "dignidade de Ditador". Por sua vez, a expressão "Dictatura abire" tem, em *Tito Lívio*, o sentido de "abdicar a dignidade de Ditador".[423]

Nicolau Firmino sob o verbete "dictator, oris", traz os significados de "ditador", e de "supremo magistrado".[424]

Para o adjetivo "dictatorius, a, um", o autor dá as traduções "ditatorial" e "relativo ao ditador".[425] Por derradeiro, o autor dá as traduções "ditadura" e "dignidade de ditador", para a palavra feminina "dictatura, ae".[426]

Passemos ao dicionário de *Francisco Torrinha*. Para o substantivo "Dictator, oris", o latinista português dá dois significados:

---

[422] Op. cit., página 354
[423] Op. e loc. cit.
[424] Vide "Dicionário Latino-Português", São Paulo, Edições Melhoramentos, 2ª edição revista e ampliada, s/d, página 180.
[425] Op. e loc. cit.
[426] Idem, ibidem.

1º) "Ditador, magistrado principal com autoridade absoluta";
2º) "Ditador, primeiro magistrado de algumas cidades italianas".⁽⁴²⁷⁾

No que tange ao adjetivo "dictatorius, a, um", *Torrinha* o traduz com a expressão "De ditador".⁽⁴²⁸⁾ À palavra "dictatrix, icis", dá a tradução "Seberana (sic) absoluta".⁽⁴²⁹⁾ No que tange ao vocábulo "dictatura, ae", dá as traduções de "Ditadura", e "dignidade de ditador".⁽⁴³⁰⁾

Como podemos perceber, o significado em Latim de "Dictator", é o de "Magistrado Supremo", ao passo que o significado de "Dictatura" é o da própria palavra portuguesa "ditadura", e bem assim, a dignidade de ditador. Este último significado é ilustrativo de a Ditadura ser, na época áurea da República, não uma situação de fato, porém, uma magistratura, e, aliás, uma magistratura curul.

Feitas estas observações de índole filológica, passemos ao estudo dos diversos tipos de "dictatores".

Uma primeira distinção a ser feita é aquela entre os "dictatores optima lege creati", e os "imminuto jure". *P. Willems* ensina que o "Dictator optima lege creatus" é o nomeado, seja "rei gerundae" (por motivo de guerra exterior), seja "Seditionis sedandae causa" (por motivo de comoção interior). É aquele — aduz — nomeado "ultimum auxilium".

O "Dictator imminuto jure", ensina, é nomeado, quando as circunstâncias o exigem, para certos atos administrativos, judiciários ou religiosos especiais.⁽⁴³¹⁾

Como é intuitivo, é o "Dictator Optima Lege Creatus" o que mais de perto nos interessa. Com efeito, ele seria o "Ditador Típico", o "Ditador Por Excelência"...

Como podemos perceber, ambas as hipóteses da nomeação, configuram o perigo para a "Res Publica". Este "Dictator Optima Lege Creatus", possui o "summum imperium", vislumbrado por *Tito Lívio* (VI, 38, VII, 3), e é irresponsável.⁽⁴³²⁾

Os "dictatores imminuto jure" não possuem "imperium", senão para a função que lhes é delegada, e, tão-logo ela esteja terminada, devem abdicar.

---

⁴²⁷ Vide "Dicionário Latino-Português", Porto, Edições Marânus, terceira edição, 1945, página 253.
⁴²⁸ Op. e loc. cit.
⁴²⁹ Idem, ibidem.
⁴³⁰ Op. e loc. cit.
⁴³¹ Op. cit., páginas 249 e 250.
⁴³² Op. cit., página 249.

São "imminuto jure", os seguintes "dictatores", sempre de acordo com este autor:
a) "Clavi figendi causa";
b) "Comitiorum habendorum causa";
c) "Ludorum faciendorum causa";
d) "Feriarum constituendarum causa";
e) "Quaestionibus exercendis";
f) "Legendo senatui".[433]

Todo ditador após sua nomeação escolhe um "funcionário subalterno", o "magister equitum". Tem, o "magister equitum", a "potestas consularis", mas não tem "imperium". Além do comando da cavalaria, o "magister equitum" exerce as funções que o ditador lhe delega. Na nota de rodapé de n° 7, da página 251, *P. Willems* ensina que, de acordo com *Tito Lívio*, a "Lex de dictatore creando" havia prescrito que o "magister equitum" fosse consular. Esta prescrição, no entanto, foi menos observada do que aquela que dizia respeito ao ditador. Na realidade, os "magistri equitum non consulares", são muito mais numerosos do que os "magistri equitum consulares". A lição de *Tito Lívio* está em II, 18.[434]

Questão interessante é a de se saber se na Ditadura Romana, em sua forma clássica, podia haver a figura do "Dictator", desacompanhado do "magister equitum". Com os subsídios fornecidos por *P. Willems*, na nota de rodapé de n° 7, da página 251, podemos dizer que a resposta é afirmativa. Mas, seja lá como for, tratava-se de uma exceção: antes da ditadura de *César*, houve só dois casos de ditaduras sem "magisterium equitum". Foram a de *Claudius Glicia*, de 249 a.C., e a ditadura "senatui legendo" de 216 a.C., sendo que esta última apresentou, ainda, outras particularidades. O autor, que se apoia em *Tito Lívio*, XXIII, 22, 23, elucida que o Ditador *Claudius Glicia* abdicou rapidamente.

Esta observação de *P. Willems*, esclarece o detalhe de os "dictatores imminuto jure" serem, ou não, assistidos por um "magister equitum": se a ditadura "senatui legendo" de 216 a.C. foi uma ditadura "sine magisterium equitum", e foi exceção, a conclusão é a de que a regra fosse a existência do "magister equitum", também para o "Dictator imminuto jure".

---
[433] Op. cit., páginas 250 e 251.
[434] Op. cit., página 251.

Como dizíamos, o "Dictator optima lege creatus" é o que mais de perto nos interessa. Pois bem, *Gaudemet* ensina que é preciso não confundir a Ditadura (do magistrado único e supremo), com a Ditadura exercida por magistrados extraordinários, por alguns dias, e, freqüentemente, para cuidar de funções secundárias, tais como a presidência de festas, a convocação das assembléias, complementação da lista de senadores etc.

Em resumo, é preciso não confundir o "Dictator optima lege creatus", com os "dictatores imminuto jure". Mas — adverte — não parece ter havido diferença essencial entre ambos os tipos de "dictatores", porquanto, em princípio, ditadores dos dois tipos não podem estar ao mesmo tempo em função.[435]

De Francisci ensina que, em sua origem, o "magister populi" era, essencialmente, um chefe militar investido do mais alto poder. Mas, na constituição republicana, depois do século IV a.C., se distinguem o ditador "optima lege creatus" e o "imminuto iure". O ditador "optima lege creatus" (ultimum auxilium), era um herdeiro do antigo "magister populi", nomeado "rei gerundae causa" (quer dizer, em virtude de uma guerra exterior), ou "seditionis sedandae causa" (em função da comoção externa). Era, este ditador, investido do "summum imperium", não limitado pela "provocatio", e gozava, em razão da sua irresponsabilidade, de uma certa independência em relação ao Senado. Durante tal ditadura, ficava suspenso o poder dos cônsules; estes apenas podiam agir com o consentimento, ou "sub auspiciis dictatoris". No momento da sua designação, o ditador "optima lege creatus" elegia para ele próprio (dicit) um colaborador, o "magister equitum", encarregado do comando da Cavalaria, e, também, de desempenhar as missões que lhe fossem confiadas pelo "Dictator".

Quanto aos ditadores "imminuto jure" eram, a rigor, "uma degeneração da antiga magistratura extraordinária", ou, pelo menos, uma "aplicação anômala" da antiga instituição. O "dictator imminuto jure", cumprida a tarefa para a qual foi designado, tem as suas faculdades esgotadas. Neste caso, e mais nitidamente, vale o princípio de que o ditador deve abdicar, uma vez finalizado o encargo que lhe foi feito.[436]

---
[435] Op. cit., páginas 342 e 343.
[436] Op. cit., página 92.

Cremos assistir razão ao mestre peninsular, no que tange a ser, o "Dictator optima lege creatus", mais antigo que o "Dictator imminuto jure": isto está em conformidade com a origem da Ditadura, na época recuada da Monarquia.

Voltemos ao Dicionário de *Gutierrez Alviz*. Sob o verbete "Dictator Optima Lege Creatus", escreve o autor, "verbis":

"Ditador com poder absoluto, equivalente a um cônsul, sem estar sujeito à *intercessio* nem *provocatio*. Vid. DICTATOR."[437]

Do "Dictator imminuto iure", escreve o autor:

"Ditador designado para uma missão determinada, por exemplo, para a reunião de comícios ou celebração de jogos. Vid. DICTATOR."[438]

Dentre os "dictatores imminuto iure creati", falamos do "Dictator Clavi Figendi Causa". Dele, escreve *Gutierrez Alviz*: "Exemplo de "dictator imminuto iure", designado para realizar o ato de bruxaria ou superstição mágica, que lhe dá nome, considerado eficaz contra a peste."[439]

O "Nuovo Digesto Italiano", também menciona os "dictatores imminuto iure".

É digno de nota que *Scialoja* se refira aos "ditadores municipais". Com efeito, ensina o autor que, do ponto de vista jurídico, os municípios se organizavam de forma um tanto diferente, uns dos outros. De um modo geral, no entanto, eles se ordenavam de maneira bastante análoga à de Roma. E isto pelo motivo de que o antigo Direito Público do Município de Roma, tornou-se o Direito Público de todo o Estado Romano. Os municípios, normalmente, possuíam os "duumviri" (em alguns casos, os "quattuorviri"), os quais, como os cônsules em Roma, desempenhavam a magistratura soberana, e, portanto, detinham também a Jurisdição. Estes magistrados municipais eram chamados, também, de "praetores", "dictatores" etc.[440]

Bom é que fixemos, com nitidez, qual era a idéia que os próprios romanos faziam, do que chamamos de "Ditadura Clássica". Escreve *De Francisci*:

---

[437] Op. cit., página 170 — grifos e maiúsculas no original.
[438] Op. e loc. cit. — maiúsculas no original.
[439] Op. cit., páginas 169 e 170.
[440] Vide "Procedimiento Civil Romano", tradução argentina de Santiago Sentis Melendo e Marino Ayerra Redin — prólogo de Vincenzo Arangio-Ruiz, Buenos Aires, Ediciones Juridicas Europa-América, 1954, página 111.

"Segundo as concepções correntes no último período republicano, o ditador é um magistrado único, extraordinário, não submetido nem à *provocatio*, nem à *intercessio* dos tribunos; nomeado, de acordo com a opinião do Senado, por um dos cônsules designado pelo Senado, ou por sorteio. Este cônsul, *oriens, nocte, silentio*, depois de haver consultado os auspícios, *dicit dictatorem*. Este ato só pode ser realizado no *agro romano*. Realizada a *creatio* o ditador assume solenemente seu poder, com a cerimônia da *lex curiata de imperio* (T. Liv., IX, 38-39)[37]."[441]

A Ditadura Clássica foi nos primeiros tempos reservada, exclusivamente, aos patrícios. Foi com uma das "Leis Licínias" de 367 a.C., que o Consulado se tornou acessível aos plebeus. No que tange à Ditadura, os plebeus *Q. Publilius Philo* e *C. Marcius Rutilus*, ocuparam a magistratura extraordinária.[442]

O fato de a Ditadura haver sido, nos primórdios da República, um apanágio dos patrícios, reforça a tese da sacralidade intrínseca desta magistratura. Com efeito, os "patrícios" se acreditavam descendentes dos "patres", fundadores da "Urbs". Logo, estavam mais próximos do "ato inaugural" da fundação, do que os plebeus.

O enriquecimento de alguns plebeus contribuiu para que eles pressionassem os patrícios, em termos de acesso às diversas magistraturas.

As lutas entre patrícios e plebeus se refletiram na história das magistraturas. E a esta regra, não esteve infensa a Ditadura. Ensina *Amirante* que, em 356 a.C., foi nomeado o primeiro ditador plebeu, *Caio Márcio Rutillo*. Mas, os patrícios desejavam impedir que os comícios consulares fossem dominados por um cônsul ou por um ditador plebeu. Usaram de um artifício: recorreu-se ao interregno, e foram impostos dois patrícios, como candidatos ao Consulado.[443]

O progressivo acesso da Plebe às magistraturas curuis, correspondeu ao fenômeno da dessacralização e da laicização do Direito Romano.

De acordo com *Amirante*, no ano de 431 a.C., se apresentou um interessante problema, pertinente à nomeação do "Dictator". Naquele ano, na continuação das lutas entre patrícios e plebeus, os "patres" solicitaram a intervenção dos tribunos da plebe contra os pretores, os quais

---

[441] Op. cit., página 91 — grifos no original.
[442] Léon Homo, op. cit., página 70.
[443] Op. cit., páginas 182 e 183.

se recusavam a nomear o ditador, como eles, "patres", requeriam (Tito Lívio, 4, 26, 7-10). O problema de saber se o tribuno militar pode nomear o ditador é resolvido, positivamente, em 426 a.C. (Tito Lívio, 4, 31, 4), ano em que Roma, assenhoreando-se de Fidene, passara a contar com condições para resolver o problema de Veio.[444]

O desfecho da pendência entre patrícios e plebeus é bem conhecido: *Camilo*, nomeado "Dictator", fez um acordo com a Plebe. E mandou erigir um templo à Concórdia.

Em termos da Ditadura Romana, em sua forma clássica, opina *Ferreira Filho* no sentido de que não havia diferença essencial entre a ditadura "rei gerundae causa", e a "seditionis sedandae causa".[445]

Como é evidente, em ambos os casos — de ameaça externa, e de comoção intestina — estava em perigo a República. E, destarte, razão assiste, ao autor patrício: no fundo, ambas as "dictaturae", eram uma só e a mesma coisa. Releva salientar que a Ditadura, em sua forma clássica, era uma instituição. Não uma simples situação de fato.

Este "quid" de institucional, que vislumbramos na Ditadura Romana, em sua forma clássica, é consentâneo com a própria noção de "Res Publica", exteriorizada por *Cícero*, pela boca de *Cipião*, no Capítulo XXV do Livro Primeiro da "República".[446]

Recordemos que a Ditadura era uma magistratura patrícia. Uma das magistraturas curuis. Algo que só podia surgir, em uma cosmovisão bafejada pelo "Ethos" aristocrático. Em suma, a magistratura extraordinária da Ditadura, só poderia ter surgido em Roma. Isto é perceptível nas críticas que *Cícero*, por intermédio de *Cipião*, faz à Democracia, ainda no Capítulo XXXIV do Livro Primeiro da "República".[447]

Aqui, damos por encerrado o presente item. A propósito dele, enunciamos as seguintes conclusões:

1ª) Não se sustenta a versão tradicional, da criação da Ditadura em 501 a.C.;

2ª) As raízes da Ditadura se encontram no Período Monárquico;

3ª) É impossível fixar, com precisão, o momento em que surgiu o "Dictator";

---

[444] Op. cit., página 153.
[445] Op. cit., página 32.
[446] Op. cit., páginas 34 e 35.
[447] Op. e loc. cit.

4ª) Paulatinamente, a Ditadura foi assumindo os contornos pelos quais a identificamos na época histórica;

5ª) Foi progressivamente que se formou a Ditadura "clássica", à medida que o "Magister Populi", auxiliar do "Rex", foi concentrando em suas mãos toda a autoridade militar;

6ª) A "Ditadura Clássica", para fins de estudo, existiu de 501 a.C. a 216 a.C.;

7ª) A "Ditadura Clássica" era uma magistratura essencialmente militar;

8ª) O emprego mais freqüente da "Ditadura Clássica", foi para debelar o perigo externo. Mas, foi ela utilizada, também, para superar comoções internas, e para determinados fins específicos;

9ª) O "Ditador Típico" é o "Optima Lege Creatus", que pode ser "rei gerundae causa", e "seditionis sedandae causa";

10ª) Na "Ditadura Clássica", o "Dictator" é um magistrado único, extraordinário, não submetido à "provocatio", nem à "intercessio" dos tribunos;

11ª) A Ditadura, na sua forma clássica foi, de início, acessível apenas aos patrícios;

12ª) Em virtude das "Leis Licínias", de 367 a.C., o Consulado, e as demais magistraturas curuis, se tornaram acessíveis à Plebe;

13ª) Em 356 a.C., foi nomeado o primeiro Ditador plebeu;

14ª) Em sua forma clássica, a Ditadura foi, ocasionalmente, utilizada pelos patrícios, em suas lutas contra os plebeus; e

15ª) A instituição era conforme ao "Ethos" aristocrático, que presidia a República Romana.

2. O FASTÍGIO E A DECADÊNCIA DA DITADURA, EM SUA FORMA CLÁSSICA. O DECLÍNIO DO "ETHOS" ARISTO-CRÁTICO, EM CONEXÃO COM O COSMOPOLITISMO. A DECADÊNCIA DA REPÚBLICA.

A magistratura extraordinária teve os seus dias de esplendor, ao depois, a sua decadência, e, por fim, desapareceu. Nos estertores da República, a Ditadura conheceu um ressurgimento, apenas nominal.

A evolução da magistratura, esteve em íntima conexão com os eventos da política externa. Em linhas gerais, a Ditadura, enquanto magistratura extraordinária, conheceu o seu fastígio, antes de a "Res Publica" entrar na sua fase "imperial", com as vitórias sobre Cartago, e o domínio do Mediterrâneo Ocidental.

É preciso assinalar que a vitória nas Guerras Púnicas, implicou em um impacto cultural para os romanos. Neste sentido, *Alexandre Augusto de Castro Correa*, em "O Estoicismo no Direito Romano", p. 17.

O que é fundamental, para o nosso estudo, é que as vitórias sobre os cartagineses, redundaram em um choque entre a velha "Bauernmoral", e a liberdade de movimentos, requerida pela prosperidade econômica.[448]

As Guerras Púnicas constituem um "divortium aquarum" na História de Roma, e das suas instituições. Não é por acaso que a Ditadura, em sua forma clássica, tenha sido usada, pela última vez, durante as guerras contra Cartago.

Ao tratar da Ditadura, em sua fase mais importante, observa *Figueiredo Ferraz* que ela aconteceu nos séculos V e IV a.C., sendo que, aos poucos, a magistratura foi perdendo o seu antigo poder. Em 217 a.C., graças à "Lex Metilia", rogada pelo Tribuno M. Metilius, conferiu-se, ao "Magister Equitum" *Minúcio, poder semelhante ao do Ditador Fábio* (grifamos). Tal equiparação, diz *Figueiredo Ferraz*, teria sido um "golpe na instituição."[449] O episódio que resultou na equiparação, ocorreu durante as Guerras Púnicas, "quando o povo romano, não desejando retirar os poderes do ditador Fábio, satisfez-se em reparti-lo igualmente com o comandante de cavalaria". A última citação é de *Tito Lívio*, L, XX, II, 25-26, segundo a nota de rodapé nº 8, da página 118. É ainda *Tito Lívio* quem esclarece que "dictadurae semper altius fastigium fuit" (V. L, 38-13 — nota de rodapé de nº 9, da página 118). É com apoio em *Lívio* que *Figueiredo Ferraz* escreve que "dificilmente, portanto, poderia o tribuno opor-se às determinações do ditador, cônsul extraordinário, e cuja designação fazia sustar os poderes de todas as outras autoridades". [450] Consignamos ser bastante descritivo o nome dado ao Ditador, de "Cônsul Máximo".

O fastígio da magistratura coincidiu com a época em que Roma foi consolidando a sua hegemonia na Itália, e lançando as bases para o império mundial. O apogeu da Ditadura corresponde a uma civilização

---

[448] Op. e loc. cit.
[449] Op. cit., página 118.
[450] Vide op. cit., páginas 117 e 118.

agrária e aristocrática. A pergunta "Quem foi Cincinato?" — oferece uma solucão, cabal, para o problema. E isto porquanto o célebre Ditador é o patrício, agricultor, soldado (e sacerdote, não o esqueçamos!) que salva a "Res Publica", num momento de grave perigo.

Cincinato é emblemático: larga o arado, toma a espada, salva a "Res Publica", e volta para o arado. Ele encarna a mística do soldado-agricultor, como *Camilo* encarna a do soldado-sacerdote.

As necessidades militares, criaram a Ditadura. Pois bem, serão elas que irão contribuir para o declínio da magistratura, em sua forma clássica, a partir do século IV a.C. Com efeito, as campanhas começaram a se desenvolver fora da Itália. Com isto, o prazo de seis meses, para a duração do comando supremo, passou a ser exíguo. E houve, naturalmente, a profissionalização do exército, a partir de uma certa altura, fator que também não pode ser desprezado.

Gaudemet assinala que o recurso à Ditadura foi freqüente, desde as primeiras grandes guerras, até o século IV a.C. No século III a.C., ela desapareceu, quase completamente. Num caso de crise grave, a magistratura extraordinária ressurge, em 249 a.C. Em 217-216 a.C., ante a ameaça de Aníbal, há um novo ressurgimento da magistratura (Ditadura de Q. Fabius Maximus Cunctator e de Junius Pera). Para *Gaudemet*, há um último reaparecimento da Ditadura, em 202 a.C. (Ditadura de Servilius), antes das... "grandes ditaduras" de *Sila* e de *César*.[451]

O mestre francês não discrepa de *Figueiredo Ferraz*, a proposito do assunto.

Sérgio de Sá Mendes, por igual, assinala o declínio da "Ditadura Clássica", em conexão com as Guerras Púnicas.[452]

Observa *Ferreira Filho* que, a partir de 216 a.C., foi abandonada a "Ditadura Clássica". Isto inobstante, os romanos, com o seu acurado senso jurídico, encontraram um substitutivo para ela. Tratou-se da "Ditadura Consular". E prossegue:

"Enquanto na ditadura clássica um magistrado irresponsável era designado pelos cônsules, ainda que sob as vistas atentas do Senado, nesta nova modalidade, era o próprio Senado que investia os cônsules do poder, excepcional, da Ditadura. Isto era feito, sem que o Senado abdicasse de suas prerrogativas políticas, e sem que renunciasse às suas funções."[453]

---

[451] Op. cit., página 342.
[452] Op. cit., página 26.
[453] Op. cit., página 35.

Crifò assinala que, com o tempo, foi ficando mais raro o recurso à instituição de um "Dictator", como "magistratus maximus". A República foi encontrando outros instrumentos para enfrentar as sedições, e sanar graves exigências de governo, provendo a "salus rei publicae", isto, em especial, entre os séculos II a I a.C. Adverte que muito diversos dos poderes do "Dictator" do apogeu da constituição republicana, serão os poderes ditatoriais de *Sila* e de *César*.[454]

Nota o autor que a estabilização da constituição republicana, haverá de tornar cada vez mais raro o recurso à Ditadura, com base em motivos graves. Haverá, sem dúvida, "ditadores" com funções eleitorais, cerimoniais, e assim por diante (o autor se refere, é claro, aos "dictatores imminuto jure creati"). Mas a "Dictatura", enquanto magistratura suprema, será utilizada, pela última vez, em 216 a.C. Neste ano, a gravíssima situação militar em que os romanos se encontravam, na Segunda Guerra Púnica, fez com que fosse "creatus" ditador, *M. Junio Pera*.

Desta lição de *Giuliano Crifò* podem ser retirados importantes subsídios. O fato de a estabilização da constituição republicana, tornar cada vez mais raro o recurso à Ditadura, é um forte indício de que o "Magister Populi" era, na República, uma sobrevivência monárquica. Por outro lado, o uso da Ditadura em 216 a.C., reforça a tese de que a magistratura era essencialmente militar.

Arangio-Ruiz se refere à "aversão popular" que sempre teria cercado a Ditadura. Durante as Guerras Púnicas, prevaleceu a escolha pelos Comícios.[455]

A propósito da "aversão popular" referida por *Arangio-Ruiz*, indagamos: acaso não decorreria, ela, da circunstância, de a magistratura haver sido, ainda que ocasionalmente, usada pelo Patriciado, para impedir a ascensão dos plebeus às magistraturas mais importantes?

O princípio eletivo, para o preenchimento das magistraturas, foi se afirmando, à medida que ficavam para trás as velhas concepções republicanas, bafejadas pelo "Ethos" aristocrático-agrário. É verdade — observa *De Francisci* — que os magistrados sempre conservaram algum papel, na designação de novos magistrados. Mas, deve ser dito que "o princípio eletivo se afirmou rapidamente, também a respeito de cargos cujos titulares deviam ser considerados como delegados dos magistrados maiores".[456]

---

[454] Op. cit., página 89.
[455] Op. cit., páginas 105 e 106.
[456] Op. cit., página 129.

O que mais de perto nos interessa, na lição de *De Francisci*, é que até o cargo de "Dictator" tornou-se eletivo, ao tempo das Guerras Púnicas. Quando isto ocorreu, a magistratura extraordinária já havia perdido a antiga pujança, em função de o seu titular estar submetido à "intercessio" dos tribunos, e à "provocatio ad populum".[457]

Em eletivos, aduz *De Francisci*, se transformaram todos os cargos "minores" — e o que "é mais singular", os sacerdotes. Para o autor, o movimento da afirmação do princípio eletivo, é paralelo ao progressivo fortalecimento da Plebe, e ao seu predomínio em todos os setores da vida política. Para que o novo sistema pudesse se impor, era necessário limitar o arbítrio do magistrado, para aceitar ou recusar as candidaturas. Foram se estabelecendo assim, em parte por costume, e em parte por disposições legislativas, as particulares condições de elegibilidade, das quais nasceu, depois, a gradação nas magistraturas (Par maiorve potestas).[458]

Quando, aqui, nos reportamos a *Gaetano De Sanctis*, é preciso um esclarecimento preliminar: ao falar, este autor, da "fundação do Império", quer se referir ao império territorial, político, militar etc., de Roma, e não ao Principado. Isto vem a propósito do seguinte ponto: menciona *De Sanctis* que, na época da fundação do Império, há uma "quase total abolição da colegialidade dos magistrados com império". Isto explica, para o autor, que a Ditadura tenha caído em desuso.

O argumento de *De Sanctis* tem lógica: a Ditadura servia, sobretudo, para conferir unidade ao comando. Com o desaparecimento da colegialidade, tal unidade era alcançada por outros meios. E isto porque, na realidade, um Pretor ou um Cônsul, na sua província do outro lado do mar (salvo o caso, raríssimo, dos dois cônsules enviados juntos para a África, no início da terceira guerra púnica), tinha, salvo exteriorizações de pequena monta, os poderes, precisos, do ditador. A exemplo do "Ditador", o Cônsul ou o Pretor da hipótese enfocada (ultramar, província distante), não estava submetido à "provocatio", no exercício do "imperium militiae" (Estava submetido a ela, no entanto, no exercício do "imperium domi").[459]

A conclusão é a de que a criação do Império Romano, com o aumento do poderio da "Urbs", tornou obsoletas as instituições da constituição republicana.

---

[457] Op. e loc. cit.
[458] Op. e loc. cit.
[459] Op. e vol. cit., páginas 501 e 502.

O "Nuovo Digesto Italiano", sob o verbete "Dittatura", registra que parece que o primeiro "Dictator" (provavelmente, T. Lárcio), existiu, em Roma, entre 500 e 498 a.C. De qualquer modo, a vida da Ditadura foi limitada ao primeiro período da República, uma vez que, já no terceiro século, a instituição começou a decair. Em 216 a.C. encontramos, realmente, o último Ditador com poderes militares, e, em 202 a.C., o último "dictator conciliorum habendorum causa".[460]

O "Novissimo Digesto Italiano" repete o "Nuovo Digesto", a propósito.[461]

Foi quando das guerras púnicas que, pela vez última, houve uma ditadura de feitio clássico. A propósito, v. *A. Aymard* e *J. Auboyer*.[462]

P. Willems, aliás, anota que a última "ditadura legal", "rei gerundae causa", data de 216 a.C. A referência a este último caso, de acordo com o autor, encontra-se em *Tito Lívio*, XXII, 57.[463]

Aqui, chegamos ao final do presente item, cujas conclusões são as seguintes:

1ª) A "Ditadura Clássica" existiu entre 501 a.C. e 216 a.C.;

2ª) A Ditadura, em sua forma clássica, conheceu o seu fastígio, antes de Roma entrar em sua fase imperial;

3ª) A vitória final nas Guerras Púnicas, implicou em os valores tradicionais dos romanos, entrarem em choque com novas realidades emergentes;

4ª) O "Ethos" aristocrático de uma civilização agrária, foi posto em confronto com o individualismo e o cosmopolitismo;

5ª) O afluxo de riquezas, propiciado pela vitória final, aliado com o individualismo e o cosmopolitismo, contribuiu para a decadência das velhas instituições republicanas;

6ª) O apogeu da Ditadura, em seu feitio clássico, coincide com os séculos V e IV a.C.;

7ª) *Cincinato*, na sua tríplice condição de patrício, agricultor e soldado, pode ser visto como o arquétipo (sem esquecer Camilo) do "Dictator", do apogeu da magistratura extraordinária;

8ª) O progressivo enfraquecimento da Ditadura, em sua forma clássica, corresponde à crescente laicização, correlata da dessacralização, do Direito Público Romano;

---

[460] Op., vol. e loc. cit.
[461] Op. cit., vol. VI, página 17.
[462] Op. e vol. cit., página 161.
[463] Op. cit., página 252.

9ª) Contribuiu também, para tal enfraquecimento, o afirmar-se do princípio eletivo para o preenchimento das magistraturas, em conexão com a ascensão política da Plebe;

10ª) As novas necessidades militares, corporificadas em campanhas mais longas do que as tradicionais, de seis meses, também deram o seu contributo, para o enfraquecimento da magistratura;

11ª) O substitutivo para a Ditadura Clássica, foi a "Ditadura Consular".

3. AS DITADURAS ATÍPICAS DO FINAL DA REPÚBLICA.

A expansão imperial foi funesta para a magistratura extraordinária, objeto do nosso estudo. A opinião que externamos, parece encontrar respaldo em *M. Cary* e *T. J. Haarhoff*.[464]

A Ditadura que existira no apogeu da República era uma magistratura extraordinária, com tudo o que daí deflui; as ditaduras que existiram no final do Período Republicano foram situações de fato, manifestações de poder pessoal, ainda que disfarçadas com atavios de legalidade.

Assinala *Crifò* que, no final da República, houve as ditaduras de *Sila* e *César*, que podem ser consideradas excepcionais, e próprias de uma era de transição. O autor atribui o caráter de "excepcional", também, à ditadura de Pompeu, "*O Grande*".[465]

O "Dictator Optima Lege Creatus" tinha por missão salvar a "Res Publica". Ora, os ditadores do final da República tinham em mira, apenas, o poder pessoal. No sentido de a magistratura em epígrafe ter se desnaturado no final da República, veja-se *Ferreira Filho*.[466]

Legaliza "as tiranias estabelecidas pela força das armas" (Aymard e Auboyer). Bem por este motivo, assinala *Maurice Duverger*, citado pelo autor: "No século primeiro antes de nossa era, essa instituição, há muito caída em desuso, serviu para recobrir com uma aparência legal as tiranias de tipo moderno".

Assinala *Ferreira Filho*, com lastro em *Pinto Ferreira*, que teria sido esta circunstância que levou *Marco Antônio*, em 44 a.C., logo após

---
[464] Op. cit., página 93.
[465] Op. cit., páginas 89 e 92.
[466] Op. cit., página 50.

o assassinato de César, a propor e a obter a extinção do instituto da Ditadura.[467]

Gustave Hugo estuda o assunto. Divide, ele, a História do Direito Romano, em vários períodos. A decadência da Ditadura, estaria ubicada no "terceiro período", que vai de 100 a.C. a 250 d.C. Abrange, pois, o final da República.

A nota distintiva mais importante, que assinala estas "ditaduras atípicas" do ocaso da República, é, justamente esta: tratava-se de um poder de fato. Não havia a "creatio", instituição do "Dictator", em conformidade com as regras de Direito. Havia a tomada do poder, pelo general que, no momento, estivesse mais forte. As lutas entre *Mário* e *Sila*, comprovam o asseverado.

Para *Gustave Hugo*, no momento em que *Sila*, com a ajuda dos poderosos, derrubou pela segunda vez o partido de *Mário*, foi nomeado "ditador por tempo indeterminado", encarregado de restabelecer a ordem nos negócios públicos.[468]

Lembramos que uma "ditadura por tempo indeterminado", era *a antítese* da Ditadura de feitio clássico, a qual, tinha a duração máxima de seis meses (sendo praxe, outrossim, que o "Dictator" deixasse o cargo, finda a missão que justificara a sua "creatio"). E, aqui, temos uma segunda característica das ditaduras atípicas: elas não eram limitadas no tempo. As várias e sucessivas "ditaduras" conferidas a *Caio Júlio César* revelam o choque entre a tradição republicana, e os novos tempos: de um lado, um poder assentado no carisma, no magnetismo pessoal, e na força das armas. E, de outro lado, a preocupação em justificar um tal poder. De acordo com *Gustave Hugo*, após vencer *Pompeu* em Farsália, *César* se revestiu "do duplo título de Ditador e de Imperador", sendo que todo o Senado lhe jurou fidelidade.[469]

É significativo, o que afirma o autor: o "Dictator" dos novos tempos é sempre um vitorioso; tem o título, após as vitórias militares. Ele é a antítese do "Dictator" do apogeu da constituição republicana, o qual tinha o título, quando a Pátria estava em perigo. Razão assiste a *Ivar Lissner*, quando afirma ter sido *Sila* "quem abriu o caminho para os futuros Césares".[470]

---

[467] Op. cit., página 32.
[468] Op. e loc. cit.
[469] Op. e loc. cit.
[470] V. "Os Césares", tradução brasileira de Oscar Mendes, Belo Horizonte, Editora Itatiaia Ltda., 1959, página 28.

Oliveira Martins partilha desta opinião. Para o historiador luso, *Sila* lançou os rudimentos de um exército permanente. E entende, o autor, que *Sila* "queria fundar o principado dentro das formas republicanas aristocráticas".[471] Uma coisa é certa: as grandes reformas de *Sila*, prenunciavam as mudanças que estavam por ocorrer.

Ao tratar da Ditadura antiga, em cotejo com as ditaduras de *Sila* e de *César*, *Carl Schmitt* afirma existir uma "surpreendente diversidade" entre ambas. E nesta "surpreendente diversidade", já estaria insinuada a diferença entre a "ditadura comissarial", e a "ditadura soberana", que haveria de desenvolver-se no futuro.

No que diz respeito ao cesarismo, ensina o autor ora seguido que o... "principado absoluto", então implantado, não via o seu fundamento jurídico no assentimento do povo, fosse qual fosse o modo pelo qual tal assentimento pudesse se produzir, porém, existia pela graça de Deus, e se impunha diante dos estamentos, isto é, diante do que, para a Constituição de então, era o povo. Aduz *Carl Schmitt* que, nesta época, vale dizer, do cesarismo (fim da República, com o ulterior advento do Principado), ainda não existia o significado lingüístico da palavra "ditadura", que conduz à sua extensão a todos aqueles casos em que se pode dizer que se "dita"uma ordem ("dictator est qui dictat").[472]

P. Willems afirma, na esteira dos outros autores até aqui citados, que as ditaduras de *Sila* e as de *César*, não tinham em comum, com a velha Ditadura, senão o nome. Elas foram, antes, *magistraturas novas* (grifamos), que prepararam a transição da República para o Império.[473]

Tais "ditaduras" não passaram de manifestações de poder pessoal, próprias da fase de transição, à qual alude o autor. Diga-se que tal transição foi turbulenta. E violenta. Mais ainda, o último ato dela, foi um ato de força, consubstanciado na vitória de *Otávio* sobre *Marco Antônio*, na Batalha de Actium. Acrescentaríamos que o uso da palavra "ditadura", em conexão com o poder pessoal de *Sila*, *César* (e Pompeu), serviu, não apenas para tentar dar legitimidade e legalidade a atos de força, mas também, para satisfazer o grande apego dos romanos pela tradição.

No estudo da Ditadura atípica, é fundamental que tenhamos em mente que, se *Sila* e *César* foram os casos mais característicos, a relação com eles não se esgota.

---

[471] Op. cit., tomo II, página 138.
[472] Vide "La Dictadura", tradução espanhola de José Díaz García, Madrid, Revista de Occidente S.A., 1.968, páginas 34 e 35.
[473] Op. cit., página 252.

Mommsen, ao falar sobre as ditaduras do final da República, é taxativo:

"Os poderes extraordinários que, mais tarde, se nos apresentam sob o mesmo nome, não pertencem ao tema."[474]

Ao tratar da época em apreço, *Max Savelle* fala, textualmente, de "ditadores militares", mencionando *Mário* e *Sila*.[475]

É mister concordar com *Max Savelle*: no final da República, um tipo novo, o "ditador militar", fez o seu aparecimento, no cenário político de Roma. Mário, apoiado em tropas vitoriosas, foi o primeiro representante deste novo tipo de homem. Mas os *Irmãos Graco*, apoiados no furor da populaça, não diferiam, essencialmente, de *Mário, Sila, Pompeu* e *César;* em todos estes casos, houve poderes ditatoriais, que não derivaram do Direito, mas de situações de fato, inda que legalizadas "a posteriori".

Aqui, damos por encerrado o presente item, pondo em realce as seguintes conclusões:

1ª) A expansão imperial de Roma, foi nefasta para as magistraturas tradicionais da República;

2ª) Foi tal expansão imperialista que propiciou o surgimento das ditaduras atípicas, do final da República;

3ª) Estas "ditaduras atípicas" foram situações de fato, manifestações do poder pessoal de alguns indivíduos;

4ª) As "ditaduras atípicas" do final da República, foram próprias de uma época de transição;

5ª) Os ditadores, nas ditaduras ora examinadas, tinham em mira o poder pessoal;

6ª) O nome "ditadura", nas "ditaduras atípicas", servia para dar uma aparência legal à tirania;

7ª) A outra nota distintiva da "ditadura atípica", é a sua duração, na prática, por tempo indeterminado;

8ª) A "ditadura atípica" apoia-se no furor do populacho (Tibério e Caio Graco), ou em um exército vitorioso (Mário, Sila, Pompeu e César).

---

[474] Op. e loc. cit.
[475] Op. e vol. cit., páginas 263 e 264.

4. AS DITADURAS DE SILA, POMPEU E CÉSAR.

Neste item, buscaremos falar, "in concreto", das ditaduras de *Sila, Pompeu e César*, ressaltando as suas características de "ditaduras atípicas", examinadas, genericamente, no item anterior.

Para bem mostrar o clima que imperava em Roma, no final da República, nada melhor do que dar a palavra a *Tácito*, quando, no capítulo 8 do Livro I, fala dos funerais de *Augusto*:

"No dia do funeral os soldados se postaram como para defesa, lembrando-se com zombaria aqueles que foram testemunhas ou que de seus pais tiveram notícia, do termo de uma escravidão recente ainda e do alvorecer de uma liberdade em vão recuperada, quando a morte do ditador César foi considerada por uns como um crime e por outros como uma ação meritória."[476]

É verdade que o autor fala, aí, de um momento histórico em que o Principado já havia sido fundado; o que importa é a menção ao assassinato de *César*. O magnicídio em questão, narra *Tácito*, dividiu as opiniões em Roma. E tal divisão dos romanos em dois campos, foi a constante, no final da República.

No contexto que mencionamos, da Cidade dividida, é que têm que ser entendidas, primeiro, as lutas entre *Mário* e *Sila*, e, depois disto, as sucessivas ditaduras de *Sila, Pompeu* e *César*.

Para facilitar a nossa exposição, abordaremos, sucessivamente, cada uma das três ditaduras.

A Ditadura de Lúcio Cornélio Sila

Relata *Amirante* que, em 82 a.C., no fim do ano, os dois cônsules haviam falecido, o que deu lugar ao interregno. "Interrex" foi o Príncipe do Senado, *Quinto Valério Flacco. Sila*, ausentando-se de Roma, escreveu a *Flacco*. O teor da carta é que o "Interrex" devia explicar, ao povo, que ele, *Sila*, considerava útil à República que, naquelas circunstâncias, se retomasse aquela antiga magistratura, que os romanos haviam chamado de "ditadura". Só que *Sila* aconselhava que a Ditadura a ser reinstituída, não mais durasse seis meses, mas o quanto fosse necessário, para dar estabilidade à Cidade, à Itália e ao Poder Público em geral,

---
[476] Op. cit., página 27.

turbado pelos tumultos, e pelas guerras civis. Na carta, *Sila* não fazia segredo, no sentido de que o homem idôneo para ocupar uma tal magistratura, era ele próprio. De acordo com *Amirante*, *Flacco* "obedeceu a Sila", e tomou, em conseqüência, uma "iniciativa inaudita": convocou os comícios, mas, ao invés de lhes propor a eleição da dupla consular, propôs uma lei que instituía a ditadura por tempo indeterminado, e com poder constituinte. A própria lei que instituía a Ditadura por tempo indeterminado, e com poder constituinte, indicava, em Sila "o homem capacitado a ocupar a magistratura a instituir". Os comícios aprovaram esta lei, e, em conseqüência, *Q. Valério Flacco* procedeu à "dictio" de *Sila*, como "Dictator legibus scribundis et reipublicae constituendae". Esta mesma lei, que *Cícero* taxará de ultra-iníqua, absolveu Sila de tudo o que havia feito, inclusive, das proscrições contra os partidários de Mário. Indo além, num "plus", a lei absolveu *Sila*, "a priori", de tudo aquilo que viesse a fazer, no futuro.[477]

Umas poucas observações aqui se impõem. *Sila* pleiteia, ele próprio, a Ditadura, muito diversamente do que ocorria com os "dictatores" da fase áurea da instituição. Em segundo lugar, esta verdadeira "anistia para o futuro", de que fala *Amirante*, equivale ao Poder com carta branca.

A ditadura de *Sila* foi rica em reformas das velhas instituições republicanas. Ainda de acordo com *Amirante*, *Sila* tinha a "profunda convicção" de que os poucos milhares de homens que, em Roma, participavam solidamente das assembléias, não exprimiam nenhuma efetiva vontade popular, daí nascendo o seu desígnio de deslocar o peso político da "Res Publica", das assembléias para o Senado. O Senado de Sila — anota o autor — é muito diverso do que havia governado a "Res Publica", até os *Graco*. Sila fez entrar, no Senado, cerca de 300 novos membros. Estes "novos senadores", foram escolhidos entre os mais ilustres integrantes do "Ordo Equester". A propósito de cada candidato, *Sila* buscou o consenso da tribo. Entraram assim, no Senado, os expoentes daquelas classes, também e sobretudo italianos, que, na época dos *Graco*, haviam sustentado e alimentado a oposição à "nobilitas" senatorial.

Questão fundamental, a ser aqui abordada, é a do fim da Censura, sob a ditadura de *Sila*. Ensina *Amirante* que, depois do recenseamento de 86 a.C., não foram mais eleitos censores em Roma, até 70 a.C. Ne-

---

[477] Op. cit., página 302.

nhum elemento permite afirmar, com certeza, que *Sila* tivesse pretendido abolir a magistratura. Mas, existe o fragmento de uma lei, com a qual ele estabeleceu que todos os anos, deviam ser eleitos 20 questores, e que estes, uma vez completado o ano do cargo, entrassem automaticamente no Senado. Desta forma, acrescenta *Amirante*, ficava assegurada a troca, fisiológica, da estrutura senatorial. Ficava, assim, inútil a "lectio senatus", que, depois do "Plebiscito Ovinio", era um dever, precípuo, dos censores. Mais ainda, ficava abolido qualquer filtro entre a eleição popular e o assento no Senado. Este não mais podia, como é óbvio, ser a expressão política dos "optimates".[478]

Sila exerceu um enorme poder pessoal. E, para tanto, enfraqueceu a velha nobreza, debilitando o seu reduto tradicional, o Senado. Possuiu *Sila*, mais poder do que qualquer outro romano, antes dele.

Anota *Bonfante* que *Sila* tentou organizar, legalmente, a oligarquia, mediante a concentração de todos os poderes no Senado. Contra os seus atos, não havia nem a "intercessio", nem a "provocatio ad populum".[479] O Tribunado da Plebe, ao seu tempo, teve momentos difíceis. A respeito, *Figueiredo Ferraz*.[480]

O Senado detinha todos os poderes. Sucede que o próprio *Sila* controlava o Senado.

Ao tratar das reformas de *Sila*, *Figueiredo Ferraz* enfatiza que elas consistiram na entrega do poder ao Senado.[481]

É fato inconteste que *Sila*, com as suas reformas, deixou a sua marca em todas as instituições romanas. Assim, e "verbi gratia", ele aumentou o número dos integrantes do Colégio dos Pontífices e dos Áugures, elevando cada um deles a quinze. Sobretudo, *Sila* abrogou a Lei Domicia, abolindo aquela maneira de designação (dos pontífices e dos áugures) por parte da assembléia, e restabelecendo o princípio, antigo, da cooptação incondicionada.

Observa *Amirante* que *Sila*, além de haver alterado as estruturas do Senado e dos Colégios Sacerdotais, interferiu nas magistraturas. Ora, estas eram fundamentais em uma ordem institucional na qual as assembléias não tinham iniciativa, e o poder de convocá-las, propor as suas candidaturas, e leis, estava concentrado nas mãos dos magistrados.

---

[478] Op. cit., páginas 304 e 305.
[479] V. op. cit., vol. I, páginas 295 e 296.
[480] Op. cit., página 102.
[481] Op. cit., página 127.

Sila — prossegue — estabeleceu uma ordem fixa da magistratura: Questura, Pretura, e Consulado. Provavelmente, deixou em vigor a velha norma que estabelecia um intervalo de dois anos entre a Pretura e o Consulado, e estabeleceu o prazo de um decênio, para a iteração da mesma magistratura. Trinta anos era a idade mínima para a Questura, quarenta para a Pretura, quarenta e três para o Consulado. Apenas após a Questura, se ingressava no Senado. Assim, é fácil perceber após quantos anos de participação nesta "escola incomparável de sagacidade política" (o Senado), podiam ser alcançados a Pretura e o Consulado. Estas eram as únicas magistraturas que podiam convocar o comício centuriato. É importante assinalar, por derradeiro, que *Sila* cavou um fosso entre o Tribunato da Plebe e todas as magistraturas curuis, ao estabelecer que quem tivesse ocupado o Tribunato, não poderia, jamais, percorrer a carreira das magistraturas curuis.

O ditador tomou providências, também, a propósito dos comandantes de tropas. Anota *Amirante* que os fatos demonstravam que os comandantes constituíam o perigo maior para a Cidade. Devia ser evitado que uma ligação pessoal se estabelecesse entre os soldados e o seu comandante. É verdade que as fontes silenciam, a propósito deste assunto. Mas, as linhas gerais, dentro das quais *Sila* procedeu, podem ser traçadas com suficiente segurança. Até o ano de 52 a.C., à exceção de "comandos claramente extraordinários", é muito raro que um Cônsul, ou um Pretor, seja utilizado fora da Itália, durante o ano da sua magistratura. Acontece pelo contrário, com "extraordinária regularidade", que o ex-Cônsul e o ex-Pretor governem uma província, no ano imediatamente subseqüente ao de sua magistratura.

Em resumo: na primeira metade do século I a.C., os magistrados maiores exercem o seu cargo em Roma, ou, de qualquer modo, na Itália; no ano seguinte, por meio da prorrogação do "imperium", deliberada pelo Senado, obtinham um comando militar na província. Este uso já existia. Com *Sila*, ele se torna uma praxe constante. Era essencial que o Senado fosse o árbitro para agir como melhor lhe parecesse, sobretudo, quanto à duração da prorrogação do "imperium".[482]

É aqui que entra em cena a sagacidade política de *Sila*. Em seu tempo, as províncias eram dez. O ditador havia elevado a oito, o número dos Pretores. Estes oito Pretores, somados aos dois Cônsules, perfaziam

---

[482] Op. cit., páginas 307 e 308.

dez magistrados. Assim, todos os anos, o Senado tinha à disposição, dez ex-magistrados, aos quais confiar, após a prévia prorrogação do "imperium", o governo das dez províncias. Desde que o Senado desfrutasse desta oportunidade, nenhum governador permaneceria no cargo mais de um ano. Assim, ficavam menores as possibilidades de criação de vínculos entre os comandantes e os exércitos.

O intuito centralizador de *Sila* se evidencia na "Lex Cornelia De Majestate". As hipóteses que recaíam no seu âmbito eram as seguintes: a) permanecer o magistrado na província, além de trinta dias após o vencimento da prorrogação do "imperium"; b) abandonar a província; c) levar o exército fora do território da sua província; d) iniciar uma guerra, por sua própria iniciativa; e) invadir o Reino de um Rei amigo, sem ordem do "Senatus" ou do "Populus".

Um Procônsul ou um Propretor, que tivesse praticado um dos atos acima capitulados, incorreria imediatamente na acusação de "maiestas", com todas as conseqüências daí decorrentes.[483]

Substanciais foram as reformas introduzidas por *Sila*, no Direito Penal e no Processo Penal. *Amirante* considera que as reformas introduzidas por *Sila* foram "profundas". Nas reformas, o ditador percorreu o caminho que, em 149 a.C., fora aberto, com a criação do primeiro tribunal permanente para julgar as acusações de concussão feitas pelos habitantes das províncias aos governadores romanos (Quaestio Perpetua Pecuniarum Repetundarum); caminho retomado, em 95 a.C., com a instituição da "Quaestio de sicariis et veneficiis".

Segundo *Amirante*, o objetivo do ditador foi o de criar outros tribunais permanentes, mas, sobretudo, intervir no sentido de definir com uma lei todos os crimes que, embora sendo já atribuídos a uma "quaestio", não tinham, ainda, tido uma definição satisfatória. As leis de *Sila* regularam, também, o processo, e sobretudo, a composição dos júris. Na presidência de cada um dos tribunais permanentes, foi colocado um Pretor. Oito eram os Pretores. Dois deles, tinham que se ocupar da "Província Urbana" e da "Província Peregrina". Assim, para presidir a "Quaestio de Sicariis et Veneficiis", havia um ex-edil, com o título de "Judex Quaestionis". Dos júris, *Sila* quis que participassem, apenas, os senadores. Eram, os júris, compostos no momento em que, levantando qualquer um uma acusação, o tribunal devia se constituir. Estabelecido

---
[483] Op. e loc. cit.

— ao que parece — o número de cinqüenta jurados, *Sila* teria introduzido o sorteio da "decúria" do Senado, da qual deviam sair os jurados. Tanto a Acusação, quanto a Defesa, tinham o direito de recusar as pessoas incluídas na decúria sorteada, até que fosse alcançado o número necessário a compor o júri. Ao júri competia avaliar as provas que a Acusação havia produzido, e, com base nestas, e também, nas testemunhas e argumentos da Defesa, emitir o veredito. A pena era fixada pela lei. O júri nada devia deliberar, a propósito. Com isto, o ditador quis tornar mais difícil a corrupção dos júris. O acusado decidia se os jurados deviam votar em aberto, ou em segredo.[484]

Ainda no âmbito das reformas introduzidas no Direito Penal e no Processo Penal, algo deve ser aqui consignado, a propósito das penas impostas pelas "Quaestiones". A "aquae et igni interdictio", à qual se seguia o exílio e a perda da cidadania, era a mais grave das penas que uma "quaestio" podia pronunciar. A sentença da "quaestio", era inapelável.

Todas estas leis de *Sila* generalizaram o sistema acusatório, e assinalaram o fim da função judicial das assembléias populares, solicitada pela inquisição dos magistrados.[485]

Ainda em conformidade com *Amirante*, os tribunais permanentes, criados por *Sila*, funcionavam para os seguintes crimes:

a) "majestas", entendida como violação das normas que protegiam o próprio Estado;

b) "Ambitus", que compreendia a corrupção eleitoral, e a organização de círculos eleitorais;

c) O "crimen repetundarum", vale dizer, a concussão, praticada pelos governadores romanos nas províncias, e bem assim, o peculato, que compreendia também a corrupção judiciária;

d) A "Iniuria", nas formas graves da extorsão e do arrombamento.

Além destas figuras, os tribunais permanentes julgavam os crimes previstos na "Lex Cornelia De Sicariis Et Veneficiis". Eram eles:

1º) O homicídio;

2º) O andar armado no espaço compreendido em uma milha ao redor de Roma, com o escopo de assassinato ou de roubo;

---

[484] Vide op. cit., páginas 309 e 310.
[485] Op. cit., página 311.

3º) A subministração homicida de veneno;
4º) A preparação, a venda e o porte de venenos;
5º) A corrupção e o falso testemunho, em prejuízo do acusado, em processo em que era prevista a pena capital; e
6º) O incêndio doloso.

Em materia de assassinato, a "Lex Cornelia" levava em consideração, apenas, o homícidio doloso (Digesto, 48, 8, 7), punindo os cúmplices, da mesma maneira que os culpados principais.

Os tribunais permanentes julgavam, ainda, os crimes previstos na "Lex Cornelia Testamentaria Nummaria", mais tarde, conhecida como "Lex Cornelia De Falsis": falsidade, modificação de testamento, introdução de moeda falsa, corrupção de juízes.

P. Willems não discrepa dos demais autores citados, no que tange à maneira pela qual *Sila* chegou ao Poder. Estes plenos poderes de *Sila* — elucida — foram chamados, pelos antigos, de "regnum", e lhe foram concedidos até que ele tivesse pacificado o Estado Romano. No ano de 80 a.C., Sila acumulou o Consulado, juntamente com a Ditadura. Em 79 a.C., espontaneamente, renunciou ao cargo.

Sila deixou a Ditadura, a exemplo dos "ditadores clássicos", quando considerou que a sua missão estava finda.

Não seria temerário dizer que a "ditadura atípica" de *Sila* foi possível também em virtude de um anseio de ordem dos romanos, após a guerra civil.

No sentido do que ora afirmamos, *Malinverni* ensina, sinteticamente, o seguinte:

1º) A Ditadura de *Sila*, de 82 a.C., tendia a restaurar os órgãos, agora tornados conservadores, da República (Senado, Pretores, Questores) em contraposição aos novos órgãos democráticos dos *Graco*;

2º) O consulado de *Crasso* e de *Pompeu*, em 70 a.C. foi, ao revés, caracterizado por novas reformas democráticas, e pela reintegração dos tribunos na plenitude dos seus direitos;

3º) Com *Lúcio Sérgio Catilina*, o partido popular procurava conquistar a direção do Estado; mas a conjura foi frustrada.

O que aqui nos importa, é que cada vez mais intensamente, toda a população exigia a ordem. E esta aspiração do povo facilitou, primeiro o advento do Triunvirato, e, depois, a Ditadura de César, esta última, em 48 a.C.[486]

---

[486] Vide "Lineamenti di Storia del Processo Penale", Torino, G. Giappichelli — Editore, 1972, página 5.

A Ditadura de Cneu Pompeu

Sila tivera o título de "dictator legibus scribundis et reipublicae constituendae". Mais tarde, a extirpação da pirataria tornou necessária a organização de... "um comando geral extraordinário" sobre todos os mares e todos os litorais, por um triênio, com recursos financeiros... "ilimitados", e com a faculdade de nomear vinte e cinco lugar-tenentes de escalão pretoriano. Este comando — superior às magistraturas citadinas, e que ultrapassava os termos habituais — concorria, nas províncias, com o "imperium" dos governadores.

O comando em pauta, foi dado a *Pompeu*, pela "Lex Gabinia" de 66 a.C., e cresceu no ano seguinte, graças à "Lex Manilia". Foi o primeiro abandono da anualidade das magistraturas (com a exceção da Censura), a primeira criação de um "imperium infinitum", depois que a Constituição de Sila havia delimitado a esfera territorial dos cônsules, e tirado, aos próprios cônsules, o "imperium" militar.

No ano de 55 a.C., *Pompeu* foi eleito, também, Procônsul Geral para o Aprovisionamento, e, no ano de 52 a.C., com uma... "absurda contradição", *Cônsul Sem Colega* (grifamos), permanecendo, no entanto, sempre, Procônsul. Nos anos de 54 a.C. e de 53 a.C., *Pompeu* foi proposto para a Ditadura. Por esta época — anota *Bonfante* — as tradicionais magistraturas republicanas, anuais e colegiais, revelam-se "sempre mais insuficientes em qualquer emergência de relevo". Observa o autor que, após a criação do Triunvirato, em verdade, a velha Constituição Republicana subsistia apenas no nome.[487]

Para *Amirante*, *Pompeu* e *Crasso*, eleitos cônsules, tornam conhecido um projeto de lei pelo qual fica proibido, ao Senado e ao Povo, dispor das províncias gaulesas e da ilírica, até o dia 1º de Março de 50 a.C. Desta forma, e na prática, *César* tem prorrogado o "imperium" que lhe havia sido conferido pela "Lex Vatinia", com as mesmas faculdades que a "Lex Trebonia" havia dado a *Pompeu* e *Crasso*, e pelo mesmo qüinqüênio, a findar em 1º de março de 50 a.C.

Tanto a "Lex Vatinia", quanto a "Lex Trebonia", subtraíram ao Senado a decisão sobre a destinação das províncias, e chamaram a deliberar o "Populus". Ambas cancelaram a "Lex Sempronia" de *Caio Graco*, a qual, recebendo a praxe existente, que reservava ao Senado todas as

---
[487] Op. cit., página 300.

decisões sobre as províncias, o obrigava a estabelecer, preventivamente, quais províncias seriam consulares.[488]

Assinala *Amirante* que o ano de 52 a.C. é, em Roma, da "mais total anarquia". "Bandos armados" se enfrentam no Forum. A multidão foi à vila de *Pompeu*, aclamando-o "cônsul e ditador". O Senado, fazendo seu este apelo da turba, delibera o "senatus consultum ultimum", e confia, ao "interrex" e a *Pompeu*, este, "Procônsul" "ad urbem", a salvação da República. Decretado o "tumultus", *Pompeu* é autorizado a fazer mobilização de tropas em toda a Itália, mas "ninguém diz contra quem".

É necessário decidir qual poder atribuir a *Pompeu*, a partir do dado de que se deseja evitar, senão a essência, ao menos o título de "ditador". Então o Senado acolhe a proposta de que *Pompeu* seja "eleito cônsul sem colega", com a faculdade de cooptar-se o colega após dois meses, passado o estado de necessidade.

Anota *Amirante* que estamos diante de um "monstrum" jurídico. Com efeito: o Senado indicou *Pompeu* para o Consulado. E *Pompeu* cumula o Consulado com o Proconsulado. Cônsul, e, destarte, supremo magistrado da Cidade, ele tem inobstante, na qualidade de Procônsul para as províncias espanholas, de estar distante da "Urbs". *Tito Lívio* anota a "novidade do exemplo".[489] Acrescentemos: não se tratava apenas disto. O Consulado era uma magistratura colegial. Assim, um cônsul "sine collega" era uma gritante contradição. Na prática, *Pompeu* era um "ditador", dos "atípicos", do período ora estudado.

É chegado o momento de tratar da legislação de *Cneu Pompeu*, enquanto Cônsul.

Refere *Amirante* que, três dias após assumir o Consulado, *Pompeu* fez aprovar uma nova lei sobre a violência, que instituiu um tribunal extraordinário para proceder contra os assassinos do Tribuno *Clódio*, e autores do incêndio da cúria Ostilia, bem como do assalto à casa do "interrex" *Lépido*.

Ainda em 52 a.C., é aprovada uma lei sobre a corrupção eleitoral, que agrava as penas, seja da "Lex Calpurnia" de 67 a.C., seja da "Lex Tullia" de 63 a.C., até o exílio perpétuo. Ambas apressaram o procedimento. Primeiro, vêm as testemunhas; depois, no mesmo dia, os debates, com duas horas para a Acusação, e três horas para a Defesa.

---

[488] Op. cit., páginas 326 "usque" 329.
[489] Op. cit., página 330.

Seguiram-se mais duas leis. A primeira renovou a proibição de os ausentes se apresentarem candidatos às magistraturas. A segunda traduziu o "senatus consultum" do ano anterior, estabelecendo o intervalo de um qüinqüênio entre a magistratura e a promagistratura. Esta segunda lei, também obrigou os governadores provinciais, promagistrados, a residir na província, tornando proibido que eles gerissem as tarefas da promagistratura, por meio de legados. Ora, era exatamente isto o que *Pompeu* estava fazendo, como Prôconsul para as duas províncias espanholas. *Tácito* dirá que *Pompeu* foi "autor e destruidor, ele mesmo, de suas próprias leis".

Esta "Lex Pompeia" sobre as províncias, abrogou a lei de *Caio Graco*, que obrigava o Senado a decidir, antes das eleições, quais províncias seriam destinadas aos cônsules, e também a lei de *Sila*, que fazia da promagistratura, e, portanto, do governo provincial, a conseqüência — imediata e automática — da eleição para uma magistratura urbana. Ambas estas leis tiveram o escopo de abolir a discricionariedade do Senado, na destinação das províncias. *Caio Graco* havia excluído a possibilidade de "intercessio" tribunícia, contra a deliberação do Senado que decretava quais províncias seriam consulares.[490]

Enorme era o alcance prático desta "Lex Pompeia". Privado o Senado de decidir da destinação das províncias, é óbvio que tal decisão ficava com *Pompeu*.

O individualismo orientava as ações dos homens daquele período. É preciso ter em mente tal individualismo, para bem perceber que, entre os membros do Primeiro Triunvirato, lavrava uma rivalidade surda. *Plutarco* escreve, "verbis":

"Desde muito, César resolvera arruinar Pompeu como, Pompeu de seu lado, resolvera destruir César. Crasso, o único adversário que podia tomar o lugar do vencido, havia perecido no país dos Partos; só restava, pois, a César, para elevar-se ao primeiro posto, derrubar quem o ocupava, e só restava a Pompeu, para evitar sua própria ruína, desfazer-se de quem ele temia."[491]

No trecho de *Plutarco*, é perceptível que na época do Primeiro Triunvirato, a velha "Res Publica" subsistia apenas nominalmente. Esta

---
[490] Op. cit., páginas 330 "usque" 333.
[491] Vide "Alexandre e César", São Paulo, Atena Editora, 1.959, páginas 139 e 140.

sobrevivência apenas nominal da República é atestada, quanto aos costumes políticos, pelo próprio *Plutarco*.[492]

Por aqui, encerramos as nossas considerações pertinentes à "ditadura atípica" de *Pompeu*.

A Ditadura de Caio Júlio César

De acordo com *P. Willems*, as diversas ditaduras de *César* abrangem o período compreendido entre 49 e 44 a.C. *César* foi nomeado ditador, uma primeira vez, em 49 a.C., pelo Pretor *M. Aemilius Lepidus*, autorizado, este, por uma lei: a "lex Aemilia". *César* assumiu o cargo de "Dictator", em Novembro de 49 a.C. Tendo presidido os comícios eleitorais, nos quais se fez nomear Cônsul para o ano de 48 a.C., *César* renunciou à Ditadura, após onze dias. Após vencer *Pompeu* em Farsália, foi *César* nomeado "dictator reipublicae constituendae causa", por tempo indeterminado. Isto ocorreu em 48 a.C. Para *P. Willems*, esta segunda ditadura de *César* durou até o fim de 46 a.C. Esta opinião, é também a de *Mommsen* (De Caes. dictaturis, 1. 1). *Dion Cassio* (XLII, 20) e *Plutarco* (Caes., 51), sustentam que a segunda ditadura de *César*, não teria durado mais do que um ano.

Prossegue *P. Willems*. Depois da vitória de Tapsus, em 46 a.C., *César* foi encarregado da Ditadura, por dez anos consecutivos, mas, em 44 a.C., foi ele proclamado "dictator perpetuus".[493]

Na nota de rodapé de nº 3, da página 253, o autor elucida, com lastro em *Dion Cássio*, XLIII, 14, que, quando *César*, após Tapsus, foi encarregado da Ditadura por dez anos consecutivos, ela, Ditadura, passou a ser considerada uma magistratura anual. Assim, em 45 a.C., *César* é intitulado "Dictator III", em 44 a.C., "Dictator IV". No mesmo local, elucida o autor que muitas vezes, com a Ditadura, *César* acumulou o Consulado.

Cremos que uma observação deva aqui ser feita. *César* — ao menos, ao que tudo indica — não tencionava renunciar à Ditadura, como o fizera *Sila*. Acumular o Consulado não seria, destarte, uma possível manifestação de vênia, para com a velha magistratura republicana. O que aqui indagamos, "sub censura", é o seguinte: Nesta atitude de *César*,

---

[492] Op. cit., página 140.
[493] Op. cit., páginas 252 e 253.

não estaria o embrião do que iria fazer *Augusto*, ao criar o Principado, mantendo ao lado dele, as antigas instituições republicanas?...

Uma "Ditadura Pérpetua", era a antítese do que havia sido a magistratura extraordinária, em sua forma clássica.

Registra *Guglielmo Ferrero* que *César* nomeou senadores... "a torto e a direito", inclusive gauleses. Queria nomear vice-ditador o seu sobrinho *Caio Otávio*, que contava apenas dezoito anos de idade.

Sila, e, "a posteriori", *César*, assinalam a transição da "Velha Ordem" (Republicana), para a "Nova Ordem" (Principado), em breve instaurada por *Otaviano Augusto*. As "ditaduras" desta fase de transição, a rigor, da "ditadura" antiga, só possuíam o nome. Para usarmos a terminologia de *Carl Schmitt*, as "ditaduras atípicas" do final da República, não eram "ditaduras comissárias", mas sim, "ditaduras soberanas", uma vez que interferiram na ordem preexistente.[494]

Ignoramos se *César* chegou a conceber, sistematicamente, algum tipo de governo, como o supõe *Oliveira Martins*.

É possível que *César* tivesse em mente a criação de um novo sistema político. E isto explicaria que o seu programa tivesse sido mais profundo, do que fora o de *Sila*.

O genial senso político e jurídico de *César*, é posto a nu por M. Cary e T. J. Haarhoff, quando se referem a uma sua medida que, sem dúvida, antecipava o Edito de *Caracala*:

"Sua obra mais duradoura foi a implantação de um calendário solar que subsiste em nossos dias, em uma forma ligeiramente modificada (Cap. III, apêndice). Não obstante, o que melhor demonstra sua política construtiva é a concessão da cidadania romana a numerosos indivíduos de origem provinciana, e a todas as populações livres de certas cidades das províncias. Esta extensão dos direitos políticos romanos, para além das fronteiras da Itália, foi o ponto de partida de um processo que transformou o Império Romano, de um domínio militar, em uma comunidade de membros iguais (Sec. b, 11)."[495]

Estamos diante de uma manifestação do gênio de *César*. Mas, antes disto, estamos diante de uma manifestação do gênio romano. Nenhum político ateniense, da fase áurea da "Polis", fora capaz de uma iniciativa de tal alcance. Os helenos, fechados em um particularismo

---
[494] Op., vol. e loc. cit.
[495] Op. e loc. cit.

político estreito, jamais puderam transcender a Cidade. Não assim a gente do Lácio: dotados do impressionante senso jurídico que, neles, caminhava de mãos dadas com o senso político, os romanos partiram da Urbe, e chegaram ao Orbe!... Bem por isto, assiste razão a *Alexandre Augusto de Castro Correa*, que afirma, dos romanos, terem sido "um povo destinado a ter por pátria o Universo".[496]

Ao cuidar da ditadura de *César*, ensina *Figueiredo Ferraz* que, em 47 a.C., ele acumulava, praticamente, "todos os altos cargos da República". *César* tornou-se, *também*, Tribuno da Plebe. Depois de Farsália, tornou-se ditador por dez anos, tendo, também, a autoridade de Censor, com o nome de "Praefectus Morum". Podia nomear tribunos da plebe, e efetivamente o fez, na pessoa de *Lúcio*, irmão de *Antônio*. O exercício da "potestas tribunicia" tornou *César* "sacrossanto"; o Senado o proclamou "divus" e "Imperator".

Refere *Plutarco* que a eloquência de *César* em processos judiciários, criou-lhe, logo, "certa fama". Ao mesmo tempo, *César* aumentava a sua influência política, isto, graças à sua habilidade e munificência. Fala o autor que a popularidade de César "se fortificou a ponto de não poder ser derrubada", tendendo a "arruinar a república". *Cícero*, citado por *Plutarco*, suspeitou que *César* intentava a ruína da "Res Publica".[497]

É digno de nota que *César*, para alcançar o Poder, tenha cortejado o favor popular, no melhor estilo dos "tiranos" gregos.[498]

Temos afirmado que *César* preparou o advento do Principado. Isto é verdadeiro. Mas é fato inconteste que a instabilidade da época, clamava pela monarquia... podendo, o monarca, ser outro, que não *Júlio César*.

César lançou mão de, literalmente, todos os meios, para se guindar ao poder. Ao tempo da "Ditadura Clássica", o poder político era um instrumento para a salvação da "Res Publica". Agora não: o poder passava a ser um fim em si mesmo.

Ao se referir à segunda ditadura de *César*, diz *Plutarco* que, após a vitória contra *Farnaces, César* retornou à Itália, "em fins do ano no qual devia terminar sua segunda ditadura: esse cargo, anteriormente, nunca fora anual".[499]

---

[496] Op. cit., página 14.
[497] Plutarco, op. cit., página 117.
[498] Plutarco, op. cit., página 114.
[499] Op. cit., página 163.

É ainda *Plutarco* quem ensina que o último ato das guerras civis, foi a vitória de *César* sobre os filhos de *Pompeu*. Os romanos ficaram mal impressionados com o triunfo que *César* celebrou, pois era uma vitória contra os filhos de um grande romano. Isto sem embargo, a insegurança gerada pelas lutas civis, fez com que se popularizasse a idéia de que a autoridade deveria pertencer a um só.

Carl Schmitt, ao tratar das ditaduras de *Sila* e de *César*, escreve:

"As ditaduras tardias de Sila e César foram agrupadas quase sempre com a ditadura da época antiga, como algo juridicamente igual, ainda que politicamente distinto (*in effectu tyrannis*, como diz Besold)."[500]

Encerramos o presente item, com as seguintes conclusões:

1ª) O período final da República Romana, foi altamente conturbado, e de transição;

2ª) O período foi assinalado pelas lutas civis;

3ª) Em 82 a.C., por sugestão de Sila, foi reavivada a antiga magistratura extraordinária da Ditadura, porém, por tempo indeterminado;

4ª) *Sila* foi "Dictator legibus scribundis et reipublicae constituendae";

5ª) A lei que instituiu *Sila* ditador, o absolveu, "a priori", de tudo o que viesse a fazer no futuro;

6ª) A ditadura de *Sila* foi rica em reformas das velhas instituições;

7ª) *Sila* deslocou o peso político da República, das assembléias para o Senado;

8ª) Sila reformou o Senado, nele fazendo ingressar novos membros;

9ª) O poder real, efetivo, à retaguarda do Senado, era exercido por *Sila*;

10ª) Contra os atos de *Sila*, não havia nem a "intercessio", nem a "provocatio ad populum";

11ª) *Sila* interferiu, também, nas magistraturas;

12ª) O *Ditador Sila* tomou providências, para que não se criassem vínculos entre os comandantes de tropas, e os soldados;

13ª) O governo de *Sila* foi centralizador, como o revela a "Lex Cornelia De Majestate";

14ª) Intensa foi a atividade legislativa de *Sila*, também, no âmbito do Direito Penal e do Processo Penal;

---

[500] Op. cit., página 34 — grifos no original.

15ª) *Sila* abandonou o Poder, espontaneamente, ao julgar terminada a sua tarefa;

16ª) Em 66 a.C., a "lex Gabinia" conferiu, a *Cneu Pompeu*, poderes extraordinários, para extirpar a pirataria;

17ª) A "Lex Gabinia" foi a primeira criação de um "imperium infinitum";

18ª) Em 54 e 53 a.C., *Pompeu* foi proposto para a Ditadura;

19ª) Após a criação do Primeiro Triunvirato, a constituição republicana subsistia apenas no nome;

20ª) A paz entre os membros do Triunvirato, dependia do equilíbrio entre as forças armadas de que dispunham os triúnviros;

21ª) Em 52 a.C., *Pompeu* foi eleito Cônsul, sem colega;

22ª) *Cneu Pompeu* teve uma intensa atividade legislativa;

23ª) A "Lex Pompeia" privou o Senado de decidir sobre a destinação das províncias;

24ª) As diversas ditaduras de *Caio Júlio César*, abrangem o período compreendido entre 49 e 44 a.C.;

25ª) *César*, com a Ditadura, acumulou *outras magistraturas*;

26ª) *César*, mediante a extensão da cidadania romana a numerosos indivíduos de origem provinciana, e às populações livres de certas cidades das províncias, lançou as bases do Império Romano — comunhão de homens iguais, antecipando-se, em certa medida, ao Imperador *Caracala*;

27ª) *César*, como os "tiranos" gregos, cortejou o favor popular;

28ª) A "ditadura atípica" de *César*, preparou o advento do Principado.

5. O DESAPARECIMENTO OFICIAL DA DITADURA.

O poder pessoal de *César*, começou a provocar reações de descontentamento.

Naquela quadra dos estertores da República, o assassinato de *César* era, em boa medida, inevitável. Escreve *Gaston Boissier*, "verbis":

"Demos às coisas os nomes exatos. Era para si e não para o povo que César trabalhava. E combatendo-o, Cícero pensava defender a República e não os privilégios da aristocracia. Mas essa República merecia ser defendida? Havia alguma esperança de a conservar? Não era manifesta sua inevitável ruína?"[501]

---

[501] Vide "Cícero e seus Amigos — Estudo da sociedade Romana do tempo de César" — tradução brasileira de Júlio Abreu Filho, São Paulo, Editora Renascença S.A., 1946, página 56.

Os partidários das antigas tradições republicanas, que os havia em Roma, sentiam-se atingidos em seus brios, pelas atitudes de *César*. *Orvacio Santamarina* escreve:

"No recinto do Senado foi construído também uma espécie de trono, do qual ele assistia as discussões e as deliberações daquela assembléia. Houve outras resoluções consagrando-lhe muitos templos — sendo especialmente construído um dedicado à Clemência, que foi representada conduzindo César pela mão."[502]

Maynz anota que, poucos dias após a morte de *César*, uma lei de *Marco Antônio* aboliu a Ditadura, para sempre.

Sob o verbete "Dittatura", o "Nuovo Digesto Italiano" apresenta a ditadura de *César* como "uma larvada forma de monarquia".[503] Na mesma fonte se lê que, após a morte de *César*, para evitar futuras tentativas de absolutismo, *Marco Antônio* promulgou ostensivamente, no ano de 44 a.C., uma lei que abolia a Ditadura. Depois disto, nunca mais a Ditadura foi renovada.

Concordamos com o que vai exposto no "Nuovo Digesto Italiano". A ditadura de *César* pode e deve ser considerada o embrião do Principado.

O "Novissimo Digesto Italiano", não discrepa da fonte anteriormente citada.

Embora o desaparecimento oficial da Ditadura tenha ocorrido com a lei de *Marco Antônio*, o desaparecimento efetivo da magistratura, em seu feitio clássico, aconteceu durante a Segunda Guerra Púnica, após a vitoria de *Aníbal* em Canas, em 216 a.C.

A genuína Ditadura da República Romana, não desapareceu em função da implantação do Principado. Ela havia desaparecido muito antes. O Principado, este sim, surgiu em decorrência da deterioração da República.

Fixemo-nos, pois, no "fim oficial" da Ditadura, com a lei de *Marco Antonio*. Mas tenhamos em mente que este fim teria atingido as manifestações de poder pessoal, acobertadas sob o "nomen juris" de Ditadura.

Questão interessante é a de se saber se, com a "ditadura atípica" de *César*, teria havido a última manifestação, em Roma, de um poder

---

[502] Vide "César (Vida de Caio Júlio Cesar)" — Rio de Janeiro, Irmãos Pongetti Editores, 1939, página 248.
[503] Op. cit., vol. V, página 85.

pessoal, de natureza "ditatorial". Somos levados a afirmar que não. A luta pelo Poder, subseqüente ao assassinato de *César*, conduziu ao estabelecimento, outra vez, do poder pessoal. Neste sentido, *Max Savelle*, op. e vol. cit., página 269.

Aqui encerramos o presente item, cujas conclusões são as seguintes:

1ª) O poder pessoal de *César*, mantendo-se indefinidamente no tempo, exasperou os adeptos das velhas tradições republicanas, que urdiram o seu assassinato;

2ª) O poder pessoal de *César*, chegou aos extremos do culto à personalidade;

3ª) Os conjurados eram extraídos do Patriciado, do escol da Aristocracia Romana;

4ª) *César* foi assassinado nos Idos de março de 44 a.C. Pouco depois, uma lei de *Marco Antônio*, abolia a Ditadura, para sempre;

5ª) A lei de Marco Antônio, mencionada sob o nº de ordem anterior, constituiu a abolição oficial da Ditadura. Na realidade, em seu feitio clássico, ela não mais existia, desde a Segunda Guerra Púnica;

6ª) Os membros do Segundo Triunvirato exerceram "poderes ditatoriais", também foram "ditadores atípicos", embora não utilizassem tal título;

7ª) Assim, a "Ditadura atípica" só desapareceu com a vitória final de *Otávio* sobre *Marco Antônio*, e com a implantação do Principado.

CAPÍTULO IX
QUAIS ERAM OS PODERES DO DITADOR ROMANO?

CONSIDERAÇÕES PRÉVIAS.

Sob o "nomen juris" de "Ditadura", costuma-se designar, tanto a magistratura extraordinária, que existiu dos primórdios da República até à Segunda Guerra Púnica, quanto as "ditaduras" do final da República.

Em função da abrangência da palavra, e da conseqüente abrangência do vocábulo "Ditador", os poderes deste têm que ser estudados com referência à Ditadura Clássica e depois com referência às ditaduras atípicas.

O presente capítulo vai, pois, ser subdividido em quatro itens, três dos quais dedicados a cada um dos assuntos apontados acima, sendo, um quarto, consagrado à atividade legislativa do Ditador.

1. OS PODERES NA DITADURA CLÁSSSICA.

Para abordar os poderes do "Dictator" na "Ditadura Clássica", é indispensável que algumas considerações sejam feitas a propósito da "Potestas" e do "Imperium", duas noções nucleares do Direito Público Romano.

Vamos enfocar as duas noções, em termos propedêuticos à abordagem dos poderes do "Dictator".

José Carlos Moreira Alves, fazendo remissão a *Arangio-Ruiz*, distingue entre "Potestas" e "Imperium". "Potestas" "é a competência de o magistrado expressar com sua própria vontade a do Estado, gerando para este direitos e obrigações". O "Imperium" "é a personificação, no magistrado, da supremacia do Estado, supremacia que exige a obediência de todo cidadão ou súdito, mas que está limitada pelos direitos essenciais do cidadão ou pelas garantias individuais concedidas por *lex publica*".[504]

---
[504] Op. cit., vol. I, página 30 — grifo no original.

De acordo com *Moreira Alves*, o "Imperium" compreende:
1º) O poder de levantar tropas e comandá-las;
2º) O direito de apresentar propostas aos comícios;
3º) A faculdade de deter e punir os cidadãos culpados;
4º) A administração da justiça nos assuntos privados. [505]

Há uma regra básica na matéria: Todos os magistrados têm a "Potestas". Mas nem todos têm o "Imperium". O "Dictator", era um dos magistrados "cum imperio".

Sílvio Meira escreve:

"A palavra **potestas** apresentava variados sentidos jurídicos. Referindo-se aos magistrados chamava-se **imperium**, poder e força coercitiva."[506]

O romanista faz uma identificação entre a "Potestas" e o "Imperium", da qual — respeitosamente — discordamos.

Ulhoa Cintra admite que a noção em epígrafe possa ser etrusca, escrevendo:

"A noção de *"imperium"* não se encontra assim entre os antigos povos da Península. É verossímil que seja criação etrusca e implantado em Roma durante a dominação etrusca."[507]

Outros autores admitem a origem etrusca do "imperium". As insígnias do Poder, utilizadas pelos romanos, eram também de origem etrusca.

Gaudemet perfilha a opinião da origem etrusca das insígnias do Poder. As insígnias do Poder do rei etrusco, descritas por *Dionísio de Halicarnasso*, serão retomadas pelos romanos: a coroa de ouro, a sela curul, o cetro encimado pela águia, o manto e a túnica de purpura...[508]

Ulhoa Cintra define o Império como sendo "o alto poder público compreendendo o *"imperium militare"* e a *"Juris dictio"*, em oposição, por uma parte, à força de interdição, *"intercessio"* e por outra, ao poder inferior de ordenar, a *potestas* no sentido estrito".[509]

---

[505] Op., vol. e loc. cit.
[506] Vide "Processo Civil Romano", Belém, 2ª edição, s/d, página 14 — negrito no original.
[507] Vide "História da Organização Judiciária e do Processo Civil", cit., volume primeiro, página 72 — grifo no original.
[508] Op. cit., página 258.
[509] V. "História da Organização Judiciária e do Processo Civil", vol. cit., página 112 — itálico no original.

Fala, *Ulhoa Cintra*, do "Imperium domi" e do "Imperium militiae". O primeiro é exercido na "Urbs", e em uma milha ao redor dela. Compreende atos civis, e também militares, como a formação e o recrutamento do exército. O "Imperium militiae", é exercido fora dos limites da "Urbs". Também compreende atos civis e militares. Entre os atos civis, estão a Jurisdição, e a administração dos territórios. A dualidade é a regra: o mesmo magistrado possui um e outro "imperium", conforme esteja na Cidade, ou fora dela.[510]

Para *Giuseppe Grosso*, citado por *Tucci*, o "Imperium" apresenta uma continuidade, da monarquia etrusca, aos supremos magistrados republicanos. Tal continuidade é expressa, mais do que em determinações abstratas do valor de um termo, na concreção dos sinais exteriores. O "Imperium" é um poder que os supremos magistrados republicanos herdaram do rei, e, mais precisamente, da monarquia etrusca. Dela, conservou os sinais exteriores, devendo ser assinalados, em primeiro lugar, os litores com fáscios. O "Imperium", para *Grosso*, é um poder soberano, originário e unitário. A palavra "imperium" traz, em si, o significado fundamental de "comando", que tem o seu fulcro no império militar (acentuado no rei etrusco, no "magister populi" e nos "praetores"). Funde, no entanto, com centro no comando militar, os poderes próprios das funções de governo, sem que, no entanto, este conteúdo seja positivamente definido por meio do elenco dos poderes que o compõem.[511]

Retenhamos esta noção, básica: o "Imperium" é um poder soberano, originário e unitário.

Ao falar sobre o "Imperium", afirma *De Francisci* que *Cícero* tentará justificar esta idéia central do Direito Público Romano, com uma argumentação filosófico-teológica. Mas para a consciência romana, não havia a necessidade de tais justificações: o princípio do "imperium" estava tão profundamente arraigado na alma romana, que não apenas se manteve, mas também se aperfeiçoou, quando aumentou o número das magistraturas, e quando a atividade dos magistrados se desenvolvia em colaboração com outros órgãos. E isto porque o "primeiro motor da vida do Estado, continua sendo sempre o titular do "imperium", o qual "representa a essência e a unidade espiritual da *civitas*, dirige a sua atividade, e promove o seu desenvolvimento".[512]

---
[510] Op. e vol. cit. — página 113.
[511] Op. cit., página 113.
[512] Op. cit., página 7 — grifo no original.

Ainda para *De Francisci*, são as seguintes as principais faculdades contidas no "imperium":

a) Os "auspicia";

b) O comando militar, e todas as funções e operações com ele relacionadas (expedições militares, formação dos quadros, disposição sobre o botim, o triunfo etc.);

c) Jurisdição civil, e exercício da repressão Penal;

d) "Ius edicandi", isto é, o direito de ditar ordens, que tinham vigor enquanto durasse o cargo do seu autor;

e) "Ius agendi cum populo", vale dizer, o direito de convocar e presidir os comícios, e de, neles, apresentar propostas;

f) "Ius agendi cum patribus", isto é, o direito de convocar e de presidir o Senado, com o correspondente "ius referendi", sendo este último, o direito de apresentar os temas que deviam ser tratados;

g) Algumas funções religiosas, como as "dedicationes", a presidência dos jogos, de alguns sacrifícios solenes etc.[513]

Se a noção de "Imperium" é bastante inteligível — sem embargo de não ser possível a tradução rigorosa da palavra — a mesma coisa não acontece com a de "Potestas".

Assinala o autor que, em contraposição às magistraturas "cum imperio", as demais são chamadas, às vezes, de magistraturas "cum potestate". Mas o termo "potestas" é ambíguo. Algumas vezes, compreende o "imperium" (D., 50, 16, 215), outras, se contrapõe ao "imperium". É provável, assinala *De Francisci*, que o termo "potestas" (cum potestate), tenha aparecido para indicar a faculdade dos magistrados que não possuíam a plenitude da soberania, e que, depois, tenha sido adotado como termo genérico, para designar o poder de todas as magistraturas, sobretudo, quando se viu a necessidade de regular as relações entre elas. De fato, em função do conceito romano da soberania unitária, apenas lentamente pôde se afirmar, no ambiente republicano, o princípio da especialização das funções, e de sua esfera de competência. Não se instituiu uma verdadeira hierarquia entre os magistrados, na República. Assim, as relações de cada magistrado com os demais, encontraram a sua regulamentação e os seus limites, na prática e na "fides". Deste modo, sem se instituir uma hierarquia, se chegou a estabelecer uma gradação entre

---

[513] Op. cit., página 126.

os magistrados, que alcançou o seu ponto definitivo, com a "Lex Villia", de 180 a.C. Tal gradação, constitui a base da doutrina da "par maiorve potestas", em que a palavra "potestas" tem um significado genérico.

De Francisci menciona a "Lex Villia". Ela é posterior ao desaparecimento da Ditadura Clássica. Isto sem embargo, convém que digamos alguma coisa sobre ela.

Assinala *Léon Homo* que a "Lex Villia Annalis" fixava a ordem em que as magistraturas deviam ser desempenhadas. Esta ordem era o "cursus honorum", o "certus ordus magistratuum", de que, mais tarde, *Cícero* irá falar. O "cursus honorum" compreendia três magistraturas ordinárias: a Questura, a Pretura e o Consulado, em ordem ascendente. A Edilidade Curul tomava lugar, se fosse o caso, entre a Questura e a Pretura. Esta ordem era completada pelas magistraturas extraordinárias, a Ditadura e a Censura. Ambas eram reservadas a antigos Cônsules. É interessante ter em mente a idade legal mínima, para ter acesso às magistraturas: Questura, 28 anos; Pretura, 40 anos; Consulado, 43 anos. Os Ditadores e os Censores eram nomeados entre os antigos Cônsules. A idade mínima para o Consulado era 43 anos. Se o Cônsul ficava no cargo um ano, segue-se que a idade mínima para a Ditadura, era 44 anos, isto, se não houvesse a necessidade do intervalo de dois anos (biennium) entre o Consulado e a Ditadura.

Temos que aprofundar o que foi dito sobre a doutrina da "par maiorve potestas". Segundo *De Francisci*, de acordo com ela, e no que diz respeito aos "magistrados maiores", a "maior potestas" corresponde ao Ditador, relativamente ao Cônsul, e ao Cônsul, relativamente ao Pretor. O Censor ocupa uma posição "sui generis". Ele não tem "maior potestas" a respeito de nenhum magistrado. E nenhum tampouco a possui, relativamente ao Censor. Releva salientar que os "magistrados maiores" têm uma "maior potestas", frente a todos os magistrados "minores". Os "minores", no entanto, não têm "maior potestas", em relação uns com os outros.

O "Dictator" estava no pináculo da estrutura republicana.

Acrescenta o autor que têm "par potestas" os magistrados-membros de um mesmo colégio, seja de "maiores", seja de "minores". A "par potestas" se impõe, negativamente, mediante a "intercessio"; por isto, diz a regra "par... potestas plus valeto". Os tribunos, por possuírem uma posição especial, podem opor a sua "intercessio" contra todos os magistrados, com a única exceção, na Antiguidade, do Ditador.[514]

Sobre a "Par maiorve potestas", *Crifò*, op. cit., página 92, está de acordo com *De Francisci*.

Para *Vogel*, todo magistrado, pelo simples fato de o ser, possui a "Potestas". Mas, nem todo magistrado possui o "Imperium". Pois bem: buscando a origem da palavra "imperium", verificaremos que os romanos a aplicaram, sempre, para se referir ao poder dos magistrados detentores do comando de um exército, durante a guerra. Ora, o comando do exército supõe que se dispunha dos meios necessários para manter a disciplina. Em conseqüência, supõe o "jus vitae naecisque", sobre os soldados.

Prossegue o jurista: o "imperium" dos reis foi herdado, em primeiro lugar, pelos Cônsules, e, logo a seguir, pelos Pretores. Entre os magistrados extraordinários, O DITADOR foi herdeiro do "imperium" real. Todos esses magistrados (Cônsules, Pretores, e O DITADOR), podem exercer o seu "imperium", dentro ou fora de Roma.[515]

O autor se refere ao exercício do "imperium", dentro ou fora de Roma. Isto nos conduz à temática do "Imperium militiae", e do "Imperium domi".

Vogel reafirma que os Cônsules, os Pretores E O DITADOR, podem exercer o seu "imperium", dentro e fora de Roma. Daí resulta que a sua autoridade tenha DUAS MANIFESTAÇÕES. Exercido fora de Roma o "imperium", à frente do exército, e a uma distância de mais de mil passos da cidade, chama-se "imperium militiae", e não está sujeito a nenhuma limitação. Em virtude deste "imperium militiae", o magistrado pode, até, condenar à morte um soldado, sem que nenhum outro magistrado possa opor a sua "intercessio".

Exercido dentro da Cidade (manifestando-se, por exemplo, mediante o exercício da Jurisdição Criminal), chama-se "imperium domi", e está sujeito a algumas limitações. De fato, como, na época republicana, se entendeu que a verdadeira soberania residia no povo, considerou-se necessário impor certos limites à autoridade dos magistrados. A primeira limitação é o "jus intercessionis" (direito de veto, da parte do magistrado superior ou igual). Assim, mesmo dentro desta autoridade de ori-

---

[514] Op. e loc. cit.
[515] Op. cit., página 119 — as maiúsculas são nossas.

gem militar, que é o "imperium", é preciso distinguir (o que é assinalado por Tito Lívio, Aulo Gélio e outros), o "imperium minimum" do Pretor, o "imperium maximum" do Cônsul, E O "IMPERIUM SUMMUM" DO DITADOR. Este último não está sujeito a nenhuma das limitações que condicionam o "imperium" dos demais magistrados. A segunda limitação, republicana, à autoridade dos magistrados, era o "Jus Provocationis", que assegurava a "Provocatio Ad Populum".[516]

Como podemos perceber, a gente do Lácio soube tomar de uma noção unitária como o "imperium" e adaptá-la, na prática, a várias gradações.

P. Willems não discrepa, em linhas gerais, dos autores mencionados.[517]

Questão interessante é a de se saber se o "Magister Equitum" possuía ou não o "imperium". Para *P. Willems*, op. e loc. cit., o "Magister Equitum" possuía a "potestas consularis", não o "imperium". Opinião contrária é a de *Mommsen*. É verdade — aduz *P. Willems* — que *Antonius*, o "magister equitum" de *César* durante a ditadura deste, era acompanhado por seis "lictores", de acordo com o relato de *Dion Cássio*. Disto não se pode, no entanto, concluir que os "magistri equitum" ordinários da República, tenham tido "lictores", e, por conseguinte, o "imperium".

Preferimos ficar com a opinião de *P. Willems*: o "magister equitum", um auxiliar do "Dictator", não possuía o "imperium". Durante a ditadura, o "imperium" é um atributo, exclusivo, do Ditador. E tanto isto é verdade que, como ensina este autor, durante a Ditadura, os magistrados ordinários ficavam com os poderes suspensos.[518]

Gaudemet perfilha a opinião de que os magistrados inferiores têm apenas a "Potestas", ao passo que os superiores — entre os quais o Ditador — possuem a "Potestas" e o "Imperium".[519]

É ainda *Gaudemet* quem ensina que alguns autores admitem, e outros não, a associação entre "Imperium" e "Jurisdictio". A teoria da dissociação entre ambos, é refutada por *De Francisci*. A Jurisdição do magistrado, e o seu poder de "coercitio", estão submetidos à "Provocatio Ad Populum".

---

[516] Op. cit., páginas 119 e 120 — as maiúsculas são nossas.
[517] Op. cit., páginas 219 a 221.
[518] Op. cit., página 249.
[519] Op. cit., página 330.

Prossegue *Gaudemet*: as prerrogativas militares do "Imperium", não podem ser exercidas no interior do "Pomoerium". No "Pomoerium", é proibido que as tropas entrem armadas, e que os magistrados sejam precedidos pelos lictores, tendo o machado nos fáscios. Assim, conclui, há distinguir o "imperium militiae", exercido fora do "Pomoerium", com as suas atribuições militares, do "imperium domi", que não importa senão em funções civis. Na nota de rodapé de nº 3, ensina o autor que *Mommsen* atribui a distinção entre os dois "impérios", à época republicana, ao passo que *Vogel* a faz remontar à Monarquia.[520]

Sobre o "Imperium", escreve *Malinverni*:

"2.- Originariamente o magistrado supremo da cidade detinha o "imperium", e, como emanação dele, a "coercitio".[521]

E *Cuenca* preleciona, "verbis":

"Mommsen diz que o imperium, ou seja, a *potestas*, é o alto poder que o povo delega aos magistrados mediante *lex de imperio*, e corresponde só aos magistrados superiores. Sem embargo, Wenger contrapõe o *imperium*, correspondente só aos magistrados superiores, à *potestas*, que correspondia aos magistrados inferiores. (Nºs 321 e 340)."[522]

O mestre de Caracas aborda o "Merum Imperium" e o "Mixtum Imperium": o primeiro teria um cunho mais público; o segundo, um cunho mais privado.[523]

Estas poucas noções, pertinentes ao "Imperium" e à "Potestas", são suficientes ao nosso propósito. Consideramos ser conveniente no entanto, antes da abordagem dos poderes do "Dictator", dizer umas poucas palavras, a propósito das insígnias do "Imperium".

Registra *P. Willems* que os magistrados "cum imperio", quando aparecem em público, são acompanhados por "lictores", que os precedem e portam fasces (fáscios). No caso do "imperium merum", os "lictores" carregam "fasces cum securi" (vale dizer, com as machadinhas, as achas).

Os "lictores", os "fasces" e as "securi", são as "insignia imperii". Como deflui das lições de *Aulo Gélio* (XIII, 15, 4), e de *Lívio* (VI, 38,

---

[520] Op. cit., página 332.
[521] Op., cit., pagina 1.
[522] Op. cit., página 7 — grifos no original.
[523] Op. e loc. cit.

VII, 3), "Imperium minus praetor, majus habet consul, summum, dictator".[524]

Os romanos possuíam todo um acervo de símbolos do Poder. Este fenômeno foi desconhecido entre os gregos. E revela ele, pensamos, o amor à "Auctoritas", da gente do Lácio. Entre um povo como este, o "Jus", como "voluntas" ordenadora, a serviço da Política (De Francisci), só poderia ter conduzido ao resultado que conhecemos: a edificação de um Império, mantido não só pela força militar, mas também graças ao consenso dos seus cidadãos.

Assinalemos que, ainda admitida a tese de que a noção de "Imperium" não fosse romana, mas etrusca, esta não poderia vicejar, senão no seio de um povo impregnado de juridicidade, como o romano.

Para *Gaudemet*, a etimologia da palavra é incerta. Evoca, seja como for, "o poderio que faz o chefe". "Imperium" teria designado, primitivamente, a força pessoal, antes de assumir o valor, abstrato, de poder de comando.

Na nota de rodapé de nº 5, da página 270, ensina *Gaudemet* que "Imperium" derivaria de "Parare", "preparar", donde "comandar"; ou ainda, de "Parere", "dar a vida", "criar".[525]

Transcrevemos a nota de rodapé de nº 6, da mesma página: "O *imperium* exprime a força do chefe, qualidade pessoal em sua concepção "carismática" do poder, concessão dos deuses depois dos ritos de ascenção ao poder. Foi, o *imperium*, um "contributo etrusco para Roma?"[526]

O que nos importa reter é que o "imperium" era, de início, o poder de "comandar homens, e conduzí-los ao combate."[527]

É interessante observar que a escolta do Cônsul era integrada por doze lictores, e a do Ditador o era por vinte e quatro deles.

Por fim, é preciso que não percamos de vista o dado de que estas noções — que chamamos de "nucleares" — de "imperium" e de "potestas" — e bem assim, as insígnias do "Imperium" — são um produto da História; resultaram das vicissitudes da evolução histórica do Direito Romano. As noções de "Imperium" e de "Potestas", e todas as

---

[524] Op. cit., páginas 221 e 222.
[525] Op. e loc. cit.
[526] Op. e loc. cit. — grifo no original.
[527] Op. e loc. cit.

insígnias, todas as representações do Poder, não resultaram de elocubrações de gabinete. São, ao revés, o fruto da História.

Os poderes do Ditador, na época da Ditadura Clássica, estiveram em íntima conexão com as vicissitudes da República. Escreve *Ferreira Filho*:

"20 — A existência da República romana — a história bem mostra — longe esteve de correr pacífica. Não poucas foram as crises que teve de vencer, ora estruturais como o descontentamento plebeu à época da *lex licinia*[46], ora conjunturais como a invasão inimiga — a dos *equos*, por exemplo[47]. Para suplantar essas crises, soube o gênio romano criar uma magistratura extraordinária — a ditadura — a que recorreu em última instância."[528]

Na nota de rodapé de nº 46, o autor ensina que a crise que a República Romana enfrentou com o descontentamento plebeu, durou cerca de dez anos, de 377 a 367 a.C., e acarretou o uso da Ditadura para manter a ordem. Isto, no ano de 367 a.C.

Aborda o constitucionalista a concentração do poder nas mãos do "Dictator", escrevendo:

"22 — A ditadura romana era uma instituição legal, caracterizada pela concentração do poder em mãos de um magistrado extraordinário, quando grave perigo ameaçava a República. A proclamação da ditadura operava a confusão em favor de um só do poder, que ordinariamente se dividia pelas várias magistraturas em geral colegiadas. Exercia então o ditador sobre todos — magistrados ou cidadãos — autoridade absoluta[57]."[529]

Prossegue *Ferreira Filho*, qualificando o "Dictator" de "Chefe da República":

"Enquanto no exercício de suas funções, o ditador romano era o chefe da República. Era ele, porém, "nomeado para cumprir uma missão determinada, como por fim a uma guerra ou esmagar uma revolta e, desde que sua missão estava cumprida, suas funções se achavam *ipso facto* suprimidas"[58]. De qualquer forma, porém, suas funções não iam além de prazo certo, que era de seis meses[59]."[530]

Ao colocar em realce o cunho eminentemente militar do Ditador, o constitucionalista dele fala, como detentor da Força Pública:

---

[528] Op. cit., página 31 — grifos no original.
[529] Op. cit., páginas 32 e 33.
[530] Op. e loc. cit. — grifos no original.

"Seu caráter era fundamentalmente militar. O ditador detinha a força pública que podia usar sem limitações. Esse caráter militar se manifesta bem claro no título que vestia o ditador, nos primeiros tempos de uso da magistratura. Esse título era *magister populi*, ou seja, chefe dos homens em armas, por oposição ao *magister equitum*, isto é, chefe da cavalaria, seu subordinado(60)."[531]

Afirma o autor ora seguido, que o "Dictator" era irresponsável.

O "Dictator" estava livre de qualquer tipo de controle, prelecionando *Ferreira Filho*:

"Depois da nomeação, o *imperium* do ditador era confirmado por uma *lex curiata*(62). Daí em diante, enquanto durasse sua missão, pelos seis meses de prazo, estava "livre de qualquer controle e de qualquer veto"[63]. O Senado, todavia, para reter influência, "reservava para si o direito de votar os fundos necessários"[64]."[532]

A proclamação da Ditadura — aduz *Ferreira Filho* — tinha dois efeitos, que o autor considera "muito importantes". Ela "suspendia duas instituições jurídicas de grande relevância para a ordem constitucional romana". Estas instituições eram a "Intercessio" e a "Provocatio ad populum". A suspensão da "intercessio", impedia que os demais magistrados se opusessem às decisões superiores do "Dictator". E a suspensão da "Provocatio ad populum", abolia o recurso, para os comícios populares, contra as sentenças penais que impunham a pena de morte.

A respeito da suspensão da "Provocatio ad populum", é preciso salientar que a "Lex Valeria", de 300 a.C., passou a permitir a "provocatio" contra sanção imposta pelo Ditador, nos limites da Cidade.[533]

Da lição de *Ferreira Filho*, é possível inferir que a "Lex Valeria" de 300 a.C., veio a limitar, apenas, o "Imperium Domi", permanecendo intocado o "Imperium Militiae".

Ensina o constitucionalista que os poderes dos ditadores se aproximavam, bastante, dos poderes dos antigos reis, devendo ser salientado que foi pouco após a queda de Tarquínio, "O Soberbo", que a Ditadura foi proclamada pela primeira vez. Entretanto, os ditadores sofriam algumas limitações. É verdade que a proclamação da Ditadura subordinava, ao "Dictator", todos os magistrados, sem nenhuma exceção. É preciso

---

[531] Op. e loc. cit. — grifos no original.
[532] Op. cit., páginas 33 e 34 — grifos no original.
[533] Op. cit., página 34.

que assinalemos, no entanto, dois pontos: em primeiro lugar, a autoridade militar do Ditador, não ia além da Itália. E o seu poder de vida e de morte, era limitado. A Jurisdição Civil, ademais, era estranha ao Ditador. Fora destas restrições, e de acordo com *Maurice Duverger*, citado por *Ferreira Filho*, o Ditador "tinha o direito de tomar todas as medidas necessárias à salvação do Estado".[534]

Assevera *Ferreira Filho* que o "Dictator" não possuía o poder legislativo. Assim, não podia ele modificar as leis da República, suspensas durante a magistratura extraordinária. Destarte, a suspensão da "intercessio" e da "Provocatio ad populum" cessava, por completo, expirado o prazo máximo (seis meses) da ditadura.[535]

Cremos não ser pacífica a opinião do ilustre constitucionalista, neste passo, e isto porquanto o "Dictator" tinha, segundo outras fontes, poder legiferante. Este assunto merecerá um tratamento apartado.

Por fim, assinala o autor que o Ditador era irresponsável. Assim, "não tinha contas a prestar por seus atos, nem aos cônsules que o nomeavam, nem ao Senado". Não estava ele, além disto, sujeito a sanções, pela violação das leis.[536]

Como nos parece evidente, aqui aparece, com toda a nitidez, a profunda diferença das concepções helênica e romana, a propósito das magistraturas e dos magistrados.

Para *V. César da Silveira*, é o "Dictator" um magistrado extraordinário, o qual concentra em suas mãos, por tempo determinado, os poderes executivo e judiciário na República. Mais adiante, acrescenta que o "Dictator" é nomeado por tempo determinado, podendo durar mais de seis meses. O Ditador possui 24 litores, tem direito à sela curul e à toga pretexta.[537]

Para *V. César da Silveira*, o progresso das idéias democráticas "golpeou a ditadura", tendo-a submetido à "provocatio" e à "intercessio" tribunicia.[538]

O "Dictator" tinha o poder de presidir os "comitia centuriata", como inferimos da lição de *Tucci*:

---

[534] Op. e loc. cit.
[535] Op. cit., páginas 34 e 35.
[536] Op. e loc. cit.
[537] Op. cit., 1º volume, página 200.
[538] Op. e vol. cit., página 207.

"Eram os *comitia centuriata*, ademais, presididos por quem os convocava, ou seja, pelo cônsul, pelo ditador ou, algumas vezes, pelo tribuno, dependendo, portanto, da vontade destes, em princípio, a efetivação do direito de acusar, relativamente aos crimes em que, numa época mais recente, se permitiu a respectiva ação a qualquer cidadão. 218" (539)

Em magnífica monografia, *Figueiredo Ferraz* estudou, a fundo, o Tribuno da Plebe e assinala que o "Tribunus Plebis" era "sacrossantus". Pois bem: até mesmo o "Tribunus Plebis" tinha as suas faculdades reduzidas, quando se tratava do Ditador. Escreve, com efeito, o autor:

"A intercessão e a proibição valiam contra todos os magistrados, exceto os ditadores; raramente atingiam os censores."[540]

Sérgio de Sá Mendes, acompanha os demais autores, quanto aos poderes do "Dictator" na "Ditadura Clássica".[541]

No Livro Primeiro do seu "Da República", *Cícero* — por meio de *Cipião* — continua a dissertar, no Capítulo XL, sobre as formas de governo. Ao tratar do "Dictator", *Cipião* — sintomaticamente — o compara ao Rei.[542]

O "Dictator" tinha o direito de convocar o Senado. É o que refere *Aulo Gélio*, no Capítulo VII do Livro décimo-quarto. No passo mencionado, *Aulo Gélio* reproduz a opinião de *M. Varrão*.[543]

Pelo que relata *Maynz*, na prática, os poderes do "Dictator" não eram assim tão amplos. De acordo com este autor, os Cônsules e o Ditador eram os magistrados mais elevados da República. Lemos, no entanto, em *Tito Lívio*, II, 56, e em *Dionísio de Halicarnasso*, XIX, 44, que, em 282 a.C., o Tribuno L. Laetorius ameaçou o Cônsul *Appius Claudius*, que perturbava a assembléia das tribos, de o fazer prender, e o Cônsul teve que se retirar, com os seus lictores.

Prossegue *Maynz*: quando, em 387 a.C., *Camilo* foi nomeado Ditador, a fim de impedir que se votassem as proposições de Licinius, os tribunos o preveniram de que o fariam condenar a uma multa de 500.000 asses, se ele ousasse agir como Ditador. E Camilo resignou de suas funções. O fato também é narrado por *Tito Lívio*, VI, 38, e VII, 3, e *Plutarco*,

---

[539] Op. cit., página 128 — grifos no original.
[540] Op. cit., página 113.
[541] Op. cit., página 26.
[542] Op. cit., página 46.
[543] Op. cit., páginas 176 e 177.

"Camilo", 52. Sempre de acordo com *Maynz*, é ainda *Tito Lívio* quem relata que o "imperioso ditador L. Manlius" teve, por igual, que ceder diante dos tribunos.

Pensamos que os exemplos retratam a exceção, e não a regra. Ao menos o segundo, diz respeito às vicissitudes da luta entre patrícios e plebeus. E esta luta, teve momentos verdadeiramente críticos. Aliás, e como vimos "retro", é o próprio *Tito Lívio*, citado por *Maynz*, quem se refere ao "summum imperium" do Ditador.

Maynz aborda a questão de haver, ou não, apelo das decisões do "Dictator". De acordo com os testemunhos bem explícitos de muitos autores antigos, não teria havido apelo das suas decisões.

Adverte *Maynz*, no entanto, no sentido de que esta proposição "não pode ser aceita de uma maneira absoluta".[544]

Embora — ao que tudo indica — muito influenciado pelas idéias políticas de nossa época, *Maynz* reconhece que o "Dictator" era o mais poderoso dos magistrados romanos.[545]

Finalizando a nossa abordagem das lições de *Maynz*, vejamos como o autor enfrenta a "magna quaestio", pertinente a estar ou não, o Ditador, acima do apelo ao Povo.

Argumenta *Maynz*: diante de certos fatos (o apelo contra o Ditador L. Papirius Cursor, Camilo resignando), e da resistência dos tribunos da plebe, que se manifesta mais de uma vez, pode-se pensar que há um lugar para uma informação de *Festus*, de acordo com a qual, o Ditador não estava de maneira alguma, em tese, acima do apelo ao povo, mas que este privilégio lhe podia ser concedido por um voto, expresso, dos comícios — naturalmente, do "comitiatus maximus".

Seja como for, prossegue *Maynz*, vemos, de uma banda, os oligarcas, e o próprio Ditador, reivindincando para este o poder absoluto, e, de outra parte, tais pretensões serem combatidas pelos magistrados da Plebe. Esta resistência dos Tribunos da Plebe, freqüentemente vitoriosa, a longo prazo, logrou enfraquecer a autoridade ditatorial. Depois de *Hortênsio*, não encontramos mais o Ditador criado "seditionis sedandae causa". A partir daí, há o Ditador empregado, apenas, para cumprir funções pouco importantes.[546]

---

[544] Op. e vol. cit., página 118.
[545] Op. e tomo cit., página 118.
[546] Op. e tomo cit., páginas 119 e 120.

Sobre esta opinião de *Maynz*, há considerar que mediante a "Lex Curiata de Imperio", o "Dictator" comunicava ao povo a assunção do "Imperium". Tratava-se de um ato unilateral. Ora, o "Dictator", que assumia o "Imperium", indiferente ao querer do Povo, não iria pedir ao Povo, para pairar acima da "provocatio".

P. Willems traz importantes informações alusivas aos poderes do "Dictator Optima Lege Creatus". Os poderes deste "dictator", são quase tão extensos, quanto haviam sido os do Rei, com a diferença de que eles são temporários. A "potestas dictatoria" é a mesma que a "potestas consularis", com a diferença de que o "dictator" não está sujeito à "intercessio collegae".

Importante diferença, relativamente ao Cônsul, deve ser assinalada, no que tange ao "Imperium": sempre de acordo com *P. Willems*, o "imperium dictatorium" é superior (majus) ao "imperium consulare".

Durante esta Ditadura os magistrados ordinários não abdicam, mas os seus poderes ficam suspensos. Eles próprios são subordinados ao "Dictator", e não atuam senão "sub auspiciis dictatoris", com o consentimento dele, ou sob as suas ordens.[547]

Na nota de rodapé de nº 9, ensina *P. Willems* que a prova de que os magistrados ordinários não abdicam, durante a atuação do "Dictator Optima Lege Creatus", está em que, imediatamente após a abdicação do Ditador, tais magistrados reentram na plenitude dos seus poderes.

Há uma outra observação a ser feita sobre a "potestas dictatoria". De fato, o "Dictator" é mais independente do Senado, do que o são os cônsules.

O autor ora seguido, examina os relações existentes entre o "Dictator Optima Lege Creatus", e os "Tribuni Plebis". Ensina que, durante esta Ditadura, os Tribunos da Plebe permanecem no exercício do seu poder. No entanto, eles não exercitam contra o "Dictator", nem o "jus auxilii", nem o "jus intercessionis", a não ser no caso em que o Ditador venha a infringir as leis, pois ele não é "legibus solutus". Entretanto, para o "Dictator", a pessoa dos tribunos da plebe é "sacrosancta". Além do mais, podem os "Tribuni Plebis", mesmo sob a Ditadura, opor o seu "veto" aos senatusconsultos, e aos atos de outro magistrado, que não o Ditador, podendo ainda, fazer as "rogationes" aos "concilia plebis", interceder um contra o outro etc.[548]

---

[547] Op. cit., página 249.
[548] Op. cit., páginas 249 e 250.

Há aqui uma informação rica em conseqüências jurídicas: mesmo o "Dictator Optima Lege Creatus", não era "legibus solutus". Já podemos, com base nesta assertiva de P. Willems, adiantar uma conclusão, pertinente à natureza do poder deste ditador "clássico": NÃO SE TRATAVA DE UM PODER ARBITRÁRIO...

Prossegue P. Willems, tratando das restrições que havia ao poder do "Dictator Optima Lege Creatus". O "Dictator" precisa do assentimento do Senado, para dispor do tesouro público.

Mommsen afirma que, na "série de magistrados", o Ditador ocupa... "o posto mais elevado", o que se conclui da sua "posição eminente acima do consulado". É por este motivo que, mais tarde, quem não tivesse sido Cônsul, não era facilmente chamado a assumir a Ditadura, embora a dignidade consular não fosse, juridicamente, um requisito para o cargo de Ditador.[549]

O grande romanista aborda a competência do "Dictator". Para *Mommsen*, é "singular", porém explicável à luz do caráter extraordinário da função, a competência que enfeixa a Ditadura, ao lado da plena potestade de Direito Público. Enquanto o Ditador, de direito, é autorizado a cumprir todas as tarefas da magistratura consular, ele é "criado" em casos singulares, para um assunto determinado. A exclusão da Jurisdição, que subsiste para o Cônsul, vale também para o Ditador.

Ensina o romanista que, com toda a verossimilhança, a condução da guerra foi, em traços gerais, a competência principal do "Dictator". Era na guerra que, em especial na época arcaica, deviam se revelar, com maior nitidez, os inconvenientes da colegialidade. Opina *Mommsen* no sentido de que o remédio fornecido pela Ditadura, foi, seguramente, aplicado com muito maior freqüência, do que o revela a tradição. Isto é demonstrado pela denominação "magister populi", em conexão com a de "magister equitum", e, mais ainda, pela norma de que todo ditador tem que criar este "mestre dos cavaleiros".

Prossegue o romanista: na competência do "Dictator", é preciso ressaltar a tendência de o desvincular, também, das outras limitações postas à magistratura republicana. Não sujeito à colegialidade, o "Dictator" se avizinha do Rei. O Ditador está livre da prestação de contas indireta, feita para a Questura. De maneira análoga, nas origens, no que diz respeito à coerção e aos poderes na esfera criminal, o Ditador

---

[549] Vide "Disegno Del Diritto Pubblico Romano" cit., página 89.

não é limitado, nem pela "provocatio", nem pela intercessão tribunícia. Esta última isenção, parece ter sido abolida, na metade do século V a.C.

Mommsen compara a autoridade do Ditador com a do Rei, na "História Romana".[550]

Com a ascensão da Plebe, a Ditadura se debilita, de acordo com *Mommsen*.

A propósito dos poderes do Ditador na "Ditadura Clássica", é preciso que formulemos uma observação fundamental: tais poderes eram muito amplos, e derivavam do "summum imperium". Isto inobstante, com a expansão imperial, os magistrados romanos tiveram, ulteriormente, os seus poderes bastante aumentados. Anota *De Sanctis* que embora, de uma banda, as incumbências do Senado fossem aumentadas, de outra, a grande distância das províncias onde o magistrado comandava ou combatia, os exércitos poderosos que, freqüentemente, tinha sob as suas ordens, a gravidade das deliberações que pendiam da sua iniciativa, a importância dos meios de que amiúde dispunha, e, por fim, as relações que o uniam aos súditos e aliados, conferiam-lhe uma soma de poderes não ostentada pelos Cônsules, na época da primitiva República.[551] Esta observação, pensamos, é válida para os Ditadores: tinham menos poder do que os magistrados ordinários da expansão imperial.

Os poderes do "Dictator imminuto jure", eram circunscritos à realização das tarefas, para as quais eram designados.

Passemos ao magistério de *Gaudemet*. Ensina ele que o magistrado romano na sua primeira concepção (que irá subsistir, ao menos parcialmente, para os magistrados superiores) possui, ao mesmo tempo, poderes civis e militares, e, longe de ser encarregado, apenas, de funções "executivas", participa da Jurisdição, e da elaboração das regras de Direito. É possível, elucida, que o magistrado, ao menos antes da Leis Licínias, tenha estado associado a certas funções religiosas. Na nota de rodapé de n° 1, da página 330, o autor diz que *Mommsen* e *Wissowa*, afirmam a antítese absoluta entre sacerdócio e magistratura, sendo, seus argumentos, combatidos por *Francesco De Martino*. A associação do magistrado às funções religiosas, é afirmada por *I. G. Luzzatto*.[552]

Algumas ponderações são aqui oportunas. Razão assiste, ao professor de Paris. Para o magistrado romano — ao menos da época repu-

---
[550] Op. cit., vol.1, página 315.
[551] Op. e vol. cit., página 499.
[552] Op. cit., páginas 329 e 330.

blicana — é impossível falar de "especialização de funções". E lembramos, quanto ao magistrado possuir, também, funções religiosas, o exemplo de *Camilo*.

Em síntese, o magistrado possuía atribuições bastante difusas, o que se reflete nos seus poderes. E o "Dictator" não foge a esta regra geral.

Ao estudarmos os poderes do Ditador, devemos ter em mente que o alvo das nossas especulações é uma magistratura que conheceu o seu fastígio, nos primeiros séculos da República. Nestes séculos, as instituições ainda eram genuinamente romanas; ainda não haviam sido afetadas pelo cosmopolitismo, decorrente das conquistas militares. Tais instituições ainda recebiam o bafejo do sagrado.

A respeito da amplitude dos poderes do "Dictator", *Gaudemet* ensina que lhe compete, inclusive, o governo da Cidade.[553]

Para *Crifò*, o poder do Ditador "é total", superior ao do "Rex". Enquanto o Rei era precedido por doze lictores, o "Dictator" o era por vinte e quatro. Opina o autor, no sentido de que era um poder maior do que o do Rei, e, não obstante, semelhante àquele ("proximum similitudini regiae", como o diz *Cícero*, em "De República", 2, 56).

Cremos ser altamente significativo que o autor chame o poder do "Dictator" de "total", considerando-o superior ao do "Rex". Se o seu poder veio a se tornar semelhante ao do Rei, porém maior, temos o caso de um auxiliar se tornar, historicamente, mais poderoso do que quem o nomeava. Avançando neste raciocínio, teríamos o "Dictator" como o detentor de um "imperium" que não foi herdado do Rei, mas que lhe era próprio e exclusivo, derivando — com os "auspicia" — de Júpiter. Acreditamos que a escolha de vinte e quatro lictores, reforce esta hipótese, formulada, seja como for, "sub censura".

O "Dictator" tinha o direito de usar a "sela curul". Esta, para *Crifò* é "expressão de supremacia", e usada, por seu titular, na assembléia, no tribunal, e no Senado.

Vamos finalizar este apanhado das lições de *Crifò*, com uma informação pertinente à extração social dos "dictatores". Refere o autor que a carreira política é aberta, apenas, aos "expoentes de uma classe de governo", que é, basicamente, oligárquica. De fato, no século III a.C., 83 (oitenta e três), entre Consulados e Ditaduras, são o apanágio de apenas seis famílias.[554]

---

[553] Op. e loc. cit.
[554] Op. cit., página 88.

Lembramos do respeito com que *Cícero*, na "República", fala da estirpe de *Públio Cornélio Cipião, "O Africano"*. Em uma cultura dominada pela tríade Religião-Autoridade-Tradição, a progênie ilustre era valorizada. Mas, não há apenas este fator. No início, apenas os patrícios tinham acesso a determinadas magistraturas, que, "a posteriori", se tornaram acessíveis também aos plebeus. Por derradeiro, na República, o exercício das magistraturas era gratuito. Assim, os cidadãos que ocupavam as magistraturas, tinham que ser de famílias abastadas.

Do "Dictator Optima Lege Creatus", escreve *Gutierrez Alviz*: "Ditador com poder absoluto, equivalente a um cônsul, sem estar sujeito à *intercessio* nem *provocatio*".[555]

A. Aymard e *J. Auboyer* ensinam que o Ditador é um magistrado de exceção. E que, estando livre de qualquer controle e de qualquer veto, "exerce tanto sobre os magistrados como sobre os cidadãos", um poder que os dois autores chamam de "absoluto". "Isso significa" — prosseguem — "que a instituição foi imaginada para enfrentar perigos extremos, ameaça inimiga imediata ou sedição grave."[556]

No "Nuovo Digesto Italiano" se lê, no verbete "Dittatura", que a Ditadura Romana era uma magistratura extraordinária munida de "imperium maximum", ou seja, da totalidade dos poderes civis e militares.[557]

A mesma fonte informa que o Ditador podia conservar no cargo todos os outros magistrados dotados de "imperium", mas como seus subordinados, e parece que apenas em épocas mais recentes, tiveram eficácia contra ele a "intercessio tribunicia", e a "provocatio".[558]

O "Novissimo Digesto Italiano", sob o verbete em epígrafe, repete o que é consignado pela enciclopédia mais antiga.[559]

Passemos à análise do verbete "Dictator".

No "Nuovo Digesto Italiano", podemos ler que durante a ditadura, embora o Cônsul e os outros magistrados não cessassem em suas funções, todas as competências ficavam centralizadas nas mãos do "Dictator", ao qual, por conseqüência, ficavam subordinados os Cônsules. Ficava suspensa a garantia da "provocatio ad populum" contra a repres-

---

[555] Op. cit., página 170 — grifos no original.
[556] Op. cit., vol. III, páginas 160 e 161.
[557] Op. cit., vol. V, página 84.
[558] Op., vol. e loc. cit.
[559] Vide op. cit., vol. VI, página 17.

são penal e os atos de coerção do Ditador. De conseguinte, desaparecia toda distinção entre "imperium domi" e "imperium militiae", exercitando o Ditador, de maneira geral, a plenitude do poder real. A expressão exterior do desaparecimento da distinção entre "imperium domi" e "imperium militae", era o direito do "Dictator", de se fazer preceder, também na Cidade, pelos lictores portando os machados nos fáscios. Por fim, não era admitida a "intercessio tribunicia" contra os atos do Ditador.[560]

Na mesma fonte, lemos que o conteúdo do poder ditatorial não era constitucionalmente fixado. Assim, ele se revelou elástico por excelência, tendo havido "ditadores militares ou completos" (optimo iure, belli gerundi causa), livres de todas as restrições impostas ao "imperium consular", e "ditadores civis", que não eram senão suplentes dos Cônsules ausentes, ou impedidos, ou ainda, renitentes diante da vontade do Senado. Estes últimos ditadores eram nomeados "seditionis sedandae causa", "clavi figendi causa", "feriarum constituendarum causa", "ludorum faciendorum causa".[561]

Causa espécie que, no "Nuovo Digesto Italiano", o autor do verbete em epígrafe, fuja à classificação vista em todas as outras fontes, que coloca o "dictator seditionis sedandae causa", como um "dictator optima lege creatus".

O "Dictator", conclui a fonte, foi sempre onipotente de Direito, e irresponsável de fato.[562]

No "Novissimo Digesto Italiano" se lê que, na época histórica, a Ditadura se apresenta como uma magistratura extraordinária prevista pela constituição, e cujo efeito era o de suspender as mais notáveis garantias políticas introduzidas pela República, sob a forma de limitações várias aos poderes dos magistrados.[563]

O "Novissimo Digesto Italiano" repete o que consigna a enciclopédia antes examinada, a propósito da suspensão da garantia da "provocatio ad populum", e do desaparecimento da distinção entre "imperium domi" e "imperium militiae". Aduz que a plenitude do poder supremo, do qual era investido o "Dictator", encontrava a sua expressão exterior no direito de se fazer preceder, também na Cidade, pelos lictores,

---

[560] Op. cit., vol. IV, página 811.
[561] Op. vol. e loc. cit.
[562] Op., vol. e loc. cit.
[563] Op. cit., vol. V, página 601.

conduzindo os machados nos fáscios. Há, aqui, uma informação que não se encontra no "Nuovo Digesto Italiano": segundo *Francesco M. De Robertis*, no verbete mais recente, é controvertido se os lictores eram doze ou vinte e quatro, antes de *Sila*.

Aqui, damos por encerrado o presente item, alusivo aos poderes do "Dictator", na "Ditadura Clássica". Alinhamos as seguintes conclusões básicas:

1ª) Os poderes do Ditador Romano, não podem ser estudados unitariamente;

2ª) É preciso estudar tais poderes, à luz da "Ditadura Clássica", e à luz das "Ditaduras Atípicas";

3ª) Para estudar os poderes do Ditador na "Ditadura Clássica", é indispensável conhecer as noções de "Imperium" e de "Potestas";

4ª) Todos os magistrados têm a "Potestas". Nem todos têm o "Imperium". O "Dictator" é um magistrado "cum imperio";

5ª) O "imperium" é uma noção de provável origem etrusca. Etruscas, por igual, seriam na origem as suas insígnias;

6ª) O "imperium domi" é o exercido na "Urbs", e em uma milha ao redor dela. Compreende atos civis e militares;

7ª) O "imperium militiae" é exercido fora dos limites da "Urbs". Também compreende atos civis e militares;

8ª) O mesmo magistrado possui ambos os "imperia", conforme esteja na Cidade, ou fora dela;

9ª) O "imperium" apresenta uma continuidade, da monarquia etrusca aos supremos magistrados romanos;

10ª) O "imperium" é um poder soberano, originário e unitário;

11ª) O princípio do "imperium", estava profundamente arraigado na alma romana;

12ª) O "imperium" contém várias faculdades. Seguimos a enumeração fornecida por *De Francisci*;

13ª) A "maior potestas" corresponde ao Ditador, relativamente ao Cônsul;

14ª) O "Dictator" estava no pináculo da estrutura republicana;

15ª) O Ditador, em época mais recuada, está livre da "intercessio" dos Tribunos da Plebe;

16ª) O "Dictator" detém o "imperium summum";

17ª) O "Magister Equitum" não possuía o "imperium", mas, apenas, a "potestas consularis";

18ª) O "Dictator" possuía, a um tempo, a "Potestas" e o "Imperium";

19ª) A simbologia do Poder, entre os romanos, era complexa;

20ª) O "Dictator" tinha direito ao acompanhamento dos lictores, portando os fáscios com os machados; à sela curul; às vestes de púrpura; ao "paludamentum"; ao "calceus"; e à "tunica militiae" (no triunfo);

21ª) A Ditadura Romana era uma instituição legal, caracterizada pela concentração do poder em mãos de um magistrado extraordinário;

22ª) Enquanto no exercício de suas funções, o Ditador era o Chefe da República;

23ª) O caráter do Ditador era fundamentalmente militar. O Ditador detinha a Força Pública, que podia usar sem limitação;

24ª) O "Dictator" era irresponsável;

25ª) Pelo prazo de seis meses, o Ditador estava livre de qualquer controle e de qualquer veto. Mas, o Senado se reservava o controle dos fundos;

26ª) O Ditador podia acumular outra magistratura;

27ª) O Ditador concentra em suas mãos todos os poderes; os outros magistrados lhe devem obediência;

28ª) O "Dictator" tinha o poder de presidir os "comitia centuriata";

29ª) O "Tribunus Plebis" tinha as suas faculdades reduzidas, quando se tratava do Ditador;

30ª) Na Ditadura ressurgia, com limitação temporal, o poder integral e absoluto dos reis;

31ª) O "Dictator" tinha o poder de convocar o Senado;

32ª) De fato, o Ditador é mais independente do Senado, do que o Cônsul;

33ª) Mesmo o "Dictator optima lege creatus", não era "legibus solutus". Assim, nem mesmo o poder deste "Dictator", era arbitrário. Como é óbvio, esta conclusão é FUNDAMENTAL;

34ª) O Ditador carecia do assentimento do Senado, para tocar no tesouro público;

35ª) A Ditadura foi usada com muito maior freqüência, do que o revela a tradição (Mommsen);

36ª) O Ditador está livre da prestação de contas indireta à Questura;

37ª) Após a expansão do império, e na prática, os magistrados ordinários romanos, nas províncias, acumulavam mais poderes do que os "dictatores" clássicos;

38ª) Até o ano de 300 a.C., no exercício da repressão penal, o Ditador estava acima da "Provocatio ad populum";

39ª) A ser admitida a tese de que o Ditador ostentava um poder maior do que o do Rei (Giuliano Crifò), teríamos o "Dictator" como o detentor de um "imperium" não herdado do "Rex";

2. OS PODERES NAS DITADURAS ATÍPICAS DO FINAL DA REPÚBLICA.

Este item se imbrica com o seguinte, no qual, "in concreto", pretendemos abordar os poderes de *Sila, Pompeu,* e *César*, todos os três, "ditadores atípicos".

O estudo das "ditaduras atípicas" é, necessariamente, casuístico: cada uma teve as suas particularidades.

O resultado do asseverado, é o de que o presente item é breve. E isto porquanto se a Ditadura, em sua feição clássica, era uma magistratura da República Romana, as "ditaduras atípicas" que assinalaram o final da República, não tiveram tal cunho institucional. Elas foram, ao revés, manifestações do mais puro poder pessoal, estribado na força militar.

Sila, o chefe do partido aristocrático, venceu *Mário*, o chefe do partido popular, na guerra civil. E fez reviver o título de "Dictator" para justificar o seu poder pessoal.

Teve, ele, o título de "Dictator Legibus Scribundis Et Reipublicae Constituendae".

Guglielmo Ferrero escreve, sobre *Sila*:

"Ampliou, por isso, a esfera da antiga ditadura, pela qual pudesse, por tempo indeterminado, dispor de poderes absolutos de vida e de morte sobre os indivíduos e para reformar a constituição. O senado, inteiramente despido de qualquer autoridade, aprovou a *lex Valeria*, proclamando-o ditador com poderes absolutos."[564]

As demais "ditaduras atípicas" têm em comum, com a de *Sila*, este ponto: implicaram em um alargamento dos poderes do "Dictator", relativamente à "Ditadura Clássica". Como veremos, *César* dispôs de mais poder pessoal, do que o próprio *Sila*...

---
[564] Op. cit., vol. 1, páginas 107 e 108 — grifos no original.

Como dizíamos, este item é breve. Aqui o encerramos, com as seguintes conclusões:

1ª) As "ditaduras atípicas" do final da República, não tiveram o cunho institucional da "Ditadura Clássica";

2ª) Da "Ditadura Clássica", as "ditaduras atípicas" tiveram apenas o nome;

3ª) As "ditaduras atípicas" foram manifestações de poder pessoal, baseadas na força militar;

4ª) Elas corresponderam a uma crise das antigas instituições republicanas, acompanhada da decadência dos costumes políticos;

5ª) *Sila*, tendo vencido *Mário*, fez reviver o antigo título de "Dictator", para justificar um poder pessoal, que nenhum romano tivera antes dele;

6ª) A ditadura de *Sila*, e as demais "ditaduras atípicas" que se lhe seguiram, implicaram em um alargamento do espectro de poderes do "Dictator", comparativamente com a "Ditadura Clássica".

3. OS PODERES DE SILA, POMPEU E CÉSAR.

Os Poderes de Lúcio Cornélio Sila

O conteúdo da "Lex Valeria", nos conduz às seguintes conclusões:

1ª) Nenhum romano, antes, tivera tais e tamanhos poderes (Referimo-nos a Sila).

2ª) A genuína "anistia para o futuro", que a "Lex Valeria" concedia a *Sila*, na prática, equivalia a uma carta branca.

3ª) É o caso de falar em um "poder arbitrário" de Sila.

Ensina *Amirante* que, logo que *Sila* foi nomeado "Dictator legibus scribundis et reipublicae constituendae", no final de 82 a.C., a Oligarquia, que, desde o século IV a.C., vinha conseguindo submeter o magistrado ao Senado, vê, de repente, ressurgir o "imperium", absolutamente ilimitado no tempo. *Sila*, da sua parte, não manifesta, ao certo, suas intenções. Abandona, é verdade, o título de "Imperator", que, assumido durante a guerra contra *Mitrídates*, tinha continuado, "tranqüilamente", a usar acrescentando-o ao seu nome; logo, no entanto, pretende ser chamado de "Felix".

Segundo *Amirante*, *Sila* em 81 e 80 a.C., fez várias leis reformadoras. Em 81 a.C., encerrou as proscrições.⁽⁵⁶⁵⁾

Oliveira Martins menciona os poderes absolutos de *Sila*.⁽⁵⁶⁶⁾

Sila, contrariamente ao que sucedia com os "ditadores clássicos", podia dispor livremente do tesouro público. Trata-se de uma transformação radical, que redunda no incremento do poder pessoal do "Dictator legibus scribundis et reipublicae constituendae".

O *Ditador Sila* condenava à morte "sem apelação". A "Provocatio Ad Populum" esteve suspensa, durante o seu governo. Quanto à "intercessio" dos "Tribuni Plebis", devemos recordar a lição de *Figueiredo Ferraz*: na Ditadura de *Sila*, os tempos foram difíceis, para o Tribunado da Plebe.

Foi, *Sila*, o responsável por uma "revolução administrativa" em Roma. As profundas reformas de *Sila* prepararam, do ponto de vista institucional, o advento do regime que em breve viria, surgindo das ruínas da República: o Principado.

De acordo com *Oliveira Martins*, *Sila* "regularizou a anarquia" com que se davam, até então, os governos provinciais.⁽⁵⁶⁷⁾ Surge ele assim, como um grande reformador, e, até, como um modernizador das instituições romanas. É verdade que, na base do seu poder, estavam, apenas, as legiões devotadas.

V. César da Silveira escreve:

"*Sila* fez que lhe outorgassem, em 81, o título de *dictátor reipublicae constituenda causa*: autoridade sem limite, jurisdição criminal sem apelo."⁽⁵⁶⁸⁾

É este mesmo autor quem, mais adiante, escreve:

"As ditaduras de Sila e César foram poderes revolucionários, e nada tinham de comum com a antiga ditadura."⁽⁵⁶⁹⁾

Razão assiste ao autor, quando alude a "poderes revolucionários". São, com efeito, "revolucionários" os poderes que provocam mudanças radicais nas estruturas políticas e jurídicas.

Verifiquemos o que, sobre a ditadura de *Sila*, ensina o "Nuovo Digesto Italiano". Ali se afirma que a ditadura que *Sila* se fez conferir

---

⁵⁶⁵ Op. e loc. cit.
⁵⁶⁶ Op. cit., tomo II, páginas 133 e 134.
⁵⁶⁷ Op. e tomo cit., p. 140.
⁵⁶⁸ Op. cit., 1º volume, página 200 — grifos no original.
⁵⁶⁹ Op. e vol. cit., página 207.

em 82 a.C., e que findou no ano de 79 a.C., foi "uma forma de governo pro-visório para reorganizar a República".[570]

No "Novissimo Digesto Italiano", se lê que a ditadura de *Sila* "representou antes uma forma de governo provisório para reorganizar a República (*dictator reipublicae constituendae*)".[571]

Passemos, agora, ao exame do verbete "Dictator". No "Nuovo Digesto Italiano" se lê, "verbis":

"Cento e vinte anos depois a ditadura ressuscitou, ilegal e violenta, com Sila, que se fez nomear por um *interrex*."[572]

O "Novissimo Digesto Italiano", neste particular, repete o "Nuovo Digesto".[573]

Encerremos estas considerações sobre os poderes de *Sila*, enquanto "ditador atípico", com as seguintes conclusões:

1ª) A "Lex Valeria", pelo seu conteúdo, na prática, dava a *Sila* poderes ilimitados;

2ª) É possível falar de um "poder arbitrário" de *Lúcio Cornélio Sila*;

3ª) *Sila* pleiteou, ele próprio, a ditadura. Assim, "ab ovo", a sua ditadura diferiu da "Ditadura Clássica";

4ª) Durante a sua "ditadura atípica", *Sila* reestruturou e reorganizou a República, tendo tido intensa atividade legislativa;

5ª) *Sila* podia dispor do tesouro público, sem precisar, como os "ditadores clássicos", do consentimento do Senado;

6ª) Ele foi o responsável por uma genuína "revolução administrativa", em Roma;

7ª) A obra modernizadora de *Sila* preparou, do ponto de vista institucional, o advento do Principado;

8ª) A ditadura de *Sila* foi um "poder revolucionário", no mais preciso sentido técnico da expressão.

Os Poderes de Cneu Pompeu

Sila reorganizara a República. Mas as ambições dos generais vitoriosos, continuavam a fazer periclitar um sistema que estava anacrônico. Um desses generais era *Cneu Pompeu*.

---

[570] Op. e vol. cit., página 85.
[571] Op. e vol. cit., página 17.
[572] Op. e vol. cit. — página 811 — grifo no original.
[573] Op. e vol. cit. — página 602.

Relata *Amirante* que, no ano de 75 a.C., graças às contínuas prorrogações, feitas pelo Senado, dos seus poderes proconsulares, *Pompeu* estava construindo, para si, "aquele poder militar que *Sila*, com as reformas, havia tentado impedir".[574]

No ano de 70 a.C., *Pompeu* e *Crasso* foram eleitos cônsules. Como assinala *Amirante*, a eleição de *Crasso* foi regular, "no pleno respeito da lei de *Sila* sobre a carreira das magistraturas".[575] Não assim a de *Pompeu*. Este não havia sido, nem Questor, nem Pretor. Faltava-lhe, ainda, a idade mínima para o Consulado. Mas *Pompeu* estava acampado, com o exército, às portas de Roma. O Senado cedeu à pressão. E *Pompeu* foi eleito Cônsul.

C. Pompeu ascende ao Consulado, pela ameaça da força. E o seu poder é, destarte, um poder de fato.

A *Pompeu*, foram atribuídos poderes extraordinários, para combater a pirataria. O "imperium" dos cônsules, após as reformas de *Sila*, se achava limitado ao âmbito do "imperium domi". E isto eliminava qualquer possibilidade de um "imperium" nos mares.[576] Em 74 a.C., estando ausentes os cônsules enviados para a Bitínia e a Cilícia, um "senatus consultum" havia estabelecido, para o Pretor *Marco Antônio Cretico*, um "imperium" ilimitado sobre todas as costas, com o direito de requisitar trigo às populações litorâneas. Tratava-se de um "imperium" igual ao dos procônsules residentes nas províncias costeiras. O objetivo era o de conduzir uma luta contra a pirataria. Mas *Antônio* humilhou as populações costeiras. E acabou batido pelos piratas.

Diante da derrota de *Antônio*, o Tribuno *Aulo Gabinio* apresentou uma proposta, destinada a criar um único comandante para a guerra. Estes foram os antecedentes da "Lex Gabinia".

É ainda *Amirante* quem informa que o "imperium" a ser conferido ao comandante único, para a guerra contra os piratas, teria a duração de três anos, e seria estendido a todo o Mediterrâneo. Era, ele, equiparado ao dos governadores provinciais, e se estendia pelo interior, ao longo de todas as costas, até uma distância de 50 milhas do mar. Incluía o direito de dispor de 6.000 talentos, e de uma frota de 200 navios, abrangendo, ainda, o poder de recrutar quantos homens fossem necessários. Mas — e

---

[574] Op. cit., página 313.
[575] Op. cit., página 315.
[576] Op. cit., página 322.

é isto o que mais conta — a "Lex Gabinia" instituía 15 legados senatoriais, e estabelecia o direito de nomeá-los, sendo que, a cada um deles, estaria conferido o previsto "imperium" proconsular infinito. A cada um destes legados, a lei conferia o "imperium pro praetore".

São aqui oportunas algumas considerações pertinentes à natureza jurídica da "Lex Gabinia", em conexão com os poderes extraordinários atribuídos a *Pompeu*.

Anota *Amirante* que, a propósito da ditadura de *Sila* pode-se discutir se o seu fundamento estava na "Lex Valeria", ou na "dictio" operada pelo "interrex". Após a "Lex Gabinia", não há mais dúvida de que é a lei que funda o "imperium", o qual surge, portanto, de todo desvinculado da magistratura. Depois da "Lex Gabinia", a lei pode, também, instituir uma hierarquia entre os vários "imperia", *hierarquia de todo desconhecida da praxe republicana* (grifos nossos). A tradição republicana conhecia, sim, uma carreira das magistraturas. Mas o "cursus honorum" era concebido de uma maneira tal, que as magistraturas tinham esferas de competência próprias, de todo independentes umas das outras.

Aulo Gabinio não indicou a quem deveria ser conferido um tal poder, "o poder sobre quase todo o mundo". Limitou-se a indicar que o homem que deveria revestir um tal poder, deveria ser um ex-cônsul.[577]

Na vetusta tradição republicana, havia a "creatio" do magistrado, por um outro magistrado. Com a "Lex Gabinia", há uma alteração substancial: o magistrado "é criado" pela lei. Aqui, indagamos: neste abandono da antiga praxe, não estaria um sinal da progressiva dessacralização do Direito Público Romano?

Uma segunda observação, é a de que a "Lex Gabinia" inova quanto à criação do "imperium". Ao estabelecer uma hierarquia entre os diversos "imperia", ao menos em certa medida, prepara o caminho para a burocracia imperial, que haverá de surgir. E isto enseja uma última observação que transcende o jurídico, para adentrar o político, o econômico e o militar: a época era de transformações. De grandes transformações. Mais: de dolorosas, radicais transformações. A "Urbs" se lançava à conquista do Orbe. E a velha constituição republicana, era acanhada demais para o que estava vindo.

Vejamos agora, como foi a tramitação da "Lex Gabinia". A proposta do Tribuno *Gabinio*, no sentido de ser criado um comandante úni-

---
[577] Op. cit., página 323.

co para a luta contra a pirataria, encontrou resistências. A assembléia plebéia era por *Pompeu*. Em seu favor, foi feita "aberta propaganda". *Pompeu* renunciou ao governo da província em que se encontrava, após haver ocupado o Consulado. Na ocasião, o perigo do abastecimento de alimentos era... "agudo", e "efetivo". As comunicações de Roma com o Império, estavam ameaçadas.

O que aqui importa — prossegue *Amirante* — é que, apesar da oposição do Senado, *Gabinio* submeteu a proposta ao povo. Um outro Tribuno da Plebe, *Trebelio*, fez a "intercessio". *Gabinio* pôs em votação a deposição de *Trebélio*. Quando 17 tribos já haviam votado pela sua deposição, *Trebélio* se inclinou à vontade popular, retirando a "intercessio". Um outro tribuno, *Roscio*, tentou modificar a proposta de *Gabinio*, no sentido de que o cargo de comandante supremo fosse colegial. Foi ridicularizado. No dia seguinte, a proposta de *Gabinio* foi aprovada, e a *Pompeu* conferido o "imperium" proconsular infinito, com a duração de três anos. Isto, no ano de 67 a.C.[578]

"A posteriori", houve um aumento dos poderes, já enormes, de Pompeu.

Relata *Amirante* que *Pompeu* se encontrava na Ásia, concluindo a guerra contra os piratas. Aproveitando a sua presença na Ásia, o Tribuno *Gaio Manílio*, no último dia do ano de 67 a.C., propôs que lhe fosse conferido, também, o "imperium" para a guerra contra *Mitrídates*, que, havia tempo, *Lúculo* vinha conduzindo, de maneira pouco satisfatória. A rápida vitória de *Pompeu* contra os piratas, fez com que a proposta de *G. Manilio* fosse aceita. Assim, no início de 66 a.C., *Pompeu* ajuntava, ao "imperium" sobre todo o Mediterrâneo, e sobre as suas costas, o "imperium" sobre as províncias da Ásia Menor, e, sobretudo, estava ele no comando de uma guerra que, uma vez vitoriosa, o colocaria em uma posição "inimaginável". *Pompeu* venceu *Mitrídates*. E, em 61 a.C. celebrou, em Roma, o seu triunfo.[579]

Ao término da guerra contra *Mitrídates*, *Pompeu* se encontrava em Roma, à testa de um exército poderoso. Assim, e independentemente do "imperium" de que era detentor, tinha, ele, um grande poder de fato.

---

[578] Op. cit., páginas 323 e 324.
[579] Op. cit., páginas 324 e 325.

Como anota *Oliveira Martins*, os poderes de Pompeu eram "sem precedentes".[580] Devemos levar em conta, a propósito, que as operações militares envolviam meios, e recursos financeiros, siquer imaginados nos primeiros tempos da República.

Aqui encerramos este subitem, com as seguintes conclusões:

1ª) Em 70 a.C., *Pompeu* foi eleito Cônsul irregularmente, sem haver sido Questor e Pretor, e sem possuir a idade mínima para o Consulado;

2ª) Na eleição acima, *Pompeu* estava acampado com o exército, às portas de Roma;

3ª) Assim, *Pompeu* chegou à mais alta magistratura ordinária, pela pressão das armas (poder de fato);

4ª) A *Cneu Pompeu*, foram atribuídos poderes extraordinários, para combater a pirataria;

5ª) Os poderes extraordinários mencionados acima, decorreram de uma proposta do Tribuno *Aulo Gabinio*, destinada a criar um comando único, para a luta contra os piratas;

6ª) Graças a "Lex Gabinia", em 67 a.C., foi conferido a *Pompeu* o "imperium" proconsular infinito, com a duração de três anos;

7ª) O "imperium" de que *Pompeu* dispunha, em função da "Lex Gabinia", se estendia por todo o Mediterrâneo, e ao longo de suas costas;

8ª) A "Lex Manilia", de 66 a.C., deu, a *Pompeu*, o "imperium" sobre as províncias da Ásia Menor;

9ª) A "Lex Gabinia" instituía quinze legados senatoriais, estabelecendo o direito de nomeá-los, sendo que, a cada um deles, estaria conferido o previsto "imperium" proconsular infinito;

10ª) Com a "Lex Gabinia", é a lei que funda o "imperium" do magistrado;

11ª) Ainda com a "Lex Gabinia", há uma hierarquia entre os diversos "imperia", o que é uma inovação na constituição republicana;

12ª) A criação do magistrado pela lei, e não por um outro magistrado, pode ser um sinal da progressiva dessacralização do Direito Público Romano;

13ª) Ao estabelecer uma hierarquia entre os diversos "imperia", a "Lex Gabinia", ao menos em certa medida, prepara o caminho para a burocracia, que há de surgir com o Principado;

---

[580] Op. cit., tomo II, página 194.

14ª) A "Lex Gabinia", em si, e bem assim, a enorme somatória dos poderes de *Cneu Pompeu*, retratam as *GRANDES TRANSFORMAÇÕES* da sociedade romana, na época;

15ª) Vencedor de *Mitrídates*, *Cneu Pompeu*, em termos práticos, detinha mais poderes do que, antes dele, *Sila*.

Os Poderes de Caio Júlio César

Ensina *Bonfante* que *César* foi Cônsul em 59 a.C., e que, desde o ano de 49 a.C., ele foi "senhor da Itália com o título de ditador, mas com poderes novos e extraordinários".[581] O autor afirma, ainda, que *César* foi "senhor do Estado", do ano de 48 a.C., até 44 a.C.

Na época da ditadura de *César*, escreve *Bonfante* que o poder executivo "foi tornado independente da assembléia, que, no genuino governo republicano, o havia dominado".[582] Segundo o autor, as antigas, "venerandas" magistraturas da República continuaram a existir. Mas, não desempenhavam mais o papel de outrora. Na verdade, as velhas magistraturas estavam "subordinadas a um órgão novo, não mais colegial, não mais anual, mas unitário e vitalício".[583] O título desta nova potestade foi "imperator". Este título sempre fora o do general vitorioso. *César* o manteve, depois de terminada a campanha. Em 46 a.C., *César* se fez conferir este título, em vida, e o fez anteceder o seu nome, sendo que a alocução "Imperator Caesar", passou a figurar nas moedas e nas leis. Afirma o romanista que *César* pretendeu transmitir o título ao seu herdeiro. Afirma, também, que parece que *César* pretendia renovar, expressamente, o título de Rei. É certo que ele restaurou as insígnias, o manto de púrpura, o trono dourado, retomou o costume dos reis de Alba, e acrescentou a sua estátua à dos sete reis.

Prossegue *Bonfante*. A autoridade intrínseca de *César* era "mais vigorosa" do que aquela que existiria, depois, na Constituição de *Augusto*. É "obscuro" — ensina o autor — se a base legal da "monarquia de César" fosse — como na monarquia de *Augusto* — a "tribunicia potestas", assumida por *César* em 48 a.C., e o império proconsular, este, único modelo de "imperium" pleno, munido de poderes militares. Na verdade, no breve período da sua dominação, *César* não teve a oportunidade de se

---
[581] Op. cit., vol. I, página 308.
[582] Op., vol. e loc. cit.
[583] Op. e vol. cit., página 309.

desligar, de maneira definitiva, das formas e dos cargos da antiga República.

Com base em *Bonfante* é interessante observar, na carreira de *César*, a conexão entre a Ditadura e as vitórias militares. Em 49 a.C., depois de Lerida, lhe foi conferida a ditadura; em 48 a.C., ela lhe foi renovada, após a Batalha de Farsália. Em 45 a.C., houve novas renovações da ditadura, por dez anos, após Tapso. Em 44 a.C., *César* se tornou ditador vitalício. Em 46 a.C., assumiu a Censura por três anos, com o título de "Praefectus Morum". Em 44 a.C., assumiu a Censura, a título vitalício. Além disto, ele assumira o Consulado, em 48 a.C. Depois disto, o Consulado lhe foi deferido por cinco anos, a seguir, por dez anos. Uma vez, foi César Cônsul "sine collega". Desde 63 a.C., era ele "Pontifex Maximus", competindo-lhe a direção geral do culto.[584]

Bonfante chama *César* de "o último arquiteto da nação italiana, e o novo ordenador do Estado".[585] E gaba o seu espírito de humanidade, "raro em todos os tempos".[586]

Ao discorrer sobre os poderes de *César*, ensina *P. Willems* que, além de numerosas distinções honoríficas, o Senado e o Povo lhe conferiram os seguintes poderes:

a) Em 48 a.C., a suprema decisão sobre a paz e a guerra, a "tribunicia potestas" vitalícia, o direito de designar, para o povo, os candidatos a todas as magistraturas, à exceção das magistraturas plebéias, e o direito de repartir, entre os Pretores, as "provinciae praetoriae".

b) Em 46 a.C., o poder de censura, sob o título de "Praefectus morum", por um periodo de três anos.

c) Em 45 a.C., *César* recebeu os títulos de "Liberator" e de "Pater patriae", bem como o "praenomen Imperatoris", com o "imperium" militar supremo.

d) Em 45 a.C., *César* passou a ter o direito de designar os candidatos às magistraturas plebéias.

É significativo que *César* tenha avocado a si a Censura. "Praefectus Morum" significa exatamente "Prefeito dos Costumes". E é conveniente lembrar que, em Roma, tal magistratura era cercada por uma aura de grande respeito.

---

[584] Op. e vol. cit., páginas 309 e 310.
[585] Op. e vol. cit., página 311.
[586] idem.

Amirante relata a maneira pela qual *César* chegou à ditadura:

"109. — Em outubro de 49, ausentes os cônsules, é o pretor quem convoca os comícios centuriados; ele propõe não eleger os cônsules, mas sim um ditador. Embora pareça que deva tratar-se de um ditador destinado a durar no cargo apenas seis meses, e sem nenhum poder constituinte, o pretor submete aos comícios uma lei, na qual é indicado, também, o nome daquele que deverá revestir a ditadura: Caio Júlio César. Aprovada a lei, o pretor procede à *dictio* do ditador. Repete-se, assim, a praxe seguida para a instituição da ditadura silana, ainda se esta, de César, é limitada a seis meses, e privada de todo poder legislativo e constituinte."[587]

Alguns esclarecimentos são necessários. Em janeiro de 49 a.C., *César* havia cruzado o Rubicão. O Senado havia decretado o "tumultus" (estado de guerra). *Pompeu* afirmou não estar em condições de defender a Cidade. E convidou os magistrados e senadores a abandonarem Roma, em sua companhia. Este foi um "erro gravíssimo": Fora da "Urbs", o Senado perde a sua legitimidade.[588] Devemos acrescentar que esta pode ser chamada de "a primeira ditadura" de *César*.

Prossegue *Amirante*:

"César ele próprio, de fato, uma vez ditador, convoca os comícios para o ano de 48, para eleger os cônsules e os outros magistrados. E cônsul será eleito o próprio César, juntamente com Públio Servílio Vatia. Depois faz votar um *senatus consultum*, com o qual se lhe reconhece o *imperium* proconsular jamais perdido, e se ratificam os atos que ele cumpriu, e cumprirá no futuro."[589]

Tudo, entretanto, mudou após Farsália. Após a batalha decisiva contra *Pompeu*, e já tendo este sido morto no Egito, *César*, em seguida, e parece que com apoio em uma lei proposta por outro cônsul que ficara em Roma, assumiu uma ditadura distinta, sem limite de tempo, que lhe atribuiu o direito de paz e de guerra, bem como a direção e a vigilância de toda a administração do Império. Por esta segunda ditadura, ficou com o direito de criar novas províncias, como a Numídia e a Ilíria, de constituir colônias, de conferir ou de tirar a cidadania, e de modificar o sistema de impostos nas províncias.[590]

---

[587] Op. cit., página 340 — grifos no original.
[588] Op. e loc. cit.
[589] Op. e loc. cit. — grifos no original.
[590] Op. cit., páginas 340 e 341.

Amirante, a propósito do "imperium" militar de *César*, em sua segunda ditadura, esclarece que ele foi dilargado.[591]

César acumulou a Ditadura com o Consulado, e elevou o número dos senadores. Ele carecia de um Senado subserviente. A respeito, o autor elucida que os senadores passaram a ser novecentos.[592]

César lançou as bases do vasto aparato administrativo, que iria caracterizar o Principado. Consignamos que a época da qual estamos nos ocupando, foi de profundas transformações para a sociedade romana. Cremos que a primeira "grande ruptura" com o passado, coincidiu com o término das Guerras Púnicas. E que a segunda "grande ruptura", iria ser o fim do sistema republicano.

É possível que *César*, com o seu gênio político, tenha tido consciência das transformações que estavam ocorrendo. Com efeito, de acordo com *Amirante*, depois de 45 a.C., ele revela um "desprezo absoluto" pelos órgãos por meio dos quais se exprimia o governo da Cidade. Isto acontecia, provavelmente, diz o autor, em função de a sua atenção estar concentrada em novas realidades, emergentes com a revolução: a Itália e as províncias. *César* se move, com segurança, "no caminho da transformação da cidade em um estado territorial e imperial", no qual, estão amalgamados "vencedores e vencidos, cidadãos e súditos". É de César a lei que organiza, de modo unitário e uniforme, primeiro, os municípios italianos, e também, depois, os provinciais. *César* atribui a cidadania romana aos habitantes de Cadiz, e a todos os outros espanhóis, aos transalpinos, aos cisalpinos, e a latinidade aos sicilianos, bem como aos habitantes da Gália Narbonesa. Multiplicaram-se na Itália, mas, sobretudo, fora da Itália, nas províncias ocidentais, as colônias, "com o seu antigo caráter de instalações militares e citadinas". É significativo o que *Amirante* escreve: "César leva ao poder a revolução romana".[593]

No fim de 45 a.C., um plebiscito determina um novo regime eleitoral: *César* haverá de propor aos comícios, para a eleição de todas as magistraturas, a metade dos candidatos, sendo, a outra metade, eleita livremente pelo povo. *Cícero* ("Filípicas", 7, 16), e *Svetonio* ("César", 41), anotam que, do ponto de vista formal, *César* pretende participar da eleição, conjuntamente com o "Populus". Mas — observa *Amirante* —

---
[591] Op. cit., página 341.
[592] Op. cit., página 343.
[593] idem.

para além de qualquer possível intenção de *César*, passam a faltar, de todo, as condições de uma livre expressão popular, dado que, de fato, o povo elege pessoas à retaguarda das quais, vê o apoio de César.

Anota *Amirante* que, em 44 a.C., o Senado atribuiu, a *César*, a ditadura perpétua.[594]

Amirante afirma que *César* levou ao poder a revolução romana. Cremos que o asseverado pelo autor, encontre reforço em *Gaston Boissier.*

Orvacio Santamarina, registra uma atitude de *César*, de desdém para com o Senado. Escreve, com efeito, que, certa vez, o ditador não se levantou, diante dos senadores que se apresentaram.[595]

César tornou públicas as sessões do Senado.

O Senado fora sempre o depositário da "Auctoritas"; o local onde se reuniam os "Patres conscripti". Tornar públicas as sessões de uma tão augusta assembléia, equivalia a desmistificá-la.

As atitudes de *César*, tinham que provocar os ressentimentos dos republicanos convictos, como o assinala *Savelle*.[596]

O magnicídio dos Idos de Março, apresenta uma nota "sui generis": os conjurados acreditavam que, com a eliminação do Ditador, estaria restaurada a velha "Res Publica". Faltou-lhes alcance para perceber que o poder pessoal de *César* fora, inclusive, uma garantia contra o recrudescimento das lutas civis.

O magnicídio teve um outro resultado, que de perto nos diz respeito, para a História da Ditadura: o seu desaparecimento oficial.

De acordo com o "Nuovo Digesto Italiano", a magistratura foi abolida oficialmente em 44 a.C., pela "Lex Antonia de dictatura tollenda".[597]

O "Novissimo Digesto Italiano" repete esta informação.[598]

É interessante consignar o que registra o "Nuovo Digesto Italiano", sobre a nomeação de *César*, como Ditador, por um Pretor: ela pode ser considerada "a primeira máscara da monarquia imperial".[599] O "Novissimo Digesto Italiano", referindo-se à nomeação de *César* por um Pretor, menciona o "primeiro mascaramento da monarquia imperial".[600]

---

[594] Op. e loc. cit.
[595] Op. cit., página 251.
[596] Op. cit., vol. 1, página 267.
[597] Op. cit., vol. IV, página 811.
[598] Op. cit., vol. V, página 602.
[599] Op., vol. e loc. cit.
[600] Op., vol. e loc. cit.

Aqui, damos por encerrado este subitem, com as seguintes conclusões:

1ª) *Caio Júlio César* foi um dos gênios mais polimorfos da História, e a figura mais fascinante do Universo Romano;

2ª) A partir de 49 a.C., *César* construiu, passo a passo, um novo sistema político;

3ª) O título do novo poder foi "Imperator", mantido, contra a tradição, também em tempo de paz;

4ª) *César* utilizou as insígnias reais;

5ª) A autoridade intrínseca de *César*, era "mais vigorosa" do que a que existiria na Constituição de *Augusto* (Bonfante);

6ª) Há uma conexão, na carreira de *César*, entre as vitórias militares e as sucessivas ditaduras;

7ª) *César* foi "o último arquiteto da nação italiana, e o novo ordenador do Estado" (Bonfante);

8ª) Com a Ditadura, *César* acumulou diversas outras magistraturas — inclusive, a Censura;

9ª) Se *César* não teve a "tribunicia potestas", teve, ao menos, a inviolabilidade tribunícia;

10ª) *César* revelou desprezo pelos órgãos por meio dos quais se exprimia o governo da Cidade. A sua atenção estava concentrada nas "novas realidades", emergentes com a revolução: a Itália e as províncias;

11ª) Ele foi o artífice da transformação da Cidade em um Estado territorial e imperial, que amalgamou romanos e não-romanos;

12ª) "César leva ao poder a revolução romana" (Luigi Amirante);

13ª) O poder pessoal de *César*, era um baluarte contra a guerra civil;

14ª) *César* pode ser considerado o criador, mediato, do Principado.

4. A ATIVIDADE LEGISLATIVA DO DITADOR.

A primeira questão a ser aqui abordada, é justamente esta: o "Dictator" teve, ou não, uma atividade legislativa? O assunto é delicado, a reclamar um cuidadoso estudo.

Ao comparar o "esimneta" (Aisumnêtes) grego com o ditador romano, escreve *Ferreira Filho*:

"Outrossim, pode-se observar que a competência do *esimneta* era mais extensa que a do ditador. Este não detinha o poder legislativo; ora, o déspota eletivo tinha, segundo *Théodore Reinach* o poder de reformar as leis, defeituosas (sic) e segundo *Egon Weiss* também o poder constituinte[85]. Tal decorria certamente de receber ele a autoridade diretamente do povo (e não de um magistrado ordinário) e, sobretudo, do menor rigor do direito público heleno."[601]

Carl Schmitt, por sua vez, ao falar sobre o Ditador, visto por *Maquiavel*, escreve:

"O ditador se define como um homem que, sem estar sujeito ao concurso de nenhuma outra instância, adota disposições, que pode executar imediatamente, quer dizer, sem necessidade de outros meios jurídicos (*un huomo che senza alcuna consulta potesse deliberare et senza alcuna appellagione eseguire le sue deliberazioni*, cap. 33). Para definir a ditadura, Maquiavel utiliza a contraposição, que remonta a Aristóteles, entre deliberação e execução, *deliberatio* e *executio*: o ditador pode *"deliberare per se stesso"*, adotar todas as disposições, sem estar sujeito à intervenção consultiva nem deliberativa de nenhuma outra autoridade (*fare ogni cosa senza consulta*), e impor penas com validez jurídica imediata. Mas, há que distinguir todas estas faculdades da atividade legislativa. O ditador não pode modificar as leis existentes, não pode derrogar a Constituição nem a organização dos poderes públicos, nem fazer leis novas (*fare nuovi leggi*). As autoridades regulares seguem existindo na ditadura, segundo Maquiavel, como uma espécie de controle (*guardia*). Por isto, a ditadura é uma instituição constitucional da República, enquanto que os decenviratos, precisamente por seus poderes legislativos ilimitados, puseram em perigo a República (cap. 35)."[602]

A despeito de tão ponderáveis opiniões, é preciso dizer que o Ditador Romano tinha, sim, poder legislativo. E que desenvolveu uma atividade legiferante. É possível que tal atividade tenha sido esporádica, e, mesmo, excepcional. Isto não elide, no entanto, que ela tenha existido.

Buscaremos demonstrar que atividade legislativa, tiveram-na tanto os "ditadores clássicos" quanto os "ditadores atípicos".

Ao tratar da iniciativa das leis, escreve *Gilissen*, "verbis":

---

[601] Op. cit., páginas 38 e 39 — grifos no original.
[602] Op. cit., página 37 — grifos no original.

"Apenas os magistrados superiores — cônsules, pretores, tribunos, ditadores — tinham a iniciativa delas; propunham um texto (*rogatio*) que era afixado (*promulgatio*) durante um certo tempo."[603]

Releva salientar que, de acordo com *Gutierrez Alviz*, o "Dictator" possuía tanto o "Jus Agendi Cum Populo", quanto o "Jus Agendi Cum Senatu".[604] Isto significava que podia convocar as assembléias do povo, e o Senado. Indo além, o "Dictator" podia convocar os "comitia centuriata", os quais, tinham atribuições legislativas.

Os exemplos históricos falam da atividade legislativa do Ditador. Houve, inclusive, "dictatores" cuja obra legislativa foi notável, a todos os títulos. Assim *Quintus Hortensius*, no século III a.C.

Figueiredo Ferraz ensina que a "Lex Hortensia", de *Quinto Hortênsio* (289-286 a.C.), foi fundamental, para a evolução do Direito Público Romano. Por força da "Lex Hortensia", os plebeus tiveram acesso a todas as magistraturas. Além disto, as decisões da Plebe, tomadas nos "concilia plebis", passaram a valer tanto quanto as "leges". Tais triunfos da Plebe permitiram que, no mundo social, surgisse uma nobreza plebéia, a "nobilitas".

A "Lex Hortensia" alterou a constituição republicana, na medida em que modificou os critérios de acesso às magistraturas, e equiparou os plebiscitos às "leges".

Já entre os autores da Antiguidade, havia referência à atividade legislativa do Ditador.

Para *Léon Homo*, não haveria lugar para falar de uma "Lex Hortensia", mas sim, das "Leges Hortensiae". Com efeito, ensina este autor que, em 287 a.C., ocorreu uma secessão dos pequenos proprietários rurais, que eram "as grandes vítimas do regime das dívidas". *Quintus Hortensius* foi nomeado Ditador, para fazer face à situação. Fez ele votar, pelos comícios centuriados, as célebres "Leis Hortênsias". Anota *Léon Homo* que o "Dictator" tomou duas medidas de circunstância, a saber:

1ª) Uma anistia;
2ª) Uma diminuição das dívidas.

Muito mais importantes do que estas medidas, foi uma lei constitucional que, antes de qualquer outra, *suprimiu, para os plebiscitos, a*

---

[603] Op. cit., página 86 — grifos no original.
[604] Op. cit., página 291.

necessidade, tradicional, da ratificação senatorial (grifamos). Desde então, os plebiscitos votados pelos comícios por tribos tomaram valor legal para todos os cidadãos. Pouco tempo depois, um plebiscito análogo, proposto por um certo *Maenius*, determinou que a sanção do Senado deveria, em matéria eleitoral, *preceder a eleição*. Com isto, a "auctoritas patrum", em matéria eleitoral, perdeu toda a importância prática.

É verdade — aduz *Léon Homo* — que a "nobreza patrício-plebéia" impediu que estas novidades legislativas produzissem todos os seus efeitos. Mas, é inegável que as leis do *Ditador Quintus Hortensius*, desde o seu surgimento, deixando "sem freio a influência dos comícios", deram um primeiro golpe — e muito grave — na estrutura constitucional romana, forjada nos dois séculos precedentes a elas.[605]

Chamaríamos a atenção para o dado de que em *Quintus Hortensius*, vemos a que ponto o "Dictator" interferiu na História Constitucional de Roma.

Devemos ir além: a História Política de Roma, em boa medida, é a história do progressivo estender-se, à Plebe, dos direitos que, primitivamente, eram uma excluvidade do Patriciado. E a continuação de tal História Política, foi a do estender-se dos privilégios da cidadania romana e da latinidade, por todo o Império. Tudo culminou com o Edito de Caracala, de 212 d.C.

Há uma referência de *Léon Homo* a um outro ditador, *M. Valerius Corvus*, o qual também desempenhou atividade legislativa. Escreve que este ditador fez várias concessões, em matéria de dívidas, estabelecendo, ainda, que nenhum soldado poderia ser licenciado sem o seu consentimento.[606]

Independentemente da atividade legislativa que desenvolveram — e há exemplos históricos de tal atividade — os ditadores tiveram um papel de destaque na História Constitucional da "Urbs". Assim, *Camilo*, do qual já nos ocupamos antes, que conciliou os patrícios e os plebeus, em 367 a.C.

Parece fora de dúvida que *Camilo* tenha legislado, em matéria de organização militar. Refere *Léon Homo* que a organização militar republicana primitiva, era chamada de "Organização Serviana", e se baseava em critérios timocráticos. As novas exigências táticas, fizeram com que

---

[605] Op. cit., páginas 76 e 77.
[606] Op. cit., páginas 69 e 70.

se fosse dando crescente importância à experiência, ao valor individual, e às aptidões pessoais dos cidadãos. A partir da reorganização ocorrida no começo do século IV a.C., e atribuída a *Camilo*, todas as diferenças de armamento desapareceram na infantaria.[607]

Seria despiciendo enfatizar a importância intrínseca da organização militar, entre os romanos. Se uma tal matéria podia ser objeto de atividade legislativa, por parte do "Dictator", então, cremos comprovada, à saciedade, a tese de que, ainda no fastígio da República, o Ditador reunia atribuições legislativas.

Gutierrez Alviz menciona uma "Lex Furia De Aedilibus Curulis", que teria sido rogada por *Camilo*, em 367 a.C. Por esta lei, são criados dois edis curuis, eleitos entre os patrícios. O romanista, a respeito, cita *Tito Lívio*, VI, 42.[608]

A mesma fonte refere a "Lex Marcia", rogada pelo Ditador *C. Marcius Rutilus*, votada em 356 a.C., e concedendo-lhe fundos para a guerra contra os etruscos. Aqui, o autor cita *Tito Lívio*, VII, 17.[609]

Intensa atividade legislativa, teve o Ditador *Quinto Publílio Filão*. Dele, o autor espanhol menciona três "leges". A primeira é a "Lex Publilia De Patrum Auctoritate", de 339 a.C. Determinava que a "Auctoritas" do Senado devia preceder, em matéria legislativa, as deliberações dos comícios centuriados.

A "Lex Publilia De Censore Plebeio Creando", votada no ano de 339 a.C., tornou acessível a Pretura ao elemento plebeu; sucessivamente, um dos Pretores seria desta classe social (*Tito Lívio*, VIII, 12, 16).

Por fim, *Gutierrez Alviz* menciona a "Lex Publilia De Plebiscitis", de 339 a.C., e que estabeleceu que os plebiscitos tivessem valor legal. O autor cita *Tito Lívio*, VIII, 12, 14.[610] Também ele faz referência à "Lex Valeria Militaris", do Ditador *M. Valerius Maximus Corvus*, do ano de 342 a.C.

Ao comentar a obra legislativa do Ditador *Quinto Publílio Filão*, há pouco referida, *Amirante* escreve, "verbis":

"Está às portas um novo compromisso, do qual tomará parte, não apenas a plebe rica, mas também as grandes massas plebéias. A estrutura complexa da sociedade romana, e as enormes tarefas que estão por ser

---
[607] Op. cit., página 97.
[608] Op. cit., página 347.
[609] Op. cit., página 361.
[610] Op. cit., página 370.

encontradas pela frente — e Lívio (7, 29, 1) disto exprime todo o conhecimento — fazem logo entender o quanto é improvável o retorno, embora verificando-se, a instrumentos de luta que podiam ter um papel decisivo nos albores da república romana, mas que podiam ser apenas prejudiciais, em uma situação tão diversa. Para dar nome a este novo e diverso compromisso, consignando à história, assim, o próprio nome, haverá, em 339, um ditador plebeu, Quinto Publílio Filão. Três as leis: "uma em virtude da qual os *plebiscita* obrigavam todos os Quirites; uma outra em virtude da qual os senadores deviam exprimir a sua *auctoritas* sobre propostas apresentadas aos comícios centuriados antes do início da votação; uma terceira em virtude da qual — porque se tinha alcançado o ponto em que era permitido eleger dois cônsules, ambos plebeus — um dos censores devia ser, sem dúvida, da plebe (Lívio 8, 12, 14-16)."[611]

As lições de *Amirante* lançam luz sobre um ponto que ficara obscuro, em *Gutierrez Alviz*. Referimo-nos à "Lex Publilia De Censore Plebeio Creando", de 339 a. C. A Lei em pauta, não tornou a Pretura acessível aos plebeus; tornou *a Censura* (grifamos) acessível à Plebe. Aliás, o nome da lei seria "Lex Publilia De Praetore Plebeio Creando", se se tratasse do acesso à Pretura.

As leis de *Quinto Publílio Filão* são de 339 a.C.; anteriores, destarte, às "Leges Hortensiae", de 281 a.C. Assim, não percebemos como, "pela segunda vez", é estabelecido que os plebiscitos obriguem todo o povo.

O Ditador *Mamerco Emílio*, por igual, teve atividade legislativa, escrevendo *Amirante*:

"Em 435 tinham sido eleitos censores Caio Furio e Marco Geganio, e foi durante a sua censura que o ditador Mamerco Emílio fez aprovar a lei por força da qual, os censores não podiam durar, no cargo, mais de dezoito meses (Lívio 4, 24, 6)."[612]

Gutiérrez Alviz menciona a lei em epígrafe. Foi a "Lex Aemilia De Potestate Censoria". Ensina que se tratou de uma lei rogada de 367 a.C., aproximadamente, que instituiu como autônoma a Censura, e fixou em dezoito meses a duração máxima das operações censórias, e portanto, a duração do próprio cargo.[613]

---

[611] Op. cit., páginas 186 e 187 — grifos no original.
[612] Op. cit., página 191.
[613] Op. cit., página 325.

Como podemos perceber, *Amirante* fixa a lei no ano de 435, ao passo que *Gutiérrez Alviz* a ubica em 367 a.C.

Voltemos a *Quintus Hortensius*. Dele, escreve *Amirante*:

"Ele conseguiu fazer aprovar uma lei (lei Hortênsia), a qual é a única, no querer de algumas fontes, e, sobretudo, de Gaio (1,3) a haver estabelecido que os plebiscitos obrigassem todos os cidadãos. Gaio falará de *"exaequatio legibus"*, equiparação dos plebiscitos às leis."[614]

Temos falado do "Direito Público Romano", e da grande importância de *Quinto Hortênsio* e da sua legislação, para a evolução deste Direito. Entre nós, *Alexandre Augusto de Castro Correia*, se insurge contra o fato de o Direito Público Romano não ser objeto de estudo, nas Faculdades de Direito.[615]

Amirante, ao tratar da "Lex Hortensia" e do seu autor, menciona o jurisconsulto *Gaio*. Não podemos omitir que, há não muito tempo, o sábio *Moacyr Lobo da Costa* dedicou um livro ao estudo de *Gaio*.[616]

Amirante, como vimos há pouco, ensina que a "Lex Hortensia" é a única, no querer de algumas fontes, e sobretudo de *Gaio*, a estabelecer que os plebiscitos obriguem todos os cidadãos. Amirante indica, em *Gaio*, 1, 3.

Podemos ler, em Gaius:

"Lex est quod populus iubet atque constituit.plebiscitum est quod plebs iubet atque consituit.plebs autem a populo eo distat, quod populi appellatione uniuersi ciues significantur, connumeratis etiam patriciis; plebis autem appellatione sine patriciis ceteri ciues significantur.unde olim patricii dicebant plebiscitis se non teneri, quae3 sine auctoritate eorum facta essent. sed postea lex Hortensia lata est, qua cautum est ut plebiscita uniuersum populum tenerent.itaque eo modo exaequata sunt."[617]

Quintus Hortensius foi de encontro, também, a algumas exigências da plebe rural, nas quais havia pensado *Marco Curio Dentato*, em 290 a.C. Com efeito, *Macróbio* ("Saturnais", 1, 16, 30) recorda que uma

---

[614] Op. cit., página 211 — grifos no original.
[615] Vide "O Direito Romano Vivo" (Separata da REVISTA DA FACULDADE DE DIREITO, DA UNIVERSIDADE DE SÃO PAULO, ano XLIX, de 1954), São Paulo, Empresa Gráfica da "Revista dos Tribunais" Ltda., 1954, página 298.
[616] Vide "Gaio (Estudo Biobibliográfico)" — São Paulo, Editora Saraiva, 1989.
[617] Vide, de Francis De Zulueta, "The Institutes Of Gaius", Oxford, Clarendon Press, 1ª edição, 1.946 — reimpressão — Part I, página 3.

"lex hortensia" (ou a mesma, ou outra do mesmo nome), estabeleceu que fossem fastos os dias de mercado, em ordem a permitir aos habitantes do campo que vinham à cidade, tratar, perante o Pretor, também dos seus litígios. E isto porquanto o Pretor não podia "dicere ius", em um dia nefasto. Havia, entanto, uma parte do projeto de *Marco Curio Dentato*, da qual não se falou mais, até 241 a.C. Tratava-se de satisfazer os anseios de terra da Plebe.

Cremos haver demonstrado que o "Dictator" teve atribuições legislativas na Ditadura "Clássica". Tal atividade legislativa foi inferior — em termos quantitativos — à desenvolvida por outros magistrados. A só circunstância de ser, a Ditadura, uma magistratura extraordinária, já bastaria para explicar o fenômeno. Há, entretanto, um outro dado a ser levado em consideração: o caráter essencialmente militar da Ditadura. Tal caráter é magnificamente revelado por um dos "ditadores-símbolo": *Lúcio Quíncio Cincinato*.

Damos a palavra a *Tito Lívio*, na magnífica tradução de *G. D. Leoni*:

"Além do Tibre, exatamente em frente ao local onde hoje estão os estaleiros, Lúcio Quíncio, única esperança do império do povo romano, cultivava um campo de quatro jeiras que se chama prados de Quíncio. Lá o encontraram os legados, ou cavando um fosso com a enxada ou arando, mas certamente, como se sabe, ocupado em trabalhos do campo; trocadas as saudações, solicitaram que, para seu bem e para o da república, ouvisse, revestido da toga, a mensagem do senado. Ele se admira e pergunta: "tudo vai bem?" e manda que Racília, sua esposa, traga depressa, da cabana, a sua toga. No momento em que, limpo da poeira e do suor, ele avançou revestido da toga, os legados felicitam-no e saudam como ditador, chamam-no para a cidade e expõem-lhe o terror em que se acha o exército."[618]

Por último, para reforçar que o Ditador, na "Ditadura Clássica" tinha também o poder de legislar, trazemos à baila o "Nuovo Digesto Italiano", e o "Novíssimo Digesto Italiano".

Sob o verbete "Dittatura" podemos ler, no "Nuovo Digesto Italiano", que a Ditadura, munida de "imperium maximum", detinha a "totalidade dos poderes civis e militares".[619] Ora, se não há uma exclusão,

---

[618] Vide "Cincinato", "in" "A Literatura de Roma", de G. D. Leoni — São Paulo, Livraria Nobel S/A, 5ª edição, 1.958, páginas 212 e 213.
[619] Op. cit., vol. V, página 84.

expressa, da atividade legiferante, é porque ela estava incluída nessa "totalidade dos poderes civis e militares".

O "Novissimo Digesto Italiano", sob o verbete "Dittatura", repete o "Nuovo Digesto".[620]

Passemos ao exame do verbete "Dictator". O "Nuovo Digesto Italiano" fala de uma centralização de todas as competências no Ditador.[621] Tal é repetido pelo "Novissimo Digesto Italiano".[622] Mais uma vez, em ambas as enciclopédias, inexiste qualquer ressalva, atinente à atividade legislativa.

A Atividade Legislativa de Lúcio Cornélio Sila

A atividade legislativa dos "ditadores atípicos" foi mais intensa do que a dos "ditadores clássicos". Feita esta observação, debrucemo-nos sobre *Sila*, legislador. *Gutierrez Alviz* se refere a várias leis de *Sila*.

O autor menciona, em primeiro lugar, uma "Lex Cornelia" de 88 a.C., confirmando o desterro de *Mário*, seu filho, e nove partidários.[623]

Uma outra "Lex Cornelia", esta de 81 a.C., e mencionada por *Tito Lívio*, VII, 42, estabeleceu uma ordem para ocupar as magistraturas: "certus ordus magistratum", sucessivamente, Questura, Pretura e Consulado.[624]

Uma terceira "Lex Cornelia", também é de 81 a.C.. Criou novos Pretores, havendo discussão sobre se foram dois, ou quatro — D. 1, 2, 2, 32.[625]

A "Lex Cornelia Agraria", de 81 a.C., foi outra lei rogada pelo Ditador *Sila*. Cuidou, segundo *Tito Lívio*, Epit. 89, da divisão das terras dos proscritos entre quarenta e sete legiões.[626]

O autor faz menção à "Lex Cornelia De Captivis", elucidando que a sua data é incerta, mas que foi votada na época do *Ditador Sila*. Esta lei criou a "fictio legis Cornelia" (sic), pela qual se estabeleceu que o cidadão romano prisioneiro, morto no cativeiro, seria considerado como morto em território romano, com o que se obtinha a validade do seu testamento — Paulo, 5, 25. D. 35, 2, 1, 18. D., 28, 1, 12.[627]

---

[620] Op. cit., vol. VI, página 17.
[621] Op. cit., vol. IV, página 811.
[622] Vol. V, página 601.
[623] Op. cit., página 334.
[624] Op. e loc. cit.
[625] Op. e loc. cit.
[626] Op. cit., página 335.
[627] Op. e loc. cit.

A "Lex Cornelia De Civitate", também de 81 a.C., e rogada pelo Ditador *Sila*, retirou a determinadas cidades etruscas o direito de cidadania, deixando-as conservar o "ius comercii" e a "testamenti factio.[628]

Também do ano de 81 a.C., foi a "Lex Cornelia De Falsis". Reprimiu a falsificação, destruição e divulgação de testamentos; a falsificação de moedas; o suborno de testemunhas e a suposição de parto, castigando-a com a pena de morte — Paulo — 4, 7 D. 48, 10. C. 9, 22.[629]

A "Lex Cornelia De Iniuriis" foi rogada, por proposta de Sila, entre os anos de 82 e 79 a.C. Castigou como delitos públicos os golpes e feridas e a violação de domicílio, atribuindo o conhecimento a um tribunal militar — I. 4, 4, 8.[630]

Uma "Lex Cornelia De Ludis Victoriae", de 81 a.C., e mencionada por Velleio Patercolo, II, 27, 6, ordenou a celebração de jogos, em honra da vitória obtida pelo próprio *Sila*.[631]

A "Lex Cornelia De Octo Praetoribus", de 81 a.C., elevou a oito o número dos Pretores — D. 1, 2, 2, 32. Esta lei rogada, foi votada sob *Sila*, daí, a incluirmos na "legislação silana".[632]

A "Lex Cornelia De Peculatu", teria sido rogada por Sila em 81 a.C., impondo sanções ao delito de peculato.[633]

Houve a "Lex Cornelia De Pontificum Augurumque Collegiis", de 81 a.C. Estabeleceu em quinze o número de membros dos colégios de pontífices e áugures.[634]

A "Lex Cornelia De Provinciis Ordinandis", rogada pelo próprio *Sila*, em 81 a.C., estabeleceu uma nova forma de distribuição das províncias.[635] Sobre esta lei, devemos dizer que *Sila* teve em mira evitar que, entre os soldados e os seus comandantes, se estabelecessem vínculos profundos de afeto.

Gutierrez Alviz menciona, em seguida, a lei chamada "Lex Cornelia de Proscriptione". É do ano de 82 a.C., e diz respeito às proscrições, ordenando a venda e distribuição dos bens dos desterrados, e a perda, para os seus filhos, do "jus honorum" e dos direitos de sucessão paterna.[636]

---

[628] Op. cit., página 336.
[629] Op. e loc. cit.
[630] Op. e loc. cit.
[631] Op. e loc. cit.
[632] Op. cit., páginas 336 e 337.
[633] Op. cit., página 337.
[634] Op. e loc. cit.
[635] Op. e loc. cit.
[636] Op. e loc. cit.

Com a "Lex Cornelia De Reditu Cn. Pompeii", por ele proposta em 80 a.C., *Sila* desejou obter o retorno de *Cneu Pompeu*. A lei encontrou a oposição do Tribuno da Plebe *C. Herennius*.[637]

A "Lex Cornelia De Sicariis Et Veneficis" foi uma lei rogada, proposta por *Sila* em 81 a.C. Castigava da mesma forma o homicídio consumado e a tentativa, assim como as quadrilhas de bandoleiros com fins homicidas, e o delito de encantamento – Paulo – 5, 23 – D. 48, 8. C. 9, 16.[638]

Há menção, em seguida, à "Lex Cornelia De Tribunitia Potestate", votada em 88 a.C., por proposta de *Sila*, estabelecendo que os plebiscitos apenas teriam valor legal, depois de apresentados ao Senado, e obtida a "auctoritas" deste.[639] É de se estranhar a data apresentada por *Gutiérrez Alviz*: 88 a.C. A ditadura de *Sila*, ainda não começara.

A "Lex Cornelia De Viginti Quaestoribus", é uma lei rogada de *Sila*, de 81 a.C. Elevou os Questores a vinte, e continha prescrições sobre os seus auxiliares: "scribae", "viatores", "praecones", que também tiveram o seu número aumentado.[640]

Há referência, por parte do autor, à "Lex Cornelia Frumentaria", que teria sido rogada por *Sila*, em 81 a.C.[641]

A seguir, trata *Gutierrez Alviz* da "Lex Cornelia Judiciaria", do *Ditador Sila*, e também de 81 a.C. Esta lei restituiu ao Senado as suas faculdades judiciais, e limitou a de recusar os juízes, a três.[642]

Especial importância tem a "Lex Cornelia Maiestatis". Trata-se de uma lei rogada, votada sob o Ditador *Sila*, também em 81 a.C. Castigava os delitos políticos contra a soberania da cidade. Foi, segundo o autor, a primeira lei que regulamentou a fundo a matéria.[643] Esta lei punia o "Crimen Maiestatis".

"Lex Cornelia Nummaria" é outro nome, pelo qual é também conhecida a "Lex Cornelia De Falsis", da qual já falamos.[644]

A "Lex Cornelia Repetundarum" é uma outra lei rogada, votada sob o Ditador *Sila*, em 81 a.C.. Castiga o "crimen repetundarum" com

---

[637] Op. e loc. cit.
[638] Op. e loc. cit.
[639] Op. e loc. cit.
[640] Op. e loc. cit.
[641] Op. e loc. cit.
[642] Op. cit., página 338.
[643] Op. e loc. cit.
[644] Op. e loc. cit.

uma sanção igual ao valor das coisas extorquidas, havendo as penas acessórias de remoção do senador culpado, e inelegibilidade para novos cargos.[645]

O autor menciona, ainda, a "Lex Cornelia Sumptuaria", uma lei rogada, atribuída a *Sila*, e do ano de 81 a.C, dirigida a restaurar a antiga austeridade nos costumes públicos e privados, suprimindo o exagero do luxo nos banquetes e funerais. Há menção ao assunto em *Aulo Gélio*, II, 24, 11.[646]

"Lex Cornelia Testamentaria", é o outro nome pelo qual é conhecida a "Lex Cornelia De Captivis", da qual já nos ocupamos. Seja dito que este mesmo nome, de "Lex Cornelia Testamentaria", também é aplicado à "Lex Cornelia De Falsis", de que, por igual, nos ocupamos.[647]

Pelo que verificamos, muito intensa foi a atividade legislativa de *Sila*.

A Atividade Legislativa de Cneu Pompeu

Vamos nos valer, mais uma vez, de *Gutierrez Alviz*.

A primeira lei de *Pompeu*, é a "Lex Pompeia De Ambitu", uma lei rogada, votada a pedido de *Cneu Pompeu* em 52 a.C., para sancionar o crime de "ambitus", vale dizer, de corrupção eleitoral.[648]

A "Lex Pompeia De Jure Magistratuum", foi rogada pelo Cônsul *Pompeu*, e votada em 52 a.C. Obrigava os candidatos às magistraturas a formular, pessoalmente, a sua declaração, como refere *Dion Cássio*, XL, 56.[649]

O autor refere a "Lex Pompeia De Provincia Bithynia", pela qual se concedia o estatuto por que se havia de reger a Província de Bitínia, e em que era reconhecida a autonomia das suas cidades, que conservavam a própria constituição.[650]

Foi rogada por *Pompeu* à assembléia popular, por volta de 52 a.C. Impunha, aos Procônsules, a obrigação de permanecer nas províncias, e estabelecia a necessidade de respeitar um prazo de cinco anos, entre o exercício da magistratura romana (Consulado ou Pretura), e a promagis-

---

[645] Op. e loc. cit.
[646] Op. e loc. cit.
[647] Op. e loc. cit.
[648] Op. cit., página 367.
[649] Op. e loc. cit.
[650] Op. cit., página 368.

tratura provincial, ao mesmo tempo em que modificava a distribuição anual das províncias.⁽⁶⁵¹⁾

Há, mencionada por *Gutierrez Alviz*, a "Lex Pompeia De Vi", uma lei rogada, "proposta pelo cônsul Cn. Pompeius Magnus e votada no ano 52 a. de C.", que castigava os atos de violência levados a cabo na cidade de Roma ou em seus arredores, e cuidando do procedimento a ser obedecido, diante de tais delitos.⁽⁶⁵²⁾

A "Lex Pompeia Iudiciaria", rogada pelo *Cônsul Pompeu* em 55 a.C., deu normas pertinentes à forma de eleição dos juízes entre as diversas centúrias, e restringiu as faculdades dos magistrados a este respeito.⁽⁶⁵³⁾

Por sua vez, a "Lex Pompeia Licinia" foi um projeto de lei suntuária, apresentado em 55 a.C. pelos cônsules *Cneu Pompeu* e *P. Licínio Crasso*, projeto que não chegou a alcançar vigência.⁽⁶⁵⁴⁾

A "Lex Pompeia Licinia De Imperio C. I. Caesaris" é uma lei rogada, apresentada por *Cneu Pompeu* e *P. Licínio Crasso*, no ano de 55 a.C., prorrogando para *César*, por outros cinco anos, o "imperium" concedido pela "Lex Vatinia".⁽⁶⁵⁵⁾

Devemos, aqui, consignar uma pequena observação crítica: *Gutierrez Alviz*, pelo menos duas vezes, se refere a "P. Licinio Crasso", em associação com *Pompeu*, o que faz pensar em "Publio Licinio Crasso". Ora, o *Crasso* do Primeiro Triunvirato, chamava-se "Marcus Licinius Crassus".

Prossigamos. "Lex Pompeia Licinia De Provinciis C. Iulii Caecaris (sic) Prorrogandi", é, de acordo com o autor, um outro nome para a "Lex Pompeia Licinia De Imperio C. I. Caesaris".⁽⁶⁵⁶⁾

Por fim há, mencionada por *Gutiérrez Alviz*, a "Lex Pompeia Licinia De Tribunitia Potestate". Trata-se de uma lei rogada, do ano 70 a.C., proposta por *Pompeu* e *Crasso*, e que restituía aos tribunos as suas antigas faculdades; inclusive, a de poder apresentar projetos de lei ante a Plebe, sem necessidade do parecer do Senado. ⁽⁶⁵⁷⁾

---

⁶⁵¹ Op. e loc. cit.
⁶⁵² Op. e loc. cit.
⁶⁵³ Op. e loc. cit.
⁶⁵⁴ Op. e loc. cit.
⁶⁵⁵ Op. e loc. cit.
⁶⁵⁶ Op. e loc. cit.
⁶⁵⁷ Op. e loc. cit.

A Atividade Legislativa de Caio Júlio César

Vamos nos valer de *Gutierrez Alviz*, e bem assim, das lições de *Amirante* e de *Bonfante*, para o exame da atividade legislativa de *César*. Na enumeração das diversas leis de *César*, não vamos nos cingir às suas leis enquanto Ditador; vamos mencionar, inclusive, as leis surgidas antes que *César* chegasse à Ditadura. Na medida do possível, teremos o cuidado de especificar, lei por lei, qual era o cargo ocupado, então, por *César*.

Em primeiro lugar, percorramos a enumeração fornecida por *Gutiérrez Alviz*. Vamos nos valer de números ordinais para facilitar a nossa tarefa, tendo em conta a grande produção legislativa do *Ditador César*:

1ª) "Lex Iulia": Projeto de lei apresentado no ano de 62 a.C. por *Júlio César*, no início da sua Pretura, para tirar de *Q. Lutatius Catullus* a "cura" instituída para a reconstrução do templo do Capitólio.[658]

2ª) "Lex Iulia": Lei consular proposta por *Júlio César* no ano de 59 a.C., confirmando os atos realizados por *Pompeu*.[659]

3ª) Lex Iulia: Lei rogada por *César* aos comícios curiatos, sendo ele "Pontifex Maximus" e Cônsul, no ano de 59 a.C. Por esta lei, autorizou-se a "arrogatio" do patrício *P. Clodius* por um plebeu.[660]

4ª) "Lex Iulia": Lei de *César, sendo ele ditador* (grifamos) do ano de 49 a.C., indultando uma série de cidadãos condenados pelo delito de "ambitus", os quais obtinham uma "in integrum restitutio".[661]

5ª) "Lex Julia": Lei que se pretende atribuir a *César*, como votada em 46 a.C., dispondo que os cidadãos não-militares maiores de vinte anos e menores de quarenta, não poderiam ausentar-se da Itália por mais de três anos, e proibindo aos filhos de senadores viajar para o estrangeiro, salvo acompanhando um magistrado.[662]

6ª) "Lex Julia Agraria": Lei rogada, votada em 58 a.C., por solicitação de *Júlio Cesar*, concedendo terras em Cápua e em Stellata aos cidadãos que tivessem três filhos quando da promulgação da lei, e conferindo o caráter de inalienabilidade, por vinte anos, às terras distribuídas. G. 70.[663]

---

[658] Op. cit., página 350.
[659] Op. e loc. cit.
[660] Op. e loc. cit.
[661] Op. e loc. cit.
[662] Op. e loc. cit.
[663] Op. e loc. cit.

7ª) "Lex Julia De Annona": Lei rogada, da época de *César ou de Augusto* (grifamos), castigando o crime chamado de "annona", punindo os atos praticados em prejuízo dos depósitos de grãos, e os convênios celebrados para provocar a alta do trigo — D. 48, 12.[664]

8ª) "Lex Julia De Cessione Bonorum": Lei rogada, de data incerta, votada ao tempo de *Júlio César, ou de Augusto* (grifamos), outorgando aos devedores insolventes a faculdade de ceder aos credores os bens que possuíssem, elidindo desta maneira, a execução que, sobre as suas pessoas, derivaria da ação correspondente — G. 3, 78. C. 7, 41, 4.[665]

9ª) "Lex Julia De Civitate Gatitanorum": Lei do *Ditador César*, aprovada pelo povo no ano de 49 a.C., concedendo o direito de cidadania aos gaditanos.[666]

10ª) "Lex Iulia De Civitate Transpadanorum": Lei dada por *Júlio César* em 49 a.C., conferindo o direito de cidadania aos habitantes da Gália Transpadana.[667]

11ª) "Lex Iulia De Exilibus": Lei rogada, parece que por *César*, no ano de 44 a. C., e prescrevendo o retorno, a Roma, dos exilados políticos.[668]

12ª) "Lex Julia De Insula Creta": Lei votada no ano de 44 a.C., atribuída a *César*, e que dispensa do pagamento de impostos, as cidades mais ricas de Creta.[669]

13ª) "Lex Julia De Liberes Legationibus": Lei do *Ditador César*, do ano de 46 a.C., determinando a duração das "legationes liberae".[670]

14ª) "Lex Julia De Majestate": Pretende-se que esta lei tenha sido votada na época de *Júlio César* — talvez em 46 a.C. — apenando com a interdição da água e do fogo, os condenados pelo delito de lesa-majestade.[671]

15ª) "Lex Julia De Mercede Habitationum Remittenda": Lei do *Ditador Júlio César*, no ano de 46 a.C., concedendo uma remissão nos alugueres em Roma e na Itália, até uma determinada quantia.[672]

---

[664] Op. cit., página 351.
[665] Op. e loc. cit.
[666] Op. e loc. cit.
[667] Op. e loc. cit.
[668] Op. e loc. cit.
[669] Op. e loc. cit.
[670] Op. cit., página 352.
[671] Op. e loc. cit.
[672] Op. e loc. cit.

16ª) "Lex Julia De Modo Credendi Possidendique In Italiam": Lei do *Ditador César*, do ano de 46 a.C., estabelecendo uma certa proporção entre a quantia que se podia conceder em empréstimos, e a extensão dos fundos que se possuía na Itália.⁽⁶⁷³⁾

17ª) "Lex Iulia De Pecuniis Mutuis": Lei do ano de 49 a.C., surgida sob a ditadura de *Júlio César*. Dispunha que os devedores poderiam entregar suas terras em pagamento aos credores, pelo valor que tinham antes da guerra civil.⁽⁶⁷⁴⁾

18ª) "Lex Iulia De Portoriis": Suposta lei atribuída a Júlio César, durante a sua ditadura, no ano de 46 a.C., estabelecendo um "portorium", ou direitos alfandegários, sobre as mercadorias estrangeiras.⁽⁶⁷⁵⁾

19ª) "Lex Julia De Provinciis": Lei rogada, devida a César, estabelecendo normas para impedir as prorrogações no exercício do mando de mais de dois anos dos procônsules, e de um dos pretores.⁽⁶⁷⁶⁾

20ª) "Lex Iulia De Publicanis": Lei rogada pelo Cônsul *Júlio César*, e votada em 59 a.C., condenando os publicanos à terceira parte de suas dívidas, com respeito ao Estado Romano.⁽⁶⁷⁷⁾

21ª) "Lex Julia De Repetundis", é um outro nome da "Lex Julia Repetundarum", de que cuidaremos logo mais.⁽⁶⁷⁸⁾

22ª) "Lex Julia De Rege Deiotaro: Suposta lei de *Júlio César*, de 44 a.C., em favor do rei da Armênia Menor, Devotaro (sic).⁽⁶⁷⁹⁾

23ª) "Lex Julia De Residuis". Trata-se de um outro nome da "Lex Julia De Peculatus Et De Sacrilegis Et De Residuis."⁽⁶⁸⁰⁾

24ª) "Lex Julia De Sacerdotiis": Lei do *Ditador Júlio César*, do ano de 46 a.C., contendo normas sobre a forma de designação e eleição dos membros dos colégios sacerdotais, e autorizando todos os componentes dos colégios a apresentar um mesmo candidato.⁽⁶⁸¹⁾

---

[673] Op. e loc. cit.
[674] Op. cit., páginas 352 e 353.
[675] Op. cit., página 353.
[676] (Op. e loc. cit.)
[677] (Op. e loc cit.)
[678] (Op. e loc. cit.)
[679] (Op. e loc. cit.)
[680] (Op. e loc. cit.)
[681] (Op. e loc. cit.)

25ª) "Lex Julia De Sacrilegiis": Trata-se de um outro nome da "Lex Julia De Peculatus Et De Sacrilegis Et De Residuis", de que iremos tratar adiante.⁽⁶⁸²⁾

26ª) "Lex Julia De Siculis": Suposta lei de *Júlio César* do ano de 44 a.C., concedendo a cidadania aos habitantes da Sicília.⁽⁶⁸³⁾

27ª) "Lex Julia De Tutoris Datione": Lei de data incerta, possivelmente de *Júlio César*, conferindo, aos governadores de províncias, faculdades para designar tutores dativos — G. 1, 185, 195. Ulp. 11, 18. I 1, 20 pr. ⁽⁶⁸⁴⁾

28ª) "Lex Iulia De Vi": Suposta lei rogada, devida a *César*, contra os atos de violência, tendo precedido a "Lex Julia De Vi Publica Et Privata".⁽⁶⁸⁵⁾

29ª) "Lex Julia De Vi Publica Et Privata": Lei rogada (ou, talvez, leis), votada em 46 ou 17 a.C., restringindo os casos em que era lícita a violência, ainda que para se fazer justiça. Esta lei castigou a violência com penas públicas, e proibiu o usucapião das coisas tomadas pela violência, praticada contra o seu possuidor — Paul. 5, 26. Coll. D. 9,2. D. 48, 4. 48, 7. C. 9, 12. ⁽⁶⁸⁶⁾

É óbvio que a lei em questão, se datar de 17 a.C., não poderá ter sido de *César*.

30ª) "Lex Julia De X Praetoribus Creandis": Lei do ditador *Júlio César*, do ano de 46 a.C., elevando a dez o número dos "Praetores".⁽⁶⁸⁷⁾

31ª) "Lex Julia Et Plautia": Leis rogadas, dos anos de 46 e 63 a.C., que estenderam a possibilidade de usucapir as coisas, das quais alguém tivesse se apoderado por violência – G. 2, 45. I. 2, 6, 2. D. 41, 3, 33, 2.⁽⁶⁸⁸⁾

Como é evidente, da época de *César*, apenas pode ser a lei de 46 a.C....

32ª) "Lex Julia Frumentaria": Lei rogada de *Júlio César* , do ano de 46 a.C., regulamentando as distribuições de grãos, com o fim de evitar os descalabros existentes, cuidando de reservá-las para os veteranos pobres, e limitando o número dos beneficiados.⁽⁶⁸⁹⁾

---

⁶⁸² (Op. e loc. cit.)
⁶⁸³ (Op. e loc. cit)
⁶⁸⁴ (Op. e loc. cit.)
⁶⁸⁵ (Op. e loc. cit.)
⁶⁸⁶ (Op. e loc. cit.)
⁶⁸⁷ Op. e loc. cit.
⁶⁸⁸ Op. cit., página 354.
⁶⁸⁹ Op. e loc. cit.

33ª) "Lex Julia Judiciaria": Lei de 46 a.C., eliminando dos tribunais criminais os "Tribuni Aerarii" da Lei Aurelia, e voltando a integrá-los com senadores e "equites".[690]

34ª) "Lex Julia Municipalis": Lei rogada por *Júlio César* em 45 a.C., estabelecendo o regime pelo qual haveriam de se reger as cidades habitadas por cidadãos romanos, e regulamentando a polícia da Cidade de Roma. Gir. 80. C. I. L, I, 206.[691]

35ª) "Lex Julia Peculatus Et De Sacrilegis Et De Residuis" Lei rogada, proposta por *Júlio César* ou *Augusto*, reprimindo o delito de peculato, vale dizer, subtração de bens pertencentes aos deuses ou ao Estado Romano, e (reprimindo) o delito de "residuis", castigando quem retém dinheiro público destinado a algum uso, não lhe dando o destino fixado. A lei concede ação contra os herdeiros do autor do delito. Há ocasiões em que se fala de uma "lex Julia de residuis", como disposição independente, e não como capítulo desta lei geral – Paul. 5, 27. D. 48, 13. C. 9. 28 – [692];

36ª) "Lex Julia Repetundarum": Lei rogada, do ano 59 a.C., por *Júlio César*, introduzindo modificações nas sanções contra o delito de concussão; permitia que as sanções fossem dirigidas contra toda pessoa que se tivesse aproveitado do dinheiro tomado pelo magistrado, proibia o usucapião das coisas dadas pelos habitantes das províncias ao magistrado provincial, reduzia a sanção estabelecida pelas leis repressivas anteriores, e mantinha as sanções anteriores de remoção do cargo de Senador e de inelegibilidade para novos cargos — Paul. 5, 28. D. 48, 11. C. 9, 27.[693]

37ª) "Lex Julia Sumptuaria": Suposta lei do *Ditador Júlio César*, do ano 46 a.C., proibindo o uso de liteiras, púrpura e pérolas, salvo por determinadas pessoas, em certa idade, e em determinadas ocasiões.[694]

Esta enumeração, que não se pretende exaustiva, demonstra quão intensa foi a atividade legislativa de *César*.

Amirante, ao tratar da legislação de *César*, do ano de 46 a.C., ensina que, após a vitória de Tapso, o Senado conferiu a *César* uma ditadura, a ser renovada todos os anos, por dez anos, e a fiscalização dos cos-

---

[690] Op. e loc. cit.
[691] Op. e loc. cit.
[692] Op. cit., páginas 354 e 355.
[693] Op. cit., página 355.
[694] Op. e loc. cit.

tumes, por três anos. É "intensa" a obra legislativa que *César* realiza neste ano de 46 a.C., por meio dos comícios (Suetônio, "César", 81; Tácito, "Anais", 6, 22). São deste ano: a) Uma lei de "maiestate"; b) Uma lei judiciária que atribui a judicatura apenas aos senadores e aos cavaleiros; c) Uma lei sobre províncias, que fixa a duração das prorrogações do "imperium" em um ou dois anos, respectivamente para os Pretores e para os Cônsules, e restaura, também, a continuidade entre a magistratura e a promagistratura. Além disto, *César* reorganiza o calendário, e, por fim, para o ano de 45 a.C., *César* faz com que seja proposta a eleição de um cônsul sem colega. "Naturalmente" — escreve o autor — é ele, *César*, Cônsul pela quarta vez. Na verdade, *César* quer "proceder a uma geral reordenação de todas as magistraturas", tanto assim, que não faz eleger nem Pretores, nem Edis Curuis, nem Questores, mas apenas magistrados plebeus.

Por fim, deve ser assinalado que *Bonfante*, contrariamente a *Gutiérrez Alviz*, afirma que "talvez" sejam de *César* as leis sobre a reorganização dos juízos (Leges Juliae iudiciorum publicorum et privatorum), nas quais, no que diz respeito aos juízos privados, foi estendido o império do procedimento formular, já introduzido pela "Lex Aebutia".[695] Para *Gutiérrez Alviz*, as "Leges Juliae Judiciorum Publicorum Et Privatorum", são de 17 a.C.[696] E, destarte, não poderiam ser de *César*.

Concluímos o presente item, com as seguintes conclusões:

1ª) O "Dictator" tinha, inclusive, poderes legislativos;

2ª) O "Ditador Clássico", do apogeu da República, tinha também o poder legislativo, embora esta não fosse a marca principal da sua magistratura extraordinária;

3ª) Alguns "dictatores" do período clássico da magistratura, desenvolveram uma obra legislativa de notável importância;

4ª) Entre tais "dictatores", destaca-se *Quintus Hortensius*;

5ª) Outros ditadores do "período clássico" da magistratura, tiveram atividade legislativa, como *Quinto Publílio Filão*;

6ª) Intensa foi a atividade legislativa dos "ditadores atípicos" do final da República.

---

[695] Op. cit., vol. I, página 311.
[696] Op. cit., páginas 351 e 352.

CAPÍTULO X
CONCLUSÕES QUANTO À DITADURA ROMANA: PODER ARBITRÁRIO OU DISCRICIONÁRIO?

É chegado o momento de enquadrar a Ditadura romana, em um dos dois tipos de Poder, distinguidos pelo hodierno Direito Administrativo.

Lidamos com duas realidades absolutamente distintas, quando falamos da Ditadura Romana. Uma realidade, é a oferecida pela Ditadura em sua forma clássica. E outra, é a oferecida pela "Ditadura Atípica". Cometeríamos um erro, crasso, se déssemos idêntico tratamento a ambas as ditaduras.

Para responder à "magna quaestio", pertinente à Ditadura Romana ser uma manifestação de Poder Arbitrário, ou de Poder Discricionário, vamos, em primeiro lugar, abordar a Ditadura em sua forma clássica, para, ao depois, abordar a "Ditadura atípica".

1. A DITADURA ROMANA EM SUA FORMA CLÁSSICA: PODER ARBITRÁRIO OU DISCRICIONÁRIO?

Bobbio, ao tratar do sentido antigo e do sentido moderno da palavra "Ditadura", escreve:

"À medida que a democracia foi considerada como a melhor forma de governo, como a menos má, como a forma de governo mais adaptada às sociedades economicamente, civilmente e politicamente mais evoluídas, a teoria das formas de governo em seu uso prescritivo simplificou a tipologia tradicional e polarizou-se, como já afirmamos, em torno da dicotomia democracia-autocracia. No uso corrente, porém, o termo que veio prevalecendo para designar o segundo membro da dicotomia não é "autocracia" mas "ditadura". Hoje está de tal maneira generalizado o costume de chamar de "ditaduras" a todos os governos que não são democracias, e que geralmente surgiram derrubando democracias precedentes, que o termo tecnicamente mais correto "autocracia" acabou por ser relegado nos manuais de direito público, e a grande dicotomia hoje dominante não é a que se funda sobre a contraposição entre democracia e autocracia, mas a que contrapõe (embora com um uso historicamente distorcido do primeiro termo) a ditadura à democracia. A denominação de ditadura aplicada a todos os regimes que não são democracias difundiu-se sobretudo após a primeira guerra mundial, tanto através do aceso debate sobre a forma de governo instaurada na Rússia pelos bolcheviques, que se alimentou de várias interpretações do conceito marxista de ditadura do proletariado, quanto através do uso feito pelos adversários do termo "ditadura" para designar os regimes, a começar do italiano. Esta contraposição da ditadura à democracia num universo de discurso em que democracia assumiu um significado predominantemente eulógico, terminou por fazer de "ditadura", contrariamente ao uso histórico, um termo com significado, predominantemente negativo, que na filosofia clássica era próprio de termos como "tirania", "despotismo" e, mais recentemente, "autocracia". Em 1936, Élie Halévy podia definir sua própria época como *l'êre des tyrannies*, mas hoje ninguém mais usaria esta expressão para definir o vintênio entre as duas guerras mundiais: os regimes que Halévy tinha chamado de "tiranias" passaram à história com o nome de "ditaduras".[697]

Para podermos tratar da Ditadura Romana com equilíbrio é preciso que livremos o espírito deste "significado predominantemente negativo" que, hoje, cerca o vocábulo "Ditadura", de acordo com *Bobbio.*

Prossegue o autor:

"Tanto quanto tirania, despotismo e autocracia, também "ditadura" é um termo que nos vem da antiguidade clássica. Mas à diferença destes últimos, teve originariamente e durante séculos uma conotação positiva."[698]

Continua *Norberto Bobbio*:

"A exorbitância do poder do ditador era contrabalançada pela sua temporaneidade: o ditador era nomeado apenas para a duração do dever extraordinário que lhe fora confiado e, de todo modo, por um período não maior do que a permanência em cargo do cônsul que o havia nomeado."[699]

---

[697] Vide "Estado, Governo, Sociedade", tradução brasileira de Marco Aurélio Nogueira, São Paulo, Paz e Terra, 1ª edição, 5ª impressão, páginas 158 e 159 — grifos no original.
[698] Op. cit., página 159.
[699] Op. e loc. cit.

Conclui o autor italiano, "verbis":

"O ditador era portanto um magistrado extraordinário, mas legítimo, pois sua instituição era prevista pela constituição e o seu poder justificado pelo estado de necessidade (o estado de necessidade é considerado pelos juristas como um fato normativo, isto é, um fato idôneo para suspender uma situação jurídica precedente e dar existência a uma situação jurídica nova)."[700]

Com lastro nas lições de *Bobbio*, já podemos adiantar uma conclusão, fundamental para a nossa monografia: o poder do "Dictator", na Ditadura "Clássica", era um poder que, na terminologia do atual Direito Administrativo, receberia o nome de "Discricionário".

Em continuação, escreve o autor:

"Em poucas palavras, as características da ditadura romana eram: a) estado de necessidade com respeito à legitimação; b) plenos poderes com respeito à extensão do comando; c) unicidade do sujeito investido do comando; d) temporaneidade do cargo."[701]

Aduzimos que o "Dictator" estava inserido na constituição da "Res Publica". Ele não estava à margem das leis republicanas; não era um corpo estranho no ordenamento jurídico republicano. O seu surgimento estava previsto na constituição republicana. E, embora um magistrado extraordinário, um plenipotenciário, o Ditador tinha o seu "agire" limitado pela própria Ordem Jurídica que presidira à sua "creatio".

No estudo da Ditadura Romana em sua forma clássica, temos que nos despir da carga negativa que, hoje, cerca o vocábulo "Ditadura". Mas não podemos, de outra banda, olhar para a magistratura, com os nossos olhos do último quartel do século XX.

O poder do "Dictator" não era ilimitado. Escreve *Bobbio*:

"Enquanto magistratura monocrática, com poderes extraordinários mas legítimos e limitada no tempo, a ditadura sempre se distinguiu da tirania e do despotismo, que na linguagem corrente são freqüentemente confundidos. O tirano é monocrático, exerce um poder absoluto, mas não é legítimo e nem mesmo é necessariamente temporâneo. O déspota é monocrático, exerce um poder absoluto, é legítimo, mas não temporâneo (ao contrário, é um regime dos tempos longos, como demonstra o exemplo clássico do despotismo oriental). Todas estas três formas têm em

---
[700] Op. e loc. cit.
[701] Op. cit., páginas 159 e 160.

comum a monocraticidade e a absoluticidade do poder, mas tirania e ditadura se diferenciam porque a segunda é legítima e a primeira não; despotismo e ditadura se diferenciam porque, embora sendo ambas legítimas, o fundamento de legitimidade do primeiro é de natureza histórico-geográfica, da segunda é o estado de necessidade. A característica à base da qual a ditadura se diferencia tanto da tirania quanto do despotismo é a temporaneidade."[702]

Ao comentar a temporaneidade da Ditadura Romana, *Bobbio* traz à baila a opinião de *Maquiavel*, escrevendo:

"Precisamente esta característica da temporaneidade fez com que os grandes escritores políticos tenham dado um juízo positivo do instituto da ditadura. Num capítulo dos *Discursos* intitulado significativamente *A autoridade ditatorial fez bem e não dano à República romana*, Maquiavel refuta aqueles que sustentaram ter sido a ditadura causa "com o tempo da tirania de Roma" [1513-19, ed. 1977 p. 219], porque a tirania (a referência é a César) não foi o efeito da ditadura, mas do prolongamento da ditadura para além dos limites de tempo estabelecido. E vê com agudeza na temporaneidade e na especificidade do comando do ditador o seu aspecto positivo: "O Ditador era nomeado por um determinado período e não perpetuamente, e apenas para corrigir a causa mediante a qual tinha sido criado; sua autoridade estendia-se em poder deliberar por si mesmo os remédios para aquele urgente perigo, fazer tudo sem consulta e punir sem apelação; mas não podia fazer nada que implicasse a diminuição do estado, como seria por exemplo tolher a autoridade ao Senado ou ao Povo, desfazer as velhas ordens da cidade e fazer-lhe outras novas [ib]."[703]

Consignemos umas poucas observações. Como verificamos, as "ditaduras atípicas", dê-se-lhes, ou não, o nome de "tiranias", não derivaram de um prolongamento da ditadura normal, que, de resto, se encontrava em desuso. Derivaram da inadequação das velhas instituições republicanas, às realidades emergentes da expansão imperial.

Percebemos que *Maquiavel*, no texto acima, nega que o Ditador possa legislar. Vimos que, historicamente falando, o "Dictator" legislou, inclusive, à época da "Ditadura Clássica". Feitas estas observações, cremos que o que *Maquiavel* diz, "mutatis mutandis", é que o Ditador

---

[702] Op. cit., página 160.
[703] Op. e loc. cit. — grifos no original.

tem um espectro de ação, limitado pela lei, condicionado à consecução do bem da "Res Publica". Um poder discricionário, portanto.

Continuemos. A seguir *Bobbio*, agora, comentando as opiniões de *Rousseau*, escreve:

"No *Contrato social*, após ter observado que as leis não podem prever todos os casos possíveis e que ocorrem casos excepcionais em que é oportuno suspender momentaneamente o efeito delas, Rousseau afirma que "nesses casos raros e evidentes, previne-se a segurança pública por um ato particular que confere a responsabilidade ao mais digno" (1762, trad. it. p. 164). Esta delegação pode ocorrer de dois modos, ou aumentando a autoridade do governo legítimo, caso em que se altera não a autoridade das leis, mas apenas a forma da sua administração, ou então, quando o perigo é tal que o sistema das leis ordinárias pode constituir um obstáculo à ação resolutiva, nomeando um chefe supremo (precisamente o ditador) que "faça com que todas as leis se calem e suspenda momentaneamente a autoridade soberana" [ib]. Também para Rousseau a ditadura é salutar apenas se é rigorosamente limitada no tempo: "Seja qual for o modo por que se confere este importante encargo, é preciso fixar sua duração num prazo bastante curto, que em nenhum caso possa ser prolongado (...) uma vez passada a necessidade urgente, a ditadura torna-se tirânica ou vã" (ib., p. 167)."[704]

Não deixa de ser interessante observar como *Maquiavel* e *Rousseau*, separados "grosso modo" por duas centúrias, e sujeitos a influências culturais díspares, "vêem" diferentemente a Ditadura Romana. Sob o influxo do Renascimento, *Maquiavel* é todo preocupação com a "Salus Rei Publicae"; *Rousseau*, sob a pressão do "Aufklärung", do "Século Das Luzes", é todo "legalismo"...

Prossigamos com o exame do magistério de *Bobbio*. Ensina o autor que, da história da magistratura de que nos ocupamos, é possível inferir que o Ditador exerce poderes extraordinários, mas somente no âmbito da função executiva. Não no da função legislativa. Para *Bobbio*, tanto *Maquiavel* quanto *Rousseau*, "captam exatamente este limite, escrevendo um, como se viu, que o ditador não podia fazer nada que implicasse "a diminuição do Estado", e o outro que "a suspensão da atividade legislativa", que compete ao ditador, "não a abole de modo algum", pois "o magistrado que a faz calar, não a pode fazer falar".

---

[704] Op. cit., páginas 160 e 161 — grifos no original.

(Rousseau 1762, trad. it. p. 165). Aduz *Bobbio* que foi só na Idade Moderna — idade das grandes revoluções — que o conceito de ditadura "foi estendido ao poder instaurador da nova ordem, isto é, ao poder revolucionário que, como tal, para falar com Maquiavel, desfaz as velhas ordens para novas fazer".

Bobbio menciona que *Carl Schmitt*, em sua obra sobre a ditadura, de 1921, distingue a ditadura clássica da ditadura dos tempos modernos, ou revolucionária. À primeira (clássica) ele chama, a partir de uma citação de *Bodin*, de "comissária", no sentido de que o ditador desempenha o próprio dever extraordinário, nos limites da "comissão" recebida. À segunda, ele chama de "soberana".[705]

Façamos algumas ponderações. De plano, consideramos historicamente demonstrado que o "Dictator", ainda na época da Ditadura "Clássica", desempenha sim, também, funções legislativas. *Camilo* reorganiza o exército. *M. Valerius Maximus Corvus*, estabelece que o soldado só pode receber baixa, se nisto consente. *Quinto Publílio Filão* estabelece, entre outras coisas, que um dos Censores deve ser plebeu. E *Q. Hortensius* faz com que os "plebiscita" tenham o mesmo valor das "leges". *Tudo isto são manifestações do poder legiferante dos "dictatores", em pleno "período clássico"!* (grifamos). Assim, e salvo convincentes opiniões em contrário, acreditamos ser um ponto pacífico, a atividade legislativa do Ditador — e o poder, que pressupunha tal atividade.

Em segundo lugar, mister é reconhecer que o poder legislativo deste magistrado extraordinário, não era, ele próprio, "extraordinário". Com isto queremos dizer que o Ditador podia fazer leis; podia inovar legislativamente. Mas não podia fazer desaparecer o sistema republicano. Com estas ressalvas, é óbvio, concordamos com *Maquiavel* e com *Rousseau*. O Ditador *Quinto Hortêncio*, equiparou os plebiscitos às leis. Mas não instaurou uma nova ordem constitucional.

Interessante é a ubicação dada à Ditadura Romana, por *Ferreira Filho*. Em "O Estado de Sítio", o autor dedica a Seção I do Título Primeiro, ao estudo das Ditaduras. Escreve: "Esta seção destinada ao exame dos sistemas que conferiam, em circunstâncias anormais, plenos poderes a um magistrado irresponsável, estudará em primeiro lugar a *ditadura romana*, em segundo (sic) *esimnetia grega*, e, enfim, um sistema que lhes pode ser assimilado qual seja o da *suspensão da Constituição*".[706]

---

[705] Op. cit., página 161 – grifos no original.
[706] Op. cit., página 29 — grifos no original.

Para o nosso estudo, pode ser deixada de banda a "suspensão da Constituição". Quanto à "esimnetia" grega lembramos que, quando estudamos a Tirania, abordamos a figura do "Aisumnêtes", que difere da figura do Tirano.

O exemplo de Ditador dado por *Ferreira Filho* para o período da "Ditadura Clássica", é o de *Cincinato*.

Afirmamos "retro", com estribo nas lições de *Bobbio*, que podíamos adiantar que o poder do "Dictator", na Ditadura Clássica, era um poder *DISCRICIONÁRIO*. A nossa assertiva se robustece com o magistério de *Ferreira Filho*, o qual trata da Ditadura Romana — sintomaticamente — ao cuidar dos sistemas de defesa da Constituição. Com efeito, o constitucionalista dedica o Título Primeiro da sua dissertação, ao que chama de "Os Grandes Sistemas de Defesa da Constituição". Em termos histórico-jurídicos, escreve à página 27: "A história política e constitucional mostra que vários foram no passado os sistemas jurídicos empregados para a defesa da Constituição". Um destes sistemas foi corporificado nas ditaduras. A elas, o autor consagra a Seção I do Título Primeiro; Seção que abrange os capítulos 1 "usque" 3. Do primeiro grupo de sistemas jurídicos, empregados para a defesa da Constituição, escreve, ainda à página 27: "O primeiro grupo compreende os sistemas que, frente a crises, suspendem no todo ou em parte a ordem constitucional para concentrar nas mãos de um homem o poder, autorizando-o a solver as dificuldades segundo o seu bom alvitre, irresponsabilizando-o pelo que fizer ou deixar de fazer". Conclui *Ferreira Filho*: "Tais sistemas instalam *ditaduras*, termo que, aliás, designava a magistratura romana extraordinária incumbida de salvar a república, pelos meios que fossem necessários".[707]

No que diz respeito à Ditadura Romana, aqui entendida a "Ditadura Clássica", pensamos que ela era a própria ordem constitucional "em pé de guerra", armada para assegurar a higidez da "Res Publica".

Ensina *Carl Schmitt* que, para os escritores humanistas do Renascimento, a Ditadura era "um conceito que se encontrava na história de Roma e em seus autores clássicos".[708] Continua: os grandes filólogos e conhecedores da Antiguidade Romana, comparavam as distintas exposições de *Cícero, Tito Lívio, Tácito, Plutarco, Dionísio de*

---
[707] Op. e loc. cit. — grifo no original.
[708] Op. cit., página 33.

Halicarnaso, Suetônio e outros, "e se interessavam pela instituição como uma questão da história da antiguidade, sem buscar um conceito de significado jurídico-estatal geral 1".

"Desta maneira — aduz *Schmitt* — os autores humanistas do Renascimento fundaram uma tradição que permaneceu invariável, até bem entrado o século XIX, de acordo com a qual... "a ditadura é uma sábia invenção da República Romana, o ditador um magistrado romano extraordinário, que foi introduzido depois da expulsão dos reis, para que em tempo de perigo houvesse um *imperium* forte, que não estivesse obstaculizado, como o poder dos cônsules, pela colegialidade, pelo direito de veto dos tribunos da plebe, e a apelação ao povo"."[709]

Escreve *Schmitt* que o Ditador, que era nomeado pelo Cônsul, por solicitação do Senado, tem a incumbência de eliminar a situação perigosa que motivou a sua nomeação, ou seja, fazer a guerra (dictatura rei gerendae), ou reprimir uma rebelião interna (dictatura seditionis sedandae). "A posteriori", o ditador também foi encarregado de missões específicas, menos relevantes. O ditador era nomeado por seis meses, mas antes do transcurso deste prazo resignava a sua dignidade — ao menos, de acordo com o louvável uso dos velhos tempos republicanos — se havia executado sua missão. Digna de nota é a seguinte assertiva do autor, contida à página 34: "Não estava ligado às leis e era uma espécie de rei, com poder ilimitado sobre a vida e a morte". De acordo com *Schmitt* — sempre fazendo remissão à tradição que veio dos autores renascentistas — a pergunta alusiva a se, com a nomeação do ditador, se extinguia o poder dos outros magistrados, é respondida de diversas maneiras. Em geral, aduz o autor, se via, na Ditadura, um meio político, em virtude do qual a aristocracia patrícia buscava proteger a sua dominação, diante das exigências democráticas dos plebeus. Como é natural — arremata — falta uma crítica histórica das notícias transmitidas.[710]

Algumas observações, têm que aqui ser feitas. Não podemos concordar com a afirmação, integrante da tradição renascentista, de que o "Dictator" "não estava ligado às leis". O Ditador era um magistrado, não importante que o fosse extraordinário. Estava previsto na Constituição Republicana, que limitava o seu "agire", e que fazia com que o seu poder fosse um poder discricionário, e jamais arbitrário.

---

[709] Op. e loc. cit. — grifo no original.
[710] Op. cit., páginas 33 e 34.

Em abono a esta tese, trazemos à colação as lições de *Schmitt*, pertinentes à Ditadura Romana, vista, significativamente, por *Maquiavel*.

Nos "Discursos sobre a Primeira Década de Tito Lívio", aparecidos em 1532, era "natural" — afirma *Schmitt* — que o autor estudasse a ditadura em geral. E isto porque a História de *Tito Lívio*, glosada nos "Discorsi", menciona numerosos casos de ditadura, desde o primeiro século da República.

Dentro do pensamento de *Maquiavel*, qual o reproduz o autor, a ditadura deve ter sido, para a República, justamente, "uma questão vital" (página 37). Por quê? "Porque o ditador não é um tirano e a ditadura não é algo assim como uma forma de dominação absoluta, sim um meio peculiar da Constituição republicana para preservar a liberdade."[711]

Façamos aqui, alguns comentários. Em primeiro lugar acrescentamos, às ponderações de *Carl Schmitt*, esta: era "natural" que *Maquiavel* se interessasse pela Ditadura Romana, também porque ele era um homem do Renascimento, cujo tirocínio político, fora forjado no serviço de uma Cidade-Estado italiana da época. Assim como os reis "bárbaros", após a queda do Império Romano do Ocidente, haviam sentido o fascínio do título de "César", assim também, os homens do Renascimento sentiram o fascínio da República Romana.

Continuemos. A Ditadura era, com efeito, uma "questão vital" para a República Romana. E tanto assim era, que só ocorria a "creatio" do "Dictator", quando a República estava em perigo.

Por fim, de acordo com *Maquiavel*, o Ditador se diferencia do Tirano — conclusão que endossamos. Concordamos, por igual, com a conclusão seguinte de que a Ditadura não é uma forma de dominação absoluta. Nesta ordem de idéias, a Ditadura Romana existiria, inclusive, para preservar as liberdades republicanas, o que é afirmado com cautela: seria inútil procurar pelas "liberdades públicas", como as conhecemos, no contexto da Antiguidade.

Passemos à abordagem do "Ditador" e do "Príncipe" no pensamento de *Maquiavel*, qual o expõe *Carl Schmitt*.

Para *Maquiavel*, e para a época seguinte a ele, a Ditadura parecia-se demais com a instituição essencial da República Romana, para que houvesse distinção entre "as duas espécies diferentes de ditadura, a comissarial e a soberana." Por este motivo, para *Maquiavel* e a época

---

[711] Op. e loc. cit.

posterior, "o príncipe absoluto não é, tampouco, nunca um ditador". Adverte *Schmitt* que o Príncipe — cuja figura foi esboçada por *Maquiavel* — foi denominado ocasionalmente, por escritores posteriores, "ditador", e, bem assim, os métodos de governo descritos em "II Principe", foram qualificados de "ditadura". *Mas isto contradiz a opinião de Maquiavel* (grifamos). O Ditador é, sempre, um órgão do Estado republicano, certamente extraordinário, mas, não obstante, constitucional.

Na "Ditadura Clássica", o "Dictator", não foi, em tempo algum, "legibus solutus". Segue-se que o seu "agire" estava balizado pela Ordem Jurídica. A "Res Publica", não era um domínio particular do Ditador; era justamente para salvá-la que ele era instituído. E é significativo, a demonstrar que o Ditador não era um senhor absoluto, o fato de que ele não podia dispor do tesouro público: carecia, para tanto, de autorização do Senado.

Carl Shmitt, na nota de nº 2 ao Capítulo 1, apresenta um "quadro sumário" da Ditadura Romana, que cremos de interesse sintetizar, neste item.

No "quadro sumário", o autor trata, sucessivamente, da "ditadura republicana da época antiga" (que nós chamamos de "Ditadura Clássica"), da "quase ditadura" (que Ferreira Filho chama de "Ditadura Consular"), e, por último, da ditadura "reipublicae" de *Sila* (por nós enquadrada entre as "ditaduras atípicas" do fim da República).

a-) *A ditadura republicana da época antiga*: a julgar pelos casos transmitidos pelos analistas, parece como que se a Ditadura tivesse sido, antes de tudo, um meio de política interna na luta contra os plebeus. *Schmitt*, neste passo, se refere aos analistas romanos, pois acrescenta que a ditadura assim encarada (como meio de luta política interna), é concebida habitualmente, também, na literatura política dos séculos XVII e XVIII. Mas — aduz — segundo as investigações mais modernas, é provável que os casos antigos de ditadura para a repressão de uma sublevação (seditionis sedandae), sejam apócrifos; em particular, a ditadura na primeira "secessio plebis", de 494 a.C., é "seguramente a-histórica" (p. 265). O autor refere, ainda à página 265, que, de acordo com a crítica de casos singulares feita por *Fr. Bandel*, "in" "Die romischen Diktaturen", houve apenas um caso autêntico de ditadura para a repressão de uma sublevação, nos primeiros 150 anos da República. De acordo com a mesma tese, os primeiros ditadores "são somente comandantes supremos para o caso de guerra". (p. 266). O "Dictator" da velha República, era o general-em-chefe coligado, que entrava em campanha à testa do exército aliado, quando este (o "nomen latinum") era proclamado, em caso de necessidade. Era, em síntese, o chefe militar supremo investido por curto tempo do "imperium" real, e que, fora deste período, não tinha ao seu cargo nenhuma outra função.

Com o decurso do tempo — prossegue *Schmitt* — a Ditadura mais antiga não foi mais posta em prática, embora não tivesse sido derrogada pela lei. Tornou-se ela inadequada, por diversos motivos. Em primeiro lugar, porque o poder, originariamente incondicionado do Ditador, ficou submetido ao direito de intercessão dos tribunos da plebe, e à apelação ao povo (isto, por volta de 300 a.C.). Em segundo lugar a curta duração do cargo — seis meses — já não correspondia às necessidades militares, pois as guerras se travavam fora da Itália. Durante a segunda guerra púnica, ainda se recorreu à nomeação de um ditador, em 217 e 216 a.C., por motivos especiais. Em compensação, em 211 a.C., apesar do maior perigo, não foi nomeado um ditador, porque, então, os dois cônsules estavam na cidade. Por fim, de 202 a.C., a 80 a.C. (ano da Ditadura de Sila), não houve nenhum caso de ditadura.

b-) *A "quase-ditadura":* foi introduzida pelo Senatusconsulto "Ultimum", e é um substitutivo da ditadura mais antiga, que havia se tornado de nenhuma serventia. Surgiu como um instrumento, na luta contra os adversários políticos internos, primeiro em 133 a.C., durante as agitações de *Tibério Graco*, e teve lugar até o ano 40 a.C. Baseava-se em uma resolução do Senado, o qual recomendava, aos cônsules, velar pela segurança do Estado ("rem publicam commendare, rem publicam defendere"). Por isto os cônsules se consideravam autorizados para proceder, sem ter em conta as barreiras jurídicas, contra os cidadãos romanos que eram inimigos da ordem existente.

c) *A ditadura "reipublicae"*: em 82 a.C., *Sila* foi nomeado ditador "reipublicae", por tempo indeterminado, em virtude de uma lei especial; em 46 a.C., *César* foi nomeado ditador, primeiro por um ano, depois, houve uma prorrogação do cargo. Por fim, *César* foi ditador vitalício. Escreve *Schmitt* à pagina 267, "verbis": "Estas ditaduras, assim como o triunvirato, não estão submetidas à apelação ao povo, nem sujeitas às leis existentes. Da antiga ditadura, só tomaram o nome".[712]

---
[712] Op. cit., páginas 265 a 267.

Percebemos do "quadro sumário" de *Schmitt*, que o autor corrobora muitas das conclusões às quais temos chegado, no bojo da nossa monografia.

No "quadro sumário", houve menção à "quase-ditadura", que *Ferreira Filho* chama de "Ditadura Consular". Ora devemos nos ocupar dela.

Ensina *Ferreira Filho* que, na "Ditadura Consular", o Senado investia os cônsules do poder excepcional da Ditadura. O Senado fazia isto, por meio do "Extremum atque ultimum senatus consultum".

Assinala o autor que o senatusconsulto último era acompanhado de "outras medidas de proteção à República". Tais medidas eram consubstanciadas nos decretos "tumultus", "justitium" e "contra Republicam". O decreto "tumultus" era "a convocação dos cidadãos para que tomassem em armas, pois havia perigo". O decreto "justitium", "importava na suspensão de todos os processos legais perante os magistrados ordinários, e, portanto, de todos os negócios mesmo particulares que se faziam perante magistrados, por prazo de 4 a 20 dias". Por derradeiro, o decreto "contra Republicam" denunciava fatos criminosos, e apontava os delinquentes como "hostes", ou seja, como inimigos da Pátria, perdendo eles, os direitos de cidadania.[713]

Ferreira Filho elucida que, do ponto de vista político, a Ditadura Consular, ao contrário da clássica, mantinha o Senado como aquilo que *Pinto Ferreira*, citado pelo autor, chama de "centro de gravidade da República". Aduz *Ferreira Filho* que tal ditadura, assim, adaptava-se melhor "ao caráter no fundo aristocrático da república romana".[714]

Ferreira Filho menciona que *Cícero*, na primeira "Catilinária", refere exemplos históricos do uso da Ditadura Consular. A referência ciceroniana, se encontra na primeira Catilinária, II, 4. Vamos reproduzir a tradução literal de *Cícero*: "Decretou outrora o senado que o cônsul L. Opímio zelasse, para que a república não sofresse nenhum prejuízo. Nenhuma noite se interpôs e, em razão de certas suspeitas de sedições, Caio Graco, de pai, avô e antepassados ilustres, foi morto; com seus filhos, M. Fúlvio, antigo cônsul, foi morto. Com semelhante decreto foi entregue a república aos cônsules C. Mário e L. Valério. Acaso um só dia após, a morte e a punição da república tardaram para L. Saturnino, tribuno da plebe, e C. Servílio, pretor?"

---

[713] Op. cit., páginas 35 e 36.
[714] Op. cit., página 36.

Para *Ferreira Filho,* do trecho acima é possível inferir que a Ditadura Consular — ao menos, no que tange ao direito de vida e de morte — "tinha poderes mais amplos que a ditadura clássica". Como vimos, vários decretos acompanhavam o senatus-consulto último. E tais decretos atribuíam, aos cônsules "prerrogativas extensíssimas, verdadeiramente sem símile moderno".[715]

Cremos que mesmo com essas "prerrogativas extensíssimas" atribuídas aos cônsules, a Ditadura Consular (ou "quase-ditadura", para Schmitt) não configurava um poder arbitrário. Era ao revés, como a Ditadura Clássica, manifestação de poder discricionário. Em apoio à afirmação ora feita, lembremos que, durante a Ditadura Consular, o Senado desempenhava um papel de relevo.

Aqui encerramos o presente item, enunciando as seguintes conclusões:

1ª) Para tratar da Ditadura Romana em sua forma clássica, com seriedade científica, é preciso que livremos o espírito do significado predominantemente negativo que, hoje, cerca o vocábulo "Ditadura";

2ª) "Ditadura" é um termo que nos vem da Antiguidade Clássica. E teve, durante séculos, uma conotação positiva;

3ª) A exorbitância do poder do Ditador, era contrabalançada pela sua temporaneidade;

4ª) O Ditador era um magistrado extraordinário, mas legítimo, pois sua instituição era prevista pela Constituição, e o seu poder, justificado pelo estado de necessidade;

5ª) O Ditador estava inserido na Constituição da "Res Publica". Ele não estava à margem das leis republicanas; não era um corpo estranho no ordenamento republicano;

6ª) O poder dos magistrados romanos em geral, não era ilimitado. Nem mesmo o poder do Ditador, era ilimitado;

7ª) A Ditadura Clássica Romana, sempre se distinguiu da Tirania, e do Despotismo;

8ª) O Ditador tem um espectro de ação limitado pela lei, e condicionado à consecução do bem da "Res Publica";

9ª) O poder legislativo do Ditador existia, sem dúvida. Mas ele não ia ao ponto de poder fazer desaparecer a República;

10ª) O poder legislativo do Ditador, não lhe permitia instaurar uma nova ordem constitucional;

---

[715] Op. cit., página 36.

11ª) O poder do Ditador, na Ditadura Clássica, *ERA DISCRICIONÁRIO*;

12ª) Na Ditadura Clássica, o "Dictator" *NÃO ERA* "legibus solutus";

13ª) A Ditadura era um sistema jurídico empregado para a defesa da Constituição;

14ª) A Ditadura destinava-se a salvar a República;

15ª) Para *Maquiavel*, o Ditador não é um tirano, e a Ditadura não é uma forma de dominação absoluta, sim um meio peculiar da Constituição republicana, para preservar a liberdade;

16ª) Ainda dentro do pensamento de *Maquiavel*, ao passo que o "Príncipe" é soberano, o Ditador é, sempre, um órgão do Estado republicano, *extraordinário, mas constitucional* (grifamos);

17ª) A "Res Publica" não era um domínio particular do Ditador; era justamente para salvar a "Res Publica", que o Ditador era instituído;

18ª) A Ditadura Consular, ou "Quase-Ditadura", foi um substitutivo para a Ditadura Clássica. Era ela, também, manifestação de *PODER DISCRICIONÁRIO*.

2. A DITADURA ATÍPICA: PODER ARBITRÁRIO OU DISCRICIONÁRIO?

Já estudamos as ditaduras "atípicas". E tivemos a ensancha de verificar que elas não passaram de manifestações do poder pessoal dos seus titulares.

Não importa que, durante as ditaduras atípicas, os órgãos da constituição republicana tivessem continuado a existir. Eles tinham uma existência apenas nominal, dado que refletiam, invariavelmente, o querer daquele que ocupava o mando. Como se isto não bastasse, tais "dictatores" chegaram ao poder pela força, e nele se mantiveram, também pela força, quer utilizando-a abertamente, quer mediante a ameaça, velada, do seu uso.

Os "dictatores" atípicos não foram os magistrados extraordinários, inseridos na Constituição Republicana, que haviam sido os "dictatores" da época da Ditadura Clássica. Eles foram, ao revés, caudilhos, chefes plenipotenciários, ubicados fora da Ordem Jurídica. Não estavam limitados pelas barreiras legais — inclusive, de índole cronológica

— que limitavam o "agire" dos "ditadores clássicos". O "ditador atípico", em síntese, era "legibus solutus". E de conseguinte, *ARBITRÁRIO* o seu poder.

3. BREVE COMPARAÇÃO DA DITADURA ROMANA COM O DESPOTISMO ELETIVO HELÊNICO.

Tivemos ocasião de verificar que o Tirano chegava ao poder, e nele se mantinha, pelo ardil, ou pela violência, ou pela combinação de ambos.

O "Aisumnêtes" diferia do Tirano. Era ele um homem que, investido de poderes extraordinários, tornava-se pelo tempo necessário, o chefe supremo da cidade. Cumpria-lhe estancar o derramamento de sangue, provocado pela guerra civil.

Ferreira Filho trata da "Esimnetia", ou "Despotismo Eletivo Helênico", à luz dos ensinamentos de *Aristóteles*.

De acordo com o constitucionalista, é em *Aristóteles* que se acha a lição mais precisa, sobre as características do despotismo eletivo. Como é sabido, na "Política", o filósofo faz uma classificação das formas de governo. *Aristóteles* começa por distinguir em "legítimas" e "ilegítimas" as formas de governo. São "legítimas", ou "justas", as formas em que o governante — ou os governantes — visam exclusivamente o bem comum. E são ilegítimas, e desviadas, as formas de governo que visam o bem particular do titular — ou dos titulares — do governo.

O governo é o exercício do poder supremo no Estado. Tal poder não escapa às mãos, seja de um só, seja da minoria, seja da maioria das pessoas. Daí, não há fugir. Destarte, segundo este critério numérico, as formas legítimas de governo são três: monarquia, aristocracia e república. E três, também, as ilegítimas: tirania, oligarquia e democracia.

No pensamento do estagirita, tirania e monarquia se identificam quanto ao número, mas se distinguem, primeiro, por objetivar, a tirania, o bem próprio do governante, e a monarquia, o bem geral dos governados; e segundo, porque a tirania é um governo despótico, não o sendo a monarquia. Se aí se encontra a oposição, fundamental, entre a tirania e a monarquia, reconhece *Aristóteles*, no entanto, que existem vários tipos, tanto de monarquia, quanto de tirania. Mais ainda, existe até uma *MONARQUIA TIRÂNICA* (Os grifos e maiúsculas são nossos). E é, ela, a "Esimnetia".

O "esimneta" (ou "aisumnêtes") "exerce poder legítimo que recebe do povo, segundo a lei". Visa o bem geral. Mas, ao contrário do que ocorre na monarquia típica, o seu poder não é nem ordinário, nem transmissível. O poder do "aisumnêtes" é legítimo, e, sem embargo, é também tirânico, no dizer de *Aristóteles*, "nisto que o poder nele se exerca despoticamente e como bem parecesse ao príncipe". Ainda nas palavras de *Aristóteles*, os governos em que vige a "Esimnetia" são "ao mesmo tempo despóticos pelo modo por que a autoridade se exerce e reais pela eleição e submissão espontânea do povo".[716]

Assinala *Ferreira Filho* que, desde *Dionísio de Halicarnasso*, costuma-se assinalar a analogia entre a Ditadura Romana e a "Esimnetia", ou despotismo eletivo, da Hélade. Escreve o constitucionalista: "Quanto às suas causas, de fato a analogia é perfeita. Tanto uma quanto outra foram resposta a crises, embora a instituição grega tenha sido sobretudo o meio de se enfrentar crises estruturais, o que não foi o caso da instituição romana".[717]

Ao fazer um paralelo entre o "Aisumnêtes" e o "Dictator", escreve *Ferreira Filho*:

"27 — O *esimneta*, pois, muito se aproxima do ditador romano. Como este, tem uma autoridade extraordinária, larguíssima em poderes, mas em vista do bem comum. Ao contrário do ditador, porém, a autoridade do *esimneta* não era sempre limitada em tempo curto. Segundo *Aristóteles*, embora houvesse *esimnetas* incumbidos de negócios determinados, outros eleitos por tempo certo, também houve os que foram vitalícios[84]."[718]

O autor faz alusão a uma "legalidade especial", que existia entre os gregos, para tempos de crise, ou seja, de guerra.

Na Ditadura Romana e na "Esimnetia", havia a atribuição do poder excepcional *a um magistrado extraordinário, que detinha, ainda que por um breve período, uma autoridade absoluta* (Grifamos). Pois bem, o caso ora versado, da "legalidade especial", é a atribuição, ao governante, de poderes extraordinários em situações excepcionais (isto é, em caso de guerra, enquanto durar a campanha).

Aristóteles, na "Política", aborda o fenômeno, apontando como exemplo a "República de Lacedemônia". Na Lacedemônia, ensina o

---
[716] Op. cit., páginas 37 e 38.
[717] Op. cit., página 37.
[718] Op. cit., página 38 — grifos no original.

estagirita, citado por *Ferreira Filho*, "há uma realeza das mais legítimas, mas o poder do Rei não é lá absoluto, a não ser quando está fora de seus estados, em guerra, pois então tem ele a autoridade suprema sobre seu exército. Essa espécie de realeza não passa de um generalato perpétuo, com plenitude do poder sem ter o direito de vida e de morte, salvo nas expedições militares, como era de uso antigo. Homero faz menção disso. Segundo ele, Agamenon, nas assembléias do povo, suportava as palavras menos respeitosas. Fora de lá, armas na mão, tinha o poder de mandar executar os soldados delinqüentes".[719]

Ferreira Filho vislumbra, nesta "legalidade especial para tempos de crise", "um nobre antecedente da lei marcial".[720]

O "Aisumnêtes", pois, tal como o "Dictator", tem a sua autoridade condicionada à consecução do bem comum. E o seu poder seria hoje chamado de "Discricionário".

Na sistemática de *Santo Tomás de Aquino*, tanto a "Esimnetia" Grega, quanto a Ditadura Romana, estariam enquadradas entre os "bons governos", pois escreve o Doutor Angélico, "verbis":

"Assim como sucede, em certas coisas ordenadas a um fim, andar direito ou não, também no governo do povo se dá o reto e o não-reto. Uma coisa dirige-se retamente quando vai para o fim conveniente."[721]

Mais adiante, afirma o aquinate:

"Se, pois, a multidão é ordenada pelo governante ao fim dela, o regime será reto e justo, como aos livres convém. Se, contudo, o governo se ordenar, não ao bem comum da multidão, mas ao bem privado do regente, será injusto e perverso o governo."[722]

De acordo com *Ferreira Filho*, a Ditadura Romana, a "Esimnetia Grega" e a "suspensão da Constituição", *não esgotam* (grifamos), as modalidades historicamente utilizadas dos sistemas que, em circunstâncias anormais, conferiam plenos poderes a um magistrado irresponsável. Escreve o autor que *Pontes de Miranda* assinala que magistraturas extraordinárias para tempos de crise, com poderes quase absolutos, tiveram-nas os hebreus, cartagineses, gauleses, e outros povos.[723]

---

[719] Op. cit., página 39.
[720] Op. e loc. cit.
[721] Vide "Do Governo dos Príncipes" — tradução brasileira de Arlindo Veiga dos Santos, São Paulo, Editora Anchieta S.A., 2ª edição, 1.946, página 20.
[722] Op. cit., página 21.
[723] Op. cit., página 29.

Chegamos, aqui, ao fim deste item, elencando as seguintes conclusões:

1ª) O "Aisumnêtes" difere, essencialmente, do Tirano;

2ª) O "Aisumnêtes", investido de poderes extraordinários, tornava-se, pelo tempo necessário, o chefe supremo da "Polis";

3ª) Cumpria ao "Aisumnêtes" estancar o derramamento de sangue, provocado pela guerra civil;

4ª) A "Esimnetia" é também chamada de "Despotismo Eletivo Helênico";

5ª) Existem vários tipos, tanto de monarquia quanto de tirania (Aristóteles);

6ª) Existe, até, uma "Monarquia Tirânica". É, ela, a "Esimnetia";

7ª) O "Aisumnêtes" exerce poder legítimo que recebe do povo, segundo a lei. E ele visa o bem geral;

8ª) Ao contrário do que ocorre na monarquia típica, o poder do "Aisumnêtes" não é nem ordinário, nem transmissível;

9ª) O poder do "Aisumnêtes" é legítimo, e sem embargo, é também tirânico, no dizer de *Aristóteles*;

10ª) Na "Política", *Aristóteles* chama a "Esimnetia" de "Tirania Eletiva";

11ª) Desde *Dionísio de Halicarnasso*, costuma-se assinalar a analogia entre a Ditadura Romana e a "Esimnetia", ou "Despotismo Eletivo" da Hélade (Marcel Prélot);

12ª) O "Aisumnêtes" muito se aproxima do "Dictator" da Ditadura Clássica. Mas, ao contrário deste, a sua autoridade não era, sempre, limitada em tempo curto;

13ª) O "Aisumnêtes" exercia um poder que, hoje, chamaríamos de "Discricionário";

14ª) Na sistemática de Santo Tomás de Aquino, a "Esimnetia" Grega e a Ditadura Romana, seriam enquadradas entre os "bons governos".

Encerrado este capítulo, estamos em condições de adentrar as Conclusões Finais da nossa monografia, na qual buscamos estudar — de um ângulo histórico-jurídico — algumas das manifestações do Poder Político, na Grécia Antiga e em Roma.

CONCLUSÕES FINAIS

Estudamos o Poder Político na antiga Hélade e em Roma. E abordamos, na Grécia, as figuras do Tirano, do "Aisumnêtes" e do Estratego. Concentramo-nos em Atenas, e na Democracia Ateniense. No Direito Público Romano, estudamos o Ditador. Este estudo foi desdobrado na "Ditadura Clássica", e nas "Ditaduras Atípicas do final da República".

Tivemos a preocupação de classificar o poder político exercitado pelo Tirano, pelo "Aisumnêtes", pelo Estratego e pelo Ditador, à luz da terminologia do hodierno Direito Administrativo, em "Poder Arbitrário" e em "Poder Discricionário".

Começamos por tratar das relações existentes entre o Poder e a Religião. E perquirimos das origens do poder e da Autoridade, no seio da instituição familiar. Perfilhamos a opinião de *Fustel de Coulanges*, no sentido de o Direito Privado haver precedido o Direito Público.

Era preciso que chegássemos ao Tirano, ao "Aisumnêtes" e ao Estratego; e ao poder político por eles exercido. Tínhamos que tratar dos antecedentes históricos do assunto. Bem por este motivo, estudamos a monarquia homérica, e a sua decadência.

Quanto aos heróis de *Homero*, pusemos em realce a importância do *PAI*, ligada aos nomes; importância derivada da Religião Doméstica. Demos ênfase à circunstância de os heróis de *Homero* se orgulharem da sua ascendência, a qual, não raro, remonta à divindade.

Para estudarmos o poder do Rei no período heróico, a nossa principal fonte foi *Homero*, e, de maneira mais específica, a "Ilíada". Vimos que, ao tempo da Guerra de Tróia, era palpável a origem divina do poder real. E esta origem divina do poder, repousava na genealogia dos reis.

Enfatizamos que havia uma hierarquia, entre os reis do período homérico.

É só nos períodos de guerra, que o Rei homérico é o chefe supremo, com o título de "koíranos". Tivemos a ocasião de concluir que, na guerra, cabe falar de um *PODER DISCRICIONÁRIO* do Rei Supremo.

Chegamos a afirmar que a Monarquia, no período homérico, repousava em excesso nas qualidades pessoais do Rei, para que chegasse a configurar uma "instituição".

Fizemos, a seguir, um estudo do Poder, após o desaparecimento da monarquia homérica. Com lastro em *Gaudemet*, realçamos que a "Polis" foi o sistema dominante na Hélade, mas não foi o único.

A Oligarquia foi a forma de governo que sucedeu à monarquia homérica. Também para o estudo da Oligarquia, valemo-nos de *Homero*.

Foi-nos dado verificar que a "Ilíada" descreve os helenos e as suas instituições, num período em que tanto o povo, quanto as suas instituições, eram primitivos ao extremo.

Na "Odisséia" já se vislumbra uma amenização do poder discricionário do Rei, tal como ele surge na "Ilíada", em tempo de guerra.

Tivemos ocasião de verificar que, com a Oligarquia, o poder político passa para os chefes dos "génê" poderosos.

Foi por nós salientado que a Aristocracia que substituiu a Monarquia Homérica, era uma aristocracia agrária, e cujo poder estava ligado à posse da terra.

Enfatizamos que a superioridade militar do aristocrata rural, estava ligada ao fato de ele combater a cavalo. E, mais adiante, afirmamos que por volta do século VII a.C., houve algumas alterações importantes nas estruturas sociais da Grécia. Elas derivaram de mudanças na Economia, com o surgimento da economia monetária.

A mudança da economia também permitiu o surgimento de uma "nova classe"; de uma nova categoria de ricos. Na "Polis", os "dêmiourgoí" (artesãos e comerciantes), passaram a formar uma classe intermediária, situada acima dos "thêtes", e abaixo dos nobres rurais.

Trouxemos à baila a classificação de *Aristóteles* das oligarquias, vista por *Glotz*. Anotamos que foi na Tessália — a região mais primitiva da Hélade — que *Aristóteles* lobrigou a mais acendrada forma de oligarquia. *Glotz* afirma que tal oligarquia era dinástica. E concluímos que o seu poder, era um *PODER DISCRICIONÁRIO*, mais amplo do que o dos Reis, à época da monarquia homérica, porque não circunscrito aos períodos de guerra.

Consignamos ser problemático saber se, na "oligarquia mitigada", havia um "poder discricionário". E concluímos que nela chegou a haver sim, esporadicamente e em momentos de crise, um poder discricionário, concentrado nas mãos dos oligarcas que, em tais circunstâncias, assumiam as rédeas da Política.

Foi salientado que a Hélade primou pelos particularismos regionais, inclusive, no que tange às instituições políticas e jurídicas. Mas que, *de um modo geral*, à monarquia homérica sucedeu a oligarquia; a esta, a democracia, e, por fim, a decadência da Cidade-Estado. O "Estratego" surgiu à época da Democracia. Daí, o termos nos dedicado ao aparecimento dela.

Vimos que as transformações econômicas foram acompanhadas, no século VII a.C., por uma inovação militar: a tática hoplita, que valorizava o número. Isto contribuiu para enfraquecer o poder dos nobres.

Atenas, uma cidade mercantil, sentiu intensamente o impacto das grandes transformações econômicas e sociais, às quais estamos nos referindo.

A TIRANIA surgiu nos casos em que o Poder foi tomado aos nobres, por meio da revolução armada. As revoluções que puseram fim ao domínio da Aristocracia, não foram levantamentos em massa do "Demos". Foram golpes de Estado imprevistos, liderados por homens enriquecidos na indústria e no comércio, e, até, por aristocratas traidores. Estes homens foram os "Tiranos".

Nas lutas civis, os "Tiranos" saíram, basicamente, da classe enriquecida com o comércio, com a indústria, com o surto das navegações, e, em síntese, com a economia monetária. Eles conduziram o proletariado urbano, em suas reivindicações políticas.

Tivemos ocasião de enfatizar que, com as leis escritas e sancionadas pela "Pólis", houve um fortalecimento do "Demos".

O vocábulo "Tirano", à época do surgimento dos primeiros "tiranos", não possuía o sentido negativo que, depois, veio a ostentar.

Distinguimos o "Tirano" do "Aisumnêtes". O primeiro chegava ao poder pela força, ou pelo ardil, ou pela combinação de ambos. Quanto ao "Aisumnêtes", era um legislador, "investido de poderes extraordinários", que se tornava, pelo tempo necessário, o "chefe supremo da cidade".

Referimos que, nas lutas civis, nem sempre a oligarquia tinha suficiente bom senso para fazer concessões ao "Demos". Neste caso, o "Demos" recorria ao "meio supremo": entregar-se a um tirano. Assim, o "Tirano" surgia quando não havia, em função da intransigência da Oligarquia, possibilidade de atuar um "Aisumnêtes".

No regime da "Tirania", tudo é "extraordinário, anormal" (Glotz). O Tirano — ao contrário do "Aisumnêtes" — não detinha o poder absoluto, por força de um acordo legítimo entre os partidos, mas por força de uma insurreição.

Glotz afirma de maneira textual, que o governo dos tiranos era *ARBITRÁRIO*.

Mencionamos que *Tucídides* considerou o crescimento da riqueza, como uma causa determinante da Tirania. E realçamos que houve uma correspondência entre a Tirania e as navegações: os tiranos foram freqüentes, nas cidades que eram portos de mar.

Chegamos a reproduzir a lição de *Glotz*, no sentido de que a Tirania era "o pior de todos os regimes, essa deformação da realeza, essa usurpação através do ardil e da violência, essa elevação de um homem acima das leis". Reproduzimos, por igual, o que *Glotz* afirma, quanto ao Tirano ter-se colocado "fora do direito".

Frisamos que o Tirano *NÃO ERA UM MAGISTRADO*. Mais ainda, que o poder do Tirano era um poder de fato.

Chegamos a enfatizar que, relativamente ao Tirano, há um primado da "potestas", com relação à "lex".

Para classificar o poder do Tirano em "discricionário" ou "arbitrário", fizemos remissão aos autores de Direito Administrativo, em geral.

Concluímos ter sido ele, indubitavelmente, um poder arbitrário, o que ora reforçamos.

Lembramos, nestas "Conclusões Finais", que chegamos a reproduzir a opinião do estagirita, no sentido de que o fator que mais contribui para as revoluções na Democracia, é "a insolente perversidade dos demagogos" (A Política, Livro Oitavo, Capítulo IV).

Ao iniciarmos o estudo do Estratego, afirmamos que a Grécia é uma das matrizes da Civilização Ocidental e Cristã. Assim, o "retorno à Grécia" é fundamental para a plena compreensão do que somos, e do que poderemos vir a ser. Tivemos a oportunidade de consignar, ainda, o "valor paradigmático da Pólis".

Justificamos que o nosso estudo do Estratego se cingisse a Atenas: a História Jurídica de Atenas, é melhor conhecida que a das demais "Poleis".

Tivemos a oportunidade de reproduzir as palavras de *Erich Kahler*, citado por *Miguel Reale*: a Democracia Ateniense é "o privilégio de um dever político, mais do que um direito político".

Enfatizamos que foi a igualdade (e não a liberdade), o que *Miguel Reale* chama de "a idéia dominante da constituição ateniense". Enfatizamos, por igual, que tanto a "igualdade" quanto a "liberdade", existiam na "Pólis" "in concreto": eram valores bafejados pela historicidade, e não princípios abstratos.

Pusemos em realce que a "Democracia Ateniense" não surgiu "ex nihil", sendo, ao revés, o resultado final de uma série de vicissitudes históricas, inseparáveis, estas, das grandes transformações econômicas que ocorreram a partir do século VIII a.C.

Mencionamos que *Sólon* estabeleceu um limite máximo para a propriedade imobiliária. A legislação de *Sólon* é anterior à tirania de *Pisístrato*. E deve ser vista como o embrião da Democracia Ateniense.

Ao abordarmos a figura de *Sólon* como legislador, trouxemos à baila uma opinião de *"Sir" Ernest Barker* que reputamos tão importante, que temos que reproduzi-la, em nossas Conclusões Finais: a "Pólis" era o centro da vida espiritual. E, para os gregos, a praça do mercado tinha uma significação bem maior que o lar... A "Pólis" era uma comunidade, e não apenas uma área territorial.

Mencionamos a divisão — feita por *Sólon* — dos cidadãos de Atenas em quatro classes, de acordo com critérios censitários. O acesso às funções públicas, estava vinculado à divisão dos cidadãos em classes.

Após as reformas de *Sólon*, Atenas não ficou tranqüila por muito tempo.

Pisístrato governou como Tirano, e seu governo foi altamente benéfico para Atenas.

Após a queda dos *Pisistrátidas*, *Clístenes* chegou ao poder. Ele concluiu a obra esboçada por *Sólon* e pôs em letras definitivas a constituição democrática de Atenas (Glotz). O escopo de *Clístenes* era o de impedir o retorno à Tirania. Enfraquecendo os "génê", *Clístenes* classificou os cidadãos de acordo com o domicílio. No século V a.C., Atenas viveu de acordo com as leis civis de *Sólon*, e as leis políticas de *Clístenes*. Mais importante do que isto é que consignemos que a Democracia Ateniense teve uma duração relativamente efêmera. O regime foi efetivo, apenas ao longo do século V a.C.

Ao tratarmos do "substractum" doutrinário da Democracia Ateniense, formulamos uma advertência, que deve aqui ser renovada: a Grécia e Roma, não podem ser tratadas como se fossem uma só realidade.

Um dado capital, que ora tem que ser realçado, é o de que *Clístenes* fortaleceu a "Polis", debilitando a instituição familiar.

Nas Guerras Médicas, houve grandes êxitos da marinha de guerra, para os quais contribuíram os "thêtes". Esta classe passou a fazer reivindicações políticas. Cada vez mais, o "Demos" reclamava a direção do Estado. Havia um obstáculo para isto: o Conselho do Areópago. Como vimos, também este último baluarte aristocrático, estava destinado a cair. Em 462 a.C., uma decisão da Assembléia Popular, anulou a autoridade do Areópago, confinando-o a determinadas jurisdições especializadas.

Com o incremento da Democracia, ocorreram modificações nos critérios de acesso às magistraturas. Com o tempo, o preenchimento das magistraturas, passou a ser feito por sorteio, com a exceção das magistraturas que requeriam precisos conhecimentos técnicos.

O órgão mais poderoso da Democracia Ateniense, no século V a.C., era a "Eclésia". *Tratava-se da assembléia popular, na qual se reuniam todos os cidadãos que tinham atingido a maioridade.* (grifamos)

Entre as competências da "Eclésia", estava a nomeação de alguns magistrados, como os Estrategos.

Nestas Conclusões, temos que salientar que, se é possível falar de um "Direito Grego", não é possível falar de "Ciência do Direito" (ou "Jurisprudência"), entre os gregos.

Tivemos ocasião de elucidar o que era a "Heliéia", e ora o salientamos: criada por *Sólon*, ela foi o primeiro tribunal genuinamente popular, em que tinham assento como juízes, indistintamente, todos os cidadãos maiores de trinta anos, que não fossem doentes mentais.

Quando tratamos das assembléias da Democracia, tivemos ocasião de mencionar o decréscimo da importância do outrora todo-poderoso Areópago, em conexão com o fortalecimento da Democracia. Salientamos então, o que deve ser relembrado, que, ao passo que Esparta permaneceu rigidamente fiel à legislação atribuída ao legendário *Licurgo*, Atenas apresenta o quadro — totalmente diverso — de instituições em contínua mutação.

Afirma *Claude Mossé*, em lição que, de novo, devemos evocar, que o fundamento da Democracia de Atenas era a soberania popular, sendo que esta se exprimia, essencialmente, através das assembléias, de uma banda, e dos tribunais, de outra.

Os poderes da "Eclésia", ao menos em teoria, eram "ilimitados". Nestas "Conclusões Finais", aliás, devemos enunciar um dado fundamental: na Democracia de Atenas, as assembléias — notadamente a Eclésia — tiveram um poder que jamais foi ostentado pelos comícios da República Romana.

Recordamos que o papel da "Eclésia" em matéria de política externa e de legislação interna, era "determinante", de acordo com *Claude Mossé*. Isto significa que o "Demos" teve um papel que o "Populus" jamais chegaria a ter, em Roma. Vimos que, a rigor, a "Eclésia" chegou a ser, literalmente, onipotente. E isto não a livrava de, muitas vezes, ser manipulada por oradores hábeis e sem escrúpulos — pelos "demagogos" — usada a palavra em seu sentido negativo. *Demóstenes* foi um crítico acerbo da "Eclésia".

Foi-nos dado formular a pergunta fundamental: conheceram os helenos a representação política? Demos uma resposta negativa à indagação. A participação direta nos assuntos públicos, era um dos motivos de orgulho dos cidadãos. Além disto, a grande rotatividade dos cargos, permitia que um mesmo cidadão, ao menos em tese, tivesse a possibilidade de passar por todos eles. Por fim, as exíguas proporções da "Polis", tornavam possível a participação direta dos "polites" (cidadãos), nos negócios públicos. Mas o motivo principal da inexistência da representação política entre os helenos, é a ausência da noção de "Autoridade". Não a conhecendo, eles não podiam delegá-la.

Esposamos a opinião de que nem os atenienses, nem os romanos, alcançaram o conceito jurídico de liberdade individual. Mas é preciso lembrar que os romanos — diferentemente dos gregos — contavam com um privilegiado senso jurídico. Avessos à especulação teorética, os romanos eram um povo voltado para as realizações práticas. *E o Direito foi uma destas realizações práticas* (grifamos). Mais ainda, os romanos foram capazes de realizar uma genial complementação entre a Política e o Direito, como o percebeu *Pietro De Francisci*:

"Só aquele que tenha presente esta — diria eu — complementação de política e direito pode entender a singular sabedoria ordenadora de Roma, que, passo a passo, desde a formação da *civitas* passou à organização, ainda que imperfeita, da Itália, e, por fim, à ordenação do Império, com o qual todo o mundo civil, em seus elementos materiais e espirituais, ficou fundido em um único organismo político-jurídico, dominado por uma só vontade e guiado por uma só inspiração."[724]

Verificamos que os helenos chegaram às noções do "Justo" e da "Justiça" — o que é perceptível na poesia de *Hesíodo*. Mas não foram capazes de fundar a Ciência do Direito, ou Jurisprudência.

---

[724] Op. cit., página 8 — grifo no original.

Entre os romanos foi a consciência jurídica de que havia uma "Res Publica", que possibilitou que Roma cumprisse a sua admirável destinação histórica, partindo da Urbe, e chegando ao Orbe. A consciência jurídica ensejou que os romanos chegassem a uma concepção de "magistratura", que não foi jamais atingida pelos da Hélade.

Falamos do maior grau de "juridicidade", ostentado pelos romanos. Isto iria se refletir na especialíssima noção de "cidadania", atingida por eles. Por sua vez, esta noção iria se refletir no exercício das magistraturas. Observa *Alexandre Augusto de Castro Correa*, em lição que reproduzimos, que o mais alto galardão a que aspirava o "cives romanus", era o exercício de uma das magistraturas.

Nestas conclusões temos que enfatizar, em ordem a lhe dar a devida dimensão, o seguinte dado: os romanos tiveram uma concepção mais flexível da cidadania, do que os gregos. Os atenienses jamais cogitaram de levar os benefícios da Democracia, aos povos por eles conquistados. Diverso foi o "agire" dos romanos, com a sua progressiva assimilação de povos, tudo culminando com o Edito de Caracala. Houve, da parte dos romanos, num "crescendo", uma vasta construção política e jurídica. Lobrigou-o *De Francisci*, que escreve, "verbis":

"Da *urbs* à Itália, da Itália ao *orbis*, a construção política e a jurídica procedem da mesma maneira, em meio a dificuldades sempre crescentes e problemas sempre mais graves, mas sem vacilações e paradas: e neste processo se delineiam assim diversas fases do desenvolvimento daquele sistema que, com sua técnica e sua sabedoria, constitui um dos elementos essenciais da herança deixada por Roma ao mundo moderno."[725]

A "Polis" viveu ferozmente "trancada" em seu estreito particularismo; a "Urbs", ao revés, tendeu para o universal.

Foi dito, e agora deve ser realçado, que a Democracia Ateniense teve o seu apogeu com *Péricles*.

Parece fora de dúvida, a darmos crédito ao testemunho de *Tucídides*, que o poder exercido por *Péricles*, ao menos em larga medida, derivava das qualidades personalíssimas daquele que foi chamado de "O Olímpico", e não da magistratura por ele ocupada.

Antes de dar início ao estudo do Estratego, quisemos fazer um apanhado geral das assembléias da Democracia Ateniense. Tal apanha-

---
[725] Op. cit., página 9 — grifos no original.

do geral teve o escopo de bem ubicar o Estratego, no contexto geral das instituições da Democracia de Atenas.

Das nossas considerações de ordem semântica sobre a palavra "Estratego", lembramos agora que, de acordo com o *Padre Isidro Pereira, S.J.*, o "Strategós", em Atenas, era "uma espécie de ministro da guerra". Outro helenista, *John Williams White*, dá, para a palavra "Estratego", os significados de "general" e de "comandante".

Após as nossas considerações filológicas sobre o Estratego, evocamos, em termos metodológicos, as três perguntas básicas, do ilustre *Moacyr Lobo da Costa*:

1ª) O que era?
2ª) Em que período funcionou?
3ª) Quais eram os seus poderes?

Reafirmamos que o *Estratego* tinha que ser estudado — como o foi — entre as magistraturas do período clássico. Enfatizamos que no início da existência da magistratura, ela era exclusivamente militar. Os estrategos eram, indistintamente, generais ou almirantes.

Apenas o cidadão, o "Polites", podia ocupar a magistratura em apreço. Relembramos que o "Aisumnêtes", com freqüência, vinha de outra "Polis".

O Estratego era, pois, um magistrado. E ora deve ser posto em realce que, na Democracia Ateniense, os magistrados eram servidores do povo soberano. A noção é fundamental, a extremar o magistrado ateniense do romano.

Tivemos ocasião de dizer que, com as Guerras Médicas, cresceu o poder dos Estrategos. Afirmamos então, com base em *Claude Mossé*, que, após, as mencionadas guerras, os Estrategos controlavam não só a vida militar da cidade, mas também a política externa e financeira.

Nestas Conclusões Finais, há reiterar que também a magistratura dos Estrategos era colegial. Os Estrategos eram dez. E um, dentre os dez, tinha uma posição de liderança (Péricles foi "Primeiro Estratego").

Reiteremos, de maneira análoga, que, à medida que cresciam a importância e as responsabilidades de Atenas, os Estrategos foram adquirindo amplos poderes na Administração.

A magistratura dos Estrategos guardou um cunho aristocrático. Ao menos no princípio, eles eram oriundos, exclusivamente, da primeira das classes censitárias (Claude Mossé).

Recordemos que *Claude Mossé* dá, aos Estrategos, um nome muitíssimo acertado. Chama-os de "generais políticos".

Vimos que, criados em 501/500 a.C. pela reforma de *Clístenes*, os Estrategos, no início, estavam subordinados ao Polemarco. Com o tempo, a subordinação desapareceu.

Embora, na prática, fossem os dirigentes da política de Atenas, os Estrategos estavam adstritos a prestar contas, ao Povo, da política que seguiam. E, por esta obrigatoriedade, vemos quão distantes estavam eles dos "dictatores"; mesmo dos da "Ditadura Clássica".

A data do desaparecimento da "Polis", 338 a.C. (vitória de Filipe em Queronéia), deve ser aqui rememorada, porquanto a magistratura dos Estrategos, tem que ser entendida no contexto da "Polis".

Reiteramos aqui que, após a conquista macedônica, os Estrategos continuaram a existir em Atenas, mas, despidos do seu antigo poder.

Com a dominação romana, o cargo de maior importância foi o do Estratego, porém, com atribuições nitidamente pacíficas.

Nestas Conclusões Finais, temos que enfatizar que mesmo Péricles, em assuntos militares, tinha que apelar para a "Eclésia". Aliás, não podemos perder de vista que a Democracia de Atenas podia ser dotada de uma severidade implacável, para com os seus próprios magistrados. De tal severidade, não estavam livres os Estrategos.

Pudemos falar da "Docimasia", em sentido amplo, um inquérito, ao qual era submetido um candidato a magistrado. No caso dos Estrategos, a Docimasia era especialmente rigorosa. Os Estrategos tinham que possuir filhos legítimos, e bens de raiz na Ática. Os Estrategos, conforme verificamos, podiam ser reeleitos, indefinidamente.

Nestas Conclusões Finais, devemos por em realce uma particularidade do relacionamento dos atenienses com os seus magistrados. Imbuídos da "Isonomia" e da "Isegoria", os atenienses olhavam com desconfiança para os seus magistrados. O "Demos" os controlava, constantemente.

Vamos reafirmá-lo: Dir-se-ia que a Democracia Ateniense, temendo o fantasma da Tirania, se cercava de excessivas cautelas contra os magistrados e isto iria se refletir, inclusive, no poder de decisão dos magistrados de Atenas. Apenas as necessidades militares, aumentavam a sua liberdade de ação. *Em tudo o mais, o seu papel político se reduzia ao de executantes de ordens.* (grifamos)

A rigor, a noção de "magistrado" é romana, e não grega. E isto porquanto tal noção subentende as de "Auctoritas" e de "Imperium", *desconhecidas dos gregos* (grifamos).

Nas nossas conclusões quanto ao poder dos Estrategos, foi afirmado que, na terminologia do hodierno Direito Administrativo, eles detinham um poder discricionário. Isto ora é reafirmado.

Ao iniciarmos a abordagem da Ditadura Romana, consignamos ser, a "alma romana", muitíssimo diversa da "alma helênica". Isto tem que ser reiterado.

Consignamos que o ato da fundação da "Urbs", foi o ato nuclear de toda a História de Roma.

Ora enfatizamos uma assertiva feita no início da abordagem da Ditadura Romana: a leitura da "Eneida" é essencial, para bem conhecer a imagem que os romanos tinham deles próprios, e da sua missão histórica. Consignamos que Enéias foi o primeiro fundador de Roma. Afirmamos que a "Eneida" foi o poema nacional dos romanos.

Nas nossas considerações introdutórias à Ditadura Romana, associamos o civismo da gente do Lácio à sua religiosidade, e amor à tradição.

Deve ser realçado que o elemento mítico-religioso esteve presente em todas as manifestações da gente do Lácio, inclusive, no Direito.

Afirmamos que em nenhuma outra civilização, o elemento jurídico teve tão grande relevo, quanto na romana. E que o senso jurídico dos romanos foi, em grande medida, o corolário da sua vocação política.

Sebastião Cruz vislumbrou a íntima ligação do Direito com a Política em Roma, em passagem que temos que reproduzir, nestas Conclusões Finais:

"*A conexão, de caráter publicístico*, entre Direito e Política em Roma é reconhecida e afirmada por todos os autores. O Direito Romano é um produto da forte virtualidade criadora do gênio político. Política e Direito trabalham em uníssono para fazer da urbe um orbe, para cumprir uma missão de dimensão universal. A política romana, na sua multiplicidade de atitudes, é orientada não por efêmeras ideologias, mas por um sentimento profundo e perene da perpetuidade e supremacia do *Populus Romanus*, concebido como uma sólida e forte organização jurídica. A grande finalidade da política romana, afirma BIONDI, mesmo no meio de crises e de variadas forças centrífugas, é manter firme o ordenamento jurídico." [726]

---

[726] Op. cit., vol. I — grifos e maiúsculas no original.

Enfatizamos: Roma teve uma vocação *UNIVERSAL* e *UNIVER-SALISTA*, ao contrário das muitas "Poleis" que compunham o Mundo Helênico.

Entre as duas versões da passagem da Monarquia para a República, em Roma, abraçamos a da *transição gradual,* sendo, o Ditador, o magistrado que substituiu o Rei, nas funções militares. Enfatizamos agora, o que afirmamos então: no princípio, a Ditadura foi uma magistratura ordinária e orgânica, uma espécie de monarquia anual. Enfatizamos, nestas Conclusões, que o título deste magistrado único não foi no início o de "Dictator", mas o de "Magister Populi".

Aqui, devemos realçar que, quando o Consulado se impôs como magistratura ordinária, a magistratura mais antiga do "Magister Populi", tomou o caráter de uma magistratura extraordinária, à qual se recorria quando circunstâncias excepcionais requeressem a volta a uma unidade de comando.

Externamos a opinião, que deve aqui ser enfatizada, de que a Ditadura é, em Roma, mais antiga do que as sedições plebéias, e que o seu primeiro emprego, historicamente falando, ocorreu contra o inimigo externo, em função das necessidades militares.

Consideramos a Ditadura uma criação da constituição romana, e repelimos qualquer origem exógena da magistratura.

Uma noção tão importante quanto a de "Imperium", teria que receber uma referência, expressa, em nossas Conclusões Finais. Foi visto exaustivamente, que o "Imperium" era... "uma noção verdadeiramente nuclear de todo o Direito Público Romano". A propósito, adotamos a definição de *De Francisci.*

Pudemos verificar que havia a "creatio" do "Dictator". Não a sua eleição. E verificamos detidamente que a "creatio" do "Dictator", estava impregnada de religiosidade.

Dentro deste mesmo assunto, tratamos da "Lex Curiata de Imperio". Reafirmamos, aqui, que ela era a assunção unilateral do "imperium" pelo magistrado, sendo indiferente o consenso ou o dissenso do povo.

Reiteramos um dado capital: o Ditador não recebe o "Imperium" e os "auspicia", do Cônsul que procede à sua "creatio", ele os "tem" diretamente de Júpiter.

Foi dito que o "Dictator Optima Lege Creatus", estava isento da obrigação de prestar contas, quando deixava o cargo.

Ocupamo-nos das diversas classificações das magistraturas romanas. Aqui, é o bastante que relembremos que, para nós, a Ditadura é uma MAGISTRATURA EXTRAORDINÁRIA.

A "ratio essendi" da Ditadura, em sua forma "clássica", era *SALVAR A REPÚBLICA*. Nestas Conclusões isto tem que ser enfatizado.

A Ditadura Romana, em sua forma clássica, era uma instituição, e não uma situação de fato. Tratava-se de uma magistratura, com tudo o que daí decorre. A Ditadura, em sua forma clássica, era conforme ao "Ethos" aristocrático, que presidia a República Romana, em seu apogeu.

O fastígio da Ditadura coincidiu com os primeiros séculos da República. Ou, por outras palavras, o fastígio da Ditadura coincide com uma civilização agrária e aristocrática. É preciso ressaltar estes dados.

Deve ser reafirmado enfaticamente, nestas Conclusões Finais, que o que chamamos de "Ditaduras Atípicas" do final da República, não passava de manifestações de poder pessoal. Eram situações de fato, ainda que disfarçadas com a legalidade.

Tem que ser realçado aqui que todas as ditaduras atípicas do final da República, sem exceção, repousaram na força.

Dissemos no corpo da monografia, que *Sila* e *César* assinalam a transição da "velha ordem" (republicana), para a "nova ordem" (a do Principado), com tudo o que isto implica. Aliás, as ditaduras atípicas assinalaram, justamente, uma fase de transição. Na esteira de *Carl Schmitt*, deve ser salientado que as ditaduras atípicas do final da República, não eram "ditaduras comissárias", mas "ditaduras soberanas", uma vez que interferiam na ordem preexistente.

Vimos que tanto *Sila* quanto *César*, tiveram uma intensa atividade legislativa. Ambos, literalmente, transformaram a "Res Publica".

Verificamos que *César*, com as suas medidas de extensão da cidadania romana, em boa medida, preparou o caminho para o que *Caracala* iria fazer mais tarde, com o seu Edito.

Uma observação deve aqui ser repetida: na Ditadura Clássica, o poder político era um instrumento para a salvação da "Res Publica". Nas ditaduras atípicas, o poder passou a ser um fim em si mesmo.

Foi dito e enfatizado que as ditaduras atípicas nada mais foram do que manifestações de *PODER PESSOAL*, mascaradas com um disfarce de legalidade (Sila ressuscitara o velho título de "Dictator"). Nas ditaduras atípicas, houve o recurso à força, para atingir o poder. Assim, cremos oportuno trazer à baila, a esta altura, a lição de *Elias Canetti*, pertinente às relações existentes entre a FORÇA e o PODER.

Escreve o autor, "verbis":

"À força *[Gewalt]*, costuma-se associar a idéia de algo que se encontra próximo e presente. Ela é mais coercitiva e imediata do que o poder *[Macht]*. Fala-se, enfatizando-a, em força física. O poder, em seus estágios mais profundos e animais, é antes força. Uma presa é capturada pela força, e pela força levada à boca. Dispondo de mais tempo, a força transforma-se em poder. Mas no momento crítico que, então, invariavelmente chega — o momento da decisão e da irrevocabilidade —, volta a ser força pura. O poder é mais universal e mais amplo; ele contém muito mais, e já não é tão dinâmico. É mais cerimonioso e possui até um certo grau de paciência. A própria palavra *Macht* deriva de um antigo radical gótico — *magan*, significando "poder, capacidade" —, e não possui parentesco algum com o verbo *machen* [fazer]."[727]

Ao tratarmos dos poderes do Ditador, afirmamos que a noção de "Imperium" penetrava todas as manifestações da vida política e jurídica dos romanos.

Enunciamos uma regra básica. Todos os magistrados romanos possuem a "Potestas". Mas nem todos possuem o "Imperium".

Gostaríamos de deixar claro, nestas Conclusões Finais, que abraçamos a tese da origem etrusca das insígnias do "Imperium". E também aquela, pela qual o "Dictator", na Ditadura Clássica, era irresponsável.

Há um dado de suma importância, que aqui deve ser posto em relevo: o "Dictator Optima Lege Creatus", não era "legibus solutus".

Deixamos claro, em nossa exposição, que, se é possível um estudo da Ditadura Clássica enquanto instituição, o estudo das ditaduras atípicas, deve ser casuístico. Isto tem que ser aqui enfatizado: há particularidades especiais, em cada uma das ditaduras atípicas.

Sobre a ditadura atípica de *Sila*, pudemos verificar que as suas profundas reformas prepararam, do ponto de vista institucional, o advento do Principado. Este dado tem que ser aqui recordado. Ele corrobora aquilo que tem sido dito, no sentido de que as ditaduras atípicas, assinalaram uma fase de transição da sociedade romana, e do Direito Público Romano.

---

[727] Vide "Massa e Poder" — Tradução brasileira de Sérgio Tellaroli — São Paulo, Companhia das Letras, 1.995, página 281 — grifos no original.

Não podemos deixar de rememorar, nestas Conclusões Finais, que *Sila* introduziu profundas mudanças no Direito Penal e no Processo Penal, criou os tribunais permanentes, e generalizou o uso do sistema acusatório.

Temos que relembrar aqui, por igual, que a "Lex Valeria", na prática, dava a *Sila* poderes ilimitados. E que a ditadura de *Sila* foi um "poder revolucionário", no mais preciso sentido da expressão.

No que diz respeito à ditadura de *César*, um fator deve aqui ser posto em realce: a íntima conexão existente entre as suas vitórias militares, e as sucessivas ditaduras... ainda a propósito da ditadura de *César*, deve ser enfatizado que ela principiou a transformação da Cidade em um Estado territorial e imperial, que iria amalgamar os cidadãos e os súditos. Aliás, para *Amirante*, "César leva ao poder a revolução romana".[728]

Mencionamos uma medida de *César*, que aqui temos que rememorar, dando-lhe a devida dimensão: o Ditador tornou públicas as sessões do Senado. Com isto, ele enfraqueceu a velhíssima (e também respeitabilíssima) instituição da "Res Publica". Recordemos que o Senado era o depositário da "Auctoritas".

Relembremos que o assassinato de *César* provocou o fim, oficial, da Ditadura: ainda em 44 a.C., a "Lex Antonia de dictatura tollenda", aboliu, oficialmente, a Ditadura.

Uma observação, feita no corpo da monografia, deve aqui ser enfatizada: *César* pode ser considerado o criador, mediato, do Principado.

Ao examinarmos a atividade legislativa do Ditador, verificamos que, sem embargo de muito ponderáveis opiniões em contrário, o Ditador Romano tinha poder legislativo, e desenvolveu atividade legiferante. Isto ora é reiterado por nós.

Ao procurarmos enquadrar a Ditadura Romana em uma das duas categorias — Poder Arbitrário ou Poder Discricionário — tivemos a cautela de advertir que "lidamos com duas realidades absolutamente distintas, quando falamos da Ditadura Romana". Como é evidente, referimo-nos à Ditadura Clássica, e à Ditadura Atípica. Ora reiteramos que se trata, com efeito, de duas coisas de todo distintas.

---

[728] Op. cit., página 344.

Com lastro — inclusive — nas lições de *Bobbio*, afirmamos que o poder do Ditador Romano, na Ditadura Clássica, receberia, na terminologia do atual Direito Administrativo, o nome de "Discricionário". Nas presentes Conclusões Finais, reiteramos a assertiva. E reiteramos, por igual, que o Ditador Romano estava inserido na constituição republicana. É preciso que enfatizemos com energia, a esta altura, *que o "Dictator" era um magistrado, com tudo o que daí dimana* (grifamos). O seu "agire", estava balizado pela Ordem Jurídica.

Tivemos ocasião de afirmar — e ora o reiteramos — que a Ditadura Consular era, também ela, uma manifestação de um poder que receberia, hodiernamente, o nome de "Discricionário".

No que diz respeito aos ditadores atípicos, afirmamos "retro" que o seu poder era um *PODER ARBITRÁRIO*, sendo que, nestas Conclusões Finais, reiteramos tal assertiva.

Foi-nos dado fazer um brevíssimo estudo comparativo do Ditador Romano e do "Aisumnêtes". Nestas Conclusões, abraçamos a opinião de *Manoel Gonçalves Ferreira Filho*, para quem, como visto, o "Aisumnêtes" "muito se aproxima do ditador romano". É mister que ora enfatizemos que o poder do "Aisumnêtes" seria, na linguagem jurídica atual, chamado de *DISCRICIONÁRIO*.

Aqui, damos por encerrado o nosso estudo — que se pretendeu um modesto estudo de História do Direito — dirigido para a temática do "Poder", na Grécia Antiga e em Roma.

BIBLIOGRAFIA

ACUÑA, Fernando Fournier — Historia Del Derecho – San José, Editorial Juricentro S.A., 1.978

ALESSI, Renato – Instituciones De Derecho Administrativo – Tradução espanhola da 3ª edição, italiana de Buenaventura Pellisé Prats, Barcelona, Bosch, Casa Editorial, 1970, 2 tomos. Original italiano.

ALMEIDA, Fernando Henrique Mendes de — Noções de Direito Administrativo – São Paulo, Edição Saraiva, 1.956.

ALTAMIRA, Pedro Guillermo – Curso De Derecho Administrativo- Buenos Aires, Ediciones Depalma, Edición póstuma, 1.971.

ALTAVILA, Jayme de – Origem Dos Direitos Dos Povos – São Paulo, Edições Melhoramentos, 3ª edição, 1.963.

ALVES, José Carlos Moreira – Direito Romano – Rio de Janeiro, Forense, 3ª edição revista e acrescentada, 1.971 — 2 volumes.

ALVIZ, D. Faustino Gutiérrez – Diccionario De Derecho Romano – Madrid, Instituto Editorial Reus, 1.948.

AMIRANTE, Luigi – Una Storia Giuridica Di Roma (Dai Re A Cesare) — Napoli, Jovene Editore, 1.987.

AQUINO, Santo Tomás de – Do Governo Dos Príncipes — Tradução brasileira de Arlindo Veiga dos Santos — São Paulo, Editora Anchieta S.A., 2ª edição, 1.946 — Original latino.

ARENDT, Hannah – Entre O Passado E O Futuro – Tradução brasileira de Mauro W. Barbosa de Almeida – São Paulo, Editora Perspectiva S.A., 3ª edição, 1.992 – Original inglês.

ARISTÓTELES – A Política – Tradução brasileira de Nestor Silveira Chaves — São Paulo, Atena Editora, 1.963 – Original grego.

AYMARD, André, e Auboyer, Jeannine — O Oriente E A Grécia, "in" História Geral Das Civilizações – Tradução brasileira de Pedro Moacyr Campos, 1º volume – Civilizações Imperiais Do Oriente- São Paulo, Difusão Européia Do Livro, 5ª edição, 1.992 – Original francês.

_____ – Roma e Seu Império – Tradução brasileira de Pedro Moacyr Campos, "in" História Geral Das Civilizações — volume III — O Ocidente E A Formação Da Unidade Mediterrânea, Rio de Janeiro, Editora Bertrand Brasil S.A., 1.993.

AZEVEDO, Fernando De – Pequeno Dicionário Latino – Português — São Paulo, Companhia Editora Nacional, 2ª edição, 1.949.

BARKER, "Sir"Ernest – Teoria Política Grega – Platão e seus Predecessores – Tradução brasileira de Sérgio Fernando Guarischi Bath, Brasília, Editora Universidade de Brasília, 1.978. Original inglês.

BARREIRA, João – A Arte Grega – Sumário da sua história — Lisboa, Anuário Comercial, 1.923.

BISCARDI, Arnaldo, e Cantarella, Eva — Profilo Di Diritto Greco Antico – Milano, Cisalpino — Goliardica, seconda edizione, 1.974.

BOBBIO, Norberto – Diritto E Potere — Saggi su Kelsen-Napoli, Edizioni Scientifiche Italiane, 1.992.

_____ – Estado, Governo, Sociedade – Para uma teoria geral da Política – Tradução brasileira de Marco Aurélio Nogueira, São Paulo, Paz E – Terra, 1ª edição, 5ª reimpressão, 1.995. Original italiano.

BOISSIER, Gaston – Cícero e seus amigos — Estudo da sociedade Romana do tempo de César — Tradução brasileira de Júlio Abreu Filho — São Paulo, Editora Renascença S.A. , 1.946 — Original francês.

BONFANTE, Pietro-Storia Del Diritto Romano – Torino, Unione Tipografico – Editrice Torinese – Quarta Edizione Riveduta Dall' Autore, 1.934 — 2 volumes.

_____ Istituzioni Di Diritto Romano – Torino, G. Giappichelli — Editore-ristampa della Xª Edizione, 1951.

BRAUDEL, Fernand – O Mediterrâneo e o Mundo Mediterrânico na Época de Felipe II – Tradução portuguesa – Lisboa, Livraria Martins Fontes Editora Ltda, 1ª edição, Setembro de 1.983 — 2 volumes- Original francês.

BRUNA, Jaime – Teatro Grego – São Paulo, Editora Cultrix, 2ª edição, 1.968.

CAETANO, Marcello José das Neves Alves – Princípios Fundamentais Do Direito Administrativo — Rio de Janeiro, Forense, 1.977.

CANETTI, Elias – Massa E Poder — Tradução brasileira de Sérgio Tellaroli, São Paulo, Companhia das Letras, 1.995. Original alemão.

CARVALHO Júnior, Clóvis de – Mérito Do Ato Administrativo – São Paulo, Edição do autor, 1.978.

CARY, M., e Haarhoff, T.J. – La Vida Y El Pensamiento En El Mundo Griego Y Romano – Tradução espanhola de Ignacio Bolivar, Madrid, Editorial Alhambra S.A., 1ª) edição espanhola, 1.957 — Original inglês.

CAVALCANTI, Themistocles Brandão – Curso De Direito Administrativo – Rio de Janeiro, Livraria Freitas Bastos S.A., 8ª edição refundida e atualizada,1.967.

CICCO, Claudio De-Direito: Tradição E Modernidade – Campinas, Icone Editora Ltda, 1.993.

CÍCERO, Marco Túlio – Da República – Tradução brasileira de Amador Cisneiros – Rio de Janeiro, Edições de Ouro – Editora Tecnoprint Ltda., s/d. Original latino.

_____ As Catilinárias – Tradução brasileira de Maximiano Augusto Gonçalves – Rio de Janeiro, Livraria São José, 7ª edição, 1.964. Original latino.

CINTRA, Geraldo de Ulhoa-História Da Organização Judiciária e do Processo Civil — Rio de Janeiro — São Paulo, Editora Jurídica e Universitária, 1.970.

_____ De Actione Sacramento – São Paulo, edição do autor, 1.966.

CLAUSEWITZ, Carl Von – Da Guerra – Tradução portuguesa de Tereza Barros Pinto Barroso – Lisboa, Perspectivas & Realidades, 1.976. Original alemão.

COLLINGWOOD, R. G. – A Idéia De História — Tradução portuguesa de Alberto Freire — Lisboa, Editorial Presença Ltda — Livraria Martins Fontes, 1.972. Original inglês.

CORREIA, Alexandre Augusto de Castro – O Direito Romano Vivo – Separata da Revista Da Faculdade De Direito Da Universidade De São Paulo – São Paulo — Empresa Gráfica Da "Revista Dos Tribunais Ltda", 1.954.

_____. O Estoicismo No Direito Romano – São Paulo, edição do autor, 1.950.

CORREIA, Alexandre, e Sciascia, Gaetano — Manual De Direito Romano — São Paulo, Edição Saraiva, 4ª edição revista e aumentada, 1.961, 2 volumes.

COSTA, Moacyr Lobo Da – Gaio (Estudo Biobibliográfico) — São Paulo, Editora Saraiva, 1.989.

COULANGES, Numa Denis Fustel De – A Cidade Antiga — Tradução portuguesa de Fernando de Aguiar — Lisboa, Livraria Clássica Editora, 10ª edição, 1.971. Original francês.

CRESCI Sobrinho, Elício De – Direito Público Romano – São Paulo, Supervisão de M. Cascino Editores Ltda, 1.971.

CRESSON, André – Platon – Sa Vie, Son Oeuvre, avec un Exposé De Sa Philosophie — Paris, Presses Universitaire De France, 1.956.

Cretella Júnior, José – Curso De Direito Romano — Rio de Janeiro, Forense, 4ª edição, 1.970.

_____ Curso De Direito Administrativo – Rio de Janeiro, Forense, 3ª edição revista e ampliada, 1.971.

_____ Verbete na Enciclopédia Saraiva Do Direito, São Paulo, 1.977, volume 59.

_____ Verbete na Enciclopédia Saraiva Do Direito, São Paulo, 1.977, volume 59.
CRETELLA Júnior, José, e Cintra, Geraldo de Ulhoa — Dicionário Latino — Português — São Paulo, Companhia Editora Nacional, 7ª edição (revista), 1.956.
CRIFÒ, Giuliano – Lezioni Di Storia Del Diritto Romano – Bologna, Mondaduzzi Editore, 1.994.
CRIPPA, Adolpho – Mito E Cultura — São Paulo, Editora Convívio, 1.975.
CRUZ, Sebastião – Direito Romano — Coimbra, Gráfica de Coimbra, 2ª edição, 1.973 — 3 volumes.
CUENCA, Humberto - Proceso Civil Romano — Buenos Aires, Ediciones Juridicas Europa — America, 1.957.
DEMÓSTENES — A Oração Da Coroa — Tradução brasileira de Adelino Capistrano — São Paulo, Atena Editora, 3ª edição, 1.954. Original grego.
DOYLE, "Sir" Arthur Conan – A Companhia Branca — Tradução brasileira de Hulda Chaves Lenz César — São Paulo, Edições Melhoramentos, s/d — Original inglês.
_____ O Escudeiro Heróico — Tradução brasileira de Hulda Chaves Lenz César — São Paulo, Edições Melhoramentos, s/d — Original inglês.
FARIA, Anacleto de Oliveira – Verbete na Enciclopédia Saraiva Do Direito, São Paulo, 1.977, volume 59.
FASSÒ, Guido – Historia de la Filosofia del Derecho — Tradução espanhola de José F. Lorca Navarrete, Madrid, Ediciones Pirámide S.A., 1.978 — 2 volumes. Original italiano.
FERRAZ, Manoel Martins de Figueiredo — Do Tribunado Da Plebe — São Paulo, Editora da Universidade de São Paulo,1.989.
FERREIRA Filho, Manoel Gonçalves — O Estado De Sítio — São Paulo, Empresa Gráfica Da "Revista Dos Tribunais" S.A, 1.964.
FERREIRA, Aurélio Buarque de Holanda — Novo Dicionário Da Língua Portuguesa — Rio de Janeiro, Editora Nova Fronteira S.A., 1ª edição, 14ª reimpressão, 1.975.
FERREIRA, Oliveiros S. — Clausewitz — Suplemento De Cultura do jornal "O Estado de S. Paulo", 5-7-1.981 — Ano II — nº 56 — páginas 10, 11 e 12
FERRERO, Guglielmo — Grandeza E Decadência De Roma – Tradução brasileira de Francisco Pati – Porto Alegre, Editora Globo, 1ª edição, 2ª impressão, 1.965 — 5 volumes. Original italiano.
FINLEY, Moses I. — Gli Antichi Greci — Tradução italiana de Fausto Codino — Torino, Giulio Einaudi editore s. p. a. Original inglês.

_____ La Democrazia Degli Antichi E Dei Moderni — Tradução italiana de Gianni Di Benedetto e Francesco de Martino — Cles, Arnoldo Mondadori Editore, I edizione Oscar saggi, 1.992 – Original inglês.

FIRMINO, Nicolau – Dicionário Latino — Português — São Paulo, Edições Melhoramentos, 2ª edição revista e ampliada, s/d.

FLACELIÈRE, Robert – La Vie Quotidienne En Grèce Au Siècle De Péricles — Paris, Librairie Hachette, 1.959.

FRANCA, S.J., Pe. Leonel – Noções de História da Filosofia – Rio de Janeiro, Livraria Agir Editora, 19ª edição revista, 1.967.

FRANCISCI, Pietro De – Sintesis Historica Del Derecho Romano — Tradução espanhola – Madrid, Editorial Revista De Derecho Privado, 1.954. Original italiano.

GASSIOT, Félix – Dictionnaire Illustré Latin – Français — Paris, Librairie Hachette, 1.934.

GAUDEMET, Jean – Institutions De L'Antiquité — Paris, Sirey, 1967.

GELIUS, Aulus – Las Noches Aticas – Tradução espanhola de Francisco Navarro Y Calvo — Buenos Aires, Ediciones Juridicas Europa — America, 1.959. Original latino.

GILISSEN, John – Introdução Histórica Ao Direito – Tradução portuguesa de A. M. Hespanha e L. M. Macaísta Malheiros — Lisboa, Fundação Calouste Gulbenkian, 1.986 – Original francês.

GLOTZ, Gustave – A Cidade Grega – Tradução brasileira de Henrique de Araújo Mesquita e Roberto Cortes de Lacerda — Rio de Janeiro, Editora Bertrand Brasil S. A., 2ª edição, 1.988. Original francês.

GRANT, Michael – História Resumida Da Civilização Clássica — Tradução brasileira de Luiz Alberto Monjardim — Rio de Janeiro, Jorge Zahar editor, 1.994 – Original inglês.

HOLMES, Oliver Wendell – O Direito Comum — As Origens Do Direito – Anglo — Americano – Tradução brasileira de J. L. Melo — Rio de Janeiro, Edições O Cruzeiro, 1.967. Original inglês.

HOMERO – A Ilíada — Tradução brasileira, no metro original, de Carlos Alberto Nunes — São Paulo, Atena Editora, s/d — Original grego.

_____ Ilíada – Tradução portuguesa do grego, prefácio e notas do Pe. M. Alves Correia, Lisboa, Livraria Sá da Costa – Editora – 1.951 – 3 volumes – Original grego.

_____ La Ilíada – Tradução do grego de Leconte De Lisle – versão espanhola de Germán Gomes De La Mata — México, Editora Latino Americana S.A., 1.959.

_____ Odisséia – Tradução brasileira do grego, introdução e notas de Jaime Bruna – São Paulo, Editora Cultrix, 2ª edição, 1.976.

HOMO, Léon – Les Institutions Politiques Romaines – Paris, La Renais-sance Du Livre, 1.927.
HUGO, Gustave – Histoire Du Droit Romain – Tradução belga de Jourdan, D M. P, Bruxelas, Societé Belge De Librairie, ETC — 1.840 – Original alemão.
JAEGER, Werner – Paidéia — A Formação Do Homem Grego — Tradução portuguesa de Artur M. Parreira, São Paulo — Livraria Martins Fontes Editora Ltda., 1.986 – Original alemão.
JOUVENEL, Bertrand de – Du Pouvoir – Histoire naturelle de sa croissance – Paris, Librairie Hachette, 1.972.
KAGAN, Donald – Pericle di Atene e la nascita della democrazia — Tradução italiana de Rodolfo Montuoro – Cles, Arnoldo Mondadori Editore S.p.A., I edizione – Oscar storia, 1.993 – Original inglês.
KELSEN, Hans – Teoria Pura Do Direito – Tradução portuguesa de João Baptista Machado – Coimbra, Arménio Amado – Editora, 6ª edição, 1.984 – Original alemão.
KITTO, H.D.F. – Os Gregos – Tradução portuguesa de José Manuel Coutinho E Castro, Coimbra, Armênio Amado — Editora, 3ª edição, 1.990 – Original inglês.
KUNKEL, Wolfgang – Historia Del Derecho Romano – Tradução espanhola de Juan Miquel – Barcelona, Ediciones Ariel, 2ª edição, 1.970 – Original alemão.
LEONI, G.D. – A Literatura de Roma – São Paulo, Livraria Nobel S.A.- 5ª edição, 1.958.
LIMA Filho, Acacio Vaz de – O Estoicismo E O Jus Gentium – Revista De Direito Civil – São Paulo, Ano 15 – Outubro – Dezembro de 1.991, nº 58, páginas 145 a 165.
LISSNER, Ivar – Os Césares – Tradução brasileira de Oscar Mendes – Belo Horizonte, Editora Itatiaia Limitada, 1.959 – Original alemão.
MAISCH, R.. e Pohlhammer, F. – Instituciones Griegas – Tradução espanhola do Dr. Wilhelm – Zotter — Barcelona — Buenos Aires, Editorial Labor S.A., 1.931 – Original alemão.
MALINVERNI, Alessandro – Lineamenti Di Storia Del Processo Penale-Torino, G. Giappichelli – Editore, 1.972.
MARÍAS, Julián – História Da Filosofia – Tradução portuguesa de Alexandre Pinheiro Torres — Porto, Edições Sousa & Almeida Ltda., 2ª edição, s/d. Original espanhol.
MARKY, Thomas – Curso Elementar De Direito Romano – São Paulo, Editora Resenha Tributária Ltda, 2ª edição, 1.974.
MARTINS, Carlos Estevam – Prólogo intitulado "Maquiavel — Vida E Obra", "in" "Maquiavel" — São Paulo, Abril Cultural, 1.979.

MARTINS, J.P. Oliveira – História Da República Romana – Lisboa, Parceria Antônio Maria Pereira, 1.907 — 2 tomos.
MAYNZ, Charles – Cours De Droit Romain — Bruxelles, Bruylant — Christophe & Cie – Paris, A. Durand & Pedone – Lauriel, cinquième édition, 1.891 – 3 volumes.
MEIRA, Sílvio A.B. – História E Fontes Do Direito Romano — São Paulo — Saraiva — Editora da Universidade de São Paulo, 1.966.
_____ Processo Civil Romano – Belém, 2ª edição, s/d.
MEIRELLES, Hely Lopes – Direito Administrativo Brasileiro – São Paulo, Editora Revista Dos Tribunais Ltda., 1.964.
MENDES, Sérgio De Sá – Direito Romano Resumido – Rio de Janeiro, Editora Rio, 3ª edição, 1.981.
MOMMSEN, Theodor – Histoire Romaine – Tradução francesa de De Guerle – Paris, Ernest Flammarion, Éditeur, s/d — 7 volumes — Original alemão.
_____ Disegno Del Diritto Pubblico Romano — Tradução italiana de Pietro Bonfante — Milano, Casa Editrice Dottor Francesco Vallardi, 1.904 – Original alemão.
MONDOLFO, Rodolfo – O Pensamento Antigo – Tradução brasileira de Lycurgo Gomes da Motta — São Paulo, Editora Mestre Jou, 3ª edição 1.973, 2 volumes Original italiano.
MOSSÉ, Claude – As Instituições Gregas – Tradução portuguesa de Antônio Imanuel Dias Diogo – Lisboa, Edições 70 Ltda, 1.985 – Original francês.
_____ Atenas: A História De Uma Democracia — Tradução brasileira de João Batista da Costa — Brasília, Editora Universidade de Brasília, 2ª edição, 1.982. Original francês.
NIETZSCHE, Friedrich – A Origem Da Tragédia, Proveniente Do Espírito Da Música – Tradução brasileira de Erwin Theodor — São Paulo, Editora Cupolo Ltda., s/d — Original Alemão.
NOGUEIRA, José Carlos de Ataliba — O Estado é um meio e não um fim – São Paulo, Empresa Gráfica Revista Dos Tribunais, 1.940.
PADOVANI, H., e Castagnola, L. — História Da Filosofia – São Paulo, Edições Melhoramentos, 3ª edição, 1.958.
PEREIRA, Aloysio Ferraz – Fundamento Do Direito E Do Estado – São Paulo, Empresa Gráfica Da Revista Dos Tribunais S.A., 1.978.
PEREIRA, S.J., Padre Isidro – Dicionário Grego-Português e Português Grego — Braga, Livraria Apostolado Da Imprensa, 7ª edição, 1.990.
PLATÃO – A República – Tradução portuguesa de Maria Helena Da Rocha Pereira, Lisboa, Fundação Calouste Gulbenkian, 1.980 – Original grego.

PLUTARCO – Alexandre E César – Tradução brasileira — São Paulo, Atena Editora, 1.959 — Original grego.
REALE, Miguel – O Direito Como Experiência – São Paulo, Edição Saraiva, 1.968.
_____Horizontes Do Direito E Da História – São Paulo, Saraiva S.A. – Livreiros Editores, 2ª edição revista e aumentada, 1.977.
_____Direito Natural / Direito Positivo – São Paulo, Editora Saraiva, 1.984.
_____Lições Preliminares De Direito – São Paulo, Editora Saraiva, 16ª edição, 1.988.
REZENDE Filho, Gabriel José Rodrigues de – Curso De Direito Processual Civil – São Paulo, Edição Saraiva, 3ª edição, 1.952 – 3 volumes.
ROBERTIS, Francesco M. De — Verbete no Nuovo Digesto Italiano – Torino, Unione Tipografico – Editrice Torinese, 1.938, volume IV.
_____Verbete no Novissimo Digesto Italiano – Torino, Unione Tipografico – Editrice Torinese, 1.960, volume V.
ROBINSON, Cyril E. – A History Of Greece – Bristol, J.W. Arrowsmith, s/d.
RUFFIA, Paolo Biscaretti Di – Verbete no Nuovo Digesto Italiano – Torino, Unione Tipografico – Editrice Torinese, 1.938, volume V.
_____Verbete no Novissimo Digesto Italiano — Torino, Unione Tipografico — Editrice Torinese, 1.960, volume VI.
RUIZ, Vincenzo Arangio – Storia Del Diritto Romano – Napoli, Casa Editrice Dott. Eugenio Jovene, sesta edizione riveduta, 1.950
SANCTIS, Gaetano – Storia Dei Romani – Torino, Fratelli Bocca, Editori, 1.923, 5 volumes.
SANTAMARINA, Orvácio – César (Vida De Caio Júlio César) – Rio de Janeiro, Irmãos Pongetti Editores,1.939.
SARAIVA, Francisco Rodrigues Dos Santos — Novíssimo Dicionário Latino — Português — Rio de Janeiro — H. Garnier, Livreiro — Editor — quinta edição, s/d.
SAVELLE, Max – História Da Civilização Mundial – Tradução brasileira de Milton Amado — Belo Horizonte, Editora Itatiaia Limitada, 1.964 — Original inglês — 4 volumes.
SCHMITT, Carl – La Dictadura – Tradução espanhola de José Díaz García, Madrid, Revista de Occidente S.A., 1.968. Original alemão.

SCIACCA, Michele Federico – História Da Filosofia – Tradução brasileira de Luiz Washington Vita, São Paulo, Editora Mestre Jou, 3ª edição, 1.968 — 3 volumes — Original italiano.

SCIALOJA, Vittorio – Procedimiento Civil Romano – Tradução argentina de Santiago Sentis Melendo e Marino Ayerra Redin-prólogo de Vincenzo Arangio – Ruiz – Buenos Aires, Ediciones Juridicas Europa-America, 1.954.

SERRANO, Jonathas – Epitome De História Universal – Rio de Janeiro, 14ª edição revista e consideravelmente augmentada, 1.932.

SILVA, Antônio de Moraes – Diccionario Da Língua Portuguesa – Lisboa, Typographia De Joaquim Germano De Souza Neves — Editor – 7ª edição, 1.877.

SILVEIRA, V. César Da – Dicionário De Direito Romano – São Paulo, José Bushatsky, Editor, – 2 volumes.

SISSA, Giulia, e Detienne, Marcel — Os Deuses Gregos — Tradução brasileira de Rosa Maria Boaventura — São Paulo, Companhia das Letras, 1.990 — Original francês.

SÓFOCLES — A Trilogia Tebana — Tradução brasileira de Mário Da Gama Kury – Rio de Janeiro, Jorge Zahar – Editor, 2ª edição, 1.991 — Original grego.

SOUSA, José Pedro Galvão de – A Historicidade Do Direito E A Elaboração Legislativa — São Paulo, Editora Franciscana, 1.970.

TÁCITO, C. Cornélio – Anais – Tradução brasileira e prólogo de Leopoldo Pereira — Rio de Janeiro, Tecnoprint Gráfica S.A. — 1.967 – Original latino.

TÁCITO, Caio – Direito Admisnistrativo – São Paulo, Edição Saraiva, 1.975.

TELLES Júnior, Goffredo da Silva — Filosofia Do Direito – São Paulo, Max Limonad, s/d — 2 volumes.

THONNARD, F.J., A.A. – Compêndio De História Da Filosofia- Tradução brasileira do Dr. Valente Pombo — São Paulo, Editora Herder, 1.968.

TOUCHARD, Jean – Histoire des idées politiques – Paris, Presses Universitaires De France, 5ª edição, 1.975 — 2 volumes.

TOYNBEE, Arnold J. – A Herança Dos Gregos – Tradução brasileira de Vera Ribeiro – Rio de Janeiro, Zahar Editores, 1.984 – Original inglês.

TORRINHA, Francisco – Dicionário Latino-Português – Porto, Edições Marânus, terceira edição, 1.945.

TUCCI, Rogério Lauria – Lineamentos Do Processo Penal Romano — São Paulo, Editora da Universidade de São Paulo — José Bushatsky, Editor, 1.976.

TUCHMAN, Barbara W. – Um Espelho Distante(O Terrível Século XIV) — Tradução brasileira de Waltensir Dutra — Rio de Janeiro, José Olympio Editora, 1.989. — Original inglês.

TUCÍDIDES – História Da Guerra Do Peloponeso – Tradução brasileira do grego, introdução e notas, por Mário da Gama Kury — Brasília, Editora da Universidade de Brasília, 3ª edição, 1.987. Original grego.

VALENTIN, Veit – História Universal – Tradução brasileira de Eduardo de Lima Castro — São Paulo, Livraria Martins Editora, 4ª edição, 1.961, 6 volumes. Original alemão.

VALLADÃO, Haroldo – História Do Direito Especialmente Do Direito Brasileiro — Rio de Janeiro, Livraria Freitas Bastos S.A., 4ª edição revista e atualizada, 1.980.

VÁRIOS AUTORES – Dicionário Ilustrado — Porto, Lello & Irmão, s/d.

VÁRIOS AUTORES – Dicionário De La Lengua Española - Madrid — Talleres Tipograficos De La Editorial Espasa — Calpe, S.A., décima séptima edición, 1.947

VENNER, Dominique – No Princípio Era Esparta – "In" "Corpos De Elite Do Passado" – coordenação de Erwan Bergot – Tradução portuguesa de Elsa Dulce Ferreira — Lisboa, Editora Ulisséia Ltda – Original francês.

VERGÍLIO (Publio Vergílio Maro) — Eneida — Tradução brasileira de Tassilo Orpheu Spalding, São Paulo, Editora Cultrix Ltda.- Original latino.

VOGEL, Carlos Alfredo – História Del Derecho Romano – Buenos Aires — Editorial Perrot, 5ª edição, reimpressão — s/d.

WELLS, Herbert George – História Universal – Tradução brasileira de Anísio Teixeira — São Paulo, Companhia Editora Nacional, 4ª edição, 1.959 — 10 volumes. Original inglês.

WHITE, John Williams – The First Greek Book — Boston, Ginn And Company, 1.937.

WILCKEN, Ulrich – Alexandre Le Grand – Tradução francesa de Robert Bouvier, Paris, Payot, 1.933 – Original alemão.

WILLEMS, P. – Le Droit Public Romain Depuis L'Origine De Rome Jusqu'a Constantin Le Grand — Louvain, Typographye De Ch. Peeters, Éditeur, Troisième édition,1.874.

XENOFONTE – Ciropédia — Tradução brasileira de João Felix Pereira – São Paulo, Edições Cultura, s/d.

ZAMA, Cézar – Os Reis De Roma — Salvador, Livraria Progresso Editora, 1.958.

ZULUETA, Francis De – The Institutes Of Gaius — Oxford, Clarendon Press — 1ª edição, 1.946 — reimpressões sucessivas – 2 volumes.